2024年
国家统一法律职业资格考试

大纲最新增补
法律法规·考点解读

法律考试中心　组编

法律出版社
—— 北京 ——

图书在版编目(CIP)数据

2024年国家统一法律职业资格考试大纲最新增补法律法规·考点解读 / 法律考试中心组编. -- 北京 : 法律出版社, 2024

ISBN 978-7-5197-9038-7

Ⅰ. ①2… Ⅱ. ①法… Ⅲ. ①法律工作者－资格考试－考试大纲－中国 Ⅳ. ①D92-41

中国国家版本馆CIP数据核字(2024)第078528号

2024年国家统一法律职业资格考试大纲最新增补法律法规·考点解读

2024 NIAN GUOJIA TONGYI FALǗ ZHIYE ZIGE KAOSHI DAGANG ZUIXIN ZENGBU FALǗ FAGUI · KAODIAN JIEDU

法律考试中心 组编

策划编辑 徐 菲
责任编辑 徐 菲
装帧设计 李 瞻

出版发行 法律出版社
编辑统筹 法律考试·职业教育出版分社
责任校对 王 丰
责任印制 胡晓雅
经 销 新华书店

开本 787毫米×1092毫米 1/16
印张 19.25 **字数** 536千
版本 2024年5月第1版
印次 2024年5月第1次印刷
印刷 永清县金鑫印刷有限公司

地址:北京市丰台区莲花池西里7号(100073)
网址:www.lawpress.com.cn
投稿邮箱:info@ lawpress.com.cn
举报盗版邮箱:jbwq@ lawpress.com.cn

销售电话:010-83938349
客服电话:010-83938350
咨询电话:010-63939796

书号:ISBN 978-7-5197-9038-7
定价:68.00元

凡购买本社图书,如有印装错误,我社负责退换。电话:010-83938349

编写说明

作为国家统一组织的从事特定法律职业的资格考试，国家统一法律职业资格考试的大纲和教材每年都根据现行法律以及社会热点的变动而有所变化，考试难度日益增加。那么，考试的命题思路究竟何在？我们认为，命题考点的筛选基本上有三个标准，即“实用的”“常考的”“新出的”，尤其后两者，是重中之重，考生只有抓住重点复习，才能事半功倍。

在《2024年国家统一法律职业资格考试大纲》及教材的修订过程中，我们与大纲和教材的撰写者不断沟通，亲历了大纲和教材每一点滴的改进与完善。因此，围绕国家统一法律职业资格考试命题思路，我们组编出版了《2024年国家统一法律职业资格考试大纲最新增补法律法规·考点解读》，希望在点明国家统一法律职业资格考试大纲、教材最新变化的同时，能帮助考生破解考试的奥秘，增强对新增考点和新增法条的理解和记忆。

从往年题目考查统计看，以过去两年新增考点和法条命题的题目，分值还是十分高的。而从复习角度讲，新增考点和法条，目标明确，重点突出，相对难度不大，比较容易得分。可以说，复习时抓住新增考点，就可以以最少的投入，获得最大的回报。

本书设置以下几个栏目：

1.【大纲新增考点·法条说明】* 对2024年国家统一法律职业资格考试大纲中新增及修订幅度较大的考点和法条进行总体介绍。包括以下两部分内容：

(1)总结2024年国家统一法律职业资格考试大纲考点和法条变化情况，让考生对考试的最新变化了然于胸。2024年大纲和教材内容中，**法律法规新增11件，修订7件，删除3件。**新增与修订的法条与考点往往与法学理论发展密切相关。

(2)以便于记为出发点，用表格形式对2020~2023年考试大纲变化的考点与法条进行汇总，列出大纲新增、变化的考点及法条对照，直观体现近年考点与法条变化。

2.【大纲新增、变化考点解读】筛选2024年和2023年大纲新增考点中比较重要的考点及部分修订幅度较大的考点，为考生进行全面解读。

3.【大纲新增法条】以2024年大纲附录新增法律法规为主线，专门对新修订和颁布的法律法规中重要的条款进行提示。

4.【法条对照】针对部分修订法律法规，本书的作者专门整理了新旧法条对照，从而使考生

---

* 不含有法条的科目，设为【大纲新增考点说明】。——编者注

可以一目了然地了解法律的修改之处,直接抓住命题重点。

由于编写和出版时间紧迫,虽各位作者尽心竭力,但疏漏之处在所难免,敬请批评指正。

对明天最好的准备就是今天做到最好。衷心祝愿阅读本书的考生能够顺利通过2024年国家统一法律职业资格考试!

本书编写组

2024年5月

目　录

2024年国家统一法律职业资格考试
大纲收录法律法规变化一览表

（新增法律法规11件，修订法律法规7件，删除法律法规3件）

科目	变化	法律法规
习近平法治思想	参考文献	无
刑法	新增法律法规（1件）	**中华人民共和国刑法修正案（十二）** （2023年12月29日第十四届全国人民代表大会常务委员会第七次会议通过　2023年12月29日中华人民共和国主席令第18号公布　自2024年3月1日起施行）
	修订法律法规（1件）	**最高人民法院、最高人民检察院关于办理环境污染刑事案件适用法律若干问题的解释** （2023年3月27日最高人民法院审判委员会第1882次会议、2023年7月27日最高人民检察院第十四届检察委员会第10次会议通过　2023年8月8日公布　自2023年8月15日起施行）　法释〔2023〕7号
	删除法律法规	无
刑事诉讼法	新增法律法规（1件）	**人民检察院、公安机关羁押必要性审查、评估工作规定** （2023年11月30日发布　自2023年11月30日起施行）　高检发〔2023〕12号
	修订、删除法律法规	无
宪法	修订法律法规（1件）	**中华人民共和国国务院组织法** （1982年12月10日第五届全国人民代表大会第五次会议通过　2024年3月11日第十四届全国人民代表大会第二次会议修订）
	新增、删除法律法规	无

续表

科目	变化	法律法规
行政法与行政诉讼法	新增法律法规（1件）	**最高人民法院关于审理司法赔偿案件适用请求时效制度若干问题的解释** （2023年4月3日最高人民法院审判委员会第1883次会议通过　2023年5月23日公布　自2023年6月1日起施行）　法释〔2023〕2号
	修订法律法规（1件）	**中华人民共和国行政复议法** （1999年4月29日第九届全国人民代表大会常务委员会第九次会议通过　根据2009年8月27日第十一届全国人民代表大会常务委员会第十次会议《关于修改部分法律的决定》第一次修正　根据2017年9月1日第十二届全国人民代表大会常务委员会第二十九次会议《关于修改〈中华人民共和国法官法〉等八部法律的决定》第二次修正　2023年9月1日第十四届全国人民代表大会常务委员会第五次会议修订）
	删除法律法规	无
民法	新增法律法规（1件）	**最高人民法院关于适用《中华人民共和国民法典》合同编通则若干问题的解释** （2023年5月23日最高人民法院审判委员会第1889次会议通过　2023年12月4日公布　自2023年12月5日起施行）　法释〔2023〕13号
	修订、删除法律法规	无
知识产权法	修订法律法规（1件）	**中华人民共和国专利法实施细则** （2001年6月15日国务院令第306号公布　根据2002年12月28日《国务院关于修改〈中华人民共和国专利法实施细则〉的决定》第一次修订　根据2010年1月9日《国务院关于修改〈中华人民共和国专利法实施细则〉的决定》第二次修订　根据2023年12月11日《国务院关于修改〈中华人民共和国专利法实施细则〉的决定》第三次修订）
	新增、删除法律法规	无
商法	修订法律法规（1件）	**中华人民共和国公司法** （1993年12月29日第八届全国人民代表大会常务委员会第五次会议通过　根据1999年12月25日第九届全国人民代表大会常务委员会第十三次会议《关于修改〈中华人民共和国公司法〉的决定》第一次修正　根据2004年8月28日第十届全国人民代表大会常务委员会第十一次会议《关于修改〈中华人民共和国公司法〉的决定》第二次修正　2005年10月27日第十届全国人民代表大会常务委员会第十八次会议第一次修订　根据2013年12月28日第十二届全国人民代表大会常务委员会第六次会议《关于修改〈中华人民共和国海洋环境保护法〉等七部法律的决定》第三次修正　根据2018年10月26日第十三届全国人民代表大会常务委员会第六次会议《关于修改〈中华人民共和国公司法〉的决定》第四次修正　2023年12月29日第十四届全国人民代表大会常务委员会第七次会议第二次修订）
	新增、删除法律法规	无
经济法	新增法律法规（1件）	**中华人民共和国消费者权益保护法实施条例** （2024年2月23日国务院第26次常务会议通过　2004年3月15日国务院令第778号公布　自2024年7月1日起施行）
	修订、删除法律法规	无

续表

科目	变化	法律法规
环境资源法	新增、修订、删除法律法规	无
劳动与社会保障法	新增、修订、删除法律法规	无
民事诉讼法与仲裁制度	修订法律法规（1件）	**中华人民共和国民事诉讼法** （1991年4月9日第七届全国人民代表大会第四次会议通过　根据2007年10月28日第十届全国人民代表大会常务委员会第三十次会议《关于修改〈中华人民共和国民事诉讼法〉的决定》第一次修正　根据2012年8月31日第十一届全国人民代表大会常务委员会第二十八次会议《关于修改〈中华人民共和国民事诉讼法〉的决定》第二次修正　根据2017年6月27日第十二届全国人民代表大会常务委员会第二十八次会议《关于修改〈中华人民共和国民事诉讼法〉和〈中华人民共和国行政诉讼法〉的决定》第三次修正　根据2021年12月24日第十三届全国人民代表大会常务委员会第三十二次会议《关于修改〈中华人民共和国民事诉讼法〉的决定》第四次修正　根据2023年9月1日第十四届全国人民代表大会常务委员会第五次会议《关于修改〈中华人民共和国民事诉讼法〉的决定》第五次修正）
	新增、删除法律法规	无
国际法·国际私法·国际经济法	新增法律法规（5件）	**1.中华人民共和国对外关系法** （2023年6月28日第十四届全国人民代表大会常务委员会第三次会议通过　2023年6月28日中华人民共和国主席令第7号公布　自2023年7月1日起施行） **2.中华人民共和国外国国家豁免法** （2023年9月1日第十四届全国人民代表大会常务委员会第五次会议通过　2023年9月1日中华人民共和国主席令第10号公布　自2024年1月1日起施行） **3.最高人民法院关于适用《中华人民共和国涉外民事关系法律适用法》若干问题的解释（二）** （2023年8月30日最高人民法院审判委员会第1898次会议通过　2023年11月30日公布　自2024年1月1日起施行）　法释〔2023〕12号 **4.最高人民法院关于审理涉外民商事案件适用国际条约和国际惯例若干问题的解释** （2023年12月5日最高人民法院审判委员会第1908次会议通过　2023年12月28日公布　自2024年1月1日起施行）　法释〔2023〕15号 **5.最高人民法院关于内地与香港特别行政区法院相互认可和执行民商事案件判决的安排** （2019年1月14日最高人民法院审判委员会第1759次会议通过　2024年1月25日公布　自2024年1月29日起施行）　法释〔2024〕2号
	修订法律法规（1件）	**最高人民法院关于设立国际商事法庭若干问题的规定** （2018年6月25日最高人民法院审判委员会第1743次会议通过　根据2023年12月5日最高人民法院审判委员会第1908次会议《关于修改〈最高人民法院关于设立国际商事法庭若干问题的规定〉的决定》修正）　法释〔2023〕14号
	删除法律法规（1件）	**最高人民法院、香港特别行政区政府关于内地与香港特别行政区法院相互认可和执行民商事案件判决的安排** （最高人民法院与香港特别行政区政府于2019年1月18日签署）

续表

科目	变化	法律法规
司法制度和法律职业道德	新增法律法规 （1件）	**法律援助法实施工作办法** （2023年11月20日最高人民法院、最高人民检察院、公安部、司法部联合发布）
	修订法律法规	无
	删除法律法规 （2件）	**1.人民法院工作人员处分条例** （2009年12月31日最高人民法院发布）　法发〔2009〕61号 **2.最高人民法院、最高人民检察院、公安部、司法部关于刑事诉讼法律援助工作的规定** （2013年2月4日）

习近平法治思想

【大纲新增考点说明】

2024年,“习近平法治思想”学科,考点及参考文献没有变化。

法 理 学

【大纲新增考点说明】

2024年,在复习“法理学”学科时考生应在掌握重点的基础上,注重理论知识的应用,大纲部分考点略有调整,如下:

章 节	2023年大纲	2024年大纲	提 示
第二章第二节　法的实施	守法(守法的含义与构成)	守法(守法的含义与构成　**守法义务**)	增加子考点

2020~2023年大纲新增考点对照

年 份	章 节	新增考点
2023	第一章第三节“法的要素”	权利与义务(权利、义务的含义、语义类型、分类及相互关系)
	第二章第一节“立法”	立法指导思想
2022	无	
2021	第二章第四节“法律解释”	法律解释方法的适用模式(“单一适用模式”“累积适用模式”“冲突适用模式”)
2020	第二章第三节“法适用的一般原理”	法的发现与法的证成

宪　法

【大纲新增考点·法条说明】

2024 年,“宪法”学科以修订完善教材为主,大纲附录内容没有变化,考点略有调整,如下:

章　节	2023 年大纲	2024 年大纲	提　示
第五章第四节　国务院	国务院所属各部、各委员会(各部、各委员会的性质和地位　各部、各委员会的领导体制　各部、各委员会的职权)	国务院所属机构(国务院所属机构的性质和地位　国务院组成部门的领导体制　国务院组成部门的职权)	考点、子考点调整

大纲附录法律法规

项　目	法律法规
修订法规	**中华人民共和国国务院组织法** (1982 年 12 月 10 日第五届全国人民代表大会第五次会议通过　2024 年 3 月 11 日第十四届全国人民代表大会第二次会议修订)

2020~2023 年大纲新增考点对照

年　份	章　节	新增与变化考点·法条
2023	修订法律法规:中华人民共和国立法法	
2022	第五章第二节“全国人民代表大会”	全国人大常委会(全国人大常委会的组成、任期和机构设置)
	第五章第六节“地方各级人民代表大会和地方各级人民政府”	地方各级人民政府(地方各级人民政府的机构设置)
	修订法律法规:中华人民共和国地方各级人民代表大会和地方各级人民政府组织法	
2021	第二章第一节“人民民主专政制度”	维护国家安全法律制度
	1.新增法律法规: (1)中华人民共和国国家安全法 (2)中华人民共和国国旗法 (3)中华人民共和国国徽法 (4)中华人民共和国香港特别行政区维护国家安全法 (5)中华人民共和国香港特别行政区基本法附件一　香港特别行政区行政长官的产生办法 (6)中华人民共和国香港特别行政区基本法附件二　香港特别行政区立法会的产生办法和表决程序 2.修订法律法规: (1)中华人民共和国全国人民代表大会和地方各级人民代表大会选举法 (2)中华人民共和国全国人民代表大会组织法	

续表

年 份	章 节	新增与变化考点·法条
2020	第三章第六节“特别行政区制度”	特别行政区维护国家安定的宪制责任
	新增法律法规：全国人民代表大会关于建立健全香港特别行政区维护国家安全的法律制度和执行机制的决定	

【大纲新增、变化考点解读】

☞ 2024 考点1 国务院所属机构

1.国务院所属机构的性质和地位。国务院是组织、管理我国政治、经济、文化、教育、科学、技术等各项事业的最高行政机关。为了完成全国范围内的各项组织管理任务，必须设立相应的组织机构。按照《宪法》和《国务院组织法》的规定，国务院设有办公厅，设有部、委员会等组成部门，设有直属机构以及办事机构。

国务院所属各部、各委员会等组成部门受国务院统一领导。国务院组成部门在工作中的方针、政策、计划和重大行政措施，应向国务院请示报告，由国务院决定。

国务院各部、各委员会的设立、撤销或者合并，经总理提出，由全国人大决定；在全国人大闭会期间，由全国人大常委会决定。《国务院组织法》规定，组成部门设部长（主任、行长、审计长）1人，副部长（副主任、副行长、副审计长）2~4人，委员会可以设委员5~10人。

国务院办公厅由秘书长领导。国务院直属机构是国务院设立的主办各项专门业务的机关。国务院办事机构的主要职能是协助总理办理专门事项。

2.国务院组成部门的领导体制。国务院组成部门实行部长（委员会主任、行长、审计长）负责制。部长（委员会主任、行长、审计长）领导本部门的工作，召集和主持部务（委务、行务、署务）会议，讨论决定本部门工作的重大问题；签署上报国务院的重要指示、报告和发布的命令。副部长（副主任、副行长、副审计长）协助部长（主任、行长、审计长）工作。

部务会议、委务会议、行务会议、署务会议是各组成部门发挥集体作用的组织，其成员包括部长（委员会主任、行长、审计长）、副部长（副主任、副行长、副审计长）和其他成员。

3.国务院组成部门的职权。各部、各委员会等组成部门是分管某一方面行政事务的职能部门，根据法律和国务院的行政法规、决定、命令，在本部门的权限内，发布命令、指示和规章。这包括三层含义：一是它们主要通过发布命令、指示和规章来管理本部门的工作；二是它们必须在本部门的权限范围内进行领导、组织和管理；三是它们发布的命令、指示和规章，必须以法律和国务院的行政法规、决定、命令为依据，不得同它们相抵触。

此外，国务院具有行政管理职能的直属机构以及法律规定的机构，可以根据法律和国务院的行政法规、决定、命令，在本部门的权限范围内，制定规章。

☞ 2024 考点2 宪法监督的方式

我国采取事先审查与事后审查相结合的方式。

1.事先审查。主要体现为自治条例和单行条例、地方性法规等规范性文件经批准后生效，有权机关在批准过程中要审查其是否抵触宪法。根据《宪法》和《立法法》，自治区人大制定的自治条例和单行条例报全国人大常委会批准后生效，自治州、自治县人大制定的自治条例和单行条例报省、自治区、直辖市人大常委会批准后生效，设区的市、自治州人大及其常委会制定的地方性法规报省、自治区人大常委会批准后施行。此外，《海南自由贸易港法》第10条第3款规定："海南自由贸易港法规涉及依法应当由全国人民代表大会及其常务委员会制定法律或者由国务院制定行政法规事项的，应当分别报全国人民代表大会常务委员会或者国务院批准后生效。"

关于规范性文件的批准制度，如下表所示：

规范性文件	制定机关	批准机关
自治条例和单行条例	自治区人大	全国人大常委会
	自治州、自治县人大	省、自治区、直辖市人大常委会
地方性法规	设区的市、自治州人大及其常委会	省、自治区人大常委会

2.事后审查。主要体现为有权机关接受规范性文件备案后进行合宪性审查，并可要求原制定机关作出处理。

(1)规范性文件的备案。

法规、规章等规范性文件的备案审查是我国宪法监督的重要方式。根据《宪法》《立法法》《监督法》等规定：①**全国人大常委会接受行政法规、监察法规、地方性法规、自治州和自治县的自治条例和单行条例、经济特区法规、浦东新区法规、海南自由贸易港法规以及司法解释的备案**；②省、自治区、直辖市人大常委会接受本级政府制定的规章的备案；③设区的市、自治州人民政府制定的规章应当报国务院，省、自治区人大常委会和人民政府以及本级人大常委会备案；④根据授权制定的法规应当报授权决定规定的机关备案。上述规范性文件应当在公布后的30日内报有关机关备案。

按照《立法法》，全国人大专门委员会和常委会工作机构可以对报送备案的规范性文件进行主动审查，并可以根据需要进行专项审查。其中，对于行政法规、地方性法规、自治条例和单行条例，如果全国人大专门委员会、常委会工作机构认为同宪法或者法律相抵触，或者存在合宪性、合法性问题，可以向制定机关提出书面审查意见；也可以由宪法和法律委员会与有关专门委员会、常委会工作机构召开联合审查会议，要求制定机关到会说明情况，再向制定机关提出书面审查意见。制定机关应当在两个月内研究提出是否修改或者废止的意见，并向全国人大宪法和法律委员会、有关的专门委员会或者常委会工作机构反馈。制定机关按照所提意见进行修改或者废止的，审查终止。如果被认为同宪法或者法律相抵触，或者存在合宪性、合法性问题需要修改或者废止，而制定机关不予修改或者废止的，则全国人大宪法和法律委员会、有关的专门委员会、常委会工作机构应向委员长会议提出予以撤销的议案、建议，由委员长会议决定提请常委会会议审议决定。

关于规范性文件的备案制度，如下表所示：

规范性文件	制定机关	接受备案机关	其他要求
行政法规	国务院	全国人大常委会	—
监察法规	国家监察委员会	全国人大常委会	—

续表

规范性文件	制定机关	接受备案机关	其他要求
地方性法规	省、自治区、直辖市人大及其常委会	全国人大常委会、国务院	—
	设区的市、自治州人大及其常委会	全国人大常委会、国务院	由省、自治区人大常委会报备
自治条例和单行条例	自治州、自治县人大	全国人大常委会、国务院	由省、自治区、直辖市人大常委会报备，报备时应说明对法律、行政法规、地方性法规的变通情况
经济特区法规	**经济特区所在地的省、市的人大及其常委会**	**全国人大常委会**	**报备时，应说明变通的情况**
浦东新区法规	**上海市人大及其常委会**	**全国人大常委会**	**报备时，应说明变通的情况**
海南自由贸易港法规	**海南省人大及其常委会**	**全国人大常委会**	**报备时，应说明变通的情况**
部门规章	国务院部门	国务院	—
地方政府规章	省、自治区、直辖市政府	国务院、本级人大常委会	—
	设区的市、自治州政府	国务院，省、自治区人大常委会和政府，本级人大常委会	—
根据授权制定的法规	被授权机关	授权决定规定的机关	—
具体应用法律的解释（司法解释）	最高人民法院、最高人民检察院	全国人大常委会	—

（2）规范性文件的审查请求。

规范性文件的审查请求包括要求审查和建议审查两种情况。按照《立法法》，如果认为行政法规、地方性法规、自治条例和单行条例同宪法或者法律相抵触，或者存在合宪性、合法性问题的，国务院、中央军委、国家监察委员会、最高人民法院、最高人民检察院和各省、自治区、直辖市人大常委会可以向全国人大常委会书面提出进行审查的要求，由全国人大有关的专门委员会和常委会工作机构进行审查、提出意见。其他国家机关和社会团体、企业事业组织以及公民认为行政法规、地方性法规、自治条例和单行条例同宪法或者法律相抵触的，可以向全国人大常委会书面提出进行审查的建议，由常委会工作机构进行审查；必要时送有关的专门委员会进行审查、提出意见。全国人大有关专门委员会和常委会工作机构应当将审查情况向提出审查建议的国家机关、社会团体、企业事业组织以及公民反馈，并可以向社会公开。值得注意的是，2019 年 12 月 4 日，全国人大常委会在中国人大网开通公民网上提交审查建议功能，公民可以通过该网站向全国人大常委会提起法规及司法解释的审查建议。

根据《全国人民代表大会常务委员会关于完善和加强备案审查制度的决定》，地方各级监察委员会、人民法院、人民检察院在监察、审判、检察工作中发现法规、司法解释同宪法或者法律相抵触，

或者存在合宪性、合法性问题的，可以逐级上报至国家监察委员会、最高人民法院、最高人民检察院，由国家监察委员会、最高人民法院、最高人民检察院向全国人民代表大会常务委员会书面提出审查要求。

关于规范性文件的审查请求制度，如下表所示：

审查对象	请求主体	请求方式	处理方式
行政法规、地方性法规、自治条例和单行条例	国务院、中央军委、国家监察委员会、最高人民法院、最高人民检察院和各省、自治区、直辖市人大常委会	向全国人大常委会书面提出审查要求	全国人大有关的专门委员会和常委会工作机构进行审查、提出意见
	其他国家机关和社会团体、企业事业组织以及公民	向全国人大常委会书面提出审查建议	常委会工作机构进行审查，必要时送有关专门委员会进行审查、提出意见，审查情况向建议者反馈并可向社会公开

☞ 2024 考点3　违宪的制裁措施

违宪的制裁措施是宪法监督的核心内容，没有制裁措施的宪法监督缺乏实效性。从各国实践来看，违宪的制裁措施主要包括：撤销违宪法律，宣布违宪法律无效，允许宪法主体不受该违宪法律约束或者不适用该法律，不得通过违宪法案，并责令立法机关修改，以弹劾、罢免等措施追究违宪行为的责任者。

根据《宪法》和《立法法》的规定：(1)全国人大有权改变或者撤销全国人大常委会制定的不适当的法律和决定，有权撤销全国人大常委会批准的违背《宪法》和《立法法》的自治条例和单行条例；(2)全国人大常委会有权撤销国务院制定的同宪法、法律相抵触的行政法规、决定和命令，有权撤销同宪法和法律相抵触的监察法规，有权撤销同宪法、法律和行政法规相抵触的地方性法规，有权撤销省、自治区、直辖市国家权力机关制定的同宪法、法律和行政法规相抵触的决议，有权撤销省、自治区、直辖市人大常委会批准的违背《宪法》和《立法法》的自治条例和单行条例；(3)国务院有权改变或者撤销不适当的部门规章和地方政府规章，有权改变或者撤销各部、各委员会发布的不适当的命令、指示，有权改变或者撤销地方各级国家行政机关不适当的决定、命令；(4)县级以上地方各级人大有权改变或者撤销本级人大常委会不适当的决定；(5)省、自治区、直辖市人大有权改变或者撤销其常委会制定的和批准的不适当的地方性法规；(6)地方人大常委会有权撤销本级政府制定的不适当的规章，有权撤销本级政府不适当的决定和命令，有权撤销下一级人大不适当的决议；(7)县级以上地方各级政府有权改变或者撤销所属各工作部门和下级政府不适当的决定；(8)省、自治区政府有权改变或者撤销下一级政府制定的不适当的规章；(9)授权机关有权撤销被授权机关制定的超越授权范围或者违背授权目的的法规，必要时可以撤销授权。

根据《全国人民代表大会常务委员会关于完善和加强备案审查制度的决定》，制定机关未按照书面审查意见或者处理计划对法规、司法解释予以修改、废止的，全国人大专门委员会、常委会工作机构可以依法提出下列议案、建议，由委员长会议决定提请常务委员会会议审议决定：(一)确认有关法规、司法解释与宪法、法律相抵触或者违背宪法、法律的原则和精神，要求制定机关限期修改或者废止；(二)要求制定机关自行修改完善有关法规、司法解释，或者要求制定机关进行清理；(三)依法予以撤销；(四)依法作出法律解释。法规、司法解释被纠正或者撤销后，其他规范性文件存在相

同问题的，制定机关应当及时修改或者废止。

关于规范性文件的改变和撤销制度，如下表所示：

有权机关	处理对象	处理方式	审查标准
全国人大	其常委会制定的法律	改变或者撤销	不适当
	其常委会的决定	改变或者撤销	不适当
	其常委会批准的自治条例和单行条例	撤销	违背《宪法》和《立法法》
全国人大常委会	行政法规、国务院决定和命令	撤销	同宪法和法律相抵触
	监察法规	撤销	同宪法和法律相抵触
	地方性法规	撤销	同宪法、法律和行政法规相抵触
	省、自治区、直辖市人大及其常委会的决议	撤销	同宪法、法律和行政法规相抵触
	省、自治区、直辖市人大常委会批准的自治条例和单行条例	撤销	违背《宪法》和《立法法》
国务院	部门规章	改变或者撤销	不适当
	地方政府规章	改变或者撤销	不适当
	各部委发布的命令、指示	改变或者撤销	不适当
	地方各级国家行政机关的决定、命令	改变或者撤销	不适当
县级以上地方各级人大	本级人大常委会的决定	改变或者撤销	不适当
省、自治区、直辖市人大	其常委会制定和批准的地方性法规	改变或者撤销	不适当
地方人大常委会	本级地方政府规章	撤销	不适当
	本级政府的决定、命令	撤销	不适当
	下一级人大的决议	撤销	不适当
县级以上地方各级政府	所属工作部门的决定	改变或者撤销	不适当
	下级政府的决定	改变或者撤销	不适当
省、自治区政府	下一级地方政府规章	改变或者撤销	不适当
授权机关	被授权机关制定的法规	撤销	超越授权范围或者违背授权目的
	必要时可以撤销授权		

我国宪法监督制度在宪法实施、推进社会主义民主政治建设和法治国家建设方面发挥了重要作用，同时还应当进一步完善。深化依法治国实践需要继续加强宪法实施和监督，强化全国人大宪法和法律委员会的统一审议功能，切实推进合宪性审查工作。

☞ 2023 考点1　基层群众性自治组织的含义和特点

基层群众自治制度是依照宪法和法律,由居民(村民)选举的成员组成居民(村民)委员会,实行自我管理、自我教育、自我服务、自我监督的制度,是全过程人民民主的重要标志和组成部分。基层群众性自治组织是基层群众自治制度的主要载体和实现形式。《宪法》第111条第1款规定:"城市和农村按居民居住地区设立的居民委员会或者村民委员会是基层群众性自治组织。居民委员会、村民委员会的主任、副主任和委员由居民选举。居民委员会、村民委员会同基层政权的相互关系由法律规定。"

基层群众性自治组织具有以下特点:(1)**群众性**。基层群众性自治组织不同于国家政权组织和其他政治、经济等社会组织,是基于一定居住地范围内居民(村民)社会生活的共同需要而建立,目的是解决居住地范围内的公共事务和公益事业方面的社会问题,如社会治安、公共卫生等。(2)**自治性**。基层群众性自治组织不是国家机关,也不是国家机关的下属或下级组织,也不从属于居住地范围内其他任何社会组织,具有自身组织上的独立性。(3)**基层性**。基层群众性自治组织只存在于居住地范围的基层社区,所从事的工作都是居民居住范围内社区的公共事务和公益事业。

☞ 2023 考点2　全国人大常委会的职权——国家生活中其他重要事项的决定权

在全国人大闭会期间,**全国人大常委会有权决定批准或废除同外国缔结的条约和重要协定;决定驻外全权代表的任免;规定军人和外交人员的衔级制度和其他专门衔级制度;规定和决定授予国家的勋章和荣誉称号;决定特赦;如果遇到国家遭受武装侵犯或者必须履行国家间共同防止侵略的条约的情况,有权决定宣布战争状态;决定全国总动员和局部动员;决定全国或者个别省、自治区、直辖市进入紧急状态。**

决定法律在一定期限、部分地方的暂时调整、暂停适用属于重大事项决定权的范围。《立法法》第16条规定,全国人大及其常委会可以根据改革发展的需要,决定就特定事项授权在规定期限和范围内**暂时调整或者暂时停止适用法律的部分规定。暂时调整或者暂时停止适用法律的部分规定的事项,实践证明可行的,由全国人大及其常委会及时修改有关法律;修改法律的条件尚不成熟的,可以延长授权的期限,或者恢复施行有关法律规定。**

国家的勋章和荣誉称号制度是宪法规定的重要国家制度。《国家勋章和国家荣誉称号法》规定,国家勋章和国家荣誉称号为国家最高荣誉。国家勋章包括"共和国勋章"和"友谊勋章",国家荣誉称号的具体名称由全国人大常委会在决定授予时确定。授予国家勋章、国家荣誉称号的议案由全国人大常委会委员长会议及国务院、中央军事委员会向全国人大常委会提出,由全国人大常委会作出决定,由国家主席授予和签发证书。国家主席进行国事活动,可以直接授予外国政要、国际友人等人士"友谊勋章"。国家设立国家功勋簿,记载国家勋章和国家荣誉称号获得者及其功绩。

全国人大常委会有决定特赦的职权。特赦是赦免的一种形式。一般来说,大赦既赦其刑也赦其罪,特赦只赦其刑不赦其罪。我国1954年《宪法》曾规定大赦与特赦两种赦免形式,但从未有过大赦的实践。1975年《宪法》没有规定赦免,1978年《宪法》和1982年《宪法》均只规定了特赦。2015年8月29日,第十二届全国人大常委会第十六次会议通过特赦部分服刑罪犯的决定。这是时隔40年后中华人民共和国的第八次特赦。2019年6月29日,第十三届全国人大常委会第十一次会议表决通过了《全国人民代表大会常务委员会关于在中华人民共和国成立七十周年之际对部分服刑罪犯予以特赦的决定》。这是中华人民共和国的第九次特赦。

☞ 2023 考点3　全国人大常委会的职权——监督国家机关的工作

国务院、中央军事委员会、国家监察委员会、最高人民法院和最高人民检察院都由全国人大产生，根据宪法的规定，分别行使国家的各项权力。因此，它们都必须向全国人大负责并接受它的监督。但是，监督这些机关是一项经常性的日常工作。因此，宪法规定，在全国人大闭会期间，由全国人大常委会行使监督权。全国人大常委会行使监督权的具体形式主要有以下形式。

1.全国人大常委会会议期间，常委会组成人员**10人以上联名**，可以向常务委员会书面提出对国务院及其部门、国家监察委员会、最高人民法院、最高人民检察院的质询案，委员长会议可以决定由受质询机关在常委会会议上或者有关专门委员会会议上口头答复，或者由受质询机关书面答复。

2.全国人大常委会根据年度工作计划和需要听取国务院、国家监察委员会、最高人民法院和最高人民检察院的专项工作报告，定期听取国民经济和社会发展计划、预算执行情况、国务院有关工作的报告等报告。全国人大常委会组成人员对各项报告的审议意见交由有关机关研究处理，有关机关应当将研究处理情况向常委会提出书面报告。全国人大常委会认为必要时，可以对有关报告作出决议。有关机关应当在决议规定的期限内，将执行决议的情况向全国人大常委会报告。

3.开展对法律法规实施情况的检查。全国人大常委会每年选择若干关系改革发展稳定大局和群众切身利益、社会普遍关注的重大问题，有计划地对有关法律、法规实施情况组织执法检查。全国人大常委会组成人员对执法检查报告的审议意见连同执法检查报告，一并交由国务院、国家监察委员会、最高人民法院或者最高人民检察院研究处理。国务院、国家监察委员会、最高人民法院或者最高人民检察院应当将研究处理情况由其办事机构送交全国人大有关专门委员会或者全国人大常委会有关工作机构征求意见后，向全国人大常委会提出报告。必要时，由委员长会议决定提请常委会审议，或者由常委会组织跟踪检查；全国人大常委会也可以委托全国人大有关专门委员会或者全国人大常委会有关工作机构组织跟踪检查。执法检查报告及审议意见，国务院、国家监察委员会、最高人民法院或者最高人民检察院对其研究处理情况的报告，向全国人大代表通报并向社会公布。

【大纲新增法条】

中华人民共和国国务院组织法

（1982年12月10日第五届全国人民代表大会第五次会议通过　2024年3月11日第十四届全国人民代表大会第二次会议修订）

【法条对照】

旧法条	新法条
第一条　根据中华人民共和国宪法有关国务院的规定，制定本组织法。	**第一条**　**为了健全国务院的组织和工作制度，保障和规范国务院行使职权，根据宪法，制定本法。**
	第二条　**中华人民共和国国务院，即中央人民政府，是最高国家权力机关的执行机关，是最高国家行政机关。**
	第三条　**国务院坚持中国共产党的领导，坚持以马克思列宁主义、毛泽东思想、邓小平理论、“三个代表”重要思想、科学发展观、习近平新时代中国特色社会主义思想为指导，坚决维护党中央权威和集中统一领导，坚决贯彻落实党中央决策部署，贯彻新发展理念，坚持依法行政，依照宪法和法律规定，全面正确履行政府职能。** **国务院坚持以人民为中心、全心全意为人民服务，坚持和发展全过程人民民主，始终同人民保持密切联系，倾听人民的意见和建议，建设人民满意的法治政府、创新政府、廉洁政府和服务型政府。**
	第四条　**国务院对全国人民代表大会负责并报告工作；在全国人民代表大会闭会期间，对全国人民代表大会常务委员会负责并报告工作。** **国务院应当自觉接受全国人民代表大会及其常务委员会的监督。**
第二条　国务院由总理、副总理、国务委员、各部部长、各委员会主任、审计长、秘书长组成。 国务院实行总理负责制。总理领导国务院的工作。副总理、国务委员协助总理工作。	**第五条**　国务院由总理、副总理、国务委员、各部部长、各委员会主任、**中国人民银行行长**、审计长、秘书长组成。 国务院实行总理负责制。总理领导国务院的工作。 **副总理、国务委员协助总理工作，按照分工负责分管领域工作；受总理委托，负责其他方面的工作或者专项任务；根据统一安排，代表国务院进行外事活动。**
第三条　国务院行使宪法第八十九条规定的职权。	**第六条**　国务院行使宪法**和有关法律**规定的职权。

续表

旧法条	新法条
第四条 国务院会议分为国务院全体会议和国务院常务会议。国务院全体会议由国务院全体成员组成。国务院常务会议由总理、副总理、国务委员、秘书长组成。总理召集和主持国务院全体会议和国务院常务会议。国务院工作中的重大问题,必须经国务院常务会议或者国务院全体会议讨论决定。	**第七条** 国务院实行国务院全体会议和国务院常务会议制度。国务院全体会议由国务院全体成员组成。国务院常务会议由总理、副总理、国务委员、秘书长组成。总理召集和主持国务院全体会议和国务院常务会议。国务院工作中的重大问题,必须经国务院常务会议或者国务院全体会议讨论决定。
	第八条 国务院全体会议的主要任务是讨论决定政府工作报告、国民经济和社会发展规划等国务院工作中的重大事项,部署国务院的重要工作。 国务院常务会议的主要任务是讨论法律草案、审议行政法规草案,讨论、决定、通报国务院工作中的重要事项。 国务院全体会议和国务院常务会议讨论决定的事项,除依法需要保密的外,应当及时公布。 国务院根据需要召开总理办公会议和国务院专题会议。
第五条 国务院发布的决定、命令和行政法规,向全国人民代表大会或者全国人民代表大会常务委员会提出的议案,任免人员,由总理签署。	**第九条** 国务院发布的行政法规、决定、命令,向全国人民代表大会或者全国人民代表大会常务委员会提出的议案,任免人员,由总理签署。
第六条 国务委员受总理委托,负责某些方面的工作或者专项任务,并且可以代表国务院进行外事活动。	
第七条 国务院秘书长在总理领导下,负责处理国务院的日常工作。 国务院设副秘书长若干人,协助秘书长工作。 国务院设立办公厅,由秘书长领导。	**第十条** 国务院秘书长在总理领导下,负责处理国务院的日常工作。 国务院设副秘书长若干人,协助秘书长工作。 国务院设立办公厅,由秘书长领导。
第八条 国务院各部、各委员会的设立、撤销或者合并,经总理提出,由全国人民代表大会决定;在全国人民代表大会闭会期间,由全国人民代表大会常务委员会决定。	**第十一条** 国务院组成部门的设立、撤销或者合并,经总理提出,由全国人民代表大会决定;在全国人民代表大会闭会期间,由全国人民代表大会常务委员会决定。国务院组成部门确定或者调整后,由全国人民代表大会或者全国人民代表大会常务委员会公布。
第九条 各部设部长一人,副部长二至四人。各委员会设主任一人,副主任二至四人,委员五至十人。 各部、各委员会实行部长、主任负责制。各部部长、各委员会主任领导本部门的工作,召集和主持部务会议或者委员会会议、委务会议,签署上报国务院的重要请示、报告和下达的命令、指示。副部长、副主任协助部长、主任工作。	**第十二条** 国务院组成部门设部长(主任、行长、审计长)一人,副部长(副主任、副行长、副审计长)二至四人;委员会可以设委员五至十人。 国务院组成部门实行部长(主任、行长、审计长)负责制。部长(主任、行长、审计长)领导本部门的工作,召集和主持部务(委务、行务、署务)会议,讨论决定本部门工作的重大问题;签署上报国务院的重要请示、报告和发布的命令、指示。副部长(副主任、副行长、副审计长)协助部长(主任、行长、审计长)工作。 国务院副秘书长、各部副部长、各委员会副主任、中国人民银行副行长、副审计长由国务院任免。
第十一条 国务院可以根据工作需要和精简的原则,设立若干直属机构主管各项专门业务,设立若干办事机构协助总理办理专门事项。每个机构设负责人二至五人。	**第十三条** 国务院可以根据工作需要和优化协同高效精简的原则,按照规定程序设立若干直属机构主管各项专门业务,设立若干办事机构协助总理办理专门事项。每个机构设负责人二至五人,由国务院任免。

续表

旧法条	新法条
第十条 各部、各委员会工作中的方针、政策、计划和重大行政措施,应向国务院请示报告,由国务院决定。根据法律和国务院的决定,主管部、委员会可以在本部门的权限内发布命令、指示和规章。	**第十四条** 国务院组成部门工作中的方针、政策、计划和重大行政措施,应当向国务院请示报告,由国务院决定。根据法律和国务院的**行政法规**、决定、**命令**,**主管部门**可以在本部门的权限范围内发布命令、指示。 **国务院组成部门和具有行政管理职能的直属机构以及法律规定的机构,可以根据法律和国务院的行政法规、决定、命令,在本部门的权限范围内,制定规章。**
	第十五条 **国务院统一领导全国地方各级国家行政机关的工作。**
	第十六条 **国务院坚持科学决策、民主决策、依法决策,健全行政决策制度体系,规范重大行政决策程序,加强行政决策执行和评估,提高决策质量和效率。**
	第十七条 **国务院健全行政监督制度,加强行政复议、备案审查、行政执法监督、政府督查等工作,坚持政务公开,自觉接受各方面监督,强化对行政权力运行的制约和监督。**
	第十八条 **国务院组成人员应当坚决维护党中央权威和集中统一领导,模范遵守宪法和法律,认真履行职责,带头反对形式主义、官僚主义,为民务实,严守纪律,勤勉廉洁。**
	第十九条 **国务院组成部门、直属机构、办事机构应当各司其职、各负其责、加强协调、密切配合,确保党中央、国务院各项工作部署贯彻落实。**
	第二十条 **本法自公布之日起施行。**
第十一条 国务院可以根据工作需要和精简的原则,设立若干直属机构主管各项专门业务,设立若干办事机构协助总理办理专门事项。每个机构设负责人二至五人。	**调整至第十三条。**

中国法律史

【大纲新增考点说明】

2024年,“中国法律史”大纲考点增加“第六章　新民主主义革命时期民主政权法制”,该章共分为两节,设6个考点,详情如下:

章　节	2023 年大纲	2024 年大纲	提　示
第六章第一节　宪法		《中华苏维埃共和国宪法大纲》《陕甘宁边区施政纲领》《陕甘宁边区宪法原则》	新增一节，含 3 个考点
第六章第一节　司法制度		陕甘宁边区高等法院　马锡五审判方式　废除《六法全书》	新增一节，含 3 个考点

2020~2023 年大纲新增考点对照

年　份	章　节	新增考点
2023	第五章第五节“中国共产党民主政权宪法性文件”	马锡五审判方式
2022	第二章第二节“魏晋南北朝时期的法律思想与制度”	魏晋南北朝时期法典的发展变化（重罪十条）
2021	第五章第五节“中国共产党民主政权宪法性文件”	中华苏维埃共和国宪法大纲　陕甘宁边区施政纲领　陕甘宁边区宪法原则
2020	第五章第四节“南京国民政府的法律制度”	五院制　司法院

【大纲新增、变化考点解读】

☞ 2024 考点 1　《中华苏维埃共和国宪法大纲》

1.《中华苏维埃共和国宪法大纲》制定经过。1930 年 7 月党中央成立中华工农兵苏维埃第一次全国代表大会中央准备委员会，负责草拟宪法。1931 年 11 月 7~20 日第一次代表大会在江西瑞金召开，通过《中华苏维埃共和国宪法大纲》。1934 年 1 月第二次代表大会作某些修正，最主要的是在第 2 条增加“同中农巩固的联合”。

2.《中华苏维埃共和国宪法大纲》的主要内容。《中华苏维埃共和国宪法大纲》遵循党中央提出的“制宪七大原则”，规定苏维埃政权的性质、政治制度、公民权利义务、外交政策等内容，共 17 条。主要内容是：

（1）确定苏维埃国家性质是“工人和农民的民主专政国家”。所谓专政，一是将地主资产阶级（军阀、官僚、地主、资本家、豪绅、僧侣及一切剥削者）拒绝于政权之外；二是剥夺他们的言论、出版、集会、结社等自由；三是使用革命武力和法庭镇压一切反革命复辟活动。

（2）确定苏维埃国家政治制度是工农兵苏维埃代表大会制度。它保证工农大众参加国家管理，便于工人阶级及其政党的领导，实行民主集中制和议行合一原则。它是根据革命实践及苏联经验建立的新式民主制度。

（3）确定苏维埃国家公民的权利和义务，包括政治、经济、文化等各方面。工农兵及一切劳苦民众享有广泛民主权利。各级政府采取切实有效措施,提供力所能及的物质保障条件。

(4)确定苏维埃国家外交政策。宣布中华民族完全自由独立,不承认帝国主义在中国的特权及不平等条约。与世界无产阶级和被压迫民族站在一起,苏联是巩固的同盟者。对受迫害的世界革命者给予保护。对居住在苏区从事劳动的外国人给予法定的政治权利。

3.《中华苏维埃共和国宪法大纲》的意义。

(1)它是第一部由劳动人民制定、确保人民民主制度的宪法性文件,是共产党领导人民反帝反封建的工农民主专政的伟大纲领。

(2)它同民国政府制定的"约法""宪法"有本质的区别。

(3)它肯定革命胜利成果,提出斗争方向。尽管受到"左"的影响,但仍是划时代的宪法性文件。

(4)它的颁行调动了苏区人民的革命积极性,为以后制定民主宪法提供了宝贵经验。

☞ 2024 考点2 《陕甘宁边区施政纲领》

1.《陕甘宁边区施政纲领》的制定。中国共产党领导的地方抗日民主政权以1937年8月25日公布的《抗日救国十大纲领》为准绳,继承发扬苏区法制传统,建立起切合国情的抗日民主法制,标志着新民主主义法制的形成和重大发展。

1939年1月陕甘宁边区第一届参议会通过《陕甘宁边区抗战时期施政纲领》。1941年经中共中央政治局批准,边区第二届参议会通过了新的《陕甘宁边区施政纲领》,完善了原有的保障抗战、加强团结、健全民主、发展经济、普及文化教育的规定,增加了"三三制"政权组织形式和保障人权等崭新内容。

2.《陕甘宁边区施政纲领》的主要内容。

(1)保障抗战的规定。团结边区各社会阶级、各抗日党派,发挥一切人力、物力、财力、智力抗战。严厉镇压汉奸及反共分子。

(2)加强团结的规定。坚持抗日民族统一战线方针,团结边区各抗日阶级、工人、农民、地主、资本家。主要措施是:调节各阶级的关系,地主减租息,农民交租息;改善工农生活,资本家有利可图;一致对外,共同抗日。

(3)健全民主制度的规定。将其提到保证全国人民团结的高度。规定几项重大措施:其一,普遍、直接、平等、无记名投票的选举制度。其二,保障一切抗日人民的选举权与被选举权。其三,"三三制"政权组织原则。明确规定:"本党愿与各党各派及一切群众团体进行选举联盟,并在候选名单中确定共产党员只占三分之一,以便各党各派及无党无派人士均能参加边区民意机关之活动与边区之行政管理。在共产党员被选为某一行政机关之主管人员时,应保证该机关之职员有三分之二为党外人士充任,共产党员应与这些党外人士实行民主合作,不得一意孤行,把持包办。"毛泽东在《抗日根据地的政权问题》中强调:"根据抗日民族统一战线政权的原则,在人员分配上,应规定为共产党员占三分之一,非党的左派进步分子占三分之一,不左不右的中间派占三分之一。"中国共产党在抗日战争期间为把根据地建设成"民主的模范",巩固和扩大抗日民族统一战线,在根据地政权建设中普遍实行了"三三制"原则。其四,保障一切抗日党派、团体、人民的人权、财权及各项自由。其五,人民享有用任何方式控告任何公务人员非法行为的权利。其六,男女平等,提高妇女地位,保护其特殊利益。其七,反对民族歧视,实行民族平等、自治,尊重宗教信仰、风俗习惯。

(4)发展经济的规定。从"发展经济,保障供给"总方针出发,发展农业、林业、牧业、手工业和工业,奖励扶助私人企业,保障经营自由。实施外贸统治。贯彻统筹统支的财政制度。征收统一累进税,巩固边币,维护法币。

(5)普及文化教育的规定。举办各类学校，普及免费义务教育。尊重知识分子，提高边区人民政治文化水平。

3.《陕甘宁边区施政纲领》的意义。《陕甘宁边区施政纲领》以反对日本帝国主义、保护抗日人民、调节各抗日阶级利益、改善工农生活、镇压汉奸反动派为基本出发点，全面系统反映了抗日民族统一战线的要求，是法制实践经验的科学概括与总结。

☞ **2024 考点 3 《陕甘宁边区宪法原则》**

1.《陕甘宁边区宪法原则》制定的背景。1945 年抗日战争结束，国共两党于 10 月 10 日签订“双十协定”。1946 年 1 月南京国民政府在重庆召开政治协商会议，通过《关于宪草问题的协议》，规定了制定省宪的原则。因此，各解放区政府开始制定宪法原则与施政纲领，其中，有代表性的是 1946 年 4 月陕甘宁边区第三届参议会通过的《陕甘宁边区宪法原则》。其结构分为“政权组织”“人民权利”“司法”“经济”“文化”五部分，共 26 条。

2.《陕甘宁边区宪法原则》的主要内容。

(1)确立边区、县、乡人民代表会议为管理政权机关。

(2)规定人民政治上行使的各项自由权利，受政府指导与物质帮助。边区人民不分民族一律平等。

(3)规定除司法机关、公安机关依法执行职务外，任何机关、团体不得有逮捕审讯行为。人民有权用任何方式控告失职的任何公务人员。各级司法机关独立行使职权，除服从法律外，不受任何干涉。

(4)应保障耕者有其田，劳动者有职业，企业者有发展机会。经济上采取公营、合作、私营三种方式，组织一切人力、财力为促进经济繁荣消灭贫穷而斗争。

(5)普及并提高人民文化水准。从速消灭文盲，减少疾病与死亡。

国　际　法

【大纲新增考点 · 法条说明】

2024 年，“国际法”学科考点没有变化，法规新增 2 件，如下：

大纲附录法律法规

项　目	法律法规
增加法规	1.中华人民共和国对外关系法 (2023 年 6 月 28 日第十四届全国人民代表大会常务委员会第三次会议通过　2023 年 6 月 28 日中华人民共和国主席令第 7 号公布　自 2023 年 7 月 1 日起施行) 2.中华人民共和国外国国家豁免法 (2023 年 9 月 1 日第十四届全国人民代表大会常务委员会第五次会议通过　2023 年 9 月 1 日中华人民共和国主席令第 10 号公布　自 2024 年 1 月 1 日起施行)

2020~2023 年大纲新增考点对照

年 份	章 节	新增考点
2023		无
2022		无
2021		无
2020	第七章第二节“国际争端的法律解决法”	司法方式

【大纲新增法条】

中华人民共和国对外关系法

（2023 年 6 月 28 日第十四届全国人民代表大会常务委员会第三次会议通过　2023 年 6 月 28 日中华人民共和国主席令第 7 号公布　自 2023 年 7 月 1 日起施行）

目　录

第一章　总　　则

第一条　为了发展对外关系，维护国家主权、安全、发展利益，维护和发展人民利益，建设社会主义现代化强国，实现中华民族伟大复兴，促进世界和平与发展，推动构建人类命运共同体，根据宪法，制定本法。

第二条　中华人民共和国发展同各国的外交关系和经济、文化等各领域的交流与合作，发展同联合国等国际组织的关系，适用本法。

第三条　中华人民共和国坚持以马克思列宁主义、毛泽东思想、邓小平理论、“三个代表”重要思想、科学发展观、习近平新时代中国特色社会主义思想为指导，发展对外关系，促进友好交往。

第四条　中华人民共和国坚持独立自主的和平外交政策，坚持互相尊重主权和领土完整、互不侵犯、互不干涉内政、平等互利、和平共处的五项原则。

中华人民共和国坚持和平发展道路，坚持对外开放基本国策，奉行互利共赢开放战略。

中华人民共和国遵守联合国宪章宗旨和原则，维护世界和平与安全，促进全球共同发展，推动构建新型国际关系；主张以和平方式解决国际争端，反对在国际关系中使用武力或者以武力相威胁，反对霸权主义和强权政治；坚持国家不分大小、强弱、贫富一律平等，尊重各国人民自主选择的发展道路和社会制度。

第五条　中华人民共和国对外工作坚持中国共产党的集中统一领导。

第六条　国家机关和武装力量、各政党和各人民团体、企业事业组织和其他社会组织以及公民，在对外交流合作中有维护国家主权、安全、尊严、荣誉、利益的责任和义务。

第七条 国家鼓励积极开展民间对外友好交流合作。

对在对外交流合作中做出突出贡献者，按照国家有关规定给予表彰和奖励。

第八条 任何组织和个人违反本法和有关法律，在对外交往中从事损害国家利益活动的，依法追究法律责任。

第二章 对外关系的职权

第九条 中央外事工作领导机构负责对外工作的决策和议事协调，研究制定、指导实施国家对外战略和有关重大方针政策，负责对外工作的顶层设计、统筹协调、整体推进、督促落实。

第十条 全国人民代表大会及其常务委员会批准和废除同外国缔结的条约和重要协定，行使宪法和法律规定的对外关系职权。

全国人民代表大会及其常务委员会积极开展对外交往，加强同各国议会、国际和地区议会组织的交流与合作。

第十一条 中华人民共和国主席代表中华人民共和国，进行国事活动，行使宪法和法律规定的对外关系职权。

第十二条 国务院管理对外事务，同外国缔结条约和协定，行使宪法和法律规定的对外关系职权。

第十三条 中央军事委员会组织开展国际军事交流与合作，行使宪法和法律规定的对外关系职权。

第十四条 中华人民共和国外交部依法办理外交事务，承办党和国家领导人同外国领导人的外交往来事务。外交部加强对国家机关各部门、各地区对外交流合作的指导、协调、管理、服务。

中央和国家机关按照职责分工，开展对外交流合作。

第十五条 中华人民共和国驻外国的使馆、领馆以及常驻联合国和其他政府间国际组织的代表团等驻外外交机构对外代表中华人民共和国。

外交部统一领导驻外外交机构的工作。

第十六条 省、自治区、直辖市根据中央授权在特定范围内开展对外交流合作。

省、自治区、直辖市人民政府依职权处理本行政区域的对外交流合作事务。

第三章 发展对外关系的目标任务

第十七条 中华人民共和国发展对外关系，坚持维护中国特色社会主义制度，维护国家主权、统一和领土完整，服务国家经济社会发展。

第十八条 中华人民共和国推动践行全球发展倡议、全球安全倡议、全球文明倡议，推进全方位、多层次、宽领域、立体化的对外工作布局。

中华人民共和国促进大国协调和良性互动，按照亲诚惠容理念和与邻为善、以邻为伴方针发展同周边国家关系，秉持真实亲诚理念和正确义利观同发展中国家团结合作，维护和践行多边主义，参与全球治理体系改革和建设。

第十九条 中华人民共和国维护以联合国为核心的国际体系，维护以国际法为基础的国际秩序，维护以联合国宪章宗旨和原则为基础的国际关系基本准则。

中华人民共和国坚持共商共建共享的全球治理观，参与国际规则制定，推动国际关系民主化，推动经济全球化朝着开放、包容、普惠、平衡、共赢方向发展。

第二十条 中华人民共和国坚持共同、综合、合作、可持续的全球安全观，加强国际安全合作，完善参与全球安全治理机制。

中华人民共和国履行联合国安全理事会常任理事国责任，维护国际和平与安全，维护联合国安全理事会权威与地位。

中华人民共和国支持和参与联合国安全理事会授权的维持和平行动，坚持维持和平行动基本原则，尊重主权国家领土完整与政治独立，保持公平立场。

中华人民共和国维护国际军备控制、裁军与防扩散体系，反对军备竞赛，反对和禁止一切形式的大规模杀伤性武器相关扩散活动，履行相关国际义务，开展防扩散国际合作。

第二十一条 中华人民共和国坚持公平普惠、开放合作、全面协调、创新联动的全球发展观，促进经济、社会、环境协调可持续发展和人的全面发展。

第二十二条 中华人民共和国尊重和保障人权,坚持人权的普遍性原则同本国实际相结合,促进人权全面协调发展,在平等和相互尊重的基础上开展人权领域国际交流与合作,推动国际人权事业健康发展。

第二十三条 中华人民共和国主张世界各国超越国家、民族、文化差异,弘扬和平、发展、公平、正义、民主、自由的全人类共同价值。

第二十四条 中华人民共和国坚持平等、互鉴、对话、包容的文明观,尊重文明多样性,推动不同文明交流对话。

第二十五条 中华人民共和国积极参与全球环境气候治理,加强绿色低碳国际合作,共谋全球生态文明建设,推动构建公平合理、合作共赢的全球环境气候治理体系。

第二十六条 中华人民共和国坚持推进高水平对外开放,发展对外贸易,积极促进和依法保护外商投资,鼓励开展对外投资等对外经济合作,推动共建"一带一路"高质量发展,维护多边贸易体制,反对单边主义和保护主义,推动建设开放型世界经济。

第二十七条 中华人民共和国通过经济、技术、物资、人才、管理等方式开展对外援助,促进发展中国家经济发展和社会进步,增强其自主可持续发展能力,推动国际发展合作。

中华人民共和国开展国际人道主义合作和援助,加强防灾减灾救灾国际合作,协助有关国家应对人道主义紧急状况。

中华人民共和国开展对外援助坚持尊重他国主权,不干涉他国内政,不附加任何政治条件。

第二十八条 中华人民共和国根据发展对外关系的需要,开展教育、科技、文化、卫生、体育、社会、生态、军事、安全、法治等领域交流合作。

第四章 对外关系的制度

第二十九条 国家统筹推进国内法治和涉外法治,加强涉外领域立法,加强涉外法治体系建设。

第三十条 国家依照宪法和法律缔结或者参加条约和协定,善意履行有关条约和协定规定的义务。

国家缔结或者参加的条约和协定不得同宪法相抵触。

第三十一条 国家采取适当措施实施和适用条约和协定。

条约和协定的实施和适用不得损害国家主权、安全和社会公共利益。

第三十二条 国家在遵守国际法基本原则和国际关系基本准则的基础上,加强涉外领域法律法规的实施和适用,并依法采取执法、司法等措施,维护国家主权、安全、发展利益,保护中国公民、组织合法权益。

第三十三条 对于违反国际法和国际关系基本准则,危害中华人民共和国主权、安全、发展利益的行为,中华人民共和国有权采取相应反制和限制措施。

国务院及其部门制定必要的行政法规、部门规章,建立相应工作制度和机制,加强部门协同配合,确定和实施有关反制和限制措施。

依据本条第一款、第二款作出的决定为最终决定。

第三十四条 中华人民共和国在一个中国原则基础上,按照和平共处五项原则同世界各国建立和发展外交关系。

中华人民共和国根据缔结或者参加的条约和协定、国际法基本原则和国际关系基本准则,有权采取变更或者终止外交、领事关系等必要外交行动。

第三十五条 国家采取措施执行联合国安全理事会根据联合国宪章第七章作出的具有约束力的制裁决议和相关措施。

对前款所述制裁决议和措施的执行,由外交部发出通知并予公告。国家有关部门和省、自治区、直辖市人民政府在各自职权范围内采取措施予以执行。

在中国境内的组织和个人应当遵守外交部公告内容和各部门、各地区有关措施,不得从事违反上述制裁决议和措施的行为。

第三十六条 中华人民共和国依据有关法律和缔结或者参加的条约和协定,给予外国外交机构、外国国家官员、国际组织及其官员相应的特权与豁免。

中华人民共和国依据有关法律和缔结或者参加的条约和协定，给予外国国家及其财产豁免。

第三十七条 国家依法采取必要措施，保护中国公民和组织在海外的安全和正当权益，保护国家的海外利益不受威胁和侵害。

国家加强海外利益保护体系、工作机制和能力建设。

第三十八条 中华人民共和国依法保护在中国境内的外国人和外国组织的合法权利和利益。

国家有权准许或者拒绝外国人入境、停留居留，依法对外国组织在境内的活动进行管理。

在中国境内的外国人和外国组织应当遵守中国法律，不得危害中国国家安全、损害社会公共利益、破坏社会公共秩序。

第三十九条 中华人民共和国加强多边双边法治对话，推进对外法治交流合作。

中华人民共和国根据缔结或者参加的条约和协定，或者按照平等互惠原则，同外国、国际组织在执法、司法领域开展国际合作。

国家深化拓展对外执法合作工作机制，完善司法协助体制机制，推进执法、司法领域国际合作。国家加强打击跨国犯罪、反腐败等国际合作。

第五章 发展对外关系的保障

第四十条 国家健全对外工作综合保障体系，增强发展对外关系、维护国家利益的能力。

第四十一条 国家保障对外工作所需经费，建立与发展对外关系需求和国民经济发展水平相适应的经费保障机制。

第四十二条 国家加强对外工作人才队伍建设，采取措施推动做好人才培养、使用、管理、服务、保障等工作。

第四十三条 国家通过多种形式促进社会公众理解和支持对外工作。

第四十四条 国家推进国际传播能力建设，推动世界更好了解和认识中国，促进人类文明交流互鉴。

第六章 附 则

第四十五条 本法自 2023 年 7 月 1 日起施行。

中华人民共和国外国国家豁免法

（2023 年 9 月 1 日第十四届全国人民代表大会常务委员会第五次会议通过 2023 年 9 月 1 日中华人民共和国主席令第 10 号公布 自 2024 年 1 月 1 日起施行）

第一条 为了健全外国国家豁免制度，明确中华人民共和国的法院对涉及外国国家及其财产民事案件的管辖，保护当事人合法权益，维护国家主权平等，促进对外友好交往，根据宪法，制定本法。

第二条 本法所称的外国国家包括：

（一）外国主权国家；

（二）外国主权国家的国家机关或者组成部分；

（三）外国主权国家授权行使主权权力且基于该项授权从事活动的组织或者个人。

第三条 外国国家及其财产在中华人民共和国的法院享有管辖豁免，本法另有规定的除外。

第四条 外国国家通过下列方式之一明示就特定事项或者案件接受中华人民共和国的法院管辖的，对于就该事项或者案件提起的诉讼，该外国国家在中华人民共和国的法院不享有管辖豁免：

（一）国际条约；

（二）书面协议；

（三）向处理案件的中华人民共和国的法院提交书面文件；

（四）通过外交渠道等方式向中华人民共和国提交书面文件；

（五）其他明示接受中华人民共和国的法院管辖的方式。

第五条 外国国家有下列情形之一的，视为就特定事项或者案件接受中华人民共和国的法院管辖：

（一）作为原告向中华人民共和国的法院提起诉讼；

（二）作为被告参加中华人民共和国的法院受理的诉讼，并就案件实体问题答辩或者提出反诉；

（三）作为第三人参加中华人民共和国的法院受理的诉讼；

（四）在中华人民共和国的法院作为原告提起诉讼或者作为第三人提出诉讼请求时，由于与该起诉或者该诉讼请求相同的法律关系或者事实被提起反诉。

外国国家有前款第二项规定的情形，但能够证明其作出上述答辩之前不可能知道有可主张豁免的事实的，可以在知道或者应当知道该事实后的合理时间内主张管辖豁免。

第六条 外国国家有下列情形之一的，不视为接受中华人民共和国的法院管辖：

（一）仅为主张豁免而应诉答辩；

（二）外国国家的代表在中华人民共和国的法院出庭作证；

（三）同意在特定事项或者案件中适用中华人民共和国的法律。

第七条 外国国家与包括中华人民共和国在内的其他国家的组织或者个人进行的商业活动，在中华人民共和国领域内发生，或者虽然发生在中华人民共和国领域外但在中华人民共和国领域内产生直接影响的，对于该商业活动引起的诉讼，该外国国家在中华人民共和国的法院不享有管辖豁免。

本法所称商业活动是指非行使主权权力的关于货物或者服务的交易、投资、借贷以及其他商业性质的行为。中华人民共和国的法院在认定一项行为是否属于商业活动时，应当综合考虑该行为的性质和目的。

第八条 外国国家为获得个人提供的劳动或者劳务而签订的合同全部或者部分在中华人民共和国领域内履行的，对于因该合同引起的诉讼，该外国国家在中华人民共和国的法院不享有管辖豁免，但有下列情形之一的除外：

（一）获得个人提供的劳动或者劳务是为了履行该外国国家行使主权权力的特定职能；

（二）提供劳动或者劳务的个人是外交代表、领事官员、享有豁免的国际组织驻华代表机构工作人员或者其他享有相关豁免的人员；

（三）提供劳动或者劳务的个人在提起诉讼时具有该外国国家的国籍，并且在中华人民共和国领域内没有经常居所；

（四）该外国国家与中华人民共和国另有协议。

第九条 对于外国国家在中华人民共和国领域内的相关行为造成人身伤害、死亡或者造成动产、不动产损失引起的赔偿诉讼，该外国国家在中华人民共和国的法院不享有管辖豁免。

第十条 对于下列财产事项的诉讼，外国国家在中华人民共和国的法院不享有管辖豁免：

（一）该外国国家对位于中华人民共和国领域内的不动产的任何权益或者义务；

（二）该外国国家对动产、不动产的赠与、遗赠、继承或者因无人继承而产生的任何权益或者义务；

（三）在管理信托财产、破产财产或者进行法人、非法人组织清算时涉及该外国国家的权益或者义务。

第十一条 对于下列知识产权事项的诉讼，外国国家在中华人民共和国的法院不享有管辖豁免：

（一）确定该外国国家受中华人民共和国法律保护的知识产权归属及相关权益；

（二）该外国国家在中华人民共和国领域内侵害受中华人民共和国法律保护的知识产权及相关权益。

第十二条 外国国家与包括中华人民共和国在内的其他国家的组织或者个人之间的商业活动产生的争议，根据书面协议被提交仲裁的，或者外国国家通过国际投资条约等书面形式同意将其与包括中华人民共和国在内的其他国家的组织或者个人产生的投资争端提交仲裁的，对于需要法院审查的下列事项，该外国国家在中华人民共和国的法院不享有管辖豁免：

（一）仲裁协议的效力；

（二）仲裁裁决的承认和执行；

（三）仲裁裁决的撤销；

（四）法律规定的其他由中华人民共和国的法院对仲裁进行审查的事项。

第十三条 外国国家的财产在中华人民共和国的法院享有司法强制措施豁免。

外国国家接受中华人民共和国的法院管辖，不视为放弃司法强制措施豁免。

第十四条 有下列情形之一的，外国国家的财产在中华人民共和国的法院不享有司法强制措施豁免：

（一）外国国家以国际条约、书面协议或者向中华人民共和国的法院提交书面文件等方式明示放弃司法强制措施豁免；

（二）外国国家已经拨出或者专门指定财产用于司法强制措施执行；

（三）为执行中华人民共和国的法院的生效判决、裁定，对外国国家位于中华人民共和国领域内、用于商业活动且与诉讼有联系的财产采取司法强制措施。

第十五条 下列外国国家的财产不视为本法第十四条第三项规定的用于商业活动的财产：

（一）外交代表机构、领事机构、特别使团、驻国际组织代表团或者派往国际会议的代表团用于、意图用于公务的财产，包括银行账户款项；

（二）属于军事性质的财产，或者用于、意图用于军事的财产；

（三）外国和区域经济一体化组织的中央银行或者履行中央银行职能的金融管理机构的财产，包括现金、票据、银行存款、有价证券、外汇储备、黄金储备以及该中央银行或者该履行中央银行职能的金融管理机构的不动产和其他财产；

（四）构成该国文化遗产或者档案的一部分，且非供出售或者意图出售的财产；

（五）用于展览的具有科学、文化、历史价值的物品，且非供出售或者意图出售的财产；

（六）中华人民共和国的法院认为不视为用于商业活动的其他财产。

第十六条 对于外国国家及其财产民事案件的审判和执行程序，本法没有规定的，适用中华人民共和国的民事诉讼法律以及其他相关法律的规定。

第十七条 中华人民共和国的法院向外国国家送达传票或者其他诉讼文书，应当按照下列方式进行：

（一）该外国国家与中华人民共和国缔结或者共同参加的国际条约规定的方式；

（二）该外国国家接受且中华人民共和国法律不禁止的其他方式。

通过前款方式无法完成送达的，可以通过外交照会方式送交该外国国家外交部门，外交照会发出之日视为完成送达。

按照本条第一款、第二款规定的方式进行送达的诉讼文书，应当依照该外国国家与中华人民共和国缔结或者共同参加的国际条约的规定附上有关语言的译本，没有相关国际条约的，附上该外国国家官方语言的译本。

向外国国家送达起诉状副本时，应当一并通知该外国国家在收到起诉状副本后三个月内提出答辩状。

外国国家在对其提起的诉讼中就实体问题答辩后，不得再就诉讼文书的送达方式提出异议。

第十八条 经送达完成，外国国家未在中华人民共和国的法院指定期限内出庭的，法院应当主动查明该外国国家是否享有管辖豁免。对于外国国家在中华人民共和国的法院不享有管辖豁免的案件，法院可以缺席判决，但应当在诉讼文书送达之日的六个月以后。

中华人民共和国的法院对外国国家作出的缺席判决，应当按照本法第十七条的规定送达。

外国国家对中华人民共和国的法院缺席判决提起上诉的期限为六个月，从判决书送达之日起计算。

第十九条 中华人民共和国外交部就以下有关国家行为的事实问题出具的证明文件，中华人民共和国的法院应当采信：

（一）案件中的相关国家是否构成本法第二条

第一项中的外国主权国家；

（二）本法第十七条规定的外交照会是否送达以及何时送达；

（三）其他有关国家行为的事实问题。

对于前款以外其他涉及外交事务等重大国家利益的问题，中华人民共和国外交部可以向中华人民共和国的法院出具意见。

第二十条 本法规定不影响外国的外交代表机构、领事机构、特别使团、驻国际组织代表团、派往国际会议的代表团及上述机构的相关人员根据中华人民共和国的法律、中华人民共和国缔结或者参加的国际条约享有的特权与豁免。

本法规定不影响外国国家元首、政府首脑、外交部长及其他具有同等身份的官员根据中华人民共和国的法律、中华人民共和国缔结或者参加的国际条约以及国际习惯享有的特权与豁免。

第二十一条 外国给予中华人民共和国国家及其财产的豁免待遇低于本法规定的，中华人民共和国实行对等原则。

第二十二条 中华人民共和国缔结或者参加的国际条约同本法有不同规定的，适用该国际条约的规定，但中华人民共和国声明保留的条款除外。

第二十三条 本法自2024年1月1日起施行。

司法制度和法律职业道德

【大纲新增考点·法条说明】

2024年，“司法制度和法律职业道德”学科考点没有变化，大纲附录法规增加1件、删除2件，调整如下：

大纲附录法律法规

项目	法律法规
增加法规	法律援助法实施工作办法 （2023年11月20日最高人民法院、最高人民检察院、公安部、司法部联合发布）
删除法规	1.人民法院工作人员处分条例 （2009年12月31日最高人民法院发布） 法发〔2009〕61号 2.最高人民法院、最高人民检察院、公安部、司法部关于刑事诉讼法律援助工作的规定 （2013年2月4日）

2020～2023年大纲新增考点对照

年份	章节	新增与变化考点·法条
2023	无	

续表

<table>
<tr><th>年 份</th><th>章 节</th><th>新增与变化考点·法条</th></tr>
<tr><td rowspan="2">2022</td><td>第一章第五节“法律援助制度”</td><td>法律援助的概念　法律援助的机构和人员　法律援助的形式和范围　法律援助的程序和实施　法律援助的保障和监督　法律援助的法律责任　法律援助制度</td></tr>
<tr><td colspan="2">新增法律法规:
(1)最高人民法院、最高人民检察院、司法部关于建立健全禁止法官、检察官与律师不正当接触交往制度机制的意见
(2)最高人民法院、最高人民检察院、司法部关于进一步规范法院、检察院离任人员从事律师职业的意见
(3)中华人民共和国法律援助法
(4)法律援助值班律师工作办法</td></tr>
<tr><td>2021</td><td colspan="2">新增法律法规:
(1)中华人民共和国公职人员政务处分法
(2)律师和律师事务所违法行为处罚办法
(3)律师协会会员违规行为处分规则(试行)</td></tr>
<tr><td>2020</td><td colspan="2">无</td></tr>
</table>

【大纲新增、变化考点解读】

☞ 2024 考点1　法律援助的机构和人员

1.法律援助机构。《法律援助法》规定,县级以上人民政府司法行政部门应当设立法律援助机构。法律援助机构负责组织实施法律援助工作,受理、审查法律援助申请,指派律师、基层法律服务工作者、法律援助志愿者等法律援助人员提供法律援助,支付法律援助补贴。

法律援助机构根据工作需要,可以安排本机构具有律师资格或者法律职业资格的工作人员提供法律援助;可以设置法律援助工作站或者联络点,就近受理法律援助申请。法律援助机构可以在人民法院、人民检察院和看守所等场所派驻值班律师,依法为没有辩护人的犯罪嫌疑人、被告人提供法律援助。

2.法律援助人员。**法律援助人员是指接受法律援助机构的指派或者安排,依法为经济困难公民和符合法定条件的其他当事人提供法律援助服务的律师、基层法律服务工作者、法律援助志愿者以及法律援助机构中具有律师资格或者法律职业资格的工作人员等。**

根据《法律援助法》,司法行政部门可以通过政府采购等方式,择优选择律师事务所等法律服务机构为受援人提供法律援助。律师事务所、基层法律服务所、律师、基层法律服务工作者负有依法提供法律援助的义务。律师事务所、基层法律服务所应当支持和保障本所律师、基层法律服务工作者履行法律援助义务。

同时,国家鼓励和规范法律援助志愿服务;支持符合条件的个人作为法律援助志愿者,依法提供法律援助。高等院校、科研机构可以组织从事法学教育、研究工作的人员和法学专业学生作为法律援助志愿者,在司法行政部门指导下,为当事人提供法律咨询、代拟法律文书等法律援助。

按照《法律援助法》的规定,国家建立健全法律服务资源依法跨区域流动机制,鼓励和支持律师事务所、律师、法律援助志愿者等在法律服务资源相对短缺地区提供法律援助。

法律援助人员应当依法履行职责，及时为受援人提供符合标准的法律援助服务，维护受援人的合法权益。法律援助人员应当恪守职业道德和执业纪律，不得向受援人收取任何财物。

法律援助机构、法律援助人员对提供法律援助过程中知悉的国家秘密、商业秘密和个人隐私应当予以保密。

☞ 2024 考点2　法律援助的程序

根据《法律援助法》的规定，法律援助的程序主要包括申请、审查、指派、办理、归案结档等。

(1)申请。对诉讼事项的法律援助，由申请人向办案机关所在地的法律援助机构提出申请；对非诉讼事项的法律援助，由申请人向争议处理机关所在地或者事由发生地的法律援助机构提出申请。

值班律师依法为没有辩护人的犯罪嫌疑人、被告人提供法律咨询、程序选择建议、申请变更强制措施、对案件处理提出意见等法律帮助。人民法院、人民检察院、公安机关应当在确定的法律帮助日期前3个工作日，将法律帮助通知书送达法律援助机构，或者直接送达现场值班律师。该期间没有安排现场值班律师的，法律援助机构应当自收到法律帮助通知书之日起2个工作日内确定值班律师，并通知人民法院、人民检察院、公安机关。被羁押的犯罪嫌疑人、被告人、服刑人员，以及强制隔离戒毒人员等提出法律援助申请的，办案机关、监管场所应当在24小时内将申请转交法律援助机构。犯罪嫌疑人、被告人通过值班律师提出代理、刑事辩护等法律援助申请的，值班律师应当在24小时内将申请转交法律援助机构。

无民事行为能力人或者限制民事行为能力人需要法律援助的，可以由其法定代理人代为提出申请。法定代理人侵犯无民事行为能力人、限制民事行为能力人合法权益的，其他法定代理人或者近亲属可以代为提出法律援助申请。

被羁押的犯罪嫌疑人、被告人、服刑人员，以及强制隔离戒毒人员，可以由其法定代理人或者近亲属代为提出法律援助申请。

因经济困难申请法律援助的，申请人应当如实说明经济困难状况。法律援助机构核查申请人的经济困难状况，可以通过信息共享查询，或者由申请人进行个人诚信承诺。法律援助机构开展核查工作，有关部门、单位、村民委员会、居民委员会和个人应当予以配合。

法律援助申请人有材料证明属于下列人员之一的，免予核查经济困难状况：①无固定生活来源的未成年人、老年人、残疾人等特定群体；②社会救助、司法救助或者优抚对象；③申请支付劳动报酬或者请求工伤事故人身损害赔偿的进城务工人员；④法律、法规、规章规定的其他人员。

(2)审查。法律援助机构应当自收到法律援助申请之日起7日内进行审查，作出是否给予法律援助的决定。决定给予法律援助的，应当自作出决定之日起3日内指派法律援助人员为受援人提供法律援助；决定不给予法律援助的，应当书面告知申请人，并说明理由。**法律援助机构应当自收到人民法院、人民检察院、公安机关的法律援助通知文书之日起3日内，指派律师并函告人民法院、人民检察院、公安机关，法律援助公函应当载明承办律师的姓名、所属单位及联系方式。**

申请人提交的申请材料不齐全的，法律援助机构应当一次性告知申请人需要补充的材料或者要求申请人作出说明。申请人未按要求补充材料或者作出说明的，视为撤回申请。

☞ 2024 考点3　法律援助的实施

《法律援助法》规定，法律援助机构收到法律援助申请后，发现有下列情形之一的，可以决定先行提供法律援助:(1)距法定时效或者期限届满不足7日,需要及时提起诉讼或者申请仲裁、行政复议;(2)需要立即申请财产保全、证据保全或者先予执行;(3)法律、法规、规章规定的其他情形。法律援助机构先行提供法律援助的,受援人应当及时补办有关手续,补充有关材料。

法律援助机构为老年人、残疾人提供法律援助服务的,应当根据实际情况提供无障碍设施设备和服务。法律法规对向特定群体提供法律援助有其他特别规定的,依照其规定。

法律援助人员接受指派后,无正当理由不得拒绝、拖延或者终止提供法律援助服务。法律援助人员应当遵守有关法律、法规、规章和规定,根据案件情况做好会见、阅卷、调查情况、收集证据、参加庭审、提交书面意见等工作,依法为受援人提供符合标准的法律援助服务。法律援助人员应当按照规定向受援人通报法律援助事项办理情况,不得损害受援人合法权益。

受援人应当向法律援助人员如实陈述与法律援助事项有关的情况,及时提供证据材料,协助、配合办理法律援助事项。

根据《法律援助法》的规定,有下列情形之一的,法律援助机构应当作出终止法律援助的决定:(1)受援人以欺骗或者其他不正当手段获得法律援助;(2)受援人故意隐瞒与案件有关的重要事实或者提供虚假证据;(3)受援人利用法律援助从事违法活动;(4)受援人的经济状况发生变化,不再符合法律援助条件;(5)案件终止审理或者已经被撤销;(6)受援人自行委托律师或者其他代理人;(7)受援人有正当理由要求终止法律援助;(8)法律法规规定的其他情形。法律援助人员发现有上述情形的,应当及时向法律援助机构报告。

被告人拒绝法律援助机构指派的律师为其辩护,坚持自己行使辩护权,人民法院依法准许的,法律援助机构应当作出终止法律援助的决定。对于应当通知辩护的案件,犯罪嫌疑人、被告人拒绝指派的律师为其辩护的,人民法院、人民检察院、公安机关应当查明原因。理由正当的,应当准许,但犯罪嫌疑人、被告人应当在五日内另行委托辩护人;犯罪嫌疑人、被告人未另行委托辩护人的,人民法院、人民检察院、公安机关应当在3日内通知法律援助机构另行指派律师为其提供辩护。

申请人、受援人对法律援助机构不予法律援助、终止法律援助的决定有异议的,可以向设立该法律援助机构的司法行政部门提出。司法行政部门应当自收到异议之日起5日内进行审查,作出维持法律援助机构决定或者责令法律援助机构改正的决定。申请人、受援人对司法行政部门维持法律援助机构决定不服的,可以依法申请行政复议或者提起行政诉讼。

法律援助事项办理结束后,法律援助人员应当及时向法律援助机构报告,提交有关法律文书的副本或者复印件、办理情况报告等材料。

☞ 2024 考点4 法律援助的保障和监督

在法律援助的保障和监督方面,《法律援助法》规定国家加强法律援助信息化建设,促进司法行政部门与司法机关及其他有关部门实现信息共享和工作协同。

法律援助机构应当依照有关规定及时向法律援助人员支付法律援助补贴。法律援助补贴的标准,由省、自治区、直辖市人民政府司法行政部门会同同级财政部门,根据当地经济发展水平和法律援助的服务类型、承办成本、基本劳务费用等确定,并实行动态调整。法律援助补贴免征增值税和个人所得税。

同时,人民法院应当根据情况对受援人缓收、减收或者免收诉讼费用;对法律援助人员复制相关材料等费用予以免收或者减收。公证机构、司法鉴定机构应当对受援人减收或者免收公证费、鉴定费。

《法律援助法》要求，县级以上人民政府司法行政部门应当有计划地对法律援助人员进行培训，提高法律援助人员的专业素质和服务能力。

根据法律，受援人有权向法律援助机构、法律援助人员了解法律援助事项办理情况；法律援助机构、法律援助人员未依法履行职责的，受援人可以向司法行政部门投诉，并可以请求法律援助机构更换法律援助人员。

司法行政部门应当建立法律援助工作投诉查处制度；接到投诉后，应当依照有关规定受理和调查处理，并及时向投诉人告知处理结果。司法行政部门应当加强对法律援助服务的监督，制定法律援助服务质量标准，通过第三方评估等方式定期进行质量考核。司法行政部门、法律援助机构应当建立法律援助信息公开制度，定期向社会公布法律援助资金使用、案件办理、质量考核结果等情况，接受社会监督。

《法律援助法》要求，法律援助机构应当综合运用庭审旁听、案卷检查、征询司法机关意见和回访受援人等措施，督促法律援助人员提升服务质量。**人民法院、人民检察院、公安机关应当配合司法行政机关、法律援助机构做好法律援助服务质量监督相关工作，协助司法行政机关、法律援助机构调查核实投诉举报情况，回复征询意见。**

同时，律师协会应当将律师事务所、律师履行法律援助义务的情况纳入年度考核内容，对拒不履行或者怠于履行法律援助义务的律师事务所、律师，依照有关规定进行惩戒。

法律援助人员的人身安全和职业尊严受法律保护。对任何干涉法律援助人员履行职责的行为，法律援助人员有权拒绝，并按照规定如实记录和报告。对于侵犯法律援助人员权利的行为，法律援助人员有权提出控告。法律援助人员因依法履行职责遭受不实举报、诬告陷害、侮辱诽谤，致使名誉受到损害的，依法追究相关单位或者个人的责任。

☞ 2024 考点 5 行政机关中从事行政处罚决定法制审核、行政复议、行政裁决的公务员资格认定制度

随着法治国家建设的不断推进，对公务员的法律素质要求越来越高。实行统一法律职业资格考试制度，是适应这一趋势、推动法治进程的重要措施。《公务员法》第 25 条第 2 款规定："国家对行政机关中初次从事行政处罚决定审核、行政复议、行政裁决、法律顾问的公务员实行统一法律职业资格考试制度，由国务院司法行政部门商有关部门组织实施。"《行政复议法》和《行政处罚法》也分别就前述内容予以明确规定。**其中，《行政复议法》第 6 条第 2 款规定："行政复议机构中初次从事行政复议工作的人员，应当通过国家统一法律职业资格考试取得法律职业资格，并参加统一职前培训。"**《行政处罚法》第 58 条第 2 款规定："行政机关中初次从事行政处罚决定法制审核的人员，应当通过国家统一法律职业资格考试取得法律职业资格。"由此可见，行政执法人员资格是从事行政执法活动应当具备的条件，而获得法律职业资格则是从事行政处罚决定法制审核、行政复议、行政裁决的必备条件。

【大纲新增法条】

法律援助法实施工作办法

（2023年11月20日最高人民法院、最高人民检察院、公安部、司法部联合发布）

第一条 为规范和促进法律援助工作，保障法律正确实施，根据《中华人民共和国法律援助法》等有关法律规定，制定本办法。

第二条 法律援助工作坚持中国共产党领导，坚持以人民为中心，尊重和保障人权，遵循公开、公平、公正的原则，实行国家保障与社会参与相结合。

第三条 司法部指导、监督全国的法律援助工作。县级以上司法行政机关指导、监督本行政区域的法律援助工作。

第四条 人民法院、人民检察院、公安机关应当在各自职责范围内保障当事人依法获得法律援助，为法律援助人员开展工作提供便利。

人民法院、人民检察院、公安机关、司法行政机关应当建立健全沟通协调机制，做好权利告知、申请转交、案件办理等方面的衔接工作，保障法律援助工作正常开展。

第五条 司法行政机关指导、监督法律援助工作，依法履行下列职责：

（一）组织贯彻法律援助法律、法规和规章等，健全法律援助制度，加强信息化建设、人员培训、普法宣传等工作；

（二）指导监督法律援助机构和法律援助工作人员，监督管理法律援助服务质量和经费使用等工作；

（三）协调推进高素质法律援助队伍建设，统筹调配法律服务资源，支持和规范社会力量参与法律援助工作；

（四）对在法律援助工作中做出突出贡献的组织、个人，按照有关规定给予表彰、奖励；

（五）受理和调查处理管辖范围内的法律援助异议、投诉和举报；

（六）建立法律援助信息公开制度，依法向社会公布法律援助相关法律法规、政策公告、案件质量监督管理情况等信息，接受社会监督；

（七）其他依法应当履行的职责。

第六条 人民法院、人民检察院、公安机关在办理案件或者相关事务中，依法履行下列职责：

（一）及时告知有关当事人有权依法申请法律援助，转交被羁押的犯罪嫌疑人、被告人提出的法律援助申请；

（二）告知没有委托辩护人，法律援助机构也没有指派律师为其提供辩护的犯罪嫌疑人、被告人有权约见值班律师，保障值班律师依法提供法律帮助；

（三）刑事案件的犯罪嫌疑人、被告人属于《中华人民共和国法律援助法》规定应当通知辩护情形的，通知法律援助机构指派符合条件的律师担任辩护人；

（四）为法律援助人员依法了解案件有关情况、阅卷、会见等提供便利；

（五）其他依法应当履行的职责。

第七条 看守所、监狱、强制隔离戒毒所等监管场所依法履行下列职责：

（一）转交被羁押的犯罪嫌疑人、被告人、服刑人员，以及强制隔离戒毒人员等提出的法律援助申请；

（二）为法律援助人员依法了解案件有关情况、会见等提供便利；

（三）其他依法应当履行的职责。

第八条 法律援助机构组织实施法律援助工作，依法履行下列职责：

（一）通过服务窗口、电话、网络等多种方式提供法律咨询服务，提示当事人享有依法申请法律援助的权利，并告知申请法律援助的条件和程序；

（二）受理、审查法律援助申请，及时作出给予或者不给予法律援助的决定；

（三）指派或者安排法律援助人员提供符合标准的法律援助服务；

（四）支付法律援助补贴；

（五）根据工作需要设置法律援助工作站或者联络点；

（六）定期向社会公布法律援助资金使用、案件办理、质量考核工作等信息，接受社会监督；

（七）其他依法应当履行的职责。

第九条 人民法院、人民检察院、公安机关依法履行如下告知义务：

（一）公安机关、人民检察院在第一次讯问犯罪嫌疑人或者对犯罪嫌疑人采取强制措施的时候，应当告知犯罪嫌疑人有权委托辩护人，并告知其如果符合法律援助条件，本人及其近亲属可以向法律援助机构申请法律援助；

（二）人民检察院自收到移送审查起诉的案件材料之日起三日内，应当告知犯罪嫌疑人有权委托辩护人，并告知其如果符合法律援助条件，本人及其近亲属可以向法律援助机构申请法律援助，应当告知被害人及其法定代理人或者近亲属有权委托诉讼代理人，并告知其如果符合法律援助条件，可以向法律援助机构申请法律援助；

（三）人民法院自受理案件之日起三日内，应当告知案件当事人及其法定代理人或者近亲属有权依法申请法律援助；

（四）当事人不服司法机关生效裁判或者决定提出申诉或者申请再审，人民法院决定、裁定再审或者人民检察院提出抗诉的，应当自决定、裁定再审或者提出抗诉之日起三日内履行相关告知职责；

（五）犯罪嫌疑人、被告人具有《中华人民共和国法律援助法》第二十五条规定情形的，人民法院、人民检察院、公安机关应当告知其如果不委托辩护人，将依法通知法律援助机构为其指派辩护人。

第十条 告知可以采取口头或者书面方式，告知的内容应当易于被告知人理解。当面口头告知的，应当制作笔录，由被告知人签名；电话告知的，应当记录在案；书面告知的，应当将送达回执入卷。对于被告知人当场表达申请法律援助意愿的，应当记录在案。

第十一条 被羁押的犯罪嫌疑人、被告人、服刑人员，以及强制隔离戒毒人员等提出法律援助申请的，人民法院、人民检察院、公安机关及监管场所应当在收到申请后二十四小时内将申请转交法律援助机构，并于三日内通知申请人的法定代理人、近亲属或者其委托的其他人员协助向法律援助机构提供有关证件、证明等材料。因申请人原因无法通知其法定代理人、近亲属或者其委托的其他人员的，应当在转交申请时一并告知法律援助机构，法律援助机构应当做好记录。

对于犯罪嫌疑人、被告人申请法律援助的案件，法律援助机构可以向人民法院、人民检察院、公安机关了解案件办理过程中掌握的犯罪嫌疑人、被告人是否具有经济困难等法定法律援助申请条件的情况。

第十二条 人民法院、人民检察院、公安机关发现犯罪嫌疑人、被告人属于《中华人民共和国法律援助法》规定应当通知辩护情形的，应当自发现之日起三日内，通知法律援助机构指派律师。

人民法院、人民检察院、公安机关通知法律援助机构指派律师担任辩护人的，应当将法律援助通知文书、采取强制措施决定书或者起诉意见书、起诉书副本、判决书等文书材料送交法律援助机构。

法律援助通知文书应当载明犯罪嫌疑人或者被告人的姓名、涉嫌的罪名、羁押场所或者住所、通知辩护的理由和依据、办案机关联系人姓名和联系方式等。

第十三条 人民法院自受理强制医疗申请或者发现被告人符合强制医疗条件之日起三日内，对于被申请人或者被告人没有委托诉讼代理人的，应当向法律援助机构送交法律援助通知文书，通知法律援助机构指派律师担任被申请人或者被告人的诉讼代理人，为其提供法律援助。

人民检察院提出强制医疗申请的，人民法院应当将强制医疗申请书副本一并送交法律援助机构。

法律援助通知文书应当载明被申请人或者被告人的姓名、法定代理人的姓名和联系方式、办案机关及联系人姓名和联系方式。

第十四条 值班律师依法为没有辩护人的犯罪嫌疑人、被告人提供法律咨询、程序选择建议、申请变更强制措施、对案件处理提出意见等法律帮助。

人民法院、人民检察院、公安机关应当在确定的法律帮助日期前三个工作日,将法律帮助通知书送达法律援助机构,或者直接送达现场值班律师。该期间没有安排现场值班律师的,法律援助机构应当自收到法律帮助通知书之日起两个工作日内确定值班律师,并通知人民法院、人民检察院、公安机关。

第十五条 当事人以人民法院、人民检察院、公安机关给予国家司法救助的决定或者人民法院给予司法救助的决定为依据,向法律援助机构申请法律援助的,法律援助机构免予核查经济困难状况。

第十六条 法律援助机构应当自收到法律援助申请之日起七日内进行审查,作出是否给予法律援助的决定。决定给予法律援助的,应当自作出决定之日起三日内指派法律援助人员为受援人提供法律援助;决定不给予法律援助的,应当书面告知申请人,并说明理由。

法律援助机构应当自收到人民法院、人民检察院、公安机关的法律援助通知文书之日起三日内,指派律师并函告人民法院、人民检察院、公安机关,法律援助公函应当载明承办律师的姓名、所属单位及联系方式。

第十七条 法律援助人员应当遵守有关法律、法规、规章和规定,根据案件情况做好会见、阅卷、调查情况、收集证据、参加庭审、提交书面意见等工作,依法为受援人提供符合标准的法律援助服务。

第十八条 人民法院确定案件开庭日期时,应当为法律援助人员出庭预留必要的准备时间,并在开庭三日前通知法律援助人员,但法律另有规定的除外。

人民法院决定变更开庭日期的,应当在开庭三日前通知法律援助人员,但法律另有规定的除外。法律援助人员有正当理由不能按时出庭的,可以申请人民法院延期开庭。人民法院同意延期开庭的,应当及时通知法律援助人员。

第十九条 人民法院、人民检察院、公安机关对犯罪嫌疑人、被告人变更强制措施或者羁押场所的,应当及时告知承办法律援助案件的律师。

第二十条 对于刑事法律援助案件,公安机关在撤销案件或者移送审查起诉后,人民检察院在作出提起公诉、不起诉或者撤销案件决定后,人民法院在终止审理或者作出裁决后,以及公安机关、人民检察院、人民法院将案件移送其他机关办理后,应当在五日内将相关法律文书副本或者复印件送达承办法律援助案件的律师。

公安机关的起诉意见书,人民检察院的起诉书、不起诉决定书,人民法院的判决书、裁定书等法律文书,应当载明作出指派的法律援助机构名称、承办律师姓名以及所属单位等情况。

第二十一条 法律援助人员应当及时接收所承办案件的判决书、裁定书、调解书、仲裁裁决书、行政复议决定书等相关法律文书,并按规定提交结案归档材料。

第二十二条 具有《中华人民共和国法律援助法》第四十八条规定情形之一的,法律援助机构应当作出终止法律援助决定,制作终止法律援助决定书送达受援人,并自作出决定之日起三日内函告人民法院、人民检察院、公安机关。

人民法院、人民检察院、公安机关在案件办理过程中发现有前款规定情形的,应当及时函告法律援助机构。

第二十三条 被告人拒绝法律援助机构指派的律师为其辩护,坚持自己行使辩护权,人民法院依法准许的,法律援助机构应当作出终止法律援助的决定。

对于应当通知辩护的案件,犯罪嫌疑人、被告人拒绝指派的律师为其辩护的,人民法院、人民检察院、公安机关应当查明原因。理由正当的,应当准许,但犯罪嫌疑人、被告人应当在五日内另行委托辩护人;犯罪嫌疑人、被告人未另行委托辩护人的,人民法院、人民检察院、公安机关应当在三日内通知法律援助机构另行指派律师为其提供辩护。

第二十四条 法律援助人员的人身安全和职业尊严受法律保护。

对任何干涉法律援助人员履行职责的行为，法律援助人员有权拒绝，并按照规定如实记录和报告。对于侵犯法律援助人员权利的行为，法律援助人员有权提出控告。

法律援助人员因依法履行职责遭受不实举报、诬告陷害、侮辱诽谤，致使名誉受到损害的，依法追究相关单位或者个人的责任。

第二十五条 人民法院、人民检察院、公安机关、司法行政机关应当加强信息化建设，建立完善法律援助信息交换平台，实现业务协同、信息互联互通，运用现代信息技术及时准确传输交换有关法律文书，提高法律援助信息化水平，保障法律援助工作有效开展。

第二十六条 法律援助机构应当综合运用庭审旁听、案卷检查、征询司法机关意见和回访受援人等措施，督促法律援助人员提升服务质量。

人民法院、人民检察院、公安机关应当配合司法行政机关、法律援助机构做好法律援助服务质量监督相关工作，协助司法行政机关、法律援助机构调查核实投诉举报情况，回复征询意见。

第二十七条 人民法院、人民检察院、公安机关在案件办理过程中发现法律援助人员有违法违规行为的，应当及时向司法行政机关、法律援助机构通报有关情况，司法行政机关、法律援助机构应当将调查处理结果反馈通报单位。

第二十八条 国家安全机关、军队保卫部门、中国海警局、监狱办理刑事案件，除法律有特别规定的以外，适用本办法中有关公安机关的规定。

第二十九条 本办法所称法律援助人员，是指接受法律援助机构的指派或者安排，依法为经济困难公民和符合法定条件的其他当事人提供法律援助服务的律师、基层法律服务工作者、法律援助志愿者以及法律援助机构中具有律师资格或者法律职业资格的工作人员等。

第三十条 本办法自发布之日起施行。

刑　　法

【大纲新增考点 · 法条说明】

2024 年，“刑法”学科，法规增加 1 件、修订 1 件，大纲考点增加 1 个，变化如下：

章　节	2023 年大纲	2024 年大纲	提　示
第十七章第三节 妨害对公司、企业的管理秩序罪	徇私舞弊低价折股、出售国有资产罪	徇私舞弊低价折股、出售公司、企业资产罪	考点调整
第十九章　侵犯财产罪		破坏生产经营罪	增加 1 个考点

大纲附录法律法规

项　目	法律法规
增加法规	**中华人民共和国刑法修正案(十二)** (2023年12月29日第十四届全国人民代表大会常务委员会第七次会议通过　2023年12月29日中华人民共和国主席令第18号公布　自2024年3月1日起施行)
修订法规	**最高人民法院、最高人民检察院关于办理环境污染刑事案件适用法律若干问题的解释** (2023年3月27日最高人民法院审判委员会第1882次会议　2023年7月27日最高人民检察院第十四届检察委员会第十次会议通过　2023年8月8日公布　自2023年8月15日起施行)　法释〔2023〕7号

2020~2023年大纲新增考点对照

年　份	章　节	新增与变化考点·法条
2023	无	
2022	第二十三章"渎职罪"	徇私舞弊不移交刑事案件罪
	1.新增法律法规: (1)最高人民法院、最高人民检察院关于办理危害药品安全刑事案件适用法律若干问题的解释 (2)最高人民法院关于审理非法集资刑事案件具体应用法律若干问题的解释 (3)最高人民法院、最高人民检察院关于办理窝藏、包庇刑事案件适用法律若干问题的解释 2.修订法律法规:最高人民法院关于审理掩饰、隐瞒犯罪所得、犯罪所得收益刑事案件适用法律若干问题的解释	
2021	第八章第二节"实质的一罪"	法条竞合犯
	第十六章"危害公共安全罪"	妨害安全驾驶罪　危险作业罪
	第十七章第一节"生产、销售伪劣商品罪"	妨害药品管理罪　妨害药品管理罪
	第十七章第七节"侵犯知识产权罪"	为境外窃取、刺探、收买、非法提供商业秘密罪
	第十八章"侵犯公民人身权利、民主权利罪"	负有照护职责人员性侵罪
	第二十章第一节"扰乱公共秩序罪"	袭警罪　冒名顶替罪　高空抛物罪
	新增法律法规: (1)中华人民共和国刑法修正案(十一) (2)最高人民法院、最高人民检察院、公安部关于依法适用正当防卫制度的指导意见	
2020	新增法律法规:最高人民法院、最高人民检察院关于办理组织考试作弊等刑事案件适用法律若干问题的解释	

【大纲新增、变化考点解读】

☞ 2024 考点1　危险驾驶罪

本罪是指在道路上驾驶机动车追逐竞驶,情节恶劣;或者在道路上醉酒驾驶机动车,以及从事校车业务或者旅客运输,严重超过额定乘员载客或者严重超过规定时速行驶;或者违反危险化学品安全管理规定运输危险化学品,危及公共安全的行为。本罪分为四个类型。

1.追逐竞驶。一般来说,追逐竞驶,是指行为人在道路上高速、超速行驶,随意追逐、超越其他车辆,频繁、突然并线,近距离驶入其他车辆之前的危险驾驶行为。追逐竞驶属于危害公共安全的危险犯,但刑法没有将本罪规定为具体的公共危险犯,而是以情节恶劣限制处罚范围。换言之,只要追逐竞驶行为具有类型化的抽象危险,并且情节恶劣,就构成犯罪。(1)本罪行为不要求发生在公共道路(公路)上,只需要发生在道路上即可。在校园内、大型厂矿内的道路上,以及在人行道上追逐竞驶的,因为对不特定或者多数人的生命、身体产生了抽象的危险,依然可能成立本罪。(2)追逐竞驶以具有抽象危险性的高速、超速驾驶为前提,缓慢驾驶的行为不可能成立本罪。但是,单纯的高速驾驶或者超速驾驶,并不直接成立本罪。换言之,不能将本罪等同于国外的超速驾驶罪。(3)追逐竞驶要求以产生抽象的交通危险的方式驾驶,行为的基本方式是随意追逐、超越其他车辆,频繁并线、突然并线,或者近距离驶入其他车辆之前等。(4)追逐竞驶既可能是二人以上基于意思联络而实施,也可能是单个人实施。机动车驾驶人员出于竞技、追求刺激、斗气或者其他动机,在道路上曲折穿行、快速追赶行驶的,属于追逐竞驶。驾驶机动车针对救护车、消防车等车辆实施追逐竞驶行为的,可能成立本罪。(5)成立本罪要求情节恶劣。情节恶劣的基本判断标准是追逐竞驶行为的危险程度。对此,应以道路上车辆与行人的多少、驾驶的路段与时间、驾驶的速度与方式、驾驶的次数等进行综合判断。大体可以肯定的是,如果发生了具体的公共危险,就能够得出情节恶劣的结论。换言之,追逐竞驶虽未造成人员伤亡或财产损失,但综合考虑超过限速、闯红灯、强行超车、抗拒交通执法等严重违反《道路交通安全法》的行为,足以威胁他人生命、财产安全的,属于危险驾驶罪中"情节恶劣"的情形。在没有其他车辆与行人的荒野道路上追逐竞驶的行为,不应认定为情节恶劣。追逐竞驶的罪过形式为故意,不要求行为人以赌博竞技或者追求刺激为目的。因为基于任何目的与动机的故意追逐竞驶行为,只要产生了抽象的公共危险且情节恶劣,就值得科处刑罚。

2.醉酒驾驶。醉酒驾驶,是指在醉酒状态下在道路上驾驶机动车的行为。醉驾案件中"道路""机动车"的认定适用道路交通安全法有关"道路""机动车"的规定。对机关、企事业单位、厂矿、校园、居民小区等单位管辖范围内的路段是否认定为"道路",应当以其是否具有"公共性",是否"允许社会机动车通行"作为判断标准。只允许单位内部机动车、特定来访机动车通行的,可以不认定为"道路"。

根据2023年12月13日《最高人民法院、最高人民检察院、公安部、司法部关于办理醉酒危险驾驶刑事案件的意见》(以下简称《意见》),在道路上驾驶机动车,经呼气酒精含量检测,显示血液酒精含量达到80毫克/100毫升以上,除情节显著轻微、危害不大,不认为是犯罪的情形之外,成立危险驾驶罪。行为人是否属于"醉酒"驾驶,主要以血液酒精含量鉴定意见作为依据。行为人经呼气酒精含量检测,显示血液酒精含量达到80毫克/100毫升以上,在提取血液样本前脱逃或者找人顶替的,可以以呼气酒精含量检测结果作为认定其醉酒的依据。行为人在公安机关依法检查时或者发生道路交通事故后,为逃避法律追究,在呼气酒精含量检测或者提取血液样本前故意饮酒的,可以以查获后血液酒精含量鉴定意见作为认定其醉酒的依据。根据《意见》,醉酒驾驶具有下列情形之一,不具有《意见》所规定的造成交通事故且负事故全部或者主要责任、造成交通事故后逃逸等15种从重处理的情形,可以认定为情节显著轻微、危害不大,不构成危险驾驶罪:(1)血液酒精含量不满150毫克/100毫升的;(2)出于急救伤病人员等紧急情况驾驶机动车,且不构成紧急避险的;(3)在居民小区、停车场等场所因挪车、停车入位等短距离驾驶机动车的;(4)由他人驾驶至居民小区、停车场等场所短距离接替驾驶停放机动车的,或者为了交由他人驾驶,自居民小区、停车场等场所短距离驶出的;(5)其他情节显著轻微的情形。醉酒后出于急救伤病人员等紧急情况,不得已驾驶机动车,构成紧急避险的，依照《刑法》第21条紧急避险的规定处理。

本罪是抽象危险犯，不需要司法人员具体判断醉酒行为是否具有公共危险。一方面，抽象的危险犯实际上是类型化的危险犯，司法人员只需要进行类型化的判断即可。另一方面，没有抽象危险的行为，不可能成立本罪。例如，在没有车辆与行人的荒野道路上醉酒驾驶机动车的，因为不具有抽象的危险，不应以本罪论处。

关于醉酒型危险驾驶罪的罪过形式，刑法理论存在不同观点。通说认为，醉酒驾驶属于故意犯罪，行为人必须认识到自己是在醉酒状态下驾驶机动车。但是，对于醉酒状态的认识不需要十分具体（不需要认识到血液中的酒精具体含量），只要有大体上的认识即可。一般来说，只要行为人知道自己喝了一定量的酒，事实上又达到了醉酒状态，并驾驶机动车的，就可以认定其具有醉酒驾驶的故意。认为自己只是酒后驾驶而不是醉酒驾驶的辩解，不能排除故意的成立。即使行为人没有主动饮酒（饮料中被他人掺入酒精），但驾驶机动车之前或者当时意识到自己已经饮酒的，也应认定具有醉酒驾驶的故意。当然，如果没有主动饮酒，也没有意识到自己已经饮酒的，排除故意的成立。

醉酒驾驶既不是亲手犯，也不是身份犯。教唆他人醉酒驾驶的，成立教唆犯；明知他人即将驾驶机动车，而暗中在其饮料中掺入酒精，驾驶者不知情而驾驶机动车的，对掺入酒精者应以间接正犯论处。

3.超员、超速行驶。超员、超速行驶，是指从事校车业务或者旅客运输，严重超过额定乘员载客，或者严重超过规定时速行驶的行为。本类型的危险驾驶罪属于抽象危险犯。依照国务院《校车安全管理条例》的规定，“校车”是指用于接送接受义务教育的学生上下学的机动车。本罪中的校车既包括依照国家规定取得使用许可的校车，也包括没有取得使用许可的违章从事接送学生业务的校车。从事旅客运输的车辆，是指从事公路客运、公交客运、出租客运、旅游客运等从事旅客运输的车辆；既包括具有营运资格的车辆，也包括非法从事旅客运输的车辆。一般超员、超速的行为不成立本罪，只有严重超员、超速的行为才成立本罪。本罪的成立不以发生人员伤亡等后果为要件。机动车所有人、管理人对严重超员、超速行驶负有直接责任的，以本罪论处。例如，机动车所有人、管理人强令、指使驾驶人员超员、超速行驶的，或者明知驾驶人员超员、超速行驶而放任的，应以本罪论处。概言之，所谓“负有直接责任”，是指超员、超速行驶的状态能够归属于机动车所有人、管理人的作为或者不作为的情形。本类型的危险驾驶罪只能由故意构成。

4.违规运输危险化学品。违规运输危险化学品，是指违反危险化学品安全管理规定运输危险化学品，危及公共安全的行为。本类型的危险驾驶罪属于具体危险犯。危险化学品，是指具有毒害、腐蚀、爆炸、燃烧、助燃等性质，对人体、设施、环境具有危害的剧毒化学品和其他化学品。根据《危险化学品安全管理条例》的规定，从事危险化学品道路运输的，应当取得危险货物道路运输许可，并向工商行政管理部门办理登记手续；危险化学品道路运输企业应当配备专职安全管理人员；危险化学品道路运输企业的驾驶人员、装卸管理人员、押运人员、申报人员、集装箱装箱现场检查员应当经交通运输主管部门考核合格，取得从业资格；运输危险化学品，应当根据危险化学品的危险特性采取相应的安全防护措施，并配备必要的防护用品和应急救援器材；用于运输危险化学品的槽罐以及其他容器应当封口严密，能够防止危险化学品在运输过程中因温度、湿度或者压力的变化发生渗漏、洒漏；槽罐以及其他容器的溢流和泄压装置应当设置准确、起闭灵活；通过道路运输危险化学品的，应当按照运输车辆的核定载质量装载危险化学品，不得超载；危险化学品运输车辆应当符合国家标准要求的安全技术条件，并按照国家有关规定定期进行安全技术检验；运输危险化学品途中因住宿或者发生影响正常运输的情况，需要较长时间停车的，驾驶人员、押运人员应当采取相应的安全防范措施;如此等等。违反上述《危险化学品安全管理条例》的规定,并且危及公共安全的,成立本罪。行为是否危及公共安全,要根据行为人所运输的危险化学品的种类、数量、运输的时间、路线、车辆的安全状况、发生实害事故的可能性程度等进行综合判断。机动车所有人、管理人对上述违规行为负有直接责任的,以本罪论处。本类型的危险驾驶罪的罪过形式只能是故意,行为人必须认识到自己违规运输的是危险化学品(不必认识到具体种类),并且希望或者放任公共危险的发生。

在危险驾驶罪的罪数方面,危险驾驶行为同时构成其他犯罪的,依照处罚较重的规定定罪处罚。例如,追逐竞驶或者醉酒驾驶行为,过失造成他人伤亡或者重大财产损失结果,构成交通肇事罪的,应以交通肇事罪论处(此时的交通肇事罪属于结果加重犯)。但是,如果致人伤亡的交通事故不是由追逐竞驶或者醉酒驾驶行为引起,而是由其他违反交通运输管理法规的行为(如无视交通信号)所引起,则应对危险驾驶罪与交通肇事罪实行数罪并罚。再如,违规运输化学危险品,发生重大事故,造成严重后果的,应以危险物品肇事罪论处(此时的危险物品肇事罪属于结果加重犯)。但是,如果违规运输化学危险品,危及公共安全,又由于闯红灯而造成交通事故的,则应对危险驾驶罪与交通肇事罪实行数罪并罚。如果在危险驾驶行为之外,又实施其他行为构成犯罪的,对此应当数罪并罚。如追逐竞驶或者醉酒驾驶,又以暴力、威胁方法阻碍公安机关依法检查,构成妨害公务罪、袭警罪等其他犯罪的,应以危险驾驶罪与妨害公务罪、袭警罪等犯罪实行数罪并罚。

危险驾驶行为具有与放火、爆炸等相当的具体的公共危险,行为人对该具体的公共危险具有故意的,应当认定以危险方法危害公共安全罪。例如,在高速公路上逆向追逐竞驶或者醉酒高速驾驶,但没有造成严重后果的,应当适用《刑法》第 114 条,认定为以危险方法危害公共安全罪。当然,对以危险方法危害公共安全罪的认定必须采取严格的限制态度。危险驾驶行为具有与放火、爆炸等相当的具体的公共危险,且造成人身伤亡等严重后果(如在高速公路上逆向追逐竞驶或者醉酒高速驾驶造成他人死亡),行为人对该具体的公共危险或者人身伤亡等严重后果具有故意的,应当适用《刑法》第 115 条第 1 款。

犯本罪的,根据《刑法》第 133 条之一的规定处罚。

☞ 2024 考点 2　非法经营同类营业罪

本罪是指国有公司、企业的董事、监事、高级管理人员,利用职务便利,自己经营或者为他人经营与其所任职公司、企业同类的营业,获取非法利益,数额巨大,或者其他公司、企业的董事、监事、高级管理人员违反法律、行政法规规定,利用职务便利,自己经营或者为他人经营与其所任职公司、企业同类的营业,致使公司、企业利益遭受重大损失的行为。2023 年 12 月 29 日通过的《刑法修正案(十二)》扩大了本罪的主体范围,尤其是将本罪主体扩大至国有公司、企业之外的其他公司、企业的董事、监事、高级管理人员。根据刑法的时间效力原理,对于《刑法修正案(十二)》施行之前发生的其他公司、企业的董事、监事、高级管理人员的非法经营同类营业行为,不能以本罪论处。

构成本罪,在客观上要求行为人利用职务便利,自己经营或者为他人经营与其所任职公司、企业同类的营业。"利用职务便利",是指行为人利用自己在所任职公司、企业担任董事、监事、高级管理人员所获得的权限、地位以及掌握的人脉、信息等便利条件。"经营与其所任职公司、企业同类的营业",是指行为人从事与其所任职公司、企业相同或者近似的业务。无论是自己经营还是为他人经营与其所任职公司、企业同类的营业,都能构成本罪。如国有粮食公司、企业的董事利用职务便利,帮助自己经营的公司、企业借用其任职国有公司、企业的资质,从事与其任职国有公司、企业相同的营业行为,抢占、排挤任职国有公司、企业的交易机会的,行为人属于经营与其所任职公司、企业同类的营业。如果国有公司、企业的董事、监事、高级管理人员直接利用职务之便为相关公司、企业提供帮助,从中获得所谓利润分成的,不属于为他人经营与其所任职公司、企业同类的营业,不能以本罪论处,应以受贿罪定罪处罚。国有公司、企业的董事、监事、高级管理人员非法经营同类营业,并通过虚设交易环节,非法占有公共财物,同时构成贪污罪的,应视行为数量与情节从一重罪处罚或者实行数罪并罚。

本罪是身份犯,犯罪主体分为两类:

(1)国有公司、企业的董事、监事、高级管理人员。国有公司、企业的其他职员,只要不属于董事、监事或者高级管理人员,即使属于国家工作人员,也不能单独构成本罪。根据《公司法》第265条的规定,"高级管理人员"是指董事、监事之外的公司、企业的主管人员和其他重要管理人员,如公司、企业的经理、副经理、财务负责人等。该类主体构成本罪,要求行为人获取非法利益,数额巨大。

(2)其他公司、企业的董事、监事、高级管理人员。该类主体构成本罪,要求行为人违反法律、行政法规规定,致使公司、企业利益遭受重大损失。如果行为人经营同类营业行为并不违反法律、行政法规规定,如向公司董事会或者股东会报告并获得同意后,自己经营与其所任职公司、企业同类的营业的,不构成本罪。该类主体成立本罪,不要求行为人必须获取非法利益,数额巨大,只要其行为致使公司、企业利益遭受重大损失,即构成本罪。

☞ 2024 考点3 为亲友非法牟利罪

本罪是指国有公司、企业、事业单位的工作人员,利用职务便利,为亲友非法牟利,致使国家利益遭受重大损失,或者其他公司、企业的工作人员违反法律、行政法规规定,利用职务便利,为亲友非法牟利,致使公司、企业利益遭受重大损失的行为。2023年12月《刑法修正案(十二)》将本罪主体扩大至国有公司、企业、事业单位之外的其他公司、企业的工作人员。对于《刑法修正案(十二)》施行之前发生的其他公司、企业的工作人员为亲友非法牟利的行为,不能以本罪论处。

成立本罪,要求行为人利用职务便利(利用自己主管、管理、经营、经手公司、企业业务的便利),实施下列行为之一:(1)将本单位的盈利业务交由自己的亲友进行经营;(2)以明显高于市场的价格从自己的亲友经营管理的单位采购商品、接受服务或者以明显低于市场的价格向自己的亲友经营管理的单位销售商品、提供服务;(3)从自己的亲友经营管理的单位采购、接受不合格商品、服务。不存在上述行为,如行为人以正常的市场价格从自己的亲友经营管理的单位采购商品、接受服务,或者以正常的市场价格向自己的亲友经营管理的单位销售商品、提供服务的,不构成本罪。对于这里的"亲友",不宜作过于狭隘的理解,应以与行为人是否存在利益关系进行实质把握。

本罪的主体分为两类:其一,国有公司、企业、事业单位的工作人员。该类主体成立本罪,要求行为人利用职务便利,为亲友非法牟利行为致使国家利益遭受重大损失。其二,其他公司、企业的工作人员。与前一类主体不同,《刑法修正案(十二)》并未将本罪主体扩大到"其他事业单位"。因此,像民办学校、民办医院中的工作人员为亲友非法牟利的,不构成本罪。该类主体成立本罪,要求行为人违反法律、行政法规规定,为亲友非法牟利行为致使公司、企业利益遭受重大损失。如果为亲友非法牟利的行为并未违反法律、行政法规规定的,不构成本罪。《公司法》第183条规定,董事、监事、高级管理人员,不得利用职务便利为自己或者他人谋取属于公司的商业机会。但是,有下列情形之一的除外:(1)向董事会或者股东会报告,并按照公司章程的规定经董事会或者股东会决议通过;(2)根据法律、行政法规或者公司章程的规定,公司不能利用该商业机会。据此,向董事会或者股东会报告并获得同意,或者公司不能利用该商业机会,行为人将该盈利业务交由自己的亲友进行经营,即使亲友从中获利,也不构成本罪。此外,个人独资企业等公司、企业的实控人,自愿将本公司、企业的盈利业务交由自己的亲友进行经营,或者从自己的亲友经营管理的单位采购、接受不合格商品、服务的,实控人的决策并未损害他人利益,谈不上违反法律、行政法规规定,因此,即使该行为使得公司、企业利益遭受损失,实控人也不构成本罪。

☞ 2024 考点4　徇私舞弊低价折股、出售公司、企业资产罪

本罪是指国有公司、企业或者其上级主管部门直接负责的主管人员,徇私舞弊,将国有资产低价折股或者低价出售,致使国家利益遭受重大损失,或者其他公司、企业直接负责的主管人员,徇私舞弊,将公司、企业资产低价折股或者低价出售,致使公司、企业利益遭受重大损失的行为。**《刑法修正案(十二)》将本罪主体扩大至国有公司、企业之外的其他公司、企业直接负责的主管人员。构成本罪,要求行为人徇私舞弊,将公司、企业资产低价折股或者低价出售。**这意味着本罪为故意犯罪,过失不构成本罪。如在公司、企业资产重组、收购过程中,行为人由于经验不足、决策失误或者市场行情变化,致使公司、企业资产在折股、出售过程中价格偏低的,不构成本罪。国有公司、企业或者其上级主管部门直接负责的主管人员,与他人串通,私自将国有资产低价折股或者低价出售给他人,同时触犯本罪与贪污罪的,对行为人应以贪污罪论处。犯本罪的,根据《刑法》第169条的规定处罚。

☞ 2024 考点5　伪造货币罪

本罪是指没有货币发行权的人,非法制造外观上足以使一般人误认为是货币的假货币,妨害货币的公共信用的行为。

1.本罪客体是国家货币管理秩序。

2.客观行为表现为制造外观上足以使一般人误认为是货币的假货币。(1)伪造,是指制造外观上足以使一般人误认为是货币的假货币的行为。根据司法解释,伪造货币必须是仿照真币的图案、形状、色彩等特征非法制造假币来冒充真币。在这种情况下,存在与伪造的货币相对应的(或相当的)真币。至于伪造的方法,则没有任何限制,如机器印制、石印、影印、复印、手描等。同时采用伪造和变造手段,制造真伪拼凑货币的,以伪造货币罪定罪处罚。(2)伪造货币包括伪造正在流通的中国货币、外国货币(包括我国香港特别行政区、澳门特别行政区、台湾地区的货币),包括硬币(含普通纪念币和贵金属纪念币)与纸币。伪造正在流通的境外货币,即使该境外货币不可在境内市场流通或者兑换,同样构成本罪。行为人所伪造的货币必须是正在流通的货币,如果伪造已经停止流通的古钱、废钞,则不成立本罪。以使用为目的,伪造停止流通的货币,或者使用伪造的停止流通的货币的,以诈骗罪定罪处罚。(3)所伪造以及可能伪造出来的货币应在外观上足以使一般人误认为是货币,即对于所伪造的货币必须特别加以注意,或者具有一定检测手段、具有专业知识方能发现(这只是对伪造行为的限定,并不意味着本罪不存在未遂犯。只要实施了伪造行为,客观上可能制造出足以使一般人误认为真币的假币,即使没有完成全部印制工序,也构成伪造货币罪)。行为人制造出来的物品完全不可能被人们误认为是货币的,不可能成立伪造货币罪。但是,也不要求伪造的货币与真币完全相同,且不以与真币所具有的特征完全一致为条件。如不具有真币的号码或印章的,也是伪造的货币。

3.伪造货币罪的主体必须是没有货币发行权的自然人,单位不能成为本罪主体。行为人制造货币版样或者与他人事前通谋,为他人伪造货币提供版样的,以本罪论处。

4.伪造货币罪的主观方面只能是故意,即明知自己的行为会发生妨害货币的公共信用的结果,并且希望或者放任这种结果发生。明知他人意图伪造货币,通过网络提供伪造货币技术或者设备、材料的人员,与直接实施伪造货币的人员构成伪造货币共同犯罪。为直接实施伪造货币人员提供专门用于伪造货币的技术或者设备、材料的,应当认定其具有伪造货币的共同犯罪故意。

犯本罪的,根据《刑法》第 170 条的规定处罚。

☞ 2024 考点 6　骗取贷款、票据承兑、金融票证罪

本罪是指以欺骗手段取得银行或者其他金融机构贷款、票据承兑、信用证、保函等,给银行或者其他金融机构造成重大损失的行为。本罪主观方面为故意,但不要求具有非法占有目的。如果行为人具有非法占有目的,则应按照相应的金融诈骗罪或者其他犯罪论处。例如,以非法占有为目的,骗取银行贷款的,成立贷款诈骗罪;以非法占有为目的,骗取信用证的,成立信用证诈骗罪。成立本罪虽不要求行为人具有非法占有目的,但应以危害金融资金安全为要件。行为人虽然采用欺骗手段(如提供了虚假的申请材料)从银行获取贷款的数额特别巨大,但其提供了足额真实抵押,未给银行造成损失,不会危及金融资金安全的,不构成本罪。犯本罪的,依照《刑法》第 175 条之一的规定处罚。

☞ 2024 考点 7　妨害信用卡管理罪

本罪是指以特定方式妨害信用卡管理的行为。根据《刑法》第 177 条之一的规定,下列行为构成本罪:

1.明知是伪造的信用卡而持有、运输的,或者明知是伪造的空白信用卡而持有、运输,数量较大。“数量较大”是指信用卡的数量累计在 10 张以上。

2.非法持有他人信用卡,数量较大。“持有”的认定,以事实上的支配为标准。实务界认为,非法持有他人信用卡既可以是行为人直接持有他人信用卡,也可以是通过第三人间接持有他人信用卡。“数量较大”是指信用卡的数量累计在 5 张以上。行为人为上游实施信息网络犯罪收购、租借他人银行卡后非法持有的,在案证据无法证明这些银行卡被用于帮助他人进行违法犯罪活动,但持有数量较大的,可以妨害信用卡管理罪论处。对于有证据证明这些银行卡被用于上游信息网络犯罪的,其行为同时构成妨害信用卡管理罪和帮助信息网络犯罪活动罪,择一重罪论处。

3.使用虚假的身份证明骗领信用卡。以虚假的身份证明骗领信用卡,并不要求身份证明本身是虚假的;违背他人意愿,使用其居民身份证、军官证、士兵证、港澳居民往来内地通行证、台湾居民来往大陆通行证、护照等身份证明申领信用卡的,或者使用伪造、变造的身份证明申领信用卡的,应当认定为“使用虚假的身份证明骗领信用卡”。以虚假的身份证明骗领信用卡,还包括使用虚假的保证人身份证明骗领信用卡。骗领信用卡,还包括以他人的身份证明挂失他人的信用卡并骗领补办的信用卡。

4.出售、购买、为他人提供伪造的信用卡或者以虚假的身份证明骗领的信用卡。

犯本罪的,根据《刑法》第 177 条之一的规定处罚。

☞ 2024 考点 8　洗钱罪

本罪是指为掩饰、隐瞒毒品犯罪、黑社会性质的组织犯罪、恐怖活动犯罪、走私犯罪、贪污贿赂犯罪、破坏金融管理秩序犯罪、金融诈骗犯罪的所得及其产生的收益的来源和性质,而提供资金账户,

将财产转换为现金、金融票据、有价证券,通过转账或者其他支付结算方式转移资金,跨境转移资产,或者以其他方法掩饰、隐瞒犯罪所得及其收益的来源和性质的行为。

1.本罪客体是国家对金融资产的来源与性质的监管秩序。

2.客观方面表现为实施了特定的洗钱行为。

首先,洗钱的上游犯罪仅限于毒品犯罪(指刑法分则第六章第七节所规定的犯罪)、黑社会性质的组织犯罪(指以黑社会性质组织及其成员为主体实施的各种犯罪)、恐怖活动犯罪(主要指以恐怖活动组织及其成员为主体实施的各种犯罪)、走私犯罪(刑法分则第三章第二节所规定的全部走私犯罪)、贪污贿赂犯罪(除刑法分则第八章贪污贿赂罪外,还包括非国家工作人员受贿罪等犯罪)、破坏金融管理秩序犯罪(刑法分则第三章第四节规定的犯罪)、金融诈骗犯罪(刑法分则第三章第五节规定的犯罪)这七类犯罪。"犯罪的所得",是指由这七类犯罪行为所获取的非法利益以及利用该非法利益所产生的经济利益,包括犯罪行为的直接所得与间接所得,还包括犯罪行为所取得的报酬。例如,帮助他人实施金融诈骗犯罪所获得的报酬,也是犯罪所得。"产生的收益"既包括上游犯罪所得产生的收益,也包括没有犯罪所得的上游犯罪行为直接产生的收益。构成洗钱罪,应以上游犯罪事实成立为认定前提。上游犯罪尚未依法裁判但查证属实的,上游犯罪事实可以确认但因行为人死亡等原因依法不予追究刑事责任的,上游犯罪事实可以确认但依法以其他罪名定罪处罚的,均不影响洗钱罪的认定。

其次,洗钱行为具体表现为:(1)提供资金账户;(2)将财产转换为现金、金融票据、有价证券;(3)通过转账或者其他支付结算方式转移资金;(4)跨境转移资产;(5)以其他方法掩饰、隐瞒犯罪所得及其收益的来源和性质。情形(5)中的"以其他方法掩饰、隐瞒犯罪所得及其收益的来源和性质",包括但不限于通过典当、租赁、买卖、投资等方式,协助转移、转换犯罪所得及其收益;通过与商场、饭店、娱乐场所等现金密集型场所的经营收入相混合的方式,协助转移、转换犯罪所得及其收益;通过虚构交易、虚设债权债务、虚假担保、虚报收入等方式,协助将犯罪所得及其收益转换为"合法"财物;通过买卖彩票、奖券等方式,协助转换犯罪所得及其收益;通过赌博方式,协助将犯罪所得及其收益转换为赌博收益,等等。明知是犯罪所得及其产生的收益而予以掩饰、隐瞒,同时构成本罪与掩饰、隐瞒犯罪所得、犯罪所得收益罪等犯罪的,依照处罚较重的规定定罪处罚。

3.本罪主体既包括自然人,也包括单位。《刑法修正案(十一)》第 14 条对《刑法》第 191 条的修改,将特定的"自洗钱"行为纳入洗钱罪的规制范围,即上游犯罪的行为人也可以成为洗钱罪的主体。

4.本罪主观方面为故意。《刑法修正案(十一)》第 14 条虽然删除了原《刑法》第 191 条中"明知是"的文字表述,但洗钱罪是故意犯罪,故成立洗钱罪仍然要求行为人必须明知是毒品犯罪、黑社会性质的组织犯罪、恐怖活动犯罪、走私犯罪、贪污贿赂犯罪、破坏金融管理秩序犯罪、金融诈骗犯罪的所得及其产生的收益,否则不构成本罪。行为人认识的内容是对这七种上游犯罪的犯罪事实的认识,而不是对法律性质的认识。对于行为人是否"明知",应当结合被告人的认知能力,接触他人犯罪所得及其收益的情况,犯罪所得及其收益的种类、数额,犯罪所得及其收益的转换、转移方式以及被告人的供述等主、客观因素进行认定。被告人将《刑法》第 191 条规定的某一上游犯罪的犯罪所得及其收益误认为《刑法》第 191 条规定的上游犯罪范围内的其他犯罪所得及其收益的,不影响本罪"明知"的认定。此外,"为掩饰、隐瞒……来源和性质",属于构成要件的内容,而不是洗钱罪的目的。

认定本罪需要正确处理罪数问题。为他人洗钱的行为同时触犯《刑法》第 312 条的掩饰、隐瞒犯罪所得、犯罪所得收益罪的，宜认定为想象竞合，从一重罪处罚。还需讨论的是对上游犯罪人"自洗钱"的情形，是实行数罪并罚，还是仅按上游犯罪处罚或者仅按重罪处罚。如果在"自洗钱"的场合对行为人仅按上游犯罪处罚，刑法处罚"自洗钱"的范围就极为有限。如果在某些情况下仅按洗钱罪处罚，则完全没有评价上游犯罪行为，明显不当。所以，上游犯罪人"自洗钱"的，原则上应对上游犯罪与洗钱罪实行数罪并罚。认定上游犯罪和自洗钱犯罪，都应当符合各自独立的犯罪构成，上游犯罪行为人完成上游犯罪并取得或控制犯罪所得后，进一步实施的掩饰、隐瞒犯罪所得及其产生的收益的来源和性质的行为，属于自洗钱行为。上游犯罪实施过程中的接收、接受资金行为，属于上游犯罪的完成行为，是上游犯罪既遂的必要条件，不宜重复认定为洗钱行为，在他人实施上游犯罪过程中故意帮助接收、接受犯罪所得的人员可以成立上游犯罪的共犯。

认定本罪需要正确处理共犯问题。其一，应准确区分洗钱罪与上游犯罪的共犯。洗钱罪是在上游犯罪完成、取得或控制犯罪所得及其收益后实施的新的犯罪活动，与上游犯罪分别具有独立的构成。在上游犯罪实行过程中提供资金账户、协助转账汇款等帮助上游犯罪实现的行为，是上游犯罪的组成部分，应当认定为上游犯罪的共犯，不能认定洗钱罪。上游犯罪完成后掩饰、隐瞒犯罪所得及其收益的来源和性质的行为，才成立洗钱罪。其二，行为人与上游犯罪人事前通谋，事后与上游犯罪人共同实施洗钱行为的，对行为人与上游犯罪人均应按上游犯罪与洗钱罪实行数罪并罚。当然，不排除上游犯罪与洗钱罪构成想象竞合的情形。例如，乙有求于国家工作人员甲，甲要求乙将行贿款直接汇往境外的银行账户的，甲的行为是受贿罪与洗钱罪的想象竞合，乙的行为是行贿罪与洗钱罪的想象竞合，均应从一重罪处罚。再如，国家工作人员实施贪污犯罪时，直接将公款汇往境外的，也是贪污罪与洗钱罪的想象竞合，应当从一重罪处罚。

犯本罪的，根据《刑法》第 191 条的规定处罚。

☞ 2024 考点 9　诽谤罪

本罪是指捏造并散布某种事实，足以败坏他人名誉，情节严重的行为。

1.本罪客观上表现为捏造并散布某种事实，足以败坏他人名誉，情节严重。首先，所谓"捏造并散布"，是指散布捏造的事实。所谓捏造的事实，是指无中生有、凭空制造的虚假事实，而且所捏造的事实，是有损对他人的社会评价、具有某种程度的具体内容的事实。根据司法解释，明知是捏造的损害他人名誉的事实，在信息网络上散布，情节恶劣的，以"捏造事实诽谤他人"论。换言之，在信息网络上制造、散布谣言，贬损他人人格、损害他人名誉，情节严重的，以诽谤罪定罪处罚。如果行为人散布的是有损他人名誉的真实事实，则不构成诽谤罪（有可能构成侮辱罪）。其次，必须针对特定的人进行诽谤。特定的人既可以是一人，也可以是数人。诽谤时虽未具体指明被害人的姓名，但能推知具体被害人的，仍构成诽谤罪。最后，构成本罪要求情节严重。

2.本罪主观上必须出于故意，行为人必须明知自己散布的是虚假的事实。通过信息网络检举、揭发他人犯罪或者违法违纪行为，只要不是故意捏造事实或者明知是捏造的事实而故意散布的，不应当认定为诽谤违法犯罪。针对他人言行发表评论、提出批评，即使观点有所偏颇、言论有些偏激，只要不是肆意谩骂、恶意诋毁的，不应当认定为侮辱违法犯罪。

3.根据《刑法》的规定，诽谤行为情节严重的才构成诽谤罪。情节严重主要是指手段恶劣、内容恶毒、后果严重等。

诽谤罪与侮辱罪在客体、主体、主观方面都有相同或相似之处，它们的区别主要有两点：(1) 诽谤罪的方法只能是口头或文字的，不可能是暴力的；侮辱罪的方法既可以是口头、文字的，也可以是暴力的。(2)诽谤罪必须有捏造并散布有损他人名誉的虚假事实的行为;侮辱罪既可以不用具体事实,也可以用真实事实损害他人名誉。例如,被害妇女并无婚外性行为,但行为人捏造并散布被害妇女有婚外性行为的事实,情节严重的,构成诽谤罪。如果被害妇女有婚外性行为,行为人为了损害其名誉,散布这种婚外性行为的事实,情节严重的,则构成侮辱罪。

根据《刑法》第246条第1款的规定,犯诽谤罪的,处3年以下有期徒刑、拘役、管制或者剥夺政治权利。

《刑法》第246条第2款规定,犯侮辱、诽谤罪,"告诉的才处理,但是严重危害社会秩序和国家利益的除外"。第3款规定,通过信息网络实施诽谤行为,被害人向人民法院告诉,但提供证据确有困难的,人民法院可以要求公安机关提供协助。该款规定并不意味着通过信息网络实施侮辱、诽谤的案件转化为公诉案件,仅是意味着在法院的要求下,被害人在收集证据方面可以获得公安机关的协助。所谓"告诉的才处理",是指被害人告诉才处理,如因受强制、威吓无法告诉的,人民检察院和被害人的近亲属也可以告诉。刑法之所以将侮辱、诽谤罪规定为告诉才处理的犯罪,主要是因为侮辱、诽谤行为大都发生在邻居、同事之间,在多数场合可以通过调解方式解决。此外,被害人可能不愿意让更多的人知道自己受侮辱、诽谤的事实,如果违反被害人的意志提起诉讼,会产生相反的效果。所谓"严重危害社会秩序和国家利益的除外",一般是指在下列三种情况下,可以或者应当由人民检察院提起诉讼:一是侮辱、诽谤情节特别严重,引起了被害人自杀身亡或者精神失常等后果,被害人失去自诉能力的;二是侮辱、诽谤党和国家领导人、外国元首、外交代表等特定对象,既损害他人名誉,又危害国家利益的;三是侮辱、诽谤行为指向任何的个人,并对他人名誉造成巨大贬损和特别恶劣社会影响,从而严重危害社会秩序的。实施网络侮辱、诽谤行为,具有下列情形之一的,应当认定为"严重危害社会秩序":**(1)造成被害人或者其近亲属精神失常、自杀等严重后果,社会影响恶劣的;(2)随意以普通公众为侵害对象,相关信息在网络上大范围传播,引发大量低俗、恶意评论,严重破坏网络秩序,社会影响恶劣的;(3)侮辱、诽谤多人或者多次散布侮辱、诽谤信息,社会影响恶劣的;(4)组织、指使人员在多个网络平台大量散布侮辱、诽谤信息,社会影响恶劣的;(5)其他严重危害社会秩序的情形。**

☞ 2024 考点10　破坏生产经营罪

本罪是指由于泄愤报复或者其他个人目的,毁坏机器设备、残害耕畜或者以其他方法破坏生产经营的行为。行为人实施了破坏生产经营的行为,这是构成本罪的核心。**这里的"生产经营",包括一切经济形式的生产经营,不问其所有制性质。破坏生产经营的方法,包括毁坏机器设备、残害耕畜或者其他方法。"其他方法"是指与毁坏机器设备、残害耕畜具有相当性的方法,即能够导致生产经营的某个环节难以正常进行的破坏性方法,如损毁设计图纸、污损原材料、切断生产所需电力等。破坏的对象是进行正常生产经营活动所需的物质条件。破坏不属于正常生产经营所需的物质条件,如破坏已经报废的机器设备的,不构成本罪。对本罪客观要件的把握,应与网络时代的社会现实相适应。**例如,行为人通过在网络交易平台恶意大量购买他人商品或服务,导致商家被网络交易平台认定为虚假交易进而被采取商品搜索降权的管控措施,造成商家损失严重的,该行为属于以其他方法破坏生产经营,构成本罪。成立本罪要求行为人主观上具有泄愤报复或者其他个人目的。只要破坏生产经营行为无正当理由,就可以认定行为人存在"其他个人目的"。如为打击、排挤对手或者掩盖自己业绩不达标,而破坏生产经营的行为,成立本罪。以放火、爆炸等方法破坏厂矿、企业的机器设备、生产设施和耕畜、农具以及其他生产资料等,足以危害公共安全的,成立放火罪、爆炸罪等犯罪与破坏生产经营罪的想象竞合犯，从一重罪处断，对行为人应以放火罪、爆炸罪等犯罪论处。犯本罪的，根据《刑法》第276条的规定处罚。

☞ 2024 考点11　污染环境罪

本罪是指违反国家规定，排放、倾倒或者处置有放射性的废物、含传染病病原体的废物、有毒物质或者其他有害物质，严重污染环境的行为。

1.本罪的客体是环境保护制度。

2.本罪在客观方面表现为行为人违反国家规定，排放、倾倒或者处置有放射性的废物、含传染病病原体的废物、有毒物质或者其他有害物质，严重污染环境。

成立本罪，首先，要求相应行为违反国家规定。违反国家规定，主要是指违反《大气污染防治法》《固体废物污染环境防治法》《水污染防治法》《海洋环境保护法》《环境保护法》等法律以及国务院颁布的有关实施细则。

其次，要求存在排放、倾倒或者处置有放射性的废物、含传染病病原体的废物、有毒物质或者其他有害物质的行为。排放、倾倒与处置的共同点是，将危险废物、有毒物质或者其他有害物质置于大气或者水土(包括海洋、湖泊等)之中。根据相关司法解释，“有毒物质”具体包括：(1)危险废物，是指列入国家危险废物名录，或者根据国家规定的危险废物鉴别标准和鉴别方法认定的，具有危险特性的固体废物；(2)《关于持久性有机污染物的斯德哥尔摩公约》附件所列物质；(3)重金属含量超过国家或者地方污染物排放标准的污染物；(4)其他具有毒性，可能污染环境的物质。“有害物质”是指有放射性的废物、含传染病病原体的废物、有毒物质以外的能够严重污染环境的有害物质。常见的有害物质主要有：工业危险废物以外的其他工业固体废物；未经处理的生活垃圾；有害大气污染物、受控消耗臭氧层物质和有害水污染物；在利用和处置过程中必然产生有毒有害物质的其他物质；国务院生态环境主管部门会同国务院卫生主管部门公布的有毒有害污染物名录中的有关物质等。

最后，构成本罪要求上述行为严重污染环境。2023年8月8日《最高人民法院、最高人民检察院关于办理环境污染刑事案件适用法律若干问题的解释》第1条对“严重污染环境”的认定作了详细规定，如在饮用水水源保护区、自然保护地核心保护区等依法确定的重点保护区域排放、倾倒、处置有放射性的废物、含传染病病原体的废物、有毒物质，或者非法排放、倾倒、处置危险废物3吨以上等等，都属于严重污染环境。行为人已经着手实施非法排放、倾倒、处置有毒有害污染物的行为，由于有关部门查处或者其他意志以外的原因未得逞的，可以污染环境罪(未遂)追究刑事责任。单位污染环境的定罪量刑标准，适用相应自然人犯本罪和定罪的量刑标准。

3.本罪主体既可以是自然人，也可以是单位。为了单位利益，实施环境污染行为，并具有下列情形之一的，应当认定为单位犯罪：(1)经单位决策机构按照决策程序决定的；(2)经单位实际控制人、主要负责人或者授权的分管负责人决定、同意的；(3)单位实际控制人、主要负责人或者授权的分管负责人得知单位成员个人实施环境污染犯罪行为，并未加以制止或者及时采取措施，而是予以追认、纵容或者默许的；(4)使用单位营业执照、合同书、公章、印鉴等对外开展活动，并调用单位车辆、船舶、生产设备、原辅材料等实施环境污染犯罪行为的。单位污染环境的定罪量刑标准，适用相应自然人犯本罪的定罪量刑标准。

4.本罪主观方面为故意。由于本罪的危害结果比较复杂，所以，不要求行为人对污染环境的具体结果有确定的认识，只要行为人明知自己的行为可能发生污染环境的结果，并且希望或者放任这种结果发生，即成立本罪的故意。明知他人无经营许可证或者超出经营许可范围，向其提供或者委托其收集、贮存、利用、处置危险废物，严重污染环境的，以污染环境罪的共同犯罪论处。过失排放、倾倒或者处置危险物质，致人重伤、死亡或者使公私财产遭受重大损失的，以过失投放危险物质罪论处。

无危险废物经营许可证从事收集、贮存、利用、处置危险废物经营活动，严重污染环境的，按照污染环境罪定罪处罚；同时构成非法经营罪的，依照处罚较重的规定定罪处罚。明知他人无危险废物经营许可证，向其提供或者委托其收集、贮存、利用、处置危险废物，严重污染环境的，以共同犯罪论处。违反国家规定，排放、倾倒、处置含有毒害性、放射性、传染病病原体等物质的污染物，同时构成污染环境罪、投放危险物质罪等犯罪的，依照处罚较重的规定定罪处罚。

犯本罪的，根据《刑法》第338条与第346条的规定处罚。

☞ 2024 考点12 盗伐林木罪

本罪是指盗伐森林或者其他林木，数量较大的行为。

客观方面表现为盗伐森林或者其他林木，数量较大的行为。(1)行为对象必须是森林或者其他林木。这里的"森林"，是指大面积的原始森林和人造林，包括防护林、用材林、经济林、薪炭林和特种用途林等；"其他林木"，是指小面积的树林和零星树木，但不包括农村农民房前屋后个人所有的零星树木。(2)必须有盗伐行为。所谓盗伐，是指以非法占有为目的，擅自砍伐森林或者其他林木的行为。根据司法解释，盗伐行为包括：未取得采伐许可证，擅自采伐国家、集体或者他人所有的林木；违反《森林法》第56条第3款的规定，擅自采伐国家、集体或者他人所有的林木；在采伐许可证规定的地点以外采伐国家、集体或者他人所有的林木。不以非法占有为目的，违反森林法的规定，进行开垦、采石、采砂、采土或者其他活动，造成国家、集体或者他人所有的林木毁坏，不构成本罪，符合《刑法》第275条规定的，以故意毁坏财物罪定罪处罚。(3)要求数量较大。多次盗伐林木未经处罚，且依法应当追诉的，数量累计计算。

主体既可以是自然人，也可以是单位。对雇用他人盗伐林木构成犯罪的案件，如果被雇者不知是盗伐他人林木的，应由雇主承担刑事责任(雇主为间接正犯)；如果被雇者明知是盗伐他人林木的，除参与利润分成或者领取高额固定工资的以外，一般不以犯罪论处，但曾因破坏森林资源受过处罚的除外。单位盗伐林木的，适用相应自然人犯罪的定罪量刑标准。

主观方面是故意，并具有非法占有目的。以毁坏为目的砍伐国家、集体或者他人林木的，应认定为故意毁坏财物罪。

在认定本罪时，应注意处理好以下几个问题：

1.应当妥善处理聚众盗伐(哄抢)林木的事件。对聚众哄抢的首要分子、积极参加者，应依法追究刑事责任；对其他一般参加者，不宜认定为犯罪。

2.应当正确区分本罪与盗窃罪的界限。对于盗窃国家、集体或者他人所有并已经伐倒的树木，或者偷砍他人在自留地或者房前屋后种植的零星树木的行为，应以盗窃罪定罪处罚。非法实施采种、采脂、掘根、剥树皮等行为，符合《刑法》第264条规定的，以盗窃罪论处。在决定应否追究刑事责任和裁量刑罚时，应当综合考虑对涉案林木资源的损害程度以及行为人获利数额、行为动机、前科情况等情节；认为情节显著轻微危害不大的，不作为犯罪处理。

3.应当正确处理盗伐林木罪与危害国家重点保护植物罪的关系。盗伐珍贵树木的行为，实际上也会触犯了盗伐林木罪与危害国家重点保护植物罪两个罪名，对此应从一重罪论处。对于盗伐林木数额较大，同时另有盗伐珍贵树木、保护植物行为的，应实行数罪并罚。

犯本罪的，根据《刑法》第345条第1款、第4款与第346条的规定处罚。

☞ 2024 考点13 滥伐林木罪

本罪是指违反森林法的规定，滥伐森林或者其他林木，数量较大的行为。

本罪客观方面表现为违反森林法的规定，滥伐森林或者其他林木，数量较大的行为。这里的森林与其他林木的范围与盗伐林木罪的对象范围基本相同。但是，滥伐属于自己所有的林木的，也可能成立本罪，因为属于个人所有的林木，也是国家森林资源的一部分，虽然不能成为盗伐林木罪的对象，却可以成为滥伐林木罪的对象。根据有关司法解释，下列行为属于滥伐林木：(1)未取得采伐许可证，或者违反采伐许可证规定的时间、地点、数量、树种、方式，任意采伐本单位或者本人所有的林木的；(2)违反《森林法》第56条第3款的规定，任意采伐本单位或者本人所有的林木的；(3)在采伐许可证规定的地点，超过规定的数量采伐国家、集体或者他人所有的林木的。林木权属存在争议，一方未取得采伐许可证擅自砍伐的，以滥伐林木论处。实施滥伐林木的行为，所涉林木系风倒、火烧、水毁或者林业有害生物等自然原因死亡或者严重毁损的，一般不以犯罪论处；确有必要追究刑事责任的，应当从宽处理。本罪主体既可以是自然人，也可以是单位。对于受雇佣为滥伐林木犯罪提供劳务的人员，除参与利润分成或者领取高额固定工资的以外，一般不以犯罪论处，但曾因破坏森林资源受过处罚的除外。单位滥伐林木的，适用相应自然人犯罪的定罪量刑标准。主观方面只能出于故意。

滥伐林木罪与盗伐林木罪的客体不完全相同：前者破坏了林业资源保护；后者不仅破坏了林业资源保护，而且侵犯了财产权。因此，二者的犯罪构成存在区别：(1)犯罪对象不完全相同：前者包括自己所有的林木；后者不包括自己所有的林木。(2)行为方式不同：前者是不按要求任意砍伐的行为；后者是盗伐行为。(3)主观方面不完全相同：前者不要求具有非法占有目的；而后者要求具有非法占有目的。

犯本罪的，根据《刑法》第345条第2款、第4款和第346条的规定处罚。

☞ 2024 考点14 走私、贩卖、运输、制造毒品罪

本罪是指违反毒品管理法规，走私、贩卖、运输、制造毒品的行为。

1.本罪客体是国家对麻醉药品和精神药品的监管秩序。

2.行为人实施了走私、贩卖、运输、制造毒品的行为。行为人走私、贩卖、运输、制造的必须是毒品。根据《刑法》第357条的规定，毒品，是指鸦片、海洛因、甲基苯丙胺(冰毒)、吗啡、大麻、可卡因以及国家规定管制的其他能够使人形成瘾癖的麻醉药品和精神药品。麻醉药品是指连续使用后易产生身体依赖性、能成瘾癖的药品。精神药品是指直接作用于中枢神经系统，使之兴奋或抑制，连续使用能产生依赖性的药品。要确定案件中的物品是否刑法所规定的毒品，通常必须进行认定。在实务中，2015年10月1日起施行的公安部、国家卫生和计划生育委员会、国家食品药品监督管理总局、国家禁毒委员会办公室《非药用类麻醉药品和精神药品列管办法》及其附表《非药用类麻醉药品和精神药品管制品种增补目录》，是认定毒品的依据。认定的方法一般是化学鉴定方法，但对有关物品作一部分化学鉴定，能够合理认定其他部分与所鉴定的毒品是相同物品时，也能将其他部分认定为毒品。在有些情况下，虽未经过化学鉴定，但根据其他证据能够合理推定为毒品的，也应认定为毒品。不仅如此，即使司法机关未能收押毒品，但也可能根据其他证据认定行为人走私、贩卖、运输、制造的是毒品。在存在毒品的前提下，成立本罪，行为人需实施了下列行为之一：

(1)**走私毒品**。走私毒品是指非法运输、携带、邮寄毒品进出国(边)境的行为。行为方式主要是输入毒品与输出毒品,此外对在领海、内海运输、收购、贩卖国家禁止进出口的毒品,以及直接向走私毒品的犯罪人购买毒品的,应视为走私毒品。根据刑法的规定,影响走私毒品行为的危害程度的因素,主要是走私毒品的数量、主体的情况(是否首要分子、是否参与国际贩毒组织)、方式(是否武装掩护)等。

(2)**贩卖毒品**。贩卖毒品是指有偿转让毒品的行为。有偿转让毒品,即行为人将毒品交付给对方,并从对方获取物质利益。贩卖方式既可能是公开的,也可能是秘密的;既可以在物理空间进行,也可在网络进行;既可能是行为人请求对方购买,也可能是对方请求行为人转让;既可能是直接交付给对方,也可能是间接交付给对方。在间接交付的场合,如果中间人认识到是毒品而帮助转交给买方的,则该中间人的行为也属于贩卖毒品;如果中间人没有认识到是毒品,则不构成贩卖毒品罪。贩卖是有偿转让,但行为人交付毒品既可能是获取金钱,也可能是获取其他物质利益。因此,用毒品支付劳务报酬、偿还债务或者换取其他财产性利益的,或者用毒品向他人换取毒品用于贩卖的,以贩卖毒品罪定罪处罚,但双方以吸食为目的互换毒品,不成立本罪,构成非法持有毒品罪等其他犯罪的,依法定罪处罚。如果是无偿转让毒品,如赠与等,则不属于贩卖毒品。就汉语的词义解释而言,"贩卖"毒品,包括为转卖而收买毒品的行为和出卖毒品的行为。因此,有偿转让的毒品来源既可能是自己所购买的毒品,也可能是自己制造的毒品,还可能是通过其他方法取得的毒品,如行为人将拾到的毒品或者受赠的毒品出卖给他人的,同样成立贩卖毒品罪。贩卖的对方没有限制,即不问对方是否达到法定年龄,是否具有辨认控制能力,是否与贩卖人具有某种关系。为他人代购毒品时,代购者加价或者变相加价从中牟利的,以贩卖毒品罪定罪处罚。代购者收取、私自截留部分购毒款、毒品,或者通过在交通、食宿等开销外收取"介绍费""劳务费"等方式从中牟利的,属于变相加价。如果代购者从托购者事先联系的贩毒者处,为托购者购买仅用于吸食的毒品,并收取、私自截留少量毒品供自己吸食的,一般不以贩卖毒品罪论处。没有证据证明代购者明知他人实施毒品犯罪而为其代购毒品,代购者亦未从中牟利,代购毒品数量达到非法持有毒品罪的最低数量标准,代购者因购买、存储毒品被查获的,以非法持有毒品罪定罪处罚;因运输毒品被查获的,一般以运输毒品罪定罪处罚。

长期以来,刑法理论与司法实践都将为了出卖而购买毒品的行为认定为贩卖毒品罪的未遂犯乃至既遂犯,但这种做法存在疑问。一方面,《刑法》第347条仅规定了贩卖毒品罪,而没有规定购买毒品罪,这意味着单纯购买毒品的行为不属于刑法的规制对象(刑法仅处罚购买毒品之后持有毒品的行为)。另一方面,"贩卖"毒品并不以购买毒品为前提,如行为人拾到毒品后出卖给他人的,同样成立贩卖毒品罪。既然如此,出于贩卖目的而非法购买毒品的行为就不是贩卖毒品罪的实行行为,而是贩卖毒品罪的预备行为(当然,可能同时触犯非法持有毒品罪)。

(3)**运输毒品**。运输毒品是指采用携带、邮寄、利用他人或者使用交通工具等方法在我国领域内转移毒品。运输毒品必须限制在国内,而且不是在领海、内海运输国家禁止进出口的毒品,否则便是走私毒品。运输毒品具体表现为转移毒品的所在地,如将毒品从甲地运往乙地。虽然从结局上看没有变更毒品所在地,但使毒品的所在地曾经发生了变化的行为,也是运输毒品。例如,行为人先将毒品从甲地运往乙地,由于某种原因,又将毒品运回甲地的,属于运输毒品。

(4)**制造毒品**。制造毒品,除传统、典型的非法利用毒品原植物直接提炼和用化学方法加工、配制毒品的行为以外,还包括以改变毒品的成分和效用为目的用物理方法加工、配制毒品的行为。它包括以下几种情况:一是将毒品以外的物作为原料,提取或制作成毒品。如将罂粟制成为鸦片。二是毒品的精制,即去掉毒品中的不纯物,使之成为纯毒品或纯度更高的毒品。如去除海洛因中所含的不纯物。三是使用化学方法使一种毒品变为另一种毒品。如使用化学方法将吗啡制作成海洛因。四是使用化学方法以外的方法使一种毒品变为另一种毒品。如将盐酸吗啡加入蒸馏水,使之成为注射液。五是非法按照一定的处方针对特定人的特定情况调制毒品。上述五种行为都属于制造毒品。至于制造毒品的原料是什么、原料是否合法,不影响制造毒品罪的认定。行为人利用原生植物为原料,通过提炼等方法制成含有国家管制的麻醉药品、精神药品的物质的,或者利用未列入国家管制的化学品为原料,生产含有国家管制的麻醉药品、精神药品成分的食品,均属于制造毒品。为欺骗购毒者或者逃避查缉等,对毒品掺杂使假,通过物理方法使毒品溶解、混合、吸附于某种物质,或者以自用为目的对少量毒品添加其他物质、改变形态的,不认定为制造毒品。

虽然走私、贩卖、运输、制造毒品,无论数量多少,都应追究刑事责任,但毒品数量、含量无疑影响行为人的量刑。对多次走私、贩卖、运输、制造毒品,未经处理的,毒品数量累计计算。走私、贩卖、运输、制造、非法持有两种以上毒品,《刑法》及相关司法解释明确规定了定罪量刑数量标准的,可以根据现有定罪量刑数量标准,将不同种类的毒品分别折算为海洛因的数量,以折算后累加的毒品总量作为定罪量刑的根据;《刑法》及相关司法解释未规定定罪量刑数量标准的,参考已有折算标准,综合考虑其毒害性、滥用情况、受管制程度、纯度及犯罪形势、交易价格等因素,依法定罪量刑。涉案毒品既无定罪量刑数量标准,亦无折算标准的,应当委托有关专业机构确定涉案毒品的致瘾癖性、毒害性、纯度等,综合考虑其滥用情况、受管制程度及犯罪形势、交易价格等因素,依法定罪量刑。

3.主体既可以是自然人,也可以是单位。在自然人主体中,已满14周岁不满16周岁,具有辨认控制能力的人,可以成为贩卖毒品罪的主体;走私、运输、制造毒品罪的主体必须是已满16周岁,具有辨认控制能力的人。

4.本罪只能由故意构成,过失不能构成本罪。成立本罪,要求行为人认识到自己走私、贩卖、运输、制造的是毒品,但不要求行为人认识到毒品的名称、化学成分、效用等具体性质。而且,不管行为人是认识到肯定是毒品,还是认识到可能是毒品,都属于认识到是毒品,不影响犯罪的成立。对毒品种类产生错误认识的,也不影响本罪的成立(但有时可能影响到量刑)。行为人否认明知是毒品,又缺乏其他证据证明其明知的,可以根据其实施毒品犯罪的方式、过程及毒品被查获时的情形,结合其年龄、文化程度、生活状况、职业背景、是否有毒品违法犯罪经历及与共同犯罪人之间的关系等情况,综合分析判断。具有下列情形之一,被告人不能作出合理解释的,可以认定其明知走私、贩卖、运输、非法持有的是毒品,但有证据证明其确实不知情或者确系被蒙骗的除外:(1)执法人员在口岸、机场、车站、港口、邮局、快递站点等场所检查时,要求申报为他人运输、携带、寄递的物品和其他毒品疑似物,并告知法律责任,但被告人未如实申报,在其运输、携带、寄递的物品中查获毒品的;(2)以伪报、藏匿、伪装等蒙蔽手段逃避海关、边防等检查,或者行程路线故意绕开检查站点,在其运输、携带、寄递的物品中查获毒品的;(3)在执法人员检查时有逃跑、藏匿、丢弃、试图销毁其携带的物品、弃车逃离或者其他逃避、抗拒检查行为,在其携带的物品或者遗弃的车辆中查获毒品的;(4)采用高度隐蔽方式运输、携带、交接物品,明显违背合法物品的惯常运输、携带、交接方式,从中查获毒品的;(5)以虚假的身份、地址或者物品名称办理托运、寄递手续,从托运、寄递的物品中查获毒品的;(6)采用隐匿真实身份、支付不等值报酬等不合理方式,指使、雇用他人运输、携带、寄递物品或者代为接收物流寄递的物品,从中查获毒品的;(7)为获取不同寻常的高额、不等值报酬,为他人运输、携带、寄递物品或者接收物流寄递的物品,从中查获毒品的;(8)其他可以认定被告人明知的情形。

认定本罪需要注意如下问题:

1.正确适用罪名。走私、贩卖、运输、制造毒品罪是选择性罪名,确定罪名时不以行为实施的先后、毒品数量或者危害大小排列，一律按照刑法条文规定的顺序表述。对同一宗毒品实施了不同种犯罪行为且有确凿证据证明的，应当按照犯罪行为的性质并列确定罪名，毒品数量不重复计算，不实行数罪并罚。对同一宗毒品可能实施了不同种犯罪行为，但根据证据只能认定其中一种或者几种行为，认定其他行为的证据不属确实、充分的，则按照依法能够认定的行为性质定罪。对不同宗毒品分别实施了不同种犯罪行为的，应对不同行为并列确定罪名，累计毒品数量，不实行数罪并罚。

2.正确区分本罪与其他犯罪的界限。对于走私其他货物、物品的，以实际走私的货物、物品的性质认定犯罪，不能认定为走私毒品罪。行为人在一次走私活动中，既走私毒品又走私其他货物、物品的，一般应按走私毒品罪和构成的其他走私罪，实行数罪并罚。行为人故意以非毒品冒充真毒品或者明知是假毒品而贩卖牟利的，应认定为诈骗罪，而非贩卖毒品罪。行为人在生产、销售的食品中掺入微量毒品的，应视性质与情节，认定为生产、销售有毒、有害食品罪或欺骗他人吸毒罪，不宜认定为贩卖毒品罪。

3.正确区分本罪的既遂与未遂。走私、贩卖、运输、制造毒品罪有四种行为方式，其既遂与未遂的标准因行为方式而异。(1)走私毒品主要分为输入毒品与输出毒品，只要明确了输入毒品的既遂与未遂标准，输出毒品的既遂与未遂标准就容易解决了。关于输入毒品的既遂标准，宜采取到达说，即装载毒品的船舶到达本国港口或航空器到达本国领土内时为既遂，否则为未遂。(2)刑法理论一般认为，贩卖以毒品实际上转移给买方为既遂，转移毒品后行为人是否已经获取了利益，则并不影响既遂的成立。毒品实际上没有转移时，即使已经达成转移的协议，或者行为人已经获得了利益，也不宜认定为既遂。(3)行为人为了运输而开始搬运毒品时，是运输毒品罪的着手，由于行为人意志以外的原因不能或没有进入正式的运输状态时为未遂；否则即为既遂。例如，行为人以邮寄方式运输毒品时，在邮件包装过程中被查获的，属于未遂；如果已将装有毒品的邮件交付给邮局，则为既遂。再如，使用交通工具运输毒品的，当毒品置入交通工具内，交通工具已经进入行驶状态时，即为既遂。(4)制造毒品罪应以实际上制造出毒品为既遂标准，至于所制造出来的毒品数量多少、纯度高低等，都不影响既遂的成立。着手制造毒品后，没有实际上制造出毒品的，则是制造毒品未遂。需注意的是，行为人以为自己所使用的原料与配料能够制造出毒品，但事实上未能制造出毒品，且客观上也没有制造出毒品的具体危险的，不能以犯罪论处。

4.共同犯罪的认定。办理贩卖毒品案件，应当准确认定居间介绍买卖毒品行为。对于居间介绍买卖毒品行为，应当准确认定，并与居中倒卖毒品行为相区别。居间介绍者在毒品交易中处于中间人地位，发挥介绍联络作用，通常与交易一方构成共同犯罪，但不以牟利为要件。受购毒者或者贩毒者委托，为其提供交易信息、介绍交易对象、居中协调交易数量、价格，或者提供其他帮助，促成毒品交易的，属于居间介绍买卖毒品。居中倒卖者则属于毒品交易主体，与前后环节的交易对象是上下家关系，直接与上家、下家联系，自主决定交易毒品的数量、价格并赚取差价。受贩毒者委托，为其居间介绍贩卖毒品的，与贩毒者构成贩卖毒品共同犯罪。明知购毒者以贩卖为目的购买毒品，受委托为其介绍联络贩毒者的，与购毒者构成贩卖毒品共同犯罪。受以吸食为目的的购毒者委托，为其提供购毒信息或者介绍认识贩毒者，毒品数量达到《刑法》第348条规定的最低数量标准的，一般与购毒者构成非法持有毒品共同犯罪；同时与贩毒者、购毒者共谋，联络促成双方交易的，与贩毒者构成贩卖毒品共同犯罪。居间介绍者实施帮助行为，对促成毒品交易起次要或者辅助作用，一般应当认定为从犯。以居间介绍者的身份介入毒品交易，但在交易中实际已超出居间介绍者的地位，对交易的发起和达成起重要作用的，可以认定为主犯。

二人以上同行运输毒品的，应当从是否明知他人带有毒品、有无共同运输毒品的犯意联络、有无

实施配合、掩护他人运输毒品的行为等方面,综合审查认定是否构成共同犯罪。受雇于同一雇主同行运输毒品,但受雇者之间没有共同犯罪故意,或者虽然明知他人受雇运输毒品,但各自的运输行为相对独立,既未实施配合、掩护他人运输毒品的行为,又分别按照各自运输的毒品数量获取报酬的,不认定为共同犯罪,受雇者对各自运输的毒品承担刑事责任。受雇于同一雇主分段运输同一宗毒品,但受雇者之间没有共谋的,也不认定为共同犯罪。雇用他人运输毒品的雇主,以及其他对受雇者起到一定组织、指挥作用的人员,与各受雇者分别构成运输毒品共同犯罪,对运输的全部毒品承担刑事责任。

犯本罪的,根据《刑法》第 347 条的规定处罚。量刑时,既要考虑毒品的数量与种类,也要考虑其他情节。不能单纯以毒品数量特别巨大为由决定死刑的适用。只有那些死不足惜、死有余辜的毒品犯罪分子,对其判处死刑立即执行才是较为合适的。

根据《刑法》的规定,具有下列情节的应当从重处罚:(1)利用、教唆未成年人走私、贩卖、运输、制造毒品或者向未成年人出售毒品的,从重处罚。这里的未成年人是指未满 18 周岁的人。(2)因走私、贩卖、运输、制造、非法持有毒品被判过刑,又犯走私、贩卖、运输、制造毒品罪的,从重处罚。这是关于再犯从重处罚的规定。不论前罪何时受处罚,不论判处何种刑罚,不论处刑轻重,不论是在前罪刑罚执行完毕或者赦免后,还是在缓刑、假释、暂予监外执行期间或者缓刑考验期满后,均能成立毒品再犯。对于同时构成累犯和毒品再犯的被告人,在裁判文书中应当同时引用刑法关于累犯和毒品再犯的条款。对于因同一毒品犯罪前科同时构成累犯和毒品再犯的,量刑时不得重复从重处罚。

单位犯走私、贩卖、运输、制造毒品罪的,对单位判处罚金,并对其直接负责的主管人员和其他直接责任人员,依照《刑法》第 347 条的规定处罚。

☞ 2024 考点 15　单位受贿罪

本罪是指国家机关、国有公司、企业、事业单位、人民团体,索取、非法收受他人财物,为他人谋取利益,情节严重的行为。本罪主体为国家机关、国有公司、企业、事业单位与人民团体。本罪在客观方面表现为,索取、非法收受他人财物,为他人谋取利益,情节严重。根据《刑法》第 387 条第 2 款的规定,国家机关、国有公司、企业、事业单位、人民团体,在经济往来中,在帐外暗中收受各种名义的回扣、手续费的,以受贿论,以本罪论处。**2023 年的《刑法修正案(十二)》修订了本罪的法定刑,降低了本罪第一档法定刑的最高刑,通过增设第二档法定刑提高了本罪的法定最高刑。在适用本罪时,应注意妥善处理刑法的时间效力问题。犯本罪的,根据《刑法》第 387 条的规定处罚。**

☞ 2024 考点 16　行贿罪

本罪是指为谋取不正当利益,给予国家工作人员以财物的行为。

本罪在客观方面表现为给予国家工作人员以财物的行为,主要表现为以下四种情况:一是为了利用国家工作人员的职务行为(包括利用国家工作人员的斡旋行为),主动给予国家工作人员以财物。二是在有求于国家工作人员的职务行为时,由于国家工作人员的索取而给予国家工作人员以财物。当然,根据《刑法》第 389 条第 3 款的规定,因被勒索给予国家工作人员以财物,没有获得不正当利益的,不是行贿。三是与国家工作人员约定,以满足自己的要求为条件给予国家工作人员以财物。四是在国家工作人员利用职务上的便利为自己谋取利益之时或者之后,给予国家工作人员以财物,作为其职务行为的报酬。此外,《刑法》第 389 条第 2 款规定:“在经济往来中,违反国家规定,给予国家工作人员以财物,数额较大的,或者违反国家规定,给予国家工作人员以各种名义的回扣、手续费的,以行贿论处。”

“给予国家工作人员以财物”,意味着给予国家工作人员以不正当的报酬,或者说,将财物作为国家工作人员已经、正在、将要或者许诺实施的职务行为的对价,使国家工作人员接受。“给予国家工作人员以财物”,既可能表现为直接将财物交付给国家工作人员,也可能表现为通过第三者(不管是否知情)将财物交付给国家工作人员;既可以是直接将财物交付给国家工作人员本人,也可以是将财物交付给国家工作人员的亲属或者国家工作人员指定的第三者。例如,甲向国家工作人员乙请托不正当事项,乙谎称请托事项需要第三者丙(非国家工作人员)的参与才能完成,并要求甲送给丙10万元。丙实为乙的朋友,10万元由丙占有。甲的行为依然成立行贿罪。

刑法虽然没有将数额较大规定为行贿罪的构成要件要素,但根据相关司法解释,为谋取不正当利益,向国家工作人员行贿,数额在3万元以上的,才应以行贿罪追究刑事责任。行贿数额在1万元以上不满3万元,具有下列情形之一的,也应以行贿罪追究刑事责任:(1)向三人以上行贿的;(2)将违法所得用于行贿的;(3)通过行贿谋取职务提拔、调整的;(4)向负有食品、药品、安全生产、环境保护等监督管理职责的国家工作人员行贿,实施非法活动的;(5)向司法工作人员行贿,影响司法公正的;(6)造成经济损失数额在50万元以上不满100万元的。多次行贿未经处理的,累计行贿的数额。

本罪主观方面为故意,行为人具有谋取不正当利益的目的。根据相关司法解释,“谋取不正当利益”,是指行贿人谋取的利益违反法律、法规、规章、政策规定,或者要求国家工作人员违反法律、法规、规章、政策、行业规范的规定,为自己提供帮助或者方便条件。违背公平、公正原则,在经济、组织人事管理等活动中,谋取竞争优势的,应当认定为“谋取不正当利益”。因此,行贿人虽然符合晋级、晋升的条件,但为了使自己优于他人晋级、晋升,而给予有关国家工作人员以财物的,应认定为行贿罪。至于行为人实际上是否因行贿谋取了不正当利益,则不影响行贿罪的成立。此外,为了谋取不正当利益而给予国家工作人员以财物时,即使具有事后索回财物的意思,也不影响行贿罪的成立。例如,甲为了获取某项工程,向国家工作人员乙交付20万元,打算获取工程后再索回。乙收受20万元后,将工程交给甲。甲完工后,以告发相要挟,要求乙退回20万元。乙担心甲告发,退还甲20万元。甲的行为不仅成立行贿罪,而且另成立敲诈勒索罪。

行贿罪与受贿罪属于对向犯,在通常情况下,行贿方与受贿方的行为均成立犯罪。因此,司法机关不能仅处罚其中一方。但是,这并不意味着一方行为成立犯罪时另一方行为也必然成立犯罪,仅一方的行为成立犯罪的现象是大量存在的。例如,因被勒索给予国家工作人员以财物,没有获得不正当利益的,不是行贿,但国家工作人员的行为仍然是索取贿赂,成立受贿罪。再如,为了谋取正当利益而给予国家工作人员以财物的,不是行贿,但国家工作人员接受财物的行为成立受贿罪。又如,为了谋取不正当利益而给予国家工作人员以财物的,构成行贿罪;但国家工作人员没有接受贿赂的故意,立即将财物送交有关部门处理的,不构成受贿罪。

在行贿既未遂的认定方面,为谋取不正当利益给予国家工作人员以财物,国家工作人员客观上接收(占有)了财物时,如财物已经放在国家工作人员家里或者办公室,财物已经转移至国家工作人员或者其亲属控制之下,行贿罪便既遂。即便国家工作人员事后退回财物或者及时上交,也不影响行贿罪既遂。换言之,即使国家工作人员不成立受贿罪或者受贿未遂,也不影响行贿罪既遂的认定。因为行贿罪的既遂标准是根据行贿罪的构成要件确定的,而不是根据受贿罪的构成要件确定的。但是,如果行为人是在被监察机关控制下向国家工作人员交付财物的,不能认定为行贿既遂,甚至有可能成立行贿的不能犯。

在行贿共犯的认定方面,在由第三者向国家工作人员交付财物时,第三者不知情的,当然不成立行贿罪的共犯,但第三者知情的,则成立行贿罪的共同犯罪。在认定行贿罪的共同犯罪时,不能简单地根据财物的来源判断主从犯。如甲缺乏与国家工作人员接触的机会,为了谋取不正当利益,甲将财物交付给熟悉国家工作人员的乙,由乙将财物交付给国家工作人员时,完全可能认定乙是行贿罪的主犯,而不能一概将乙认定为行贿罪的从犯。

罪数方面,行贿人反复要求国家工作人员接受自己给予的财物的,仅成立行贿罪,不同时成立受贿罪的教唆犯。但是,行为人不仅自己向国家工作人员行贿,而且劝说国家工作人员接受第三者给予的财物的,则成立行贿罪与受贿罪的共犯,实行数罪并罚。行贿人谋取不正当利益的行为构成犯罪的,应当与行贿犯罪实行数罪并罚。例如,个体企业老板甲请国有供电所抄表员乙帮忙,让后者从其负责的电表箱中牵出一根电线为企业免费供电,并送给乙 3 万元现金,于是,乙为甲的企业安装了一根电线。至案发时,甲的企业窃电量价值 30 万元。对甲的行为应以行贿罪与盗窃罪实行数罪并罚。但是,有两点值得注意:其一,不得进行重复评价,当行贿犯罪与其他犯罪由一个行为所触犯时,只能认定为想象竞合。例如,行贿人为了谋取不正当利益,必然向国家工作人员表达请托事项,不能将请托事项的表达认定为独立的教唆犯罪,即使构成教唆犯罪,也应当认定为想象竞合。其二,就未经行政许可而构成犯罪的行政犯而言,行贿人通过行贿取得许可后从事相应行为的,不得另认定为犯罪。例如,甲通过行贿获得了专营、专卖物品的经营权,然后经营专营、专卖物品的,只成立行贿罪,不另成立非法经营罪。再如,李某通过行贿获得了医生执业资格后从事行医活动,只成立行贿罪,不另成立非法行医罪。还如,张三通过行贿获准超额购买爆炸物品用于生产活动的,也仅成立行贿罪,而不另成立非法买卖爆炸物罪。

犯本罪的,根据《刑法》第 390 条的规定处罚。2023 年 12 月 29 日通过的《刑法修正案(十二)》修订了本罪的法定刑,降低了本罪第一档法定刑的最高刑与第二档法定刑的最低刑,并明确了应当从重处罚的七种情形。在审理受贿犯罪案件时,应注意妥善处理本条的时间效力问题。

☞ 2023 考点 1　没收财产

1.没收财产的概念。没收财产是将犯罪分子个人合法所有的财产的一部或者全部强制无偿地收归国有的刑罚方法。没收财产的对象为犯罪分子本人所有的财产。在判处没收财产的时候,不得没收属于犯罪分子家属所有或者应有的财产。

2.没收财产的适用。(1)没收财产的前提。没收财产只能适用于刑法分则明文规定可以判处没收财产的那些犯罪。从刑法分则的规定来看,没收财产主要适用于危害国家安全罪、破坏社会主义市场经济秩序罪、侵犯财产罪、贪污贿赂罪。(2)没收财产的种类。没收财产包括没收部分财产与没收全部财产。**没收全部财产的,应当对犯罪分子个人及其扶养的家属保留必需的生活费用。**对犯罪分子是没收全部财产还是没收部分财产,要根据犯罪的危害程度与犯罪分子的人身危险程度确定。凡法律规定并处没收财产的,均应当依法并处,被告人的执行能力不能作为是否判处没收财产的依据。判处没收部分财产的,应当在判决书中明确没收的具体财物或者金额。(3)没收财产的执行。判处没收财产的,判决生效后,应当立即执行。根据《刑事诉讼法》第 272 条的规定,**没收财产的判决,无论附加适用或者独立适用,都由人民法院执行;在必要的时候,可以会同公安机关执行。一人犯数罪依法同时并处罚金和没收财产的,应当分别执行;对于判处没收全部财产,同时判处罚金刑的,根据司法解释,应决定执行没收全部财产,不再执行罚金。**根据《刑法》第 60 条规定,没收财产以前犯罪分子所负的正当债务,需要以没收的财产偿还的,经债权人请求,应当偿还。“没收财产以前犯罪分子所负的正当债务”,是指犯罪分子在判决生效前所负他人的合法债务。根据《刑法》第 36

条规定，承担民事赔偿责任的犯罪分子，同时被判处没收财产的，应当先承担对被害人的民事赔偿责任。

3.没收财产与没收犯罪物品。《刑法》第64条规定："犯罪分子违法所得的一切财物，应当予以追缴或者责令退赔；对被害人的合法财产，应当及时返还；违禁品和供犯罪所用的本人财物，应当予以没收。没收的财物和罚金，一律上缴国库，不得挪用和自行处理。"该条不是没收财产的规定，而是没收犯罪物品（涉案财物）的规定。由于该条使用了"没收"一词，导致没收财产与没收犯罪物品易被混淆。没收犯罪物品，包括没收（追缴）违法所得的财物、没收违禁品、没收供犯罪所用的本人财物三类。这些被没收的物品原本就不能为犯罪分子合法所有，或者因为犯罪导致不能为犯罪分子合法所有，故没收犯罪物品并不具有剥夺犯罪分子合法权益的刑罚属性，仅是一种行政罚措施或者刑事诉讼措施。而作为刑罚之一的没收财产，没收的是犯罪分子的合法财产。因此，没收财产与没收犯罪物品的本质不同，不得以没收犯罪物品来代替或折抵没收财产。对于没收犯罪物品，需要注意以下3点：

（1）没收（追缴）违法所得的财物。违法所得的财物，包括犯罪分子通过犯罪行为获得的财物及其产生的收益。如犯罪分子用所盗金钱进行投资或者置业的，对因此形成的财产及其收益，应予没收（追缴）。犯罪分子将违法所得的财物与其他合法财产共同投资或者置业，对因此形成的财产中与赃款赃物对应的份额及其收益，应予没收（追缴）。作为没收（追缴）对象的违法所得的财物，既包括犯罪分子本人占有的违法所得的财物，也包括已经转移至他人的违法所得的财物，但违法所得的财物已被第三人善意取得的，不得没收（追缴）。如果违法所得的财物已不存在，如犯罪分子盗窃他人价值昂贵的人参后吃掉该人参的，对此只能责令赔偿，无法没收（追缴）。

（2）没收违禁品。违禁品是指毒品、枪支、弹药等禁止个人持有的物品。无论违禁品是原本就存在的，还是通过犯罪行为产生的（如非法制造得来的假币），都应被没收。

（3）没收供犯罪所用的本人财物。**①供犯罪使用的本人财物，仅限于犯罪分子所有的财物。**因此，供犯罪所用的他人财物，不得没收，但如果他人是共犯人，则可针对共犯人予以没收。如果供犯罪所用的本人财物已被第三人善意取得，则不应没收。**②供犯罪所用的本人财物，包括已经用于犯罪的财物和以犯罪为目的而准备使用的财物，**如准备在抢劫时捆绑被害人的绳索，即使在现场没有使用，也应当没收。**③供犯罪使用的本人财物，不仅包括犯罪工具，而且包括组成犯罪行为之物，**如聚众赌博者的赌资、行贿人用于行贿的财物，也应当没收。**④供犯罪所用的本人财物，不仅包括供符合构成要件的行为使用的财物，而且包括在构成要件的行为完成后当场为了确保犯罪结果而使用的财物，**如犯罪分子多次翻墙进入封闭院落，将所盗财物扔到院墙外，再用停放在院外的三轮车运走所盗财物的，该三轮车属于供犯罪所用的本人财物，也应没收。

☞ 2023 考点2　非刑罚处罚措施的种类

1.《刑法》第37条中的非刑罚处罚措施。《刑法》第37条规定，对于犯罪情节轻微不需要判处刑罚的，可以免予刑事处罚，但是可以根据案件的不同情况，予以训诫或者责令具结悔过、赔礼道歉、赔偿损失，或者由主管部门予以行政处罚或者行政处分。根据司法解释，未成年罪犯根据其所犯罪行，可能被判处拘役、3年以下有期徒刑，如果悔罪表现好，且系又聋又哑的人或者盲人，或系防卫过当或者避险过当，或系犯罪预备、中止或者未遂，或系共同犯罪中从犯、胁从犯，或者犯罪后自首或者有立功表现，或者其他犯罪情节轻微不需要判处刑罚的，应当依照《刑法》第37条的规定免予刑事处罚。在《刑法》第37条中，非刑罚处罚措施主要包括以下类型：

（1）教育措施。教育措施有三种：①**训诫**。人民法院以口头的方式对犯罪分子当庭公开批评、谴责和训教，责令其改正，不再犯罪的教育方法。训诫多以口头方式进行。对于训诫，记录在案即可，可不载于判决书中。②**具结悔过**。人民法院责令犯罪分子用书面方式保证悔过，以后不再重新犯罪的教育方法。悔罪书应当庭宣读。③**赔礼道歉**。人民法院责令犯罪分子公开向被害人当面承认罪行，表示歉意，请求谅解的教育方法。这种非刑罚处罚措施，具有教育罪犯和安抚被害人的双重功能。

（2）民事处罚措施。责令赔偿损失，是民事性质的非刑罚处罚措施，是指人民法院对免予刑事处罚的犯罪分子，责令其向被害人支付一定数额的金钱的处理方法。作为犯罪的法律后果，责令赔偿并不以被害人提起民事诉讼为前提，被害人没有提起民事诉讼的，法院也可以根据案件的具体情况，责令犯罪分子赔偿损失。根据《刑法》第36条规定，由于犯罪行为而使被害人遭受经济损失的，对犯罪分子除依法给予刑事处罚外，并应根据情况判处赔偿经济损失。"承担民事赔偿责任的犯罪分子，同时被判处罚金，其财产不足以全部支付的，或者被判处没收财产的，应当先承担对被害人的民事赔偿责任"。该条规定的判决赔偿损失，以给予刑罚处罚为前提，仅适用于犯罪行为给被害人造成了经济损失的情形。而作为犯罪的法律后果的非刑罚处罚，以免除刑罚为前提。因此，《刑法》第37条规定的责令赔偿损失，不同于《刑法》第36条的赔偿经济损失，不能将二者混为一谈。

（3）行政处罚措施。包括行政处罚和行政处分两种，即人民法院根据案件的情况，向特定的主管部门提出司法建议，由主管部门给予犯罪分子行政制裁或者内部纪律处分的措施。这种非刑罚处罚措施的特点在于，不是由法院直接给予行政处罚或者行政处分，而是法院提出建议，由有关主管部门给予行政处罚或者行政处分。如法院认为需要给予勒令停业处分的，应向市场监督管理部门提出司法建议；法院认为需要给予记过处分的，应向犯罪人的所在单位提出司法建议。

2.《刑法》第37条之一中的非刑罚处罚措施。根据《刑法》第37条之一第1款规定，因利用职业便利实施犯罪，或者实施违背职业要求的特定义务的犯罪被判处刑罚的，人民法院可以根据犯罪情况和预防再犯罪的需要，禁止其自刑罚执行完毕之日或者假释之日起从事相关职业，期限为3年至5年。这被称为从业禁止，是由《刑法修正案（九）》增设的具有保安处分性质的非刑罚处罚措施。

适用从业禁止的条件是：**（1）因利用职业便利实施犯罪，或者实施违背职业要求的特定义务的犯罪被判处刑罚。（2）根据犯罪情况，在刑罚执行完毕或者假释后仍有预防犯罪分子再犯罪的需要**。当然，如果其他法律、行政法规对其从事相关职业另有禁止或者限制性规定的，从其规定。从业禁止的期限为3年至5年，自刑罚执行完毕之日或者假释之日起开始计算。如果其他法律、行政法规对从业禁止的期限另有规定的，人民法院应当根据其他法律、行政法规规定宣告从业禁止的时间。例如，教职员工利用职业便利，或者违背职业要求的特定义务，实施性侵害、虐待、拐卖、暴力伤害等犯罪的，人民法院应当依照《未成年人保护法》第62条的规定，判决禁止其从事密切接触未成年人的工作；实施上述犯罪以外的其他犯罪，人民法院可以根据犯罪情况和预防再犯罪的需要，**依照《刑法》第37条之一第1款的规定，判决禁止其自刑罚执行完毕之日或者假释之日起从事相关职业，期限为3年至5年**。

从业禁止与禁止令有相似之处，如都禁止犯罪分子从事特定活动，都不是刑罚，二者的不同之处在于：从业禁止是一种刑罚执行完毕或者假释后的非刑罚处罚措施，仅适用于因利用职业便利实施犯罪或者实施违背职业要求的特定义务的犯罪而被判处刑罚的犯罪分子；而禁止令是管制、缓刑执行期间的一种非刑罚处罚措施，不问犯罪是否与职业有关，只要能够促进犯罪分子的教育矫正、有效维护社会秩序，即可适用禁止令。

被禁止从事相关职业的人违反人民法院作出的从业禁止决定的，由公安机关依法给予处罚；情节严重的，依照《刑法》第 313 条的规定定罪处罚。

☞ 2023 考点 3　减刑的对象条件

被判处管制、拘役、有期徒刑、无期徒刑 4 种刑罚之一的犯罪分子，无论其犯罪行为是故意还是过失，是重罪还是轻罪，是危害国家安全罪还是其他刑事犯罪，只要具备了法定的减刑条件，都可以减刑。《刑法》第 50 条第 2 款对减刑的对象条件进行了限制，即对被判处死刑缓期执行的累犯以及因故意杀人、强奸、抢劫、绑架、放火、爆炸、投放危险物质或者有组织的暴力性犯罪被判处死刑缓期执行的犯罪分子，人民法院根据犯罪情节等情况可以同时决定对其限制减刑。对部分犯罪分子不得减刑。根据《刑法》第 383 条第 4 款、第 386 条规定，**犯贪污罪、受贿罪的犯罪分子被判处死刑缓期执行，且人民法院根据犯罪情节等情况同时决定在其死刑缓期执行 2 年期满依法减为无期徒刑后，终身监禁的，不得减刑。**

☞ 2023 考点 4　假释的对象条件

假释只适用于被判处有期徒刑、无期徒刑的犯罪分子。因此，对被判处其他刑罚的犯罪分子，不得假释。被判处管制的，因为并没有剥夺犯罪分子的人身自由，不存在假释问题；被判处拘役的，由于刑期很短，适用假释没有实际意义；被判处死刑缓期 2 年执行的，不能直接适用假释，只有将死缓减为无期徒刑或者有期徒刑后，具备适用假释条件的，才可以假释。

对以下犯罪分子，不得假释：**(1)根据《刑法》第 81 条第 2 款规定，对累犯以及因故意杀人、强奸、抢劫、绑架、放火、爆炸、投放危险物质或者有组织的暴力性犯罪被判处 10 年以上有期徒刑、无期徒刑的犯罪分子，不得假释。**首先，不管累犯被判处的是什么刑种与刑期，对累犯不得假释。其次，故意杀人、强奸、抢劫、绑架、放火、爆炸、投放危险物质或者有组织的暴力性犯罪被判处 10 年以上有期徒刑、无期徒刑的犯罪分子，不得假释。"暴力性犯罪"除上述列举的几种犯罪外，还包括其他对人身行使有形力的犯罪，如伤害、武装叛乱、武装暴乱、劫持航空器等罪。如果犯罪分子所实施的不是暴力性犯罪，或者虽然是暴力性犯罪但所判处的刑罚低于 10 年有期徒刑的，仍然可以假释。所以，只是对严重暴力性犯罪不适用假释。刑法这样规定，是考虑到上述严重暴力性犯罪的社会危害性严重、行为人的人身危险性严重，适用假释不利于防止其再次犯罪。最后，对于被判处 10 年以上有期徒刑、无期徒刑的暴力性犯罪分子，即使减刑后其刑期低于 10 年有期徒刑的，也不得假释。**(2)根据《刑法》第 383 条第 4 款、第 386 条规定，犯贪污罪、受贿罪的犯罪分子被判处死刑缓期执行，且人民法院根据犯罪情节等情况同时决定在其死刑缓期执行 2 年期满依法减为无期徒刑后，终身监禁的，不得假释。**

☞ 2023 考点 5　破坏电力设备罪

破坏电力设备罪，是指故意破坏电力设备，危害公共安全的行为。本罪的行为对象是电力设备，包括发电设备、变电设备与电力线路设备等。从犯罪客体公共安全出发，本罪中的电力设备必须是处于运行、应急等使用中的电力设备，包括已经通电使用，只是由于枯水季节或电力不足等原因暂停使用的电力设备，以及已经交付使用但尚未通电的电力设备；但不包括尚未安装完毕，或者已经安装完毕但尚未交付使用的电力设备。破坏电力设备的方式没有限定，既可以是作为，也可以是不作为；既可以是物理性破坏，也可以是功能性破坏。构成本罪，破坏行为必须危害公共安全，但不要求必须造成严重后果。采用放火、爆炸等方法破坏电力设备危害公共安全的，同时构成本罪与放火罪、爆炸罪等犯罪，依照处罚较重的规定定罪处罚。本罪主观方面为故意，过失损坏电力设备的，不构成本罪，应以过失损坏电力设备罪追究刑事责任。

实践中，破坏电力设备的案件时有发生，既涉及罪与非罪的界限，也涉及本罪与盗窃等犯罪的关系。破坏电力设备，没有危害公共安全的，如破坏已经安装完毕但尚未交付使用的电力设备的，不构成本罪，已达故意毁坏财物罪的追诉标准的，应以故意毁坏财物罪论处。盗窃电力设备，危害公共安全，但不构成盗窃罪的，以破坏电力设备罪定罪处罚；同时构成盗窃罪和破坏电力设备罪的，依照处罚较重的规定定罪处罚。盗窃电力设备，没有危及公共安全，但应当追究刑事责任的，可以根据案件的不同情况，按照盗窃罪等犯罪处理。

犯本罪的，根据《刑法》第 118 条、第 119 条的规定处罚。

☞ 2023 考点 6　出售、购买、运输假币罪

出售、购买、运输假币罪是指明知是伪造的货币而出售、购买或者运输，数额较大的行为。伪造货币并出售或者运输伪造的货币的，以伪造货币罪从重处罚，不另成立出售、运输假币罪。但这仅限于行为人出售、运输自己伪造的假币的情形。如果行为人不仅伪造货币，而且出售或者运输他人伪造的货币，即伪造的假币与出售、运输的假币不具有同一性时，则应当实行数罪并罚。在出售假币时被抓获的，除现场查获的假币应认定为出售假币的数额外，现场之外在行为人住所或者其他藏匿地查获的假币，也应认定为出售假币的数额，但有证据证实后者是行为人有实施其他假币犯罪的除外。

犯本罪的，根据《刑法》第 171 条第 1 款的规定处罚。

☞ 2023 考点 7　伪造、变造金融票证罪

伪造、变造金融票证罪是指伪造、变造汇票、本票、支票、委托收款凭证、汇款凭证、银行存单及其他结算凭证、信用证或者附随的单据、文件以及伪造信用卡的行为。

1.本罪客体是国家金融票证管理秩序。

2.客观方面表现为伪造、变造各种金融票证。这里的伪造包括两种情况：(1)有形伪造，即没有金融票证制作权的人，假冒他人(包括虚无人)的名义，擅自制造外观上足以使一般人误认为是真实金融票证的假金融票证。至于采取何种方法，虚假金融凭证是否具有法律上的有效形式与要件、其记载的内容与事实是否相符合等，都不影响伪造的成立。(2)无形伪造，即有金融票证制作权的人，超越其制作权限，违背事实制造内容虚假的金融票证，如银行工作人员制作虚假的银行存单交付他人。变造，是指没有权限的人擅自对真正的金融票证进行各种形式的加工，改变数额、日期或者其他内容。伪造、变造金融票证，包括下列情形：

(1)伪造、变造汇票、本票、支票。汇票，是指出票人签发的，委托人在见票时或者在指定日期，无条件支付确定的金额给收款人或持票人的票据。本票，是指出票人签发的，承诺由自己在见票时无条件支付确定的金额给收款人或持票人的票据。支票，是指出票人签发的，委托办理支票存款业务的银行或者其他金融机构在见票时无条件支付确定的金额给收款人或持票人的票据。行为人伪造、变造其中一种票证的，便成立犯罪。

(2)伪造、变造委托收款凭证、汇款凭证、银行存单等银行结算凭证。委托收款凭证，是指收款人向银行提供的，委托其向付款人收取款项的结算凭证。汇款凭证，是指汇款人委托银行给异地收款人进行汇兑结算的凭证，包括信汇凭证与电汇凭证。银行存单，是银行发行的可以用于支付债务

的工具,它一般不记名、定额、可自由流通。行为人伪造、变造其中一种票证的,便成立犯罪。

(3)伪造、变造信用证或者附随的单据、文件。信用证,是指应客户要求和指示,或自己主动向受益人签发的,如受益人满足约定条件开证行就向其支付规定金额的书面文件。附随的单据、文件,是指由信用证受益人向金融机构提供的,与信用证条款规定相一致的代表货物的单据、文件。行为人伪造、变造其中一种票证的,便成立犯罪。

伪造、变造汇票、本票、支票,或者伪造、变造委托收款凭证、汇款凭证、银行存单等其他银行结算凭证,或者伪造、变造信用证或者附随的单据、文件,总面额在1万元以上或者数量在10张以上的,应以本罪立案追诉。

(4)伪造信用卡。信用卡,是指由商业银行或者其他金融机构发行的具有消费支付、信用贷款、转账结算、存取现金等全部功能或者部分功能的电子支付卡。复制他人信用卡、将他人信用卡信息资料写入磁条介质、芯片的行为属于伪造信用卡。伪造信用卡1张以上,或者伪造空白信用卡10张以上的,应以本罪立案追诉。

3.主体既可以是自然人,也可以是单位。

4.主观方面只能是故意。虽然刑法并没有将本罪规定为目的犯,但将使用或行使的目的作为本罪的主观要件要素,是比较合适的。

犯本罪的,根据《刑法》第177条的规定处罚。

☞ 2023 考点8 提供虚假证明文件罪

提供虚假证明文件罪是指承担资产评估、验资、验证、会计、审计、法律服务、保荐、安全评价、环境影响评价、环境监测等职责的中介组织的人员或者单位,故意提供虚假证明文件,情节严重的行为。这里的提供不只是单纯的交付行为,而应包括制作(无形伪造)与交付。本罪主体包括单位在内。本罪主观方面为故意。生产经营单位提供虚假材料、影响评价结论,中介组织的人员对评价结论与实际情况不符无主观故意的,不属于"故意"提供虚假证明文件。行为人严重不负责任,导致出具的证明文件有重大失实的,不构成本罪,以出具证明文件重大失实罪定罪处罚。中介组织的人员在提供虚假证明文件时,索取他人财物或者非法收受他人财物构成犯罪的,依照处罚较重的规定定罪处罚。

犯本罪的,根据《刑法》第229条第1款和第231条的规定处罚。

☞ 2023 考点9 绑架罪

绑架罪是指以勒索财物或满足其他不法要求为目的,绑架他人作为人质的行为。

1.本罪的客体是被绑架人的人身自由与安全。

2.客观方面表现为利用被绑架人的近亲属或其他人对被绑架人安危的忧虑,使用暴力、胁迫或者麻醉等方法劫持或以实力控制他人。绑架的对象是任何他人,包括妇女、儿童和婴幼儿乃至行为人的子女或者父母。绑架的实质是使被害人处于行为人或第三者的实力支配下,事实上存在使未成年人的父母离开生活场所而将未成年人控制在行为人实力范围内的情况,也存在使被害人滞留在本来的生活场所但使其丧失行动自由的绑架案件,所以,绑架不要求使被害人离开原来的生活场所。绑架行为应具有强制性,即使用暴力、胁迫或者麻醉等方法控制他人。对于缺乏或者丧失行动能力的被害人,行为人采取偷盗、引诱等方法使其处于行为人或第三者实力支配下的,也可能成立绑架罪。例如,以勒赎为目的,偷盗婴幼儿的,成立绑架罪。

3.主体必须是已满16周岁,具有辨认控制能力的自然人。已满14周岁不满16周岁的人实施绑

架行为,故意杀害被绑架人的,应认定为故意杀人罪。已满 12 周岁不满 14 周岁的人故意杀害被绑架人、故意伤害被绑架人并致其死亡或者以特别残忍手段致其重伤造成严重残疾,情节恶劣的,虽不构成绑架罪,但在报请最高人民检察院核准追诉后,应以故意杀人罪、故意伤害罪追究刑事责任。

4.主观上只能出于故意,必须具有勒索财物或满足其他不法要求的目的。行为人一方面利用被绑架人的近亲属或者其他人对被绑架人安危的忧虑,这里的"其他人"包括单位乃至国家。另一方面以勒索财物或满足其他不法要求为目的。如果不具有这种心理状态,则不构成绑架罪。以勒赎为目的,偷盗婴幼儿的,应以本罪论处。同样,为了将婴儿作为人质以实现其他不法要求,而偷盗婴幼儿的,也成立本罪。勒索财物或满足其他不法要求的目的,不需要现实化。换言之,只要行为人具有这种目的,即使客观上没有对被绑架人的近亲属或其他人勒索财物或提出其他不法要求,也成立绑架罪;如果行为人客观上向被绑架人的近亲属或其他人勒索财物或提出了其他不法要求,也不另成立其他犯罪。但是,如果行为人"绑架"他人是为了直接向被绑架人索取财物,则应认定为抢劫罪。

根据《刑法》第 239 条第 2 款规定,行为人绑架他人后,杀害被绑架人的,或者故意伤害被绑架人,致人重伤、死亡的,应以绑架罪一罪论处。绑架他人后,故意实施强奸等行为的,则应实行数罪并罚。

根据《刑法》第 238 条第 3 款规定,行为人为索取债务非法扣押、拘禁他人的,只构成非法拘禁罪,不成立绑架罪。2000 年 7 月 13 日《最高人民法院关于对为索取法律不予保护的债务非法拘禁他人行为如何定罪问题的解释》指出:"行为人为索取高利贷、赌债等法律不予保护的债务,非法扣押、拘禁他人的,依照刑法第二百三十八条的规定定罪处罚。"但是,如果行为人为了索取法律不予保护的债务或者单方面主张的债务,以实力支配、控制被害人后,以杀害、伤害被害人相威胁的,宜认定为绑架罪。行为人为了索取债务,而将与债务人没有共同财产关系、扶养、抚养关系的第三者作为人质的,也应认定为绑架罪。

根据《刑法》第 239 条规定,犯绑架罪的,处 10 年以上有期徒刑或者无期徒刑,并处罚金或者没收财产;情节较轻的,处 5 年以上 10 年以下有期徒刑,并处罚金;杀害被绑架人的,或者故意伤害被绑架人,致人重伤、死亡的,处无期徒刑或者死刑,并处没收财产。杀害被绑架人(俗称"撕票"),属于结合犯,即将绑架行为与故意杀人行为结合为一个罪。多数说认为,这里的"杀害"是指"杀死"。故意伤害被绑架人,仅在致人重伤、死亡时,才能处无期徒刑或者死刑,并处没收财产。

☞ 2023 考点 10　挪用资金罪

挪用资金罪,是指公司、企业或者其他单位的工作人员,利用职务上的便利,挪用本单位资金归个人使用或者借贷给他人使用,数额较大、超过 3 个月未还的,或者虽未超过 3 个月,但数额较大、进行营利活动的,或者进行非法活动的行为。具有下列情形之一的,属于挪用本单位资金"归个人使用"**:(1)将本单位资金供本人、亲友或者其他自然人使用的;(2)以个人名义将本单位资金供其他单位使用的;(3)个人决定以单位名义将本单位资金供其他单位使用,谋取个人利益的。根据相关规定,挪用本单位资金归个人使用或者借贷给他人,涉嫌下列情形之一的,应予立案追诉:(1)挪用本单位资金数额在 5 万元以上,超过 3 个月未还的;(2)挪用本单位资金数额在 5 万元以上,进行营利活动的;(3)挪用本单位资金数额在 3 万元以上,进行非法活动的。对于挪用单位资金进行非法活动构成其他犯罪的,应当实行数罪并罚。本罪主体为公司、企业或者其他单位的工作人员。**

本罪主观方面为故意。

犯本罪,根据《刑法》第 272 条第 1 款的规定处罚。行为人在提起公诉前将挪用的资金退还的,可以从轻或者减轻处罚。其中犯罪较轻的,可以减轻或者免除处罚。

【大纲新增法条】

中华人民共和国刑法修正案(十二)

(2023 年 12 月 29 日第十四届全国人民代表大会常务委员会第七次会议通过)

【法条对照】

旧法条	新法条
第一百六十五条【非法经营同类营业罪】 国有公司、企业的董事、经理利用职务便利,自己经营或者为他人经营与其所任职公司、企业同类的营业,获取非法利益,数额巨大的,处三年以下有期徒刑或者拘役,并处或者单处罚金;数额特别巨大的,处三年以上七年以下有期徒刑,并处罚金。	**第一百六十五条【非法经营同类营业罪】** 国有公司、企业的董事、**监事**、**高级管理人员**利用职务便利,自己经营或者为他人经营与其所任职公司、企业同类的营业,获取非法利益,数额巨大的,处三年以下有期徒刑或者拘役,并处或者单处罚金;数额特别巨大的,处三年以上七年以下有期徒刑,并处罚金。 **其他公司、企业的董事、监事、高级管理人员违反法律、行政法规规定,实施前款行为,致使公司、企业利益遭受重大损失的,依照前款的规定处罚。**
第一百六十六条【为亲友非法牟利罪】 国有公司、企业、事业单位的工作人员,利用职务便利,有下列情形之一,使国家利益遭受重大损失的,处三年以下有期徒刑或者拘役,并处或者单处罚金;致使国家利益遭受特别重大损失的,处三年以上七年以下有期徒刑,并处罚金: (一)将本单位的盈利业务交由自己的亲友进行经营的; (二)以明显高于市场的价格向自己的亲友经营管理的单位采购商品或者以明显低于市场的价格向自己的亲友经营管理的单位销售商品的; (三)向自己的亲友经营管理的单位采购不合格商品的。	**第一百六十六条【为亲友非法牟利罪】** 国有公司、企业、事业单位的工作人员,利用职务便利,有下列情形之一,致使国家利益遭受重大损失的,处三年以下有期徒刑或者拘役,并处或者单处罚金;致使国家利益遭受特别重大损失的,处三年以上七年以下有期徒刑,并处罚金: (一)将本单位的盈利业务交由自己的亲友进行经营的; (二)以明显高于市场的价格从自己的亲友经营管理的单位采购商品、**接受服务**或者以明显低于市场的价格向自己的亲友经营管理的单位销售商品、**提供服务**的; (三)从自己的亲友经营管理的单位采购、**接受**不合格商品、**服务**的。 **其他公司、企业的工作人员违反法律行政法规或者公司、企业章程,实施前款行为,致使公司、企业利益遭受重大损失的依照前款的规定处罚。**

续表

<table>
<tr><th>旧法条</th><th>新法条</th></tr>
<tr><td>第一百六十九条【徇私舞弊低价折股出售国有资产罪】
国有公司、企业或者其上级主管部门直接负责的主管人员，徇私舞弊，将国有资产低价折股或者低价出售，致使国家利益遭受重大损失的，处三年以下有期徒刑或者拘役；致使国家利益遭受特别重大损失的，处三年以上七年以下有期徒刑。</td><td>第一百六十九条【徇私舞弊低价折股、出售公司、企业资产罪】
国有公司、企业或者其上级主管部门直接负责的主管人员，徇私舞弊，将国有资产低价折股或者低价出售，致使国家利益遭受重大损失的，处三年以下有期徒刑或者拘役；致使国家利益遭受特别重大损失的，处三年以上七年以下有期徒刑。
其他公司、企业直接负责的主管人员徇私舞弊，将公司、企业资产低价折股或者低价出售，致使公司、企业利益遭受重大损失的，依照前款的规定处罚。</td></tr>
<tr><td>第三百八十七条【单位受贿罪】
国家机关、国有公司、企业、事业单位、人民团体，索取、非法收受他人财物，为他人谋取利益情节严重的，对单位判处罚金，并对其直接负责的主管人员和其他直接责任人员，处五年以下有期徒刑或者拘役；
前款所列单位，在经济往来中，在帐外暗中收受各种名义的回扣、手续费的，以受贿论，依照前款的规定处罚。</td><td>第三百八十七条【单位受贿罪】
国家机关、国有公司、企业、事业单位、人民团体索取、非法收受他人财物，为他人谋取利益情节严重的，对单位判处罚金，并对其直接负责的主管人员和其他直接责任人员，处三年以下有期徒刑或者拘役；情节特别严重的，处三年以上十年以下有期徒刑。
前款所列单位，在经济往来中，在帐外暗中收受各种名义的回扣、手续费的，以受贿论，依照前款的规定处罚。</td></tr>
<tr><td>第三百九十条【行贿罪的处罚】
对犯行贿罪的，处五年以下有期徒刑或者拘役，并处罚金；因行贿谋取不正当利益，情节严重的，或者使国家利益遭受重大损失的，处五年以上十年以下有期徒刑，并处罚金；情节特别严重的，或者使国家利益遭受特别重大损失的，处十年以上有期徒刑或者无期徒刑，并处罚金或者没收财产。
行贿人在被追诉前主动交待行贿行为的，可以从轻或者减轻处罚。其中，犯罪较轻的，对侦破重大案件起关键作用的，或者有重大立功表现的，可以减轻或者免除处理。</td><td>第三百九十条【行贿罪的处罚】
对犯行贿罪的，处三年以下有期徒刑或者拘役，并处罚金；因行贿谋取不正当利益，情节严重的，或者使国家利益遭受重大损失的，处三年以上十年以下有期徒刑，并处罚金；情节特别严重的，或者使国家利益遭受特别重大损失的，处十年以上有期徒刑或者无期徒刑，并处罚金或者没收财产。
有下列情形之一的，从重处罚：
（一）多次行贿或者向多人行贿的；
（二）国家工作人员行贿的；
（三）在国家重点工程、重大项目中行贿的；
（四）为谋取职务提拔、职级晋升、调整行贿的；
（五）对监察、行政执法、司法工作人员行贿的；
（六）在生态环境、财政金融、安全生产食品药品、防灾救灾、社会保障、教育、医疗等领域行贿，实施违法犯罪活动的；
（七）将违法所得用于行贿的。
行贿人在被追诉前主动交待行贿行为的，可以从轻或者减轻处罚。其中，犯罪较轻的，对调查突破、侦破重大案件起关键作用的，或者有重大立功表现的，可以减轻或者免除处罚。</td></tr>
</table>

续表

旧法条	新法条
第三百九十一条【对单位行贿罪】 为谋取不正当利益,给予国家机关、国有公司、企业、事业单位、人民团体以财物的,或者在经济往来中,违反国家规定,给予各种名义的回扣、手续费的,处三年以下有期徒刑或者拘役,并处罚金。 单位犯前款罪的,对单位判处罚金,并对其直接负责的主管人员和其他直接责任人员,依照前款的规定处罚。	**第三百九十一条【对单位行贿罪】** 为谋取不正当利益,给予国家机关、国有公司、企业、事业单位、人民团体以财物的,或者在经济往来中,违反国家规定,给予各种名义的回扣、手续费的,处三年以下有期徒刑或者拘役,并处罚金;**情节严重的,处三年以上七年以下有期徒刑,并处罚金。** 单位犯前款罪的,对单位判处罚金,并对其直接负责的主管人员和其他直接责任人员,依照前款的规定处罚。
第三百九十三条【单位行贿罪】 单位为谋取不正当利益而行贿,或者违反国家规定,给予国家工作人员以回扣手续费,情节严重的,对单位判处罚金并对其直接负责的主管人员和其他直接责任人员,处五年以下有期徒刑或者拘役,并处罚金。因行贿取得的违法所得归个人所有的,依照本法第三百八十九条、第三百九十条的规定定罪处罚。	**第三百九十三条【单位行贿罪】** 单位为谋取不正当利益而行贿,或者违反国家规定,给予国家工作人员以回扣手续费,情节严重的,对单位判处罚金并对其直接负责的主管人员和其他直接责任人员,处三年以下有期徒刑或者拘役,并处罚金;**情节特别严重的,处三年以上十年以下有期徒刑,并处罚金。**因行贿取得的违法所得归个人所有的,依照本法第三百八十九条、第三百九十条的规定定罪处罚。

最高人民法院、最高人民检察院关于办理环境污染刑事案件适用法律若干问题的解释

(2023年3月27日最高人民法院审判委员会第1882次会议、2023年7月27日最高人民检察院第十四届检察委员会第十次会议通过　自2023年8月15日起施行)　法释〔2023〕7号

为依法惩治环境污染犯罪,根据《中华人民共和国刑法》、《中华人民共和国刑事诉讼法》、《中华人民共和国环境保护法》等法律的有关规定,现就办理此类刑事案件适用法律的若干问题解释如下:

第一条　实施刑法第三百三十八条规定的行为,具有下列情形之一的,应当认定为“严重污染环境”:

(一)在饮用水水源保护区、自然保护地核心保护区等依法确定的重点保护区域排放、倾倒、处置有放射性的废物、含传染病病原体的废物、有毒物质的;

(二)非法排放、倾倒、处置危险废物三吨以上的;

(三)排放、倾倒、处置含铅、汞、镉、铬、砷、铊、锑的污染物,超过国家或者地方污染物排放标准三倍以上的;

(四)排放、倾倒、处置含镍、铜、锌、银、钒、锰、钴的污染物,超过国家或者地方污染物排放标准十倍以上的;

(五)通过暗管、渗井、渗坑、裂隙、溶洞、灌注、非紧急情况下开启大气应急排放通道等逃避监管的方式排放、倾倒、处置有放射性的废物、含传染病病原体的废物、有毒物质的;

(六)二年内曾因在重污染天气预警期间,违反国家规定,超标排放二氧化硫、氮氧化物等实行排放总量控制的大气污染物受过二次以上行政处罚,又实施此类行为的;

(七)重点排污单位、实行排污许可重点管理的单位篡改、伪造自动监测数据或者干扰自动监测设施,排放化学需氧量、氨氮、二氧化硫、氮氧化物

等污染物的；

（八）二年内曾因违反国家规定，排放、倾倒、处置有放射性的废物、含传染病病原体的废物、有毒物质受过二次以上行政处罚，又实施此类行为的；

（九）违法所得或者致使公私财产损失三十万元以上的；

（十）致使乡镇集中式饮用水水源取水中断十二小时以上的；

（十一）其他严重污染环境的情形。

第二条 实施刑法第三百三十八条规定的行为，具有下列情形之一的，应当认定为"情节严重"：

（一）在饮用水水源保护区、自然保护地核心保护区等依法确定的重点保护区域排放、倾倒、处置有放射性的废物、含传染病病原体的废物、有毒物质，造成相关区域的生态功能退化或者野生生物资源严重破坏的；

（二）向国家确定的重要江河、湖泊水域排放、倾倒、处置有放射性的废物、含传染病病原体的废物、有毒物质，造成相关水域的生态功能退化或者水生生物资源严重破坏的；

（三）非法排放、倾倒、处置危险废物一百吨以上的；

（四）违法所得或者致使公私财产损失一百万元以上的；

（五）致使县级城区集中式饮用水水源取水中断十二小时以上的；

（六）致使永久基本农田、公益林地十亩以上，其他农用地二十亩以上，其他土地五十亩以上基本功能丧失或者遭受永久性破坏的；

（七）致使森林或者其他林木死亡五十立方米以上，或者幼树死亡二千五百株以上的；

（八）致使疏散、转移群众五千人以上的；

（九）致使三十人以上中毒的；

（十）致使一人以上重伤、严重疾病或者三人以上轻伤的；

（十一）其他情节严重的情形。

第三条 实施刑法第三百三十八条规定的行为，具有下列情形之一的，应当处七年以上有期徒刑，并处罚金：

（一）在饮用水水源保护区、自然保护地核心保护区等依法确定的重点保护区域排放、倾倒、处置有放射性的废物、含传染病病原体的废物、有毒物质，具有下列情形之一的：

1.致使设区的市级城区集中式饮用水水源取水中断十二小时以上的；

2.造成自然保护地主要保护的生态系统严重退化，或者主要保护的自然景观损毁的；

3.造成国家重点保护的野生动植物资源或者国家重点保护物种栖息地、生长环境严重破坏的；

4.其他情节特别严重的情形。

（二）向国家确定的重要江河、湖泊水域排放、倾倒、处置有放射性的废物、含传染病病原体的废物、有毒物质，具有下列情形之一的：

1.造成国家确定的重要江河、湖泊水域生态系统严重退化的；

2.造成国家重点保护的野生动植物资源严重破坏的；

3.其他情节特别严重的情形。

（三）致使永久基本农田五十亩以上基本功能丧失或者遭受永久性破坏的；

（四）致使三人以上重伤、严重疾病，或者一人以上严重残疾、死亡的。

第四条 实施刑法第三百三十九条第一款规定的行为，具有下列情形之一的，应当认定为"致使公私财产遭受重大损失或者严重危害人体健康"：

（一）致使公私财产损失一百万元以上的；

（二）具有本解释第二条第五项至第十项规定情形之一的；

（三）其他致使公私财产遭受重大损失或者严重危害人体健康的情形。

第五条 实施刑法第三百三十八条、第三百三十九条规定的犯罪行为，具有下列情形之一的，应当从重处罚：

（一）阻挠环境监督检查或者突发环境事件调查，尚不构成妨害公务等犯罪的；

（二）在医院、学校、居民区等人口集中地区及其附近，违反国家规定排放、倾倒、处置有放射性的废物、含传染病病原体的废物、有毒物质或者其他有害物质的；

（三）在突发环境事件处置期间或者被责令限

期整改期间，违反国家规定排放、倾倒、处置有放射性的废物、含传染病病原体的废物、有毒物质或者其他有害物质的；

（四）具有危险废物经营许可证的企业违反国家规定排放、倾倒、处置有放射性的废物、含传染病病原体的废物、有毒物质或者其他有害物质的；

（五）实行排污许可重点管理的企业事业单位和其他生产经营者未依法取得排污许可证，排放、倾倒、处置有放射性的废物、含传染病病原体的废物、有毒物质或者其他有害物质的。

第六条 实施刑法第三百三十八条规定的行为，行为人认罪认罚，积极修复生态环境，有效合规整改的，可以从宽处罚；犯罪情节轻微的，可以不起诉或者免予刑事处罚；情节显著轻微危害不大的，不作为犯罪处理。

第七条 无危险废物经营许可证从事收集、贮存、利用、处置危险废物经营活动，严重污染环境的，按照污染环境罪定罪处罚；同时构成非法经营罪的，依照处罚较重的规定定罪处罚。

实施前款规定的行为，不具有超标排放污染物、非法倾倒污染物或者其他违法造成环境污染的情形的，可以认定为非法经营情节显著轻微危害不大，不认为是犯罪；构成生产、销售伪劣产品等其他犯罪的，以其他犯罪论处。

第八条 明知他人无危险废物经营许可证，向其提供或者委托其收集、贮存、利用、处置危险废物，严重污染环境的，以共同犯罪论处。

第九条 违反国家规定，排放、倾倒、处置含有毒害性、放射性、传染病病原体等物质的污染物，同时构成污染环境罪、非法处置进口的固体废物罪、投放危险物质罪等犯罪的，依照处罚较重的规定定罪处罚。

第十条 承担环境影响评价、环境监测、温室气体排放检验检测、排放报告编制或者核查等职责的中介组织的人员故意提供虚假证明文件，具有下列情形之一的，应当认定为刑法第二百二十九条第一款规定的“情节严重”：

（一）违法所得三十万元以上的；

（二）二年内曾因提供虚假证明文件受过二次以上行政处罚，又提供虚假证明文件的；

（三）其他情节严重的情形。

实施前款规定的行为，在涉及公共安全的重大工程、项目中提供虚假的环境影响评价等证明文件，致使公共财产、国家和人民利益遭受特别重大损失的，应当依照刑法第二百二十九条第一款的规定，处五年以上十年以下有期徒刑，并处罚金。

实施前两款规定的行为，同时索取他人财物或者非法收受他人财物构成犯罪的，依照处罚较重的规定定罪处罚。

第十一条 违反国家规定，针对环境质量监测系统实施下列行为，或者强令、指使、授意他人实施下列行为，后果严重的，应当依照刑法第二百八十六条的规定，以破坏计算机信息系统罪定罪处罚：

（一）修改系统参数或者系统中存储、处理、传输的监测数据的；

（二）干扰系统采样，致使监测数据因系统不能正常运行而严重失真的；

（三）其他破坏环境质量监测系统的行为。

重点排污单位、实行排污许可重点管理的单位篡改、伪造自动监测数据或者干扰自动监测设施，排放化学需氧量、氨氮、二氧化硫、氮氧化物等污染物，同时构成污染环境罪和破坏计算机信息系统罪的，依照处罚较重的规定定罪处罚。

从事环境监测设施维护、运营的人员实施或者参与实施篡改、伪造自动监测数据、干扰自动监测设施、破坏环境质量监测系统等行为的，依法从重处罚。

第十二条 对于实施本解释规定的相关行为被不起诉或者免予刑事处罚的行为人，需要给予行政处罚、政务处分或者其他处分的，依法移送有关主管机关处理。有关主管机关应当将处理结果及时通知人民检察院、人民法院。

第十三条 单位实施本解释规定的犯罪的，依照本解释规定的定罪量刑标准，对直接负责的主管人员和其他直接责任人员定罪处罚，并对单位判处罚金。

第十四条 环境保护主管部门及其所属监测机构在行政执法过程中收集的监测数据，在刑事诉讼中可以作为证据使用。

公安机关单独或者会同环境保护主管部门，提取污染物样品进行检测获取的数据，在刑事诉讼中可以作为证据使用。

第十五条 对国家危险废物名录所列的废物，可以依据涉案物质的来源、产生过程、被告人供述、证人证言以及经批准或者备案的环境影响评价文件、排污许可证、排污登记表等证据，结合环境保护主管部门、公安机关等出具的书面意见作出认定。

对于危险废物的数量，依据案件事实，综合被告人供述，涉案企业的生产工艺、物耗、能耗情况，以及经批准或者备案的环境影响评价文件等证据作出认定。

第十六条 对案件所涉的环境污染专门性问题难以确定的，依据鉴定机构出具的鉴定意见，或者国务院环境保护主管部门、公安部门指定的机构出具的报告，结合其他证据作出认定。

第十七条 下列物质应当认定为刑法第三百三十八条规定的"有毒物质"：

（一）危险废物，是指列入国家危险废物名录，或者根据国家规定的危险废物鉴别标准和鉴别方法认定的，具有危险特性的固体废物；

（二）《关于持久性有机污染物的斯德哥尔摩公约》附件所列物质；

（三）重金属含量超过国家或者地方污染物排放标准的污染物；

（四）其他具有毒性，可能污染环境的物质。

第十八条 无危险废物经营许可证，以营利为目的，从危险废物中提取物质作为原材料或者燃料，并具有超标排放污染物、非法倾倒污染物或者其他违法造成环境污染的情形的行为，应当认定为"非法处置危险废物"。

第十九条 本解释所称"二年内"，以第一次违法行为受到行政处罚的生效之日与又实施相应行为之日的时间间隔计算确定。

本解释所称"重点排污单位"，是指设区的市级以上人民政府环境保护主管部门依法确定的应当安装、使用污染物排放自动监测设备的重点监控企业及其他单位。

本解释所称"违法所得"，是指实施刑法第二百二十九条、第三百三十八条、第三百三十九条规定的行为所得和可得的全部违法收入。

本解释所称"公私财产损失"，包括实施刑法第三百三十八条、第三百三十九条规定的行为直接造成财产损毁、减少的实际价值，为防止污染扩大、消除污染而采取必要合理措施所产生的费用，以及处置突发环境事件的应急监测费用。

本解释所称"无危险废物经营许可证"，是指未取得危险废物经营许可证，或者超出危险废物经营许可证的经营范围。

第二十条 本解释自 2023 年 8 月 15 日起施行。本解释施行后，《最高人民法院、最高人民检察院关于办理环境污染刑事案件适用法律若干问题的解释》（法释〔2016〕29 号）同时废止；之前发布的司法解释与本解释不一致的，以本解释为准。

刑事诉讼法

【大纲新增考点·法条说明】

2024 年，"刑事诉讼法"学科，法规增加 1 件，大纲考点略有调整，如下：

章　节	2023 年大纲	2024 年大纲	提　示
第八章第六节　逮捕	羁押必要性审查	羁押必要性审查、评估	考点调整

大纲附录法律法规

项　目	法律法规
增加法规	人民检察院、公安机关羁押必要性审查、评估工作规定 （2023 年 11 月 30 日发布　自 2023 年 11 月 30 日起施行）　高检发〔2023〕12 号

2020～2023 年大纲新增考点对照

年　份	章　节	新增与变化考点 · 法条
2023	无	
2022	第十二章第四节“人民检察院对直接受理案件的侦查”	人民检察院在自侦案件中权限
	第十九章第二节“刑事司法协助”	刑事司法协助的程序　刑事司法协助的方式
	第二十一章第一节“未成年人刑事案件诉讼程序概述”	未成年人刑事案件诉讼程序的概念与特殊功能
	新增法律法规： （1）人民检察院办理认罪认罚案件开展量刑建议工作的指导意见 （2）最高人民法院、司法部关于为死刑复核案件被告人依法提供法律援助的规定（试行）	
2021	第六章第三节“刑事代理”	刑事代理与辩护的区别
	第七章第一节“刑事证据的概念和基本属性”	刑事证据制度的基本原则（证据裁判原则　自由心证原则）
	第七章第二节“刑事证据的种类与审查认定”	证人证言的审查认定　专门性问题报告和事故调查报告　鉴定意见的审查认定　特殊证据材料的审查认定（技术调查、侦查证据，境外的证据材料，需要见证人在场见证的证据材料，隐蔽性证据，到案经过、抓获经过等证据材料，有关自首、坦白、立功的证据材料，有关被告人具有累犯、毒品再犯情节等的证据材料，有关年龄的证据）
	第十一章第一节“立案的概念”	立案的功能
	第十一章第三节“立案程序和立案监督”	立案程序（行政执法机关移送案件的处置　撤案）
	第十二章第三节“侦查终结”	侦查终结的条件和处理（涉案财物的处置）
	第十二章第四节“人民检察院对直接受理案件的侦查”	人民检察院在自侦案件中的侦查权限　侦查终结后的处理
	第十三章第二节“提起公诉的程序”	审查起诉（认罪认罚案件的审查起诉）
	第十三章第三节“提起自诉的程序”	自诉案件的范围
	第二十三章第二节“缺席审判的案件审理”	被告人的近亲属参与诉讼　缺席审判的程序处理
	第二十五章“依法不负刑事责任的精神病人的强制医疗程序”	对强制医疗的监督
	1.新增法律法规：法律援助值班律师工作办法 2.修订法律法规： （1）最高人民法院关于适用《中华人民共和国刑事诉讼法》的解释 （2）公安机关办理刑事案件程序规定 （3）最高人民法院、最高人民检察院、公安部、国家安全部、司法部关于规范量刑程序若干问题的意见	

续表

年份	章节	新增与变化考点·法条
2020	第二章第十一节“认罪认罚从宽”	认罪认罚原则的基本含义和具体要求
	第三章第一节“刑事诉讼中的专门机关”	人民检察院的性质、立场、组织体系、职权
	第四章第一节“立案管辖”	立案管辖的概念与划分依据　公安机关立案侦查的刑事案件　人民检察院立案侦查的刑事案件　国家安全机关、监狱和军队保卫部门立案侦查的案件　监察机关立案调查的案件
	第八章第六节“逮捕”	不批准逮捕或不予逮捕的情形
	1.新增法律法规： (1)中华人民共和国人民陪审员法 (2)最高人民法院关于适用《中华人民共和国人民陪审员法》若干问题的解释 (3)最高人民法院、最高人民检察院、公安部、国家安全部、司法部关于适用认罪认罚从宽制度的指导意见 (4)中华人民共和国社区矫正法 (5)最高人民法院关于死刑复核及执行程序中保障当事人合法权益的若干规定 (6)最高人民法院、最高人民检察院、中国海警局关于海上刑事案件管辖等有关问题的通知 2.修订法律法规：人民检察院刑事诉讼规则	

【大纲新增、变化考点解读】

☞ 2024 考点　羁押必要性审查、评估

《刑事诉讼法》第95条规定，犯罪嫌疑人、被告人被逮捕后，人民检察院仍应当对羁押的必要性进行审查。对不需要继续羁押的，应当建议予以释放或者变更强制措施。有关机关应当在10日以内将处理情况通知人民检察院。检察机关对羁押必要性的审查是依职权进行的，不以有关诉讼参与人提出审查的申请为前提。**人民检察院对审查起诉阶段未经羁押必要性审查、可能判处3年有期徒刑以下刑罚的在押犯罪嫌疑人，在提起公诉前应当依职权开展一次羁押必要性审查。**但犯罪嫌疑人、被告人及其法定代理人、近亲属或者辩护人也有权申请人民检察院进行羁押必要性审查，申请时应当说明不需要继续羁押的理由，有相关证据或者其他材料的，应当提供。看守所根据在押人员身体状况，也可以建议人民检察院进行羁押必要性审查。需要注意的是，已经逮捕的犯罪嫌疑人认罪认罚的，人民检察院应当及时对羁押必要性进行审查。**根据《人民检察院、公安机关羁押必要性审查、评估工作规定》的规定，公安机关在移送审查起诉前，发现采取逮捕措施不当或者犯罪嫌疑人及其法定代理人、近亲属或者辩护人、值班律师申请变更羁押强制措施的，应当对羁押的必要性进行评估。不需要继续羁押的，应当及时决定释放或者变更强制措施。**

根据《人民检察院刑事诉讼规则》（以下简称最高人民检察院《规则》）和《人民检察院、公安机关羁押必要性审查、评估工作规定》的规定，羁押必要性审查案件由办案机关对应的同级人民检察院捕诉部门办理，负责刑事执行检察的部门收到有关材料或者发现不需要继续羁押的，应当及时将有关材料和意见移送负责捕诉的部门。审查起诉阶段，负责捕诉的部门经审查认为不需要继续羁押的，应当直接释放犯罪嫌疑人或者变更强制措施。人民检察院进行羁押必要性审查，可以采取以下方式：(1)审查犯罪嫌疑人、被告人不需要继续羁押的理由和证明材料；(2)听取犯罪嫌疑人、被告人及其法定代理人、近亲属或者辩护人、值班律师意见；(3)听取被害人及其法定代理人、诉讼代理人、

近亲属或者其他有关人员的意见，了解和解、谅解、赔偿情况；(4)听取公安机关、人民法院意见，必要时查阅、复制原案卷宗中有关证据材料；(5)调查核实犯罪嫌疑人、被告人的身体健康状况；(6)向看守所调取有关犯罪嫌疑人、被告人羁押期间表现的材料；(7)需要采取的其他方式。

开展羁押必要性审查、评估工作，应当全面审查、评估犯罪嫌疑人、被告人涉嫌犯罪事实、主观恶性、悔罪表现、案件进展情况、可能判处的刑罚、身体状况、有无社会危险性和继续羁押必要等因素。经审查，发现犯罪嫌疑人、被告人具有下列情形之一的，应当向公安机关、人民法院提出释放或者变更强制措施的建议：(1)案件证据发生重大变化，没有证据证明有犯罪事实或者犯罪行为系犯罪嫌疑人、被告人所为的；(2)案件事实、情节或者法律、司法解释发生变化，犯罪嫌疑人、被告人可能被判处拘役、管制、独立适用附加刑、免予刑事处罚或者判决无罪的；(3)继续羁押犯罪嫌疑人、被告人，羁押期限将超过依法可能判处的刑期的；(4)案件事实基本查清，证据已经收集固定，符合取保候审或者监视居住条件的；(5)其他对犯罪嫌疑人、被告人采取羁押强制措施不当，应当及时释放或者变更的。公安机关评估后发现符合上述情形的，应当及时决定释放或者变更强制措施。

经审查，发现犯罪嫌疑人、被告人具有下列情形之一，且具有悔罪表现，不予羁押不致发生社会危险性的，可以向公安机关、人民法院提出释放或者变更强制措施的建议：**(1)预备犯或者中止犯；(2)主观恶性较小的初犯；(3)共同犯罪中的从犯或者胁从犯；(4)过失犯罪的；(5)防卫过当或者避险过当的；(6)认罪认罚的；(7)与被害方依法自愿达成和解协议或者获得被害方谅解的；(8)已经或者部分履行赔偿义务或者提供担保的；(9)患有严重疾病、生活不能自理的；(10)怀孕或者正在哺乳自己婴儿的妇女；(11)系未成年人或者已满75周岁的人；(12)系未成年人的唯一抚养人；(13)系生活不能自理的人的唯一扶养人；(14)可能被判处1年以下有期徒刑的；(15)可能被宣告缓刑的；(16)其他不予羁押不致发生社会危险性的情形。公安机关评估后发现符合上述情形的，可以决定释放或者变更强制措施。**

人民检察院向办案机关发出释放或者变更强制措施建议书的，应当说明不需要继续羁押犯罪嫌疑人、被告人的理由和法律依据，并要求办案机关在10日以内回复处理情况。办案机关未在10日以内回复处理情况的，人民检察院应当提出纠正意见。对于依申请对羁押必要性进行审查的案件，人民检察院办结后，应当将提出建议的情况和公安机关、人民法院的处理情况，或者有继续羁押必要的审查意见和理由及时书面告知申请人。

☞ 2023 考点1　信息网络犯罪案件的管辖

信息网络犯罪案件由犯罪地公安机关立案侦查。必要时，可以由犯罪嫌疑人居住地公安机关立案侦查。**信息网络犯罪案件的犯罪地包括用于实施犯罪行为的网络服务使用的服务器所在地，网络服务提供者所在地，被侵害的信息网络系统及其管理者所在地，犯罪过程中犯罪嫌疑人、被害人或者其他涉案人员使用的信息网络系统所在地，被害人被侵害时所在地以及被害人财产遭受损失地等。**涉及多个环节的信息网络犯罪案件，犯罪嫌疑人为信息网络犯罪提供帮助的，其犯罪地、居住地或者被帮助对象的犯罪地公安机关可以立案侦查。有多个犯罪地的信息网络犯罪案件，由最初受理的公安机关或者主要犯罪地公安机关立案侦查。有争议的，按照有利于查清犯罪事实、有利于诉讼的原则，协商解决；经协商无法达成一致的，由共同上级公安机关指定有关公安机关立案侦查。需要提请批准逮捕、移送审查起诉、提起公诉的，由立案侦查的公安机关所在地的人民检察院、人民法院受理。

对为信息网络犯罪提供程序开发、互联网接入、服务器托管、网络存储、通讯传输等技术支持，或者广告推广、支付结算等帮助，涉嫌犯罪的，公安机关可以按照并案管辖的方式并案侦查。对于并案侦查的案件，需要提请批准逮捕、移送审查起诉、提起公诉的，由该公安机关所在地的人民检察院、人民法院受理。并案侦查的共同犯罪或者关联犯罪案件，犯罪嫌疑人人数众多、案情复杂的，公安机关可以分案移送审查起诉。人民检察院可以分案提起公诉，人民法院可以分案审理。分案处理应当以有利于保障诉讼质量和效率为前提，并不得影响当事人质证权等诉讼权利的行使。对于具有特殊情况，跨省（自治区、直辖市）指定异地公安机关侦查更有利于查清犯罪事实、保证案件公正处理的重大信息网络犯罪案件，以及在境外实施的信息网络犯罪案件，公安部可以商最高人民检察院和最高人民法院指定侦查管辖。

☞ 2023 考点 2　电子数据的审查认定

电子数据的审查主要围绕真实性、完整性和合法性展开。关于真实性的审查主要关注：是否移送原始存储介质；在原始存储介质无法封存、不便移动时，有无说明原因，并注明收集、提取过程及原始存储介质的存放地点或者电子数据的来源等情况；是否具有数字签名、数字证书等特殊标识；收集、提取的过程是否可以重现；如有增加、删除、修改等情形的，是否附有说明等。关于电子数据的完整性，应当根据保护电子数据完整性的相应方法进行审查、验证，主要关注：原始存储介质的扣押、封存状态；电子数据的收集、提取过程，查看录像；比对电子数据完整性校验值；与备份的电子数据进行比较；审查冻结后的访问操作日志等；以数据电文形式提供电子证据的，注意审查是否制作电子证明文件，是否载明调证法律文书编号、单位电子公章、完整性校验值等保护电子数据完整性方法的说明等信息。关于合法性的审查主要关注：是否由 2 名以上调查人员、侦查人员收集，取证方法是否符合相关技术标准；是否附有笔录、清单，并经相关人员签名或者盖章；没有签名或者盖章的，是否注明原因；对电子数据的类别、文件格式等是否注明清楚；是否依照有关规定由符合条件的人员担任见证人，是否对相关活动进行录像；采用技术调查、侦查措施收集、提取电子数据的，是否依法经过严格的批准手续；进行电子数据检查的，检查程序是否符合有关规定。

《最高人民法院关于适用〈中华人民共和国刑事诉讼法〉的解释》（以下简称《刑诉解释》）第 113 条规定了电子证据瑕疵的补正，电子数据的收集、提取程序有下列瑕疵，经补正或者作出合理解释的，可以采用；不能补正或者作出合理解释的，不得作为定案的根据：**（1）未以封存状态移送的；（2）笔录或者清单上没有调查人员或者侦查人员、电子数据持有人、提供人、见证人签名或者盖章的；（3）对电子数据的名称、类别、格式等注明不清的；（4）有其他瑕疵的。《刑诉解释》第 114 条规定了电子数据不得作为定案的根据的情形：（1）电子数据系篡改、伪造或者无法确定真伪的；（2）电子数据有增加、删除、修改等情形，影响电子数据真实性的；（3）其他无法保证电子数据真实性的情形。**

☞ 2023 考点 3　取保候审的执行

根据《刑事诉讼法》第 67 条的规定，取保候审由公安机关执行，具体由被取保候审人居住地的派出所执行。**居住地包括户籍所在地、经常居住地。经常居住地是指被取保候审人离开户籍所在地最后连续居住 1 年以上的地方。取保候审一般应当在户籍所在地执行，但已形成经常居住地的，可以在经常居住地执行。**如果是人民检察院和人民法院决定的取保候审，人民法院、人民检察院应当将取保候审决定书和取保候审执行通知书等材料送达公安机关，由公安机关执行。以保证人方式保证的，还应当将保证人的取保候审保证书同时送达公安机关。国家安全机关决定取保候审的，以及人民检察院、人民法院在办理国家安全机关移送的犯罪案件时决定取保候审的，由国家安全机关执行。

被取保候审人未经批准不得离开所居住的市、县。被取保候审人需要离开所居住的市、县的，应当向负责执行的派出所提出书面申请，具有工作、学习、就医等正当合理事由的，由派出所负责人批准。负责执行的派出所批准后，应当通知决定机关。对于因正常工作和生活需要经常性跨市、县活动的，可以根据情况，简化批准程序。

☞ 2023 考点 4　取保候审的解除

取保候审期限届满，决定机关应当作出解除取保候审或者变更强制措施的决定，并送交执行机关。决定机关未解除取保候审或者未对被取保候审人采取其他刑事强制措施的，被取保候审人及其法定代理人、近亲属或者辩护人有权要求决定机关解除取保候审。对于发现不应当追究被取保候审人刑事责任并作出撤销案件或者终止侦查决定的，决定机关应当及时作出解除取保候审决定，并送交执行机关。

有下列情形之一的，取保候审自动解除，不再办理解除手续，决定机关应当及时通知执行机关：**(1)取保候审依法变更为监视居住、拘留、逮捕，变更后的强制措施已经开始执行的；(2)人民检察院作出不起诉决定的；(3)人民法院作出的无罪、免予刑事处罚或者不负刑事责任的判决、裁定已经发生法律效力的；(4)被判处管制或者适用缓刑，社区矫正已经开始执行的；(5)被单处附加刑，判决、裁定已经发生法律效力的；(6)被判处监禁刑，刑罚已经开始执行的。**

☞ 2023 考点 5　存疑不起诉

存疑不起诉，又称证据不足的不起诉。存疑不起诉，是指人民检察院对于经过补充侦查的案件，仍然认为证据不足，不符合起诉条件的，经检察长批准，依法作出不起诉决定。**根据《刑事诉讼法》第 175 条第 4 款规定，对于补充侦查的案件，人民检察院仍然认为证据不足，不符合起诉条件的，应当作出不起诉的决定。而根据《刑事诉讼法》第 175 条规定的精神，补充侦查的案件应在 1 个月内补充侦查完毕，补充侦查以 2 次为限。**因此，经过两次补充侦查，对于事实仍未查清、证据不足的案件，人民检察院应当作出不起诉的决定。案件经过 2 次补充侦查，具有下列情形之一，不能确定犯罪嫌疑人构成犯罪和需要追究刑事责任的，属于证据不足，不符合起诉条件：**(1)犯罪构成要件事实缺乏必要的证据予以证明的；(2)据以定罪的证据存在疑问，无法查证属实的；(3)据以定罪的证据之间、证据与案件事实之间的矛盾不能合理排除的；(4)根据证据得出的结论具有其他可能性，不能排除合理怀疑的；(5)根据证据认定案件事实不符合逻辑和经验法则，得出的结论明显不符合常理的。**

人民检察院根据上述情形作出不起诉决定后，如果发现了新的证据，证明案件符合起诉条件时，可以撤销不起诉决定，提起公诉。

☞ 2023 考点 6　被取保候审人的义务及违反义务的处理

《刑事诉讼法》第 71 条规定了被取保候审的犯罪嫌疑人、被告人，在取保候审期间应当履行的法定义务和酌定义务。

所谓法定义务，是指法律规定的每一个被取保候审的犯罪嫌疑人、被告人在取保候审期间都必须履行的义务。法定义务包括：**(1)未经执行机关批准不得离开所居住的市、县；(2)住址、工作单位和联系方式发生变动的，在 24 小时以内向执行机关报告；(3)在传讯的时候及时到案；(4)不得以任何形式干扰证人作证；(5)不得毁灭、伪造证据或者串供。**

所谓酌定义务，是指人民法院、人民检察院和公安机关根据案件和被取保候审人的具体情况，责令被取保候审的犯罪嫌疑人、被告人在取保候审期间必须履行的义务。酌定义务包括下列一项或多项:(1)**不得进入特定的场所**。特定的场所包括:可能导致其再次实施犯罪的场所,可能导致其实施妨害社会秩序、干扰他人正常活动行为的场所,与其所涉嫌犯罪活动有关联的场所,可能导致其实施毁灭证据、干扰证人作证等妨害诉讼活动的场所和其他可能妨害取保候审执行的特定场所。(2)**不得与特定的人员会见或者通信**。特定的人员包括:证人、鉴定人、被害人及其法定代理人和近亲属,同案违法行为人、犯罪嫌疑人、被告人以及与案件有关联的其他人员,可能遭受被取保候审人侵害、滋扰的人员,可能实施妨害取保候审执行、影响诉讼活动的人员。"通信"包括以信件、短信、电子邮件、通话,通过网络平台或者网络应用服务交流信息等各种方式直接或者间接通信。(3)**不得从事特定的活动**。特定的活动包括:可能导致其再次实施犯罪的活动,可能对国家安全、公共安全、社会秩序造成不良影响的活动,与所涉嫌犯罪相关联的活动,可能妨害诉讼的活动和其他可能妨害取保候审执行的特定活动。(4)**将护照等出入境证件、驾驶证件交执行机关保存**。办案机关应当根据犯罪嫌疑人、被告人涉嫌犯罪的性质、危害后果、社会影响,犯罪嫌疑人、被害人的具体情况等,有针对性地确定被取保候审人的一项或多项酌定义务。

被取保候审的人在取保候审期间违反上述法定义务和酌定义务,则应视情节轻重没收保证金的全部或者一部分,并根据案件的具体情况,责令犯罪嫌疑人、被告人具结悔过,重新交纳保证金或提出保证人。**对于不宜再取保候审的,可以监视居住或者予以逮捕。对需要予以逮捕的,可以对犯罪嫌疑人、被告人先行拘留。**

对于需要没收部分或全部保证金的,执行机关作出决定后应当向被取保候审人宣布没收保证金的决定,并告知如果对没收保证金的决定不服,被取保候审人或者其法定代理人可以在5日以内向作出决定的公安机关申请复议。公安机关应当在收到复议申请后7日以内作出决定。被取保候审人或者其法定代理人对复议决定不服的,可以在收到复议决定书后5日以内向上一级公安机关申请复核一次。上一级公安机关应当在收到复核申请后7日以内作出决定。没收保证金的决定已过复议期限,或者复议、复核后维持原决定或者变更没收保证金数额的,公安机关应当及时通知指定的银行将没收的保证金按照国家的有关规定上缴国库。人民法院、人民检察院决定取保候审的,还应当在3日以内通知决定取保候审的法院或检察院。被取保候审人没有违反上述法定义务和酌定义务,但在取保候审期间涉嫌重新犯罪被公安司法机关立案侦查的,执行机关应当暂扣其保证金,待人民法院判决生效后,决定是否没收。对故意重新犯罪的,应当没收保证金;对过失重新犯罪或者不构成犯罪的,应当退还保证金。

对于人民法院和人民检察院决定的取保候审,如果发现犯罪嫌疑人、被告人在取保候审期间有违反上述法定义务和酌定义务的行为,负责执行的派出所应当及时通知决定取保候审的机关。

☞ 2023 考点7　审理不公开原则

审理不公开原则,是指人民法院在开庭审理未成年人刑事案件时,不允许旁听,不允许记者采访,新闻媒体报道不得刊登未成年被告人的姓名、年龄、职业、住址及照片等。根据《刑事诉讼法》第285条第1款规定,审判的时候被告人不满18周岁的案件,不公开审理。但是,经未成年被告人及其法定代理人同意,未成年被告人所在学校和未成年人保护组织可以派代表到场。根据《刑诉解释》第557条规定,到场代表的人数和范围,由法庭决定。到场代表经法庭同意,可以参与对未成年被告人的法庭教育工作。对依法公开审理,但可能需要封存犯罪记录的案件,不得组织人员旁听,有旁听人员的,应当告知其不得传播案件信息。**需要注意的是,根据《刑事诉讼法》第202条第1款规定,不**

公开审理的案件宣判应当一律公开,但对依法应当封存犯罪记录的未成年人案件,即使公开宣判,也不得组织人员旁听,有旁听人员的,应当告知其不得传播案件信息。

☞ 2023 考点 8　未成年人犯罪记录封存

为防止服刑期满、羁押释放的未成年人在复学、升学、就业时受到歧视,帮助其更好地回归社会,根据《刑法修正案(八)》规定,犯罪的时候不满 18 周岁被判处 5 年有期徒刑以下刑罚的人,在入伍、就业的时候,免除其向有关单位报告自己曾受过刑事处罚的义务。《刑事诉讼法》第 286 条则相应地规定了未成年人犯罪记录封存制度。根据该条规定,犯罪的时候不满 18 周岁,被判处 5 年有期徒刑以下刑罚的,应当对相关犯罪记录予以封存。犯罪记录被封存的,不得向任何单位和个人提供,但司法机关为办案需要或者有关单位根据国家规定进行查询的除外。依法进行查询的单位,应当对被封存的犯罪记录的情况予以保密。为更好地贯彻未成年人犯罪记录封存制度,最高人民法院、最高人民检察院、公安部和司法部于 2022 年发布《关于未成年人犯罪记录封存的实施办法》,对未成年人犯罪记录封存制度进行改了细化,主要包括如下内容:

1.封存的记录范围。应当封存的未成年人犯罪记录,包括侦查、起诉、审判及刑事执行过程中形成的有关未成年人犯罪或者涉嫌犯罪的全部案卷材料与电子档案信息,也包括不予刑事处罚、不追究刑事责任、不起诉、采取刑事强制措施的记录,以及对涉罪未成年人进行社会调查、帮教考察、心理疏导、司法救助等工作的记录。

2.封存的案件范围。犯罪的时候不满 18 周岁,被判处 5 年有期徒刑以下刑罚以及免予刑事处罚的未成年人犯罪记录,应当依法予以封存。对在年满 18 周岁前后实施数个行为,构成一罪或者一并处理的数罪,主要犯罪行为是在年满 18 岁周岁前实施的,被判处或者决定执行 5 年有期徒刑以下刑罚以及免予刑事处罚的未成年人犯罪记录,应当对全案依法予以封存。未成年人因事实不清、证据不足被宣告无罪的案件,应当对涉罪记录予以封存,但未成年被告人及其法定代理人申请不予封存或者解除封存的,经人民法院同意,可以不予封存或者解除封存。对于 2012 年 12 月 31 日以前办结的案件符合犯罪记录封存条件的案件,同样应当予以封存。

3.封存的方式。对于需要封存的未成年人犯罪记录,应当遵循《个人信息保护法》不予公开,建立专门的未成年人犯罪档案库,执行严格的保管制度。对于电子信息系统中需要封存的未成年人犯罪记录数据,应当加设封存标记,未经法定查询程序,不得进行信息查询、共享及复用。封存的未成年人犯罪记录数据不得向外部平台提供或对接。

4.封存的效果。犯罪记录封存贯彻及时、有效的原则。对于犯罪记录被封存的未成年人,在入伍、就业时免除犯罪记录的报告义务。被封存犯罪记录的未成年人本人或者其法定代理人申请为其出具无犯罪记录证明的,受理单位应当出具无犯罪记录的证明。

5.封存后的保密义务与责任。对于司法机关为办案需要或者有关单位根据国家规定申请查询犯罪记录被许可查询的,应当告知查询犯罪记录的单位及相关人员严格按照查询目的和使用范围使用有关信息,严格遵守保密义务,不按规定使用所查询的犯罪记录或者违反规定泄露相关信息,情节严重或者造成严重后果的,应当依法追究相关人员的责任。因工作原因获知未成年人封存信息的司法机关、教育行政部门、未成年人所在学校、社区等单位组织及其工作人员、诉讼参与人、社会调查员、合适成年人等,应当做好保密工作,不得泄露被封存的犯罪记录,不得向外界披露该未成年人的姓名、住所、照片,以及可能推断出该未成年人身份的其他资料。违反法律规定披露被封存信息的单位或个人,应当依法追究其法律责任。

6.解封的情形。对被封存犯罪记录的未成年人，符合下列条件之一的，封存机关应当对其犯罪记录解除封存：(1)在未成年时实施新的犯罪，且新罪与封存记录之罪数罪并罚后被决定执行刑罚超过5年有期徒刑的；(2)发现未成年时实施的漏罪，且漏罪与封存记录之罪数罪并罚后被决定执行刑罚超过5年有期徒刑的；(3)经审判监督程序改判5年有期徒刑以上刑罚的。

【大纲新增法条】

人民检察院、公安机关羁押必要性审查、评估工作规定

（2023年11月30日发布　自2023年11月30日起施行）　高检发〔2023〕12号

为加强对犯罪嫌疑人、被告人被逮捕后羁押必要性的审查、评估工作，规范羁押强制措施适用，依法保障犯罪嫌疑人、被告人合法权益，保障刑事诉讼活动顺利进行，根据《中华人民共和国刑事诉讼法》《人民检察院刑事诉讼规则》《公安机关办理刑事案件程序规定》等，制定本规定。

第一条　犯罪嫌疑人、被告人被逮捕后，人民检察院应当依法对羁押的必要性进行审查。不需要继续羁押的，应当建议公安机关、人民法院予以释放或者变更强制措施。对于审查起诉阶段的案件，应当及时决定释放或者变更强制措施。

公安机关在移送审查起诉前，发现采取逮捕措施不当或者犯罪嫌疑人及其法定代理人、近亲属或者辩护人、值班律师申请变更羁押强制措施的，应当对羁押的必要性进行评估。不需要继续羁押的，应当及时决定释放或者变更强制措施。

第二条　人民检察院、公安机关开展羁押必要性审查、评估工作，应当分工负责、互相配合、互相制约，以保证准确有效地执行法律。

第三条　人民检察院、公安机关应当依法、及时、规范开展羁押必要性审查、评估工作，全面贯彻宽严相济刑事政策，准确把握羁押措施适用条件，严格保守办案秘密和国家秘密、商业秘密、个人隐私。

羁押必要性审查、评估工作不得影响刑事诉讼依法进行。

第四条　人民检察院依法开展羁押必要性审查，由捕诉部门负责。负责刑事执行、控告申诉、案件管理、检察技术的部门应当予以配合。

公安机关对羁押的必要性进行评估，由办案部门负责，法制部门统一审核。

犯罪嫌疑人、被告人在异地羁押的，羁押地人民检察院、公安机关应当予以配合。

第五条　人民检察院、公安机关应当充分保障犯罪嫌疑人、被告人的诉讼权利，保障被害人合法权益。

公安机关执行逮捕决定时，应当告知被逮捕人有权向办案机关申请变更强制措施，有权向人民检察院申请羁押必要性审查。

第六条　人民检察院在刑事诉讼过程中可以对被逮捕的犯罪嫌疑人、被告人依职权主动进行羁押必要性审查。

人民检察院对审查起诉阶段未经羁押必要性审查、可能判处三年有期徒刑以下刑罚的在押犯罪嫌疑人，在提起公诉前应当依职权开展一次羁押必要性审查。

公安机关根据案件侦查情况，可以对被逮捕的犯罪嫌疑人继续采取羁押强制措施是否适当进行评估。

第七条　人民检察院、公安机关发现犯罪嫌疑

人、被告人可能存在下列情形之一的,应当立即开展羁押必要性审查、评估并及时作出审查、评估决定:

(一)因患有严重疾病、生活不能自理等原因不适宜继续羁押的;

(二)怀孕或者正在哺乳自己婴儿的妇女;

(三)系未成年人的唯一抚养人;

(四)系生活不能自理的人的唯一扶养人;

(五)继续羁押犯罪嫌疑人、被告人,羁押期限将超过依法可能判处的刑期的;

(六)案件事实、情节或者法律、司法解释发生变化,可能导致犯罪嫌疑人、被告人被判处拘役、管制、独立适用附加刑、免予刑事处罚或者判决无罪的;

(七)案件证据发生重大变化,可能导致没有证据证明有犯罪事实或者犯罪行为系犯罪嫌疑人、被告人所为的;

(八)存在其他对犯罪嫌疑人、被告人采取羁押强制措施不当情形,应当及时撤销或者变更的。

未成年犯罪嫌疑人、被告人被逮捕后,人民检察院、公安机关应当做好跟踪帮教、感化挽救工作,发现对未成年在押人员不予羁押不致发生社会危险性的,应当及时启动羁押必要性审查、评估工作,依法作出释放或者变更决定。

第八条 犯罪嫌疑人、被告人及其法定代理人、近亲属或者辩护人、值班律师可以向人民检察院申请开展羁押必要性审查。申请人提出申请时,应当说明不需要继续羁押的理由,有相关证据或者其他材料的,应当予以提供。

申请人依据刑事诉讼法第九十七条规定,向人民检察院、公安机关提出变更羁押强制措施申请的,人民检察院、公安机关应当按照本规定对羁押的必要性进行审查、评估。

第九条 经人民检察院、公安机关依法审查、评估后认为有继续羁押的必要,不予释放或者变更的,犯罪嫌疑人、被告人及其法定代理人、近亲属或者辩护人、值班律师未提供新的证明材料或者没有新的理由而再次申请的,人民检察院、公安机关可以不再开展羁押必要性审查、评估工作,并告知申请人。

经依法批准延长侦查羁押期限、重新计算侦查羁押期限、退回补充侦查重新计算审查起诉期限,导致在押人员被羁押期限延长的,变更申请不受前款限制。

第十条 办案机关对应的同级人民检察院负责控告申诉或者案件管理的部门收到羁押必要性审查申请的,应当在当日将相关申请、线索和证据材料移送本院负责捕诉的部门。负责刑事执行检察的部门收到有关材料或者发现不需要继续羁押的,应当及时将有关材料和意见移送负责捕诉的部门。

负责案件办理的公安机关的其他相关部门收到变更申请的,应当在当日移送办案部门。

其他人民检察院、公安机关收到申请的,应当告知申请人向负责案件办理的人民检察院、公安机关提出申请,或者在二日以内将申请材料移送负责案件办理的人民检察院、公安机关,并告知申请人。

第十一条 看守所在工作中发现在押人员不适宜继续羁押的,应当及时提请办案机关依法变更强制措施。

看守所建议人民检察院开展羁押必要性审查的,应当以书面形式提出,并附证明在押人员身体状况的证据材料。

人民检察院收到看守所建议后,应当立即开展羁押必要性审查,依法及时作出审查决定。

第十二条 开展羁押必要性审查、评估工作,应当全面审查、评估犯罪嫌疑人、被告人涉嫌犯罪事实、主观恶性、悔罪表现、案件进展情况、可能判处的刑罚、身体状况、有无社会危险性和继续羁押必要等因素,具体包括以下内容:

(一)犯罪嫌疑人、被告人基本情况,涉嫌罪名、犯罪性质、情节,可能判处的刑罚;

(二)案件所处诉讼阶段,侦查取证进展情况,犯罪事实是否基本查清,证据是否收集固定,犯罪嫌疑人、被告人认罪情况,供述是否稳定;

(三)犯罪嫌疑人、被告人是否有前科劣迹、累犯等从严处理情节;

(四)犯罪嫌疑人、被告人到案方式,是否被通缉到案,或者是否因违反取保候审、监视居住规定而被逮捕;

（五）是否有不在案的共犯，是否存在串供可能；

（六）犯罪嫌疑人、被告人是否有认罪认罚、自首、坦白、立功、积极退赃、获得谅解、与被害方达成和解协议、积极履行赔偿义务或者提供担保等从宽处理情节；

（七）犯罪嫌疑人、被告人身体健康状况；

（八）犯罪嫌疑人、被告人在押期间的表现情况；

（九）犯罪嫌疑人、被告人是否具备采取取保候审、监视居住措施的条件；

（十）对犯罪嫌疑人、被告人的羁押是否符合法律规定，是否即将超过依法可能判处的刑期；

（十一）犯罪嫌疑人、被告人是否存在可能作撤销案件、不起诉处理、被判处拘役、管制、独立适用附加刑、宣告缓刑、免予刑事处罚或者判决无罪的情形；

（十二）与羁押必要性审查、评估有关的其他内容。

犯罪嫌疑人、被告人系未成年人的，应当重点审查其成长经历、犯罪原因以及有无监护或者社会帮教条件。

第十三条 开展羁押必要性审查、评估工作，可以采取以下方式：

（一）审查犯罪嫌疑人、被告人不需要继续羁押的理由和证明材料；

（二）听取犯罪嫌疑人、被告人及其法定代理人、近亲属或者辩护人、值班律师意见；

（三）听取被害人及其法定代理人、诉讼代理人、近亲属或者其他有关人员的意见，了解和解、谅解、赔偿情况；

（四）听取公安机关、人民法院意见，必要时查阅、复制原案卷宗中有关证据材料；

（五）调查核实犯罪嫌疑人、被告人身体健康状况；

（六）向看守所调取有关犯罪嫌疑人、被告人羁押期间表现的材料；

（七）进行羁押必要性审查、评估需要采取的其他方式。

听取意见情况应当制作笔录，与书面意见、调查核实获取的其他证据材料等一并附卷。

第十四条 审查、评估犯罪嫌疑人、被告人是否有继续羁押的必要性，可以采取自行或者委托社会调查、开展量化评估等方式，调查评估情况作为作出审查、评估决定的参考。

犯罪嫌疑人、被告人是未成年人的，经本人及其法定代理人同意，可以对未成年犯罪嫌疑人、被告人进行心理测评。

公安机关应当主动或者按照人民检察院要求收集、固定犯罪嫌疑人、被告人是否具有社会危险性的证据。

第十五条 人民检察院开展羁押必要性审查，可以按照《人民检察院羁押听证办法》组织听证。

第十六条 人民检察院审查后发现犯罪嫌疑人、被告人具有下列情形之一的，应当向公安机关、人民法院提出释放或者变更强制措施建议；审查起诉阶段的，应当及时决定释放或者变更强制措施。

（一）案件证据发生重大变化，没有证据证明有犯罪事实或者犯罪行为系犯罪嫌疑人、被告人所为的；

（二）案件事实、情节或者法律、司法解释发生变化，犯罪嫌疑人、被告人可能被判处拘役、管制、独立适用附加刑、免予刑事处罚或者判决无罪的；

（三）继续羁押犯罪嫌疑人、被告人，羁押期限将超过依法可能判处的刑期的；

（四）案件事实基本查清，证据已经收集固定，符合取保候审或者监视居住条件的；

（五）其他对犯罪嫌疑人、被告人采取羁押强制措施不当，应当及时释放或者变更的。

公安机关评估后发现符合上述情形的，应当及时决定释放或者变更强制措施。

第十七条 人民检察院审查后发现犯罪嫌疑人、被告人具有下列情形之一的，且具有悔罪表现，不予羁押不致发生社会危险性的，可以向公安机关、人民法院提出释放或者变更强制措施建议；审查起诉阶段的，可以决定释放或者变更强制措施。

（一）预备犯或者中止犯；

（二）主观恶性较小的初犯；

（三）共同犯罪中的从犯或者胁从犯；

（四）过失犯罪的；

（五）防卫过当或者避险过当的；

（六）认罪认罚的；

（七）与被害方依法自愿达成和解协议或者获得被害方谅解的；

（八）已经或者部分履行赔偿义务或者提供担保的；

（九）患有严重疾病、生活不能自理的；

（十）怀孕或者正在哺乳自己婴儿的妇女；

（十一）系未成年人或者已满七十五周岁的人；

（十二）系未成年人的唯一抚养人；

（十三）系生活不能自理的人的唯一扶养人；

（十四）可能被判处一年以下有期徒刑的；

（十五）可能被宣告缓刑的；

（十六）其他不予羁押不致发生社会危险性的情形。

公安机关评估后发现符合上述情形的，可以决定释放或者变更强制措施。

第十八条 经审查、评估，发现犯罪嫌疑人、被告人具有下列情形之一的，一般不予释放或者变更强制措施：

（一）涉嫌危害国家安全犯罪、恐怖活动犯罪、黑社会性质组织犯罪、重大毒品犯罪或者其他严重危害社会的犯罪；

（二）涉嫌故意杀人、故意伤害致人重伤或死亡、强奸、抢劫、绑架、放火、爆炸、投放危险物质等严重侵犯公民人身财产权利、危害公共安全的严重暴力犯罪；

（三）涉嫌性侵未成年人的犯罪；

（四）涉嫌重大贪污、贿赂犯罪，或者利用职权实施的严重侵犯公民人身权利的犯罪；

（五）可能判处十年有期徒刑以上刑罚的；

（六）因违反取保候审、监视居住规定而被逮捕的；

（七）可能毁灭、伪造证据，干扰证人作证或者串供的；

（八）可能对被害人、举报人、控告人实施打击报复的；

（九）企图自杀或者逃跑的；

（十）其他社会危险性较大，不宜释放或者变更强制措施的。

犯罪嫌疑人、被告人具有前款规定情形之一，但因患有严重疾病或者具有其他不适宜继续羁押的特殊情形，不予羁押不致发生社会危险性的，可以依法变更强制措施为监视居住、取保候审。

第十九条 人民检察院在侦查阶段、审判阶段收到羁押必要性审查申请或者建议的，应当在十日以内决定是否向公安机关、人民法院提出释放或者变更的建议。

人民检察院在审查起诉阶段、公安机关在侦查阶段收到变更申请的，应当在三日以内作出决定。

审查过程中涉及病情鉴定等专业知识，需要委托鉴定，指派、聘请有专门知识的人就案件的专门性问题出具报告，或者委托技术部门进行技术性证据审查，以及组织开展听证审查的期间，不计入羁押必要性审查期限。

第二十条 人民检察院开展羁押必要性审查，应当规范制作羁押必要性审查报告，写明犯罪嫌疑人、被告人基本情况、诉讼阶段、简要案情、审查情况和审查意见，并在检察业务应用系统相关捕诉案件中准确填录相关信息。

审查起诉阶段，人民检察院依职权启动羁押必要性审查后认为有继续羁押必要的，可以在审查起诉案件审查报告中载明羁押必要性审查相关内容，不再单独制作羁押必要性审查报告。

公安机关开展羁押必要性评估，应当由办案部门制作羁押必要性评估报告，提出是否具有羁押必要性的意见，送法制部门审核。

第二十一条 人民检察院经审查认为需要对犯罪嫌疑人、被告人予以释放或者变更强制措施的，在侦查和审判阶段，应当规范制作羁押必要性审查建议书，说明不需要继续羁押犯罪嫌疑人、被告人的理由和法律依据，及时送达公安机关或者人民法院。在审查起诉阶段的，应当制作决定释放通知书、取保候审决定书或者监视居住决定书，交由公安机关执行。

侦查阶段，公安机关认为需要对犯罪嫌疑人释放或者变更强制措施的，应当制作释放通知书、取保候审决定书或者监视居住决定书，同时将处理情况通知原批准逮捕的人民检察院。

第二十二条 人民检察院向公安机关、人民法院发出羁押必要性审查建议书后，应当跟踪公安机关、人民法院处理情况。

公安机关、人民法院应当在收到建议书十日以内将处理情况通知人民检察院。认为需要继续羁押的，应当说明理由。

公安机关、人民法院未在十日以内将处理情况通知人民检察院的，人民检察院应当依法提出监督纠正意见。

第二十三条 对于依申请或者看守所建议开展羁押必要性审查的，人民检察院办结后，应当制作羁押必要性审查结果通知书，将提出建议情况和公安机关、人民法院处理情况，或者有继续羁押必要的审查意见和理由及时书面告知申请人或者看守所。

公安机关依申请对继续羁押的必要性进行评估后，认为有继续羁押的必要，不同意变更强制措施的，应当书面告知申请人并说明理由。

第二十四条 经审查、评估后犯罪嫌疑人、被告人被变更强制措施的，公安机关应当加强对变更后被取保候审、监视居住人的监督管理；人民检察院应当加强对取保候审、监视居住执行情况的监督。

侦查阶段发现犯罪嫌疑人严重违反取保候审、监视居住规定，需要予以逮捕的，公安机关应当依照法定程序重新提请批准逮捕，人民检察院应当依法作出批准逮捕的决定。审查起诉阶段发现的，人民检察院应当依法决定逮捕。审判阶段发现的，人民检察院应当向人民法院提出决定逮捕的建议。

第二十五条 人民检察院直接受理侦查案件的羁押必要性审查参照本规定。

第二十六条 公安机关提请人民检察院审查批准延长侦查羁押期限，应当对继续羁押的必要性进行评估并作出说明。

人民检察院办理提请批准延长侦查羁押期限、重新计算侦查羁押期限备案审查案件，应当依法加强对犯罪嫌疑人羁押必要性的审查。

第二十七条 本规定自发布之日起施行。原《人民检察院办理羁押必要性审查案件规定（试行）》同时废止。

行政法与行政诉讼法

【大纲新增考点·法条说明】

2024年，“行政法与行政诉讼法”学科，由于《行政复议法》修订，该部分大纲考点变化较大；另外，大纲附录法规增加1件、修订1件，总体调整如下：

章　节	2023年大纲	2024年大纲	提　示
第十二章第二节　行政复议范围	行政复议的受案范围（行政相关人的合法权益　侵权的具体行政行为　具体行政行为所依据的行政规定）　行政复议的排除事项（行政机关的人事处理　对民事纠纷的处理）	**可申请行政复议的事项**（基本范围　可申请行政复议的具体事项　对行政规范性文件的附带审查）　行政复议的排除事项（国家行为　抽象行政行为　对行政机关工作人员的奖惩、任免等决定　对民事纠纷作出的调解）	考点、子考点调整

续表

章　节	2023年大纲	2024年大纲	提　示
第十二章第五节　行政复议的审理、决定和执行	行政复议的审理（审查方式　举证责任　查阅材料　证据收集　撤回申请　原具体行政行为的改变、行政复议中的和解和调解）　行政复议的决定（对行政规定和行政依据争议的审查和处理　对具体行政行为的复议决定）　行政复议决定的执行	行政复议的审理（一般规定　证据制度　简易程序　行政复议附带审查）　行政复议决定（各行政复议决定及其适用）　行政复议的执行	考点调整

大纲附录法律法规

项　目	法律法规
增加法规	**最高人民法院关于审理司法赔偿案件适用请求时效制度若干问题的解释** （2023年4月3日最高人民法院审判委员会第1883次会议通过　2023年5月23日公布　自2023年6月1日起施行）　法释〔2023〕2号
修订法规	**中华人民共和国行政复议法** （1999年4月29日第九届全国人民代表大会常务委员会第九次会议通过　根据2009年8月27日第十一届全国人民代表大会常务委员会第十次会议《关于修改部分法律的决定》第一次修正　根据2017年9月1日第十二届全国人民代表大会常务委员会第二十九次会议《关于修改〈中华人民共和国法官法〉等八部法律的决定》第二次修正　2023年9月1日第十四届全国人民代表大会常务委员会第五次会议修订）

2020~2023年大纲新增考点对照

年　份	章　节	新增与变化考点·法条
2023	1.新增法律法规：最高人民法院关于正确确定县级以上地方人民政府行政诉讼被告资格若干问题的规定 2.修订法律法规：中华人民共和国立法法	
2022	第二十一章第二节“行政赔偿范围”	侵犯财产权的行为（侵犯财产权的其他违法行为）
	1.新增法律法规：最高人民法院关于审理国家赔偿案件确定精神损害赔偿责任适用法律若干问题的解释 2.修订法律法规：最高人民法院关于审理行政赔偿案件若干问题的规定	
2021	第二章第一节“行政法基本原则的内涵和构成”	行政法基本原则的内涵和作用　行政法基本原则的构成
	第十章第一节“行政征收与征用”	行政征收的界定和种类　行政征收的主要方式　行政征收的特征
	第十章第二节“行政确认”	行政确认的内涵和作用　行政确认的基本原则　行政确认的形式
	第十章第五节“行政奖励”	行政奖励的内涵和特征　行政奖励的分类
	第十章第六节“行政裁决”	行政裁决的特征　行政裁决的作用
	修订法律法规：中华人民共和国行政处罚法	

续表

年 份	章 节	新增与变化考点·法条
2020	第八章第一节“行政合同”	行政合同（行政协议）诉讼
	1.新增法律法规：最高人民法院关于审理行政协议案件若干问题的规定 2.修订法律法规：中华人民共和国行政许可法	

【大纲新增、变化考点解读】

☞ 2024 考点 1　可以申请行政复议的事项

1.基本范围。可以申请行政复议事项的基本范围是行政行为，这一范围与行政诉讼法规定的行政诉讼受案范围是一致的。之前行政复议法对行政复议范围的基本限定是“具体行政行为”，2023 年修订后的《行政复议法》将基本范围限定为“行政行为”，其第 2 条第 1 款规定“公民、法人或者其他组织认为行政机关的行政行为侵犯其合法权益，向行政复议机关提出行政复议申请，行政复议机关办理行政复议案件，适用本法”。

根据行政复议法规定，行政复议法将公民、法人和其他组织的合法权益都纳入保护范围，不限于人身权和财产权。在此之前的行政复议主要保护公民、法人和其他组织的人身权和财产权。

2.可申请行政复议的具体事项。在行政复议基本范围之下，《行政复议法》第 11 条对可申请行政复议事项作出了列举规定，这些列举规定主要是基于常见行政行为，包括：**(1)对行政机关作出的行政处罚决定不服；(2)对行政机关作出的行政强制措施、行政强制执行决定不服；(3)申请行政许可，行政机关拒绝或者在法定期限内不予答复，或者对行政机关作出的有关行政许可的其他决定不服；(4)对行政机关作出的确认自然资源的所有权或者使用权的决定不服；(5)对行政机关作出的征收征用决定及其补偿决定不服；(6)对行政机关作出的赔偿决定或者不予赔偿决定不服；(7)对行政机关作出的不予受理工伤认定申请的决定或者工伤认定结论不服；(8)认为行政机关侵犯其经营自主权或者农村土地承包经营权、农村土地经营权；(9)认为行政机关滥用行政权力排除或者限制竞争；(10)认为行政机关违法集资、摊派费用或者违法要求履行其他义务；(11)申请行政机关履行保护人身权利、财产权利、受教育权利等合法权益的法定职责，行政机关拒绝履行、未依法履行或者不予答复；(12)申请行政机关依法给付抚恤金、社会保险待遇或者最低生活保障等社会保障，行政机关没有依法给付；(13)认为行政机关不依法订立、不依法履行、未按照约定履行或者违法变更、解除政府特许经营协议、土地房屋征收补偿协议等行政协议；(14)认为行政机关在政府信息公开工作中侵犯其合法权益；(15)认为行政机关的其他行政行为侵犯其合法权益。**

3.对行政规范性文件的附带审查。公民、法人或者其他组织认为行政机关的行政行为所依据的行政规范性文件不合法，不能直接申请行政复议，但可以提出附带审查申请。即行政复议的申请人在提起在对上述可申请复议的行政行为提出复议申请的同时，可以对该行政行为所依据的行政规定，提出进行审查的请求。

《行政复议法》第 13 条规定，公民、法人或者其他组织认为行政机关的行政行为所依据的一般行政规范性文件不合法，在对行政行为申请行政复议时，可以一并向行政复议机关提出对该规范性文件的附带审查申请。这里的行政规范性文件不含规章，但包括国务院部门制定的规范性文件、县级以上地方各级政府及其工作部门制定的规范性文件、乡或镇政府制定的规范性文件和法律、法规、规章授权的组织制定的规范性文件。

☞ 2024 考点 2 行政复议的排除事项

行政复议法明确排除的事项包括：

1.国防、外交等国家行为。 国家行为属于政治性行为，有别于一般行政行为，不能通过行政复议和行政诉讼审查其合法性和合理性。国家行为是指国务院、中央军事委员会、国防部、外交部等根据宪法和法律的授权，以国家的名义实施的有关国防和外交事务的行为，以及经宪法和法律授权的国家机关宣布紧急状态、实施戒严和总动员等行为。

2.抽象行政行为。 指行政机关制定行政法规、规章或者行政机关、发布的具有普遍约束力的决定、命令等规范性文件的行为。公民、法人或者其他组织不能直接对抽象行政行为申请行政复议，不过如前所述可以对行政机关、发布的具有普遍约束力的决定、命令等规范性文件，即一般的行政规范性文件附带提出审查请求。

3.行政机关对行政机关工作人员的奖惩、任免等决定。 这类决定是涉及公务员权利义务的决定，已由公务员法规定了救济渠道，不纳入行政复议范围和行政诉讼受案范围。除奖惩、任免决定之外，这类决定还包括行政机关对其工作人员作出的培训、考核、离退休、工资、休假等方面的决定。

☞ 2024 考点 3 行政复议申请人

行政复议申请人是行政复议的启动者，《行政复议法》第 14 条第 1 款规定："依照本法申请行政复议的公民、法人或者其他组织是申请人。"因此，行政复议申请人是依法申请行政复议的公民、法人或者其他组织。第一，享有行政复议申请权的只能是公民、法人或者其他组织，行使国家权力的机关不能作为行政复议的申请人；第二，申请人必须是认为自身合法权益受到侵害，并依法提出复议申请的公民、法人或者其他组织。

《行政复议法实施条例》规定，合伙企业申请行政复议的，应当以核准登记的企业为申请人，由执行合伙事务的合伙人代表该企业参加行政复议；其他合伙组织申请行政复议的，由合伙人共同申请行政复议。合伙企业之外不具备法人资格的其他组织申请行政复议的，由该组织的主要负责人代表该组织参加行政复议；没有主要负责人的，由共同推选的其他成员代表该组织参加行政复议。

《行政复议法实施条例》同时规定，对于股份制企业，并非只有法定代表人有权以企业名义申请复议，股份制企业的股东大会、股东代表大会、董事会认为行政机关作出的具体行政行为侵犯企业合法权益的，也可以以企业的名义申请行政复议，事实上赋予了股份制企业的股东大会、股东代表大会、董事会行使申请行政复议权利的地位。

关于行政复议申请权的转移与承受：第一，公民死亡引起的申请权转移，由其近亲属承受；第二，法人或者其他组织终止引起的申请权转移，由承受其权利的法人或者其他组织申请。

有权申请行政复议的公民为无民事行为能力人或者限制民事行为能力人的，由其法定代理人代为申请行政复议。申请人可以委托代理人代为参加行政复议。同一行政复议案件申请人人数众多的，可以由申请人推选代表人参加行政复议。代表人参加行政复议的行为对其所代表的申请人发生效力，但是代表人变更行政复议请求、撤回行政复议申请、承认第三人请求的，应当经被代表的申请人同意。

根据《行政复议法》规定，申请人、第三人可以委托 1~2 名律师、基层法律服务工作者或者其他代理人代为参加行政复议。申请人、第三人委托代理人的，应当向行政复议机构提交授权委托书、委托人及被委托人的身份证明文件。授权委托书应当载明委托事项、权限和期限。申请人、第三人变更或者解除代理人权限的,应当书面告知行政复议机构。符合法律援助条件的行政复议申请人申请法律援助的,法律援助机构应当依法为其提供法律援助。

外国人、无国籍人、外国组织在中华人民共和国境内申请行政复议,应当享有与中国公民、法人或者其他组织相同的申请权。

☞ 2024 考点4 行政复议被申请人

行政复议被申请人,是作出被申请复议的行政行为的行政机关。行政机关与被申请复议的行政行为之间的直接关系是确定被申请人的根据,它符合行政活动职权与职责相一致的原则。

作出行政行为的行政组织有多种形态,所以行政复议的被申请人也有多种:(1)**独立被申请人。作出行政行为的一级人民政府和它的工作部门是独立被申请人。(2)共同被申请人。若干行政机关以共同名义作出同一行政行为的,共同作出行政行为的行政机关为共同被申请人;行政机关与法律、法规、规章授权的组织以共同的名义作出行政行为的,行政机关和法律、法规、规章授权的组织为共同被申请人。但是,如果行政机关与其他组织以共同名义作出行政行为的,其他组织不能成为被申请人,只有行政机关是被申请人。(3)继续行使被撤销或者职权变更的行政机关权限的被申请人。作出行政行为的行政机关被撤销或者职权变更的,继续行使其职权的行政机关是被申请人。(4)法定授权的组织作为被申请人。法律、法规、规章授权的组织作出行政行为,公民、法人或者其他组织不服提出行政复议,该法定授权组织为被申请人。(5)批准机关为被申请人。下级行政机关依照法律、法规、规章规定,经上级行政机关批准作出行政行为的,批准机关为被申请人。(6)派出机关、派出机构、内设机构作为被申请人。行政机关的派出机关,以及经法律、法规、规章授权的行政机关设立的派出机构、内设机构或者其他组织对外以自己的名义作出行政行为的,该派出机关、派出机构和内设机构为被申请人。而行政机关设立的派出机构、内设机构或者其他组织,未经法律、法规、规章授权,对外以自己的名义作出行政行为的,则由该行政机关为被申请人。**

☞ 2024 考点5 行政复议第三人

行政复议第三人,是同被申请的行政行为有利害关系,参加行政复议的其他公民、法人或者其他组织。首先在主体上,第三人是申请人以外的其他公民、法人或者其他组织;其次在实体权利义务上,第三人同被申请行政复议的行政行为或者行政复议案件处理结果有利害关系,即第三人参加行政复议是为了维护自己的合法权益;最后在程序上,第三人在行政复议开始后终结前,经过申请或者复议机关决定参加行政复议。法律设置第三人制度的目的,是使同被申请行政复议的行政行为有关的法律争议得到统一解决,使合法权益受到侵害的公民、法人或者其他组织得到法律救济。

根据《行政复议法》规定,申请人以外的同被申请行政复议的行政行为或者行政复议案件处理结果有利害关系的公民、法人或者其他组织,可以作为第三人申请参加行政复议,或者由行政复议机构通知其作为第三人参加行政复议。第三人可以委托1~2名代理人代为参加行政复议,委托的要求与申请人相同。第三人不参加行政复议,不影响行政复议案件的审理。

☞ 2024 考点6 行政复议机关

行政复议机关是指依法受理行政复议申请并对被申请的行政行为进行合法性和适当性审查并作出决定的行政机关。由于行政复议机关仍为行政机关,如何避免行政机关自己作自己案件的裁判者，影响行政复议的公正性，行政复议管辖的基本要求以上一级行政机关管辖为原则，以原行政机关管辖为例外。不过，过去政府部门上一级行政机关的确定既包括本级政府也包括上一级主管部门，导致行政复议机关多且分散，行政复议资源配置效率偏低。2023 年修订后的行政复议法对行政复议改革成果加以确认，从而确立了原则上县级以上一级地方政府只保留一个复议机关，由本级政府统一行使行政复议职责，政府各部门原则上不再行使行政复议职责。

1.一般情形：县级以上地方政府作为行政复议机关。

作为一般情形，除行政复议法有例外和特别规定外，县级以上地方政府作为行政复议机关，既管辖针对下一级政府作出的行政行为不服产生的行政复议案件，也管辖针对本级政府工作部门作出的行政行为不服产生的行政复议案件。具体而言，管辖下列行政复议案件：(1)对本级政府工作部门作出的行政行为不服的；(2)对下一级政府作出的行政行为不服的；(3)对本级政府依法设立的派出机关作出的行政行为不服的；(4)对本级政府或者其工作部门管理的法律、法规、规章授权的组织作出的行政行为不服的。

省、自治区政府依法设立的派出机关参照设区的市级政府的职责权限，管辖相关行政复议案件。

对县级以上地方各级政府工作部门依法设立的派出机构依照法律、法规、规章规定，以派出机构的名义作出的行政行为不服的行政复议案件，由本级政府管辖；其中，对直辖市、设区的市政府工作部门按照行政区划设立的派出机构作出的行政行为不服的，也可以由其所在地的政府管辖。

2.例外情形：由主管部门管辖。

虽然原则上行政复议案件由一级政府管辖，但在特定情形下仍可以由部门管辖。具体包括：

(1)国务院部门作为行政复议机关。国务院部门有权管辖下列行政复议案件：①对本部门依法设立的派出机构依照法律、行政法规、部门规章规定，以派出机构的名义作出的行政行为不服的；②对本部门管理的法律、行政法规、部门规章授权的组织作出的行政行为不服的。

(2)由上一级主管部门作为行政复议机关。一是对海关、金融、外汇管理等实行垂直领导的行政机关、税务和国家安全机关的行政行为不服的，向上一级主管部门申请行政复议。二是对履行行政复议机构职责的地方政府司法行政部门的行政行为不服的，可以向本级政府申请行政复议，也可以向上一级司法行政部门申请行政复议。对履行行政复议机构职责的地方政府司法行政部门作出的行政行为不服行政复议，若采用一般情形确定管辖，行政复议机关应为本级政府，但由于此时司法行政部门又为行政复议机构，具体办理行政复议案件，为避免可能产生的不公正，行政复议法确定此种情形下既可以由本级政府管辖可以由上一级司法行政部门管辖，从而出现选择管辖情形。这种情形下的行政复议机关，由申请人进行选择。

3.特殊情形：由原机关管辖。

总体而言，行政复议法对行政复议机关管辖安排采用上一级管辖要求，但在特殊情形下允许由原机关管辖，即国务院部门或者省、自治区、直辖市政府作为被申请人时，行政复议机关仍为该机关。《行政复议法》第 24 条第 2 款规定，省、自治区、直辖市政府同时管辖对本机关作出的行政行为不服的行政复议案件；《行政复议法》第 25 条规定，国务院部门管辖对本部门作出的行政行为不服提出的行政复议案件。

对于上述两类由原机关管辖的行政复议案件，当事人对省、自治区、直辖市政府或国务院部门作出的行政复议决定不服的，可以向法院提起行政诉讼；也可以向国务院申请裁决，但是国务院作出的决定为最终裁决，当事人不能提起行政诉讼。

4.提级管辖。

根据《行政复议法》第38条规定,提级管辖有两种情形:一种情形是,上级行政复议机关根据需要,可以审理下级行政复议机关管辖的行政复议案件;另一种情形是,下级行政复议机关对其管辖的行政复议案件,认为需要由上级行政复议机关审理的,可以报请上级行政复议机关决定。

5.行政复议机构和行政复议人员。

(1)行政复议机构。行政复议机构是行政复议机关中具体办理行政复议事项的机构。行政复议机构的工作具有事务性、程序性和可操作性。它没有作出行政复议决定的职权,有权作出行政复议决定的是行政复议机关。

行政复议机构的职权和职责具体包括:受理权,调查取证权,审查行政行为行政复议决定拟订权,处理或者转达对抽象行为的申请,处理行政违法的建议权,对复议行政诉讼的应诉,按规定转送有关行政复议申请,办理行政复议中的行政赔偿事项,督促行政复议申请的受理和行政复议决定的履行,办理行政复议、行政应诉案件统计和重大行政复议决定备案事项,办理或者组织办理未经行政复议直接提起行政诉讼的行政应诉事项,研究行政复议工作中发现的问题并及时向有关机关提出改进建议和向行政复议机关报告。

行政复议机关应当加强行政复议工作,支持和保障行政复议机构依法履行职责。上级行政复议机构对下级行政复议机构的行政复议工作进行指导、监督。

(2)行政复议人员。行政复议人员是行政复议机构中具体办理行政复议事项的人员,行政复议法规定国家建立专业化、职业化行政复议人员队伍。

行政复议机构中初次从事行政复议工作的人员,应当通过国家统一法律职业资格考试取得法律职业资格,并参加统一职前培训。行政复议机关应当确保行政复议机构的人员配备与所承担的工作任务相适应,提高行政复议人员专业素质,根据工作需要保障办案场所、装备等设施。县级以上各级人民政府应当将行政复议工作经费列入本级预算。

国务院行政复议机构应当会同有关部门制定行政复议人员工作规范,加强对行政复议人员的业务考核和管理。

☞ 2024 考点7　行政复议的申请

1.申请时间:申请行政复议的时间有三方面内容:

(1)申请期限。行政复议法规定可以在**60日内**申请行政复议。法律有关于超过60日的规定时,按照法律的规定。

(2)申请期限的起算。行政复议法规定,申请期限应当从申请人知道作出该具体行政行为之日起算。所谓知道之日,通常指了解具体行政行为内容之时。由于实际情况非常复杂,《行政复议法实施条例》对不同情况下"知道"的确定作出了具体规定。

①当场作出决定。行政机关当场作出具体行政行为的,自具体行政行为作出之日起计算。

②送达。行政机关作出的具体行政行为的书面决定事后送达的,自送达日期之日起计算。如果载明具体行政行为的法律文书直接送达的,自受送达人签收之日起计算;如果载明具体行政行为的法律文书邮寄送达的,自受送达人在邮件签收单上签收之日起计算。没有邮件签收单的,自受送达人在送达回执上签名之日起计算;具体行政行为依法通过公告形式告知受送达人的,自公告规定的期限届满之日起计算。

③未制作、未送达决定书。行政机关作出具体行政行为,依法应当向有关公民、法人或者其他组

织送达法律文书而未送达的，视为该公民、法人或者其他组织不知道该具体行政行为。被申请人能够证明公民、法人或者其他组织知道具体行政行为的，自证据材料证明其知道具体行政行为之日起计算。同时，行政机关作出具体行政行为时未告知公民、法人或者其他组织，事后补充告知的，自该公民、法人或者其他组织收到行政机关补充告知的通知之日起计算。

④行政机关未履行法定职责。申请人申请行政机关履行法定职责，行政机关未履行的，行政复议申请期限计算分三种情形：第一，有履行期限规定的，自履行期限届满之日起计算；第二，没有履行期限规定的，自行政机关收到申请满60日起计算；第三，在紧急情况下请求行政机关履行保护人身权、财产权的法定职责，行政机关不履行的，行政复议申请期限不受前款规定的限制。

(3)最长保护期。行政机关作出行政行为时，未告知公民、法人或者其他组织申请行政复议的权利、行政复议机关和申请期限的，申请期限自公民、法人或者其他组织知道或者应当知道申请行政复议的权利、行政复议机关和申请期限之日起计算，但是自知道或者应当知道行政行为内容之日起最长不得超过1年。

因不动产提出的行政复议申请自行政行为作出之日起超过20年，其他行政复议申请自行政行为作出之日起超过5年的，行政复议机关不予受理。

(4)法定期限的耽搁。法定期限的耽搁有两种情况：一种是不可抗力。它指不能预见、不能避免并不能克服的客观情况的出现致使在法定期限内不能申请行政复议。另一种是其他正当理由，如申请人病重。法定期限耽搁的继续方法，是从障碍消除之日起继续计算。

2.申请形式：申请形式包括两个问题：一个问题是申请方式，另一个问题是向谁申请。

(1)申请方式。**申请人申请行政复议，可以书面申请；书面申请有困难的，也可以口头申请。**

书面申请应当载明申请人的基本情况，被申请人的名称，行政复议请求、主要事实和理由，申请人的签名或者盖章和申请日期。书面申请的，可以通过邮寄或者行政复议机关指定的互联网渠道等方式提交行政复议申请书，也可以当面提交行政复议申请书。行政机关通过互联网渠道送达行政行为决定书的，应当同时提供提交行政复议申请书的互联网渠道。口头申请的，行政复议机关应当当场记录申请人的基本情况、行政复议请求、申请行政复议的主要事实、理由和时间。若申请人对两个以上行政行为不服的，应当分别申请行政复议。

(2)递交申请机关。原则上，申请人提出复议申请，应当直接向行政复议机关递交申请。不过，为方便申请人在特定情形下允许通过被申请人提出。《行政复议法》第32条规定，对当场作出或者依据电子技术监控设备记录的违法事实作出的行政处罚决定不服申请行政复议的，可以通过作出行政处罚决定的行政机关提交行政复议申请。行政机关收到行政复议申请后，应当及时处理；认为需要维持行政处罚决定的，应当自收到行政复议申请之日起5日内转送行政复议机关。

☞ 2024 考点8　对行政复议申请的受理

1.受理和受理的期限。行政复议机关应当在收到行政复议申请后的5日内，对申请进行审查并根据情况分别处以处理：

(1)受理。对符合下列规定的，行政复议机关应当予以受理：**①有明确的申请人和符合本法规定的被申请人；②申请人与被申请行政复议的行政行为有利害关系；③有具体的行政复议请求和理由；④在法定申请期限内提出；⑤属于行政复议法规定的行政复议范围；⑥属于本机关的管辖范围；⑦行政复议机关未受理过该申请人就同一行政行为提出的行政复议申请，并且人民法院未受理过该申请人就同一行政行为提起的行政诉讼。**

行政复议机关受理行政复议申请,不得向申请人收取任何费用。行政复议活动所需经费,应当列入本机关的行政经费,由本级财政予以保障。

(2)不予受理。对不符合前述规定的行政复议申请,行政复议机关应当在审查期限内决定不予受理并说明理由。不属于本机关管辖的,还应当在不予受理决定中告知申请人有管辖权的行政复议机关。

(3)通知补正。行政复议申请材料不齐全或者表述不清楚,无法判断行政复议申请是否符合行政复议法第30条第1款规定的,行政复议机关应当自收到申请之日起5日内书面通知申请人补正。补正通知应当一次性载明需要补正的事项。

申请人应当自收到补正通知之日起10日内提交补正材料。有正当理由不能按期补正的,行政复议机关可以延长合理的补正期限。无正当理由逾期不补正的,视为申请人放弃行政复议申请,并记录在案。行政复议机关收到补正材料后,依照规定进行处理,决定受理还是不受理。

(4)视为受理。行政复议申请的审查期限届满,行政复议机关未作出不予受理决定的,审查期限届满之日起视为受理。

2.对行政复议机关无理拒绝受理、驳回申请的处理。公民、法人或者其他组织依法提出行政复议申请,行政复议机关无正当理由不予受理或、驳回申请的,请人有权向上级行政机关反映。上级行政机关有两个处理办法:一是由上级行政机关应当责令其纠正,即责令该行政复议机关受理;二是在必要时,由上级行政机关直接受理。上级行政机关具体的处理程序是,上级行政机关认为行政复议机关不予受理行政复议申请的理由不成立的,可以先行督促其受理;经督促仍不受理的,应当责令其限期受理,必要时也可以直接受理。同时,值得注意的是,如果上级机关认为申请人的复议申请确实不符合法定受理条件,不存在行政复议机关无正当理由不予受理的情形的,应当告知申请人。

3.行政复议申请的移转。

(1)移转的义务和情形。县级地方人民政府收到属于其他行政复议机关受理的行政复议申请,有义务转送有关行政复议机关。

(2)移转的期限。移转是法定程序,应当执行法定期限。移转的法定期限是收到该行政复议申请后的7日内。移转时应当同时告知行政复议申请人。

(3)接受移转的处理。接受转送的行政复议机关应当根据关于受理的规定,在法定期限内作出有关受理的决定。但是接受转送的受理时间,应当从收到转送之日起计算。

☞ 2024 考点9 行政复议与行政诉讼的关系

受理程序中的重要问题,是申请行政复议与提起行政诉讼的关系。结合我国《行政诉讼法》第44条和第13条规定,除非法律规定由行政机关复议最终裁决和法律、法规规定必须先申请行政复议的,行政争议当事人可以自由选择申请行政复议还是提起行政诉讼,即确立了自由选择为原则复议前置为例外、有限行政终局的制度安排。

2023年修订后的《行政复议法》总体上维持了这一制度安排,不过对复议前置规定方式和范围进行了调整。就规定方式而言,原采用方式是由单行法律、法规作出规定,而根据《行政复议法》第23条规定,目前采用的是由行政复议法作规定加单行法律、行政法规规定的方式。因而,这意味着地方性法规不再享有规定复议前置的权限。就复议前置范围而言,行政复议法适当扩大了复议前置事项,这集中体现在了行政复议法确定规定必须先行政复议的事项。

《行政复议法》第23条规定有下列5种情形之一的,申请人应当先向行政复议机关申请行政复议，对行政复议决定不服的，可以再依法向人民法院提起行政诉讼：**(1)对当场作出的行政处罚决定不服；(2)对行政机关作出的侵犯其已经依法取得的自然资源的所有权或者使用权的决定不服；(3)认为行政机关存在《行政复议法》第11条规定的未履行法定职责情形；(4)申请政府信息公开，行政机关不予公开；(5)法律、行政法规规定应当先向行政复议机关申请行政复议的其他情形。其中，前四种情形是行政复议法新增的复议前置的情形。凡有复议前置的情形，行政机关在作出行政行为时应当告知公民、法人或者其他组织先向行政复议机关申请行政复议。**

对行法律、行政法规规定应当先向行政复议机关申请行政复议、对行政复议决定不服再向人民法院提起行政诉讼的，行政复议机关决定不予受理、驳回申请或者受理后超过行政复议期限不作答复的，公民、法人或者其他组织可以自收到决定书之日起或者行政复议期限届满之日起15日内，依法向人民法院提起行政诉讼。

法律规定行政复议机关作出的终局行政复议决定，当事人不得提起行政诉讼。行政复议法规定的终局行政复议决定，是行政复议法第26条规定的国务院的裁决。即对省、自治区、直辖市政府依照《行政复议法》第24条第2款的规定、国务院部门依照第25条第1项的规定作出的行政复议决定不服的，可以向人民法院提起行政诉讼；也可以向国务院申请裁决，国务院依照本法的规定作出最终裁决。

同时，在处理行政复议与行政诉讼关系还需要注意，对于公民、法人或者其他组织选可以自由选择行政复议与行政诉讼两种救济方式时，不意味着公民、法人或者其他组织可以同时使用这两种方式。行政复议已经被依法受理的，公民、法人或者其他组织在法定复议期限以内不得提起诉讼；行政诉讼已经被依法受理的，则不得再申请行政复议。对于公民、法人或者其他组织既提起诉讼又申请行政复议的，由先立案的机关管辖；同时立案的，由公民、法人或者其他组织选择。

☞ 2024 考点10　行政行为在行政复议期间的执行力

行政复议申请被行政复议机关接受以后，就开始计算行政复议期间。在这一期间行政行为是否还有执行效力是需要回答的重要程序问题。

原则上，在行政复议期间行政行为不停止执行。实行不停止执行制度的原因之一，是及时制止违法行为对社会的危害。多数行政复议案件涉及对行政机关规定义务的或者给予制裁性的决定，这些决定又往往是针对当事人违法行为作出的。在申请行政复议时，有些违法行为已经完成，但是也有些违法行为还处于持续状态有待于处理。例如，危害环境的违法行为，危害公众身体健康或者生命安全的违法行为，如果相关行政行为在被申请行政复议后就停止执行，那么违法行为就有可能继续危害环境和公众的健康与生命。

但是并不是所有的行政行为都需要在行政复议期间维持其执行力。至于哪些行政行为不需要维持执行力，需要由有关国家机关根据公共利益和执行法律的需要在其权限范围内，作出行政行为可以停止执行的决定。《行政复议法》第42条规定了4种情形：**(1)被申请人认为需要停止执行的；(2)行政复议机关认为需要停止执行的；(3)申请人、第三人申请停止执行，行政复议机关认为其要求合理，决定停止执行；(4)法律、法规、规章规定停止执行的其他情形。**

☞ 2024 考点11　行政复议的审理

1.审理程序。

(1)一般规定。行政复议机关受理行政复议申请后，适用普通程序或者简易程序进行审理。行政复议机构应当指定行政复议人员负责办理行政复议案件。

行政复议机关依照法律、法规、规章审理行政复议案件。行政复议机关审理民族自治地方的行政复议案件,同时依照该民族自治地方的自治条例和单行条例。

行政复议期间有下列情形之一的,行政复议中止:①作为申请人的公民死亡,其近亲属尚未确定是否参加行政复议;②作为申请人的公民丧失参加行政复议的行为能力,尚未确定法定代理人参加行政复议;③作为申请人的公民下落不明;④作为申请人的法人或者其他组织终止,尚未确定权利义务承受人;⑤申请人、被申请人因不可抗力或者其他正当理由,不能参加行政复议;⑥依照本法规定进行调解、和解,申请人和被申请人同意中止;⑦行政复议案件涉及的法律适用问题需要有权机关作出解释或者确认;⑧行政复议案件审理需要以其他案件的审理结果为依据,而其他案件尚未审结;⑨有行政复议法第56条或者第57条规定的情形,即涉及行政规范性文件附带审查转送情形;⑩需要中止行政复议的其他情形。行政复议中止的原因消除后,应当及时恢复行政复议案件的审理。行政复议机关中止、恢复行政复议案件的审理,应当书面告知当事人。

行政复议期间有下列情形之一的,行政复议机关决定终止行政复议:①申请人撤回行政复议申请,行政复议机构准予撤回;②作为申请人的公民死亡,没有近亲属或者其近亲属放弃行政复议权利;③作为申请人的法人或者其他组织终止,没有权利义务承受人或者其权利义务承受人放弃行政复议权利;④申请人对行政拘留或者限制人身自由的行政强制措施不服申请行政复议后,因同一违法行为涉嫌犯罪,被采取刑事强制措施;⑤前述行政复议中止情形第1、2、4项的规定中止行政复议满60日,行政复议中止的原因仍未消除。

(2)普通程序。行政复议普通程序,是行政复议适用的一般程序。

①审理准备:行政复议机构应当自行政复议申请受理之日起7日内,将行政复议申请书副本或者行政复议申请笔录复印件发送被申请人。被申请人应当自收到行政复议申请书副本或者行政复议申请笔录复印件之日起10日内,提出书面答复,并提交作出行政行为的证据、依据和其他有关材料。

②听取意见:适用普通程序审理的行政复议案件,行政复议机构应当当面或者通过互联网、电话等方式听取当事人的意见,并将听取的意见记录在案。因当事人原因不能听取意见的,可以书面审理。

审理重大、疑难、复杂的行政复议案件,行政复议机构应当组织听证。行政复议机构认为有必要听证,或者申请人请求听证的,行政复议机构可以组织听证。听证由1名行政复议人员任主持人,2名以上行政复议人员任听证员,1名记录员制作听证笔录。行政复议机构组织听证的,应当于举行听证的5日前将听证的时间、地点和拟听证事项书面通知当事人。申请人无正当理由拒不参加听证的,视为放弃听证权利。被申请人的负责人应当参加听证。不能参加的,应当说明理由并委托相应的工作人员参加听证。

审理行政复议案件涉及下列情形之一的,行政复议机构应当提请行政复议委员会提出咨询意见:一是案情重大、疑难、复杂;二是专业性、技术性较强;三是《行政复议法》第24条第2款规定的行政复议案件,即省、自治区、直辖市政府管辖对本机关作出的行政行为不服的行政复议案件;四是行政复议机构认为有必要。行政复议机构应当记录行政复议委员会的咨询意见。为此,县级以上各级政府应当建立相关政府部门、专家、学者等参与的行政复议委员会,为办理行政复议案件提供咨询意见,并就行政复议工作中的重大事项和共性问题研究提出意见。行政复议委员会的组成和开展工作的具体办法,由国务院行政复议机构制定。

(3)简易程序:对较为简单的行政复议案件,可以适用简易程序进行审理。

①适用范围。可以适用简易程序的行政复议案件,包括两种情形:

第一种情形是,符合规定条件的案件。行政复议机关审理下列行政复议案件,认为事实清楚、权利义务关系明确、争议不大的,可以适用简易程序:一是被申请行政复议的行政行为是当场作出;二是被申请行政复议的行政行为是警告或者通报批评;三是案件涉及款额3000元以下;四是属于政府信息公开案件。

第二种情形是,当事人同意适用的简易程序的。即虽不属于第一种情形的行政复议案件,但当事人各方同意适用简易程序的,可以适用简易程序。

②适用要求。适用简易程序审理的行政复议案件,行政复议机构应当自受理行政复议申请之日起3日内,将行政复议申请书副本或者行政复议申请笔录复印件发送被申请人。被申请人应当自收到行政复议申请书副本或者行政复议申请笔录复印件之日起5日内,提出书面答复,并提交作出行政行为的证据、依据和其他有关材料。适用简易程序审理的行政复议案件,可以书面审理。

适用简易程序审理的行政复议案件,行政复议机构认为不宜适用简易程序的,经行政复议机构的负责人批准,可以转为普通程序审理。

2.证据制度。

(1)证据种类。根据行政复议法规定,行政复议证据包括8类:书证;物证;视听资料;电子数据;证人证言;当事人的陈述;鉴定意见;勘验笔录、现场笔录。以上证据经行政复议机构审查属实,才能作为认定行政复议案件事实的根据。

(2)举证责任。被申请人对其作出的行政行为的合法性、适当性负有举证责任。被申请人履行这一义务的内容,是提交作出行政行为的证据、依据和其他有关材料。根据前述行政复议的审理程序,被申请人的举证责任在复议程序开始阶段对申请人申请的答复程序中履行。行政复议期间,被申请人不得自行向申请人和其他有关单位或者个人收集证据;自行收集的证据不作为认定行政行为合法性、适当性的依据。该规定确立了被申请人在行政复议过程中证据收集权的限制制度。第一,只是被申请人的证据收集权受到限制。申请人和第三人不受这种限制,他们有权在行政复议过程中收集证据。第二,限制的内容是被申请人不得自行向申请人和其他有关组织和个人收集证据。如果被申请人向复议机关提出取证要求,复议机关认为有必要时可以作出调查取证的决定。第三,限制的时间是行政复议的过程。这一过程开始于行政复议机关对复议申请的受理,结束于行政复议决定的执行完毕。

有下列情形之一的,申请人应当提供证据:①认为被申请人不履行法定职责的,提供曾经要求被申请人履行法定职责的证据,但是被申请人应当依职权主动履行法定职责或者申请人因正当理由不能提供的除外;②提出行政赔偿请求的,提供受行政行为侵害而造成损害的证据,但是因被申请人原因导致申请人无法举证的,由被申请人承担举证责任;③法律、法规规定需要申请人提供证据的其他情形。行政复议期间,申请人或者第三人提出被申请行政复议的行政行为作出时没有提出的理由或者证据的,经行政复议机构同意,被申请人可以补充证据。

(3)查阅材料。行政复议法规定了查阅被申请人提供资料的制度,这是执行行政公开原则的重要制度,为申请人、第三人有效主张和维护其法律权利提供了条件。

行政复议期间,申请人、第三人及其委托代理人可以按照规定查阅、复制被申请人提出的书面答复、作出行政行为的证据、依据和其他有关材料,除涉及国家秘密、商业秘密、个人隐私或者可能危及国家安全、公共安全、社会稳定的情形外,行政复议机构应当同意。

(4)调查取证。行政复议机关有权向有关单位和个人调查取证,查阅、复制、调取有关文件和资料,向有关人员进行询问。调查取证时,行政复议人员不得少于2人,并应当出示行政复议工作证件。被调查取证的单位和个人应当积极配合行政复议人员的工作,不得拒绝或者阻挠。

3.撤回申请。法律规定了申请人撤回行政复议申请的制度。在理论上,申请人有权撤回已经提出的行政复议申请。因为行政复议的主要目的是保护申请人的合法权益,申请人对自己的合法权益享有放弃的权利。一旦申请人放弃对自己合法权益的主张,行政复议程序的继续进行就没有什么意义了。

但是因为申请人撤回申请会对行政复议秩序带来重要影响,法律需要设置一些必要的撤回条件,以规范申请人的申请撤回行为。第一,撤回的条件,是提出撤回的申请。撤回必须出自申请人的意愿。如果发现撤回申请有强迫、动员等违背申请人真实意愿的情形,行政复议机关可以不准许撤回申请。第二,撤回的时间,是申请被受理以后和复议决定作出以前。第三,撤回的效果,是终止正在进行的行政复议。行政复议机关可以采用制作裁决书或者记录在案的方法,予以同意并终结行政复议。申请人撤回行政复议申请的,不得再以同一事实和理由提出行政复议申请。但是,申请人能够证明撤回行政复议申请违背其真实意思表示的除外。

4.原行政行为的改变、行政复议中的调解与和解。为促使行政争议的尽快解决,在行政复议期间被申请人可以改变原行政行为。如果申请人接受改变原行政行为的后果,撤回行政复议申请并获得行政复议机关的同意,行政复议程序结束。但是,如果申请人不提出撤回复议申请或者虽提出申请而未获得准许,不影响行政复议案件的审理,行政复议机关应当继续就原行政行为进行审查,并根据不同情况依法作出决定。

通常认为,和解与调解是解决民事争议的重要方式。但多年来,国内一直认为这两种方式原则上对行政争议的解决不适用。行政诉讼法明确规定,人民法院审理行政案件原则上不适用调解。通常认为,行政争议的解决不适用和解和调解的原因在于,行政机关行使的是国家职权,不能随意处分;而行政争议所涉及的行政行为只有合法与违法两种结果,因此不存在和解和调解的可能。近年来,随着对问题认识的深化,行政争议的解决不适用和解和调解的观念有所改变。一是行政争议的解决核心在于解决争议、消除矛盾,违法与合法或对与错的判断固然重要,但不是绝对的。行政复议和行政诉讼制度的存在及其运作,应当充分发挥其预防、解决行政争议的功能和作用。二是虽然行政机关不得放弃或任意处分自己的权力,但行政机关的职权并不是绝对的、羁束性的权力,在从事管理时没有丝毫的选择余地和活动空间;相反,行政机关享有广泛的裁量权力,在从事管理时存在多种选择可能。三是在实践中,有不少争议甚至是进入行政复议和行政诉讼中的争议,是通过直接或间接的和解和调解结案的。

为发挥行政复议在化解行政争议主渠道的作用,2023年修订后的《行政复议法》对行政复议的调解与和解采取了更为积极开放的态度。行政复议法第5条第1款规定:“行政复议机关办理行政复议案件,可以进行调解。”在总则中明确规定行政复议可以进行调解,且未设置范围限制。

行政复议机关在行政复议期间进行调解的要求和程序为:第一,调解应当遵循合法、自愿的原则,不得损害国家利益、社会公共利益和他人合法权益,不得违反法律、法规的强制性规定。第二,当事人经调解达成协议的,行政复议机关应当制作行政复议调解书,经各方当事人签字或者签章,并加盖行政复议机关印章,即具有法律效力。第三,调解未达成协议或者调解书生效前一方反悔的,行政复议机关应当依法审查或者及时作出行政复议决定。

在行政复议中,当事人可以进行和解。和解的要求有:第一,和解应当出于当事人自愿,不违背当事人的真实意愿;第二,应当在行政复议决定作出前达成和解;第三,和解内容不得损害国家利益、社会公共利益和他人合法权益,不得违反法律、法规的强制性规定;第四,当事人达成和解后,由申请人向行政复议机构撤回行政复议申请。行政复议机构准予撤回行政复议申请、行政复议机关决定终止行政复议的,申请人不得再以同一事实和理由提出行政复议申请。但是,申请人能够证明撤回行政复议申请违背其真实意愿的除外。

5.行政复议附带审查。行政复议附带审查涉及的行政规范性文件和行政依据有2个方面:一是根据申请人提出的申请对有关行政规范性文件进行的审查处理;二是行政复议机关在对被申请人作出的行政行为进行审查时依职权发现依据不合法进行的处理。对前者,行政复议机关有权处理的,应当在30日内依法处理;无权处理的,应当在7日内转送有权处理的行政机关依法处理。对后者,行政复议机关有权处理的,应当在30日内依法处理;无权处理的,应当在7日内转送有权处理的国家机关依法处理。

(1)行政复议机关有权处理行政规范性文件或者依据的审查和处理。对于行政复议机关有权处理行政规范性文件或者依据的,行政复议机构应当自行政复议中止之日起3日内,书面通知规范性文件或者依据的制定机关就相关条款的合法性提出书面答复。制定机关应当自收到书面通知之日起10日内提交书面答复及相关材料。行政复议机构认为必要时,可以要求规范性文件或者依据的制定机关当面说明理由,制定机关应当配合。经审查,认为相关条款合法的,在行政复议决定书中一并告知;认为相关条款超越权限或者违反上位法的,决定停止该条款的执行,并责令制定机关予以纠正。

(2)行政复议机关无权处理行政规范性文件或者依据的转送回复。对于行政复议机关无权处理行政规范性文件或者依据的情形,在行政复议机关应转送相关行政机关或国家机关,接受转送的行政机关、国家机关应当自收到转送之日起60日内,将处理意见回复转送的行政复议机关。

☞ 2024 考点12　行政复议决定

1.行政复议决定作出要求。

(1)作出的程序。行政复议机关审理行政复议案件,由行政复议机构对行政行为进行审查,提出意见,经行政复议机关的负责人同意或者集体讨论通过后,以行政复议机关的名义作出行政复议决定。经过听证的行政复议案件,行政复议机关应当根据听证笔录、审查认定的事实和证据,依法作出行政复议决定。提请行政复议委员会提出咨询意见的行政复议案件,行政复议机关应当将咨询意见作为作出行政复议决定的重要参考依据。

(2)作出期限。适用普通程序审理的行政复议案件,行政复议机关应当自受理申请之日起60日内作出行政复议决定;但是法律规定的行政复议期限少于60日的除外。情况复杂,不能在规定期限内作出行政复议决定的,经行政复议机构的负责人批准,可以适当延长,并书面告知当事人;但是延长期限最多不得超过30日。适用简易程序审理的行政复议案件,行政复议机关应当自受理申请之日起30日内作出行政复议决定。

(3)作出的形式和效力。行政复议机关作出行政复议决定,应当制作行政复议决定书,并加盖行政复议机关印章。行政复议决定书一经送达,即发生法律效力。

2.行政复议决定种类。行政复议机关可以作出以下几种行政复议决定,法律对此规定了相应的条件:

(1)变更决定。变更决定是行政复议机关全部或部分改变原行政行为的内容,用复议机关的决

定替代原具体行政行为。根据行政复议法规定,变更决定适用于3种情形:①行政行为事实清楚,证据确凿,适用依据正确,程序合法,但是内容不适当;②事实清楚,证据确凿,程序合法,但是未正确适用依据;③事实不清、证据不足,经行政复议机关查清事实和证据。行政复议机关不得作出对申请人更为不利的变更决定,但是第三人提出相反请求的除外。

(2)撤销决定。撤销决定是行政复议机关认为行政行为违法,使行政行为丧失或者不能取得法律效力的行政复议决定。具体行政行为被撤销以后就不再有而且以后也不会有法律约束力,除非复议决定本身丧失法律效力。根据行政复议法规定,行政行为有下列情形之一的,行政复议机关决定撤销或者部分撤销该行政行为,并可以责令被申请人在一定期限内重新作出行政行为:①主要事实不清、证据不足;②违反法定程序;③适用的依据不合法;④超越职权或者滥用职权。行政复议机关责令被申请人重新作出行政行为的,被申请人不得以同一事实和理由作出与被申请行政复议的行政行为相同或者基本相同的行政行为,但是行政复议机关以违反法定程序为由决定撤销或者部分撤销的除外。

(3)确认违法决定。确认违法决定是对具体行政行为违法性质和违法状态的确定或者认定。作出确认决定的情形,是原来的行政行为确实构成违法,但是由于客观情况变化使撤销或者变更已经没有实际意义。行政行为有下列情形之一的,行政复议机关不撤销该行政行为,但是确认该行政行为违法:①依法应予撤销,但是撤销会给国家利益、社会公共利益造成重大损害;②程序轻微违法,但是对申请人权利不产生实际影响。

行政行为有下列情形之一,不需要撤销或者责令履行的,行政复议机关确认该行政行为违法:**①行政行为违法,但是不具有可撤销内容;②被申请人改变原违法行政行为,申请人仍要求撤销或者确认该行政行为违法;③被申请人不履行或者拖延履行法定职责,责令履行没有意义。**

(4)履行职责决定。履行职责决定是行政复议机关认为被申请人不履行法定职责的,行政复议机关决定被申请人在一定期限内履行。行政复议机关首先要确定存在被申请人应当履行的法定职责,确认存在没有履行职责的事实以及这种不履行对申请人的合法权益构成了侵害和行政违法;其次要确定继续履行法定职责仍然有实际意义和法律意义,并规定履行的期限和履行的法定内容。因此,这种决定包括了确认不作为违法和履行法定义务两个方面的内容。

(5)确认无效决定。行政复议机关经审理,认为行政行为有实施主体不具有行政主体资格或者没有依据等重大且明显违法情形,申请人申请确认行政行为无效的,行政复议机关确认该行政行为无效。

(6)维持决定。维持决定是行政复议机关认为行政行为合法适当,从而维护和支持行政行为的决定。行政复议法规定,行政行为认定事实清楚,证据确凿,适用依据正确,程序合法,内容适当的,行政复议机关决定维持该行政行为。

作出维持决定的条件有5个方面:第一,事实清楚。它的含义是对行政行为所认定的事实没有疑义,各方面能够达到一致的认识或者通过复议审查消除了疑义的。第二,证据确凿。它的含义是有关事实的证据达到确实可靠的程度,足以使有关的反驳不能成立。第三,适用依据正确。它的含义是行政行为所适用的法律、法规和其他依据是有效正确的,案件事实与依据之间存在正确的关系或者联系。第四,程序合法。它的含义是行政行为处理案件时所采用的程序符合法律法规规定,尊重当事人的程序权利,遵守法律对程序的要求。第五,内容适当。它的含义是行政行为规定的权利义务具有合理性和正当性,符合客观情形和法律正义的一般要求。

(7)驳回复议请求决定。行政复议机关受理申请人认为被申请人不履行法定职责的行政复议申请后,发现被申请人没有相应法定职责或者在受理前已经履行法定职责的,决定驳回申请人的行政复议请求。

(8)针对行政协议案件的复议决定。行政协议案件有一定的特殊性,行政复议机关应根据情况作出复议决定:被申请人不依法订立、不依法履行、未按照约定履行或者违法变更、解除行政协议的,行政复议机关决定被申请人承担依法订立、继续履行、采取补救措施或者赔偿损失等责任。

被申请人变更、解除行政协议合法,但是未依法给予补偿或者补偿不合理的,行政复议机关决定被申请人依法给予合理补偿。

(9)针对行政赔偿的决定。行政复议机关作出行政复议决定,可以依法同时决定行政赔偿的问题。这里有两种情形:一种是申请人提出赔偿请求的;另一种是申请人没有提出赔偿请求的。

依申请作出的赔偿决定,是申请人在申请行政复议时一并提出了行政赔偿请求,行政复议机关对依照《国家赔偿法》的有关规定应当不予赔偿的,在作出行政复议决定时,应当同时决定驳回行政赔偿请求;对符合《国家赔偿法》的有关规定应当给予赔偿的,在决定撤销或者部分撤销、变更行政行为或者确认行政行为违法、无效时,应当同时决定被申请人依法给予赔偿;确认行政行为违法的,还可以同时责令被申请人采取补救措施。

依职权作出的赔偿决定,是申请人在申请行政复议时没有提出行政赔偿损失请求,但是行政复议机关可以在法定情形下直接作出有赔偿效果的决定。申请人在申请行政复议时没有提出行政赔偿请求的,行政复议机关在依法决定撤销或者部分撤销、变更罚款,撤销或者部分撤销违法集资、没收财物、征收征用、摊派费用以及对财产的查封、扣押、冻结等行政行为时,应当同时责令被申请人返还财产,解除对财产的查封、扣押、冻结措施,或者赔偿相应的价款。

☞ 2024 考点 13　行政复议的执行

行政复议的执行,是有关国家机关依法采取措施强制实现行政复议决定书、调解书和意见书规定内容的行为。行政复议的执行两类:一类是针对被申请人,另一类是针对申请人、第三人。

1.针对被申请人。被申请人应当履行行政复议决定书、调解书、意见书。被申请人不履行或者无正当理由拖延履行行政复议决定书、调解书、意见书的,行政复议机关或者有关上级行政机关应当责令其限期履行,并可以约谈被申请人的有关负责人或者予以通报批评。

2.针对申请人、第三人。分两种情形:一种情形是申请人、第三人逾期不起诉又不履行行政复议决定书、调解书;另一种情形是申请人、第三人不履行最终裁决的行政复议决定。

行政复议决定和调解书的执行,按照下列情形分别处理:(1)维持行政行为的行政复议决定书,由作出行政行为的行政机关依法强制执行,或者申请人民法院强制执行;(2)变更行政行为的行政复议决定书,由行政复议机关依法强制执行,或者申请人民法院强制执行;(3)行政复议调解书,由行政复议机关依法强制执行,或者申请人民法院强制执行。

☞ 2024 考点 14　行政复议指导和监督

加强对行政复议工作的指导监督,是提高行政复议质量的重要要求。行政复议法和行政复议法实施条例要求县级以上各级人民政府加强对所属工作部门和下级人民政府履行行政复议职责的监督,行政复议机关加强对其行政复议机构履行行政复议职责的监督,行政复议机构在本级行政复议机关的领导下按照职责权限对行政复议工作进行督促、指导。

对行政复议工作的指导监督的主要措施包括:(1)**县级以上地方各级人民政府应当建立健全行**

政复议工作责任制,将行政复议工作纳入本级政府目标责任制。(2)县级以上地方各级人民政府应当按照职责权限,通过定期组织检查、抽查等方式,对所属工作部门和下级人民政府行政复议工作进行检查,并及时向有关方面反馈检查结果。(3)行政复议机关在办理行政复议案件过程中,发现被申请人或者其他下级行政机关的有关行政行为违法或者不当的,可以向其制发行政复议意见书。有关机关应当自收到行政复议意见书之日起60日内,将纠正相关违法或者不当行政行为的情况报送行政复议机关。行政复议期间行政复议机构发现法律、法规、规章实施中带有普遍性的问题,可以制作行政复议建议书,向有关机关提出完善制度和改进行政执法的建议。(4)县级以上各级人民政府行政复议机构应当定期向本级人民政府提交行政复议工作状况分析报告。(5)下级行政复议机关应当及时将重大行政复议决定报上级行政复议机关备案。(6)行政复议机关根据被申请行政复议的行政行为的公开情况,按照国家有关规定将行政复议决定书向社会公开。(7)县级以上地方各级人民政府办理以本级人民政府工作部门为被申请人的行政复议案件,应当将发生法律效力的行政复议决定书、意见书同时抄告被申请人的上一级主管部门。

【大纲新增法条】

中华人民共和国行政复议法

(1999年4月29日第九届全国人民代表大会常务委员会第九次会议通过　根据2009年8月27日第十一届全国人民代表大会常务委员会第十次会议《关于修改部分法律的决定》第一次修正　根据2017年9月1日第十二届全国人民代表大会常务委员会第二十九次会议《关于修改〈中华人民共和国法官法〉等八部法律的决定》第二次修正　2023年9月1日第十四届全国人民代表大会常务委员会第五次会议修订)

【法条对照】

旧法条	新法条
第一章　总　　则	
第一条　为了防止和纠正违法的或者不当的**具体**行政行为,保护公民、法人和其他组织的合法权益,**保障和监督**行政机关依法行使职权,根据宪法,制定本法。	**第一条**　为了防止和纠正违法的或者不当的行政行为,保护公民、法人和其他组织的合法权益,**监督和保障**行政机关依法行使职权,**发挥行政复议化解行政争议的主渠道作用,推进法治政府建设**,根据宪法,制定本法。
第二条　公民、法人或者其他组织认为**具体**行政行为侵犯其合法权益,向**行政机关**提出行政复议申请,**行政机关受理行政复议申请、作出行政复议决定**,适用本法。	**第二条**　公民、法人或者其他组织认为**行政机关的**行政行为侵犯其合法权益,向**行政复议机关**提出行政复议申请,**行政复议机关办理行政复议案件**,适用本法。 **前款所称行政行为,包括法律、法规、规章授权的组织的行政行为。**

续表

旧法条	新法条
第四条 行政复议机关履行行政复议职责,应当遵循合法、公正、公开、及时、便民的原则,坚持有错必纠,保障法律、法规的正确实施。	**第三条** 行政复议工作坚持中国共产党的领导。 行政复议机关履行行政复议职责,应当遵循合法、公正、公开、**高效**、便民、**为民**的原则,坚持有错必纠,保障法律、法规的正确实施。
第三条 依照本法履行行政复议职责的行政机关是行政复议机关。行政复议机关负责法制工作的机构具体办理行政复议事项,履行下列职责: (一)受理行政复议申请; (二)向有关组织和人员调查取证,查阅文件和资料; (三)审查申请行政复议的具体行政行为是否合法与适当,拟订行政复议决定; (四)处理或者转送对本法第七条所列有关规定的审查申请; (五)对行政机关违反本法规定的行为依照规定的权限和程序提出处理建议; (六)办理因不服行政复议决定提起行政诉讼的应诉事项; (七)法律、法规规定的其他职责。 行政机关中初次从事行政复议的人员,应当通过国家统一法律职业资格考试取得法律职业资格。	**第四条** 县级以上各级人民政府以及其他依照本法履行行政复议职责的行政机关是行政复议机关。 行政复议机关办理行政复议事项的机构是行政复议机构。行政复议机构同时组织办理行政复议机关的行政应诉事项。 行政复议机关应当加强行政复议工作,支持和保障行政复议机构依法履行职责。上级行政复议机构对下级行政复议机构的行政复议工作进行指导、监督。 国务院行政复议机构可以发布行政复议指导性案例。
	第五条 行政复议机关办理行政复议案件,可以进行调解。 调解应当遵循合法、自愿的原则,不得损害国家利益、社会公共利益和他人合法权益,不得违反法律、法规的强制性规定。
第三条 依照本法履行行政复议职责的行政机关是行政复议机关。行政复议机关负责法制工作的机构具体办理行政复议事项,履行下列职责: (一)受理行政复议申请; (二)向有关组织和人员调查取证,查阅文件和资料; (三)审查申请行政复议的具体行政行为是否合法与适当,拟订行政复议决定; (四)处理或者转送对本法第七条所列有关规定的审查申请; (五)对行政机关违反本法规定的行为依照规定的权限和程序提出处理建议; (六)办理因不服行政复议决定提起行政诉讼的应诉事项; (七)法律、法规规定的其他职责。 行政机关中初次从事行政复议的人员,应当通过国家统一法律职业资格考试取得法律职业资格。	**第六条** 国家建立专业化、职业化行政复议人员队伍。 行政复议机构中初次从事行政复议工作的人员,应当通过国家统一法律职业资格考试取得法律职业资格,并参加统一职前培训。 国务院行政复议机构应当会同有关部门制定行政复议人员工作规范,加强对行政复议人员的业务考核和管理。
	第七条 行政复议机关应当确保行政复议机构的人员配备与所承担的工作任务相适应,提高行政复议人员专业素质,根据工作需要保障办案场所、装备等设施。县级以上各级人民政府应当将行政复议工作经费列入本级预算。

续表

旧法条	新法条
	第八条 行政复议机关应当加强信息化建设，运用现代信息技术，方便公民、法人或者其他组织申请、参加行政复议，提高工作质量和效率。
	第九条 对在行政复议工作中做出显著成绩的单位和个人，按照国家有关规定给予表彰和奖励。
第五条 公民、法人或者其他组织对行政复议决定不服的，可以依照行政诉讼法的规定向人民法院提起行政诉讼，但是法律规定行政复议决定为最终裁决的除外。	**第十条** 公民、法人或者其他组织对行政复议决定不服的，可以依照《中华人民共和国行政诉讼法》的规定向人民法院提起行政诉讼，但是法律规定行政复议决定为最终裁决的除外。
第三章 行政复议申请	**第二章 行政复议申请**
第二章 行政复议范围	第一节 行政复议范围
第六条 有下列情形之一的，公民、法人或者其他组织可以依照本法申请行政复议： （一）对行政机关作出的警告、罚款、没收违法所得、没收非法财物、责令停产停业、暂扣或者吊销许可证、暂扣或者吊销执照、行政拘留等行政处罚决定不服的； （二）对行政机关作出的限制人身自由或者查封、扣押、冻结财产等行政强制措施决定不服的； （三）对行政机关作出的有关许可证、执照、资质证、资格证等证书变更、中止、撤销的决定不服的； （四）对行政机关作出的关于确认土地、矿藏、水流、森林、山岭、草原、荒地、滩涂、海域等自然资源的所有权或者使用权的决定不服的； （五）认为行政机关侵犯合法的经营自主权的； （六）认为行政机关变更或者废止农业承包合同，侵犯其合法权益的； （七）认为行政机关违法集资、征收财物、摊派费用或者违法要求履行其他义务的； （八）认为符合法定条件，申请行政机关颁发许可证、执照、资质证、资格证等证书，或者申请行政机关审批、登记有关事项，行政机关没有依法办理的； （九）申请行政机关履行保护人身权利、财产权利、受教育权利的法定职责，行政机关没有依法履行的； （十）申请行政机关依法发放抚恤金、社会保险金或者最低生活保障费，行政机关没有依法发放的； （十一）认为行政机关的其他具体行政行为侵犯其合法权益的。	**第十一条** 有下列情形之一的，公民、法人或者其他组织可以依照本法申请行政复议： （一）对行政机关作出的行政处罚决定不服； （二）对行政机关作出的行政强制措施、行政强制执行决定不服； （三）申请行政许可，行政机关拒绝或者在法定期限内不予答复，或者对行政机关作出的有关行政许可的其他决定不服； （四）对行政机关作出的确认自然资源的所有权或者使用权的决定不服； （五）对行政机关作出的征收征用决定及其补偿决定不服； （六）对行政机关作出的赔偿决定或者不予赔偿决定不服； （七）对行政机关作出的不予受理工伤认定申请的决定或者工伤认定结论不服； （八）认为行政机关侵犯其经营自主权或者农村土地承包经营权、农村土地经营权； （九）认为行政机关滥用行政权力排除或者限制竞争； （十）认为行政机关违法集资、摊派费用或者违法要求履行其他义务； （十一）申请行政机关履行保护人身权利、财产权利、受教育权利等合法权益的法定职责，行政机关拒绝履行、未依法履行或者不予答复； （十二）申请行政机关依法给付抚恤金、社会保险待遇或者最低生活保障等社会保障，行政机关没有依法给付； （十三）认为行政机关不依法订立、不依法履行、未按照约定履行或者违法变更、解除政府特许经营协议、土地房屋征收补偿协议等行政协议； （十四）认为行政机关在政府信息公开工作中侵犯其合法权益； （十五）认为行政机关的其他行政行为侵犯其合法权益。

续表

旧法条	新法条
	第十二条　下列事项不属于行政复议范围： **（一）国防、外交等国家行为；** **（二）行政法规、规章或者行政机关制定、发布的具有普遍约束力的决定、命令等规范性文件；** **（三）行政机关对行政机关工作人员的奖惩、任免等决定；** **（四）行政机关对民事纠纷作出的调解。**
第七条　公民、法人或者其他组织认为行政机关的**具体**行政行为所依据的下列**规定**不合法，在对**具体**行政行为申请行政复议时，可以一并向行政复议机关提出对该**规定**的审查申请： （一）国务院部门的**规定**； （二）县级以上地方各级人民政府及其工作部门的**规定**； （三）乡、镇人民政府的**规定**。 前款所列**规定**不含**国务院部、委员会规章和地方人民政府规章**。规章的审查依照法律、行政法规办理。	**第十三条**　公民、法人或者其他组织认为行政机关的行政行为所依据的下列**规范性文件**不合法，在对行政行为申请行政复议时，可以一并向行政复议机关提出对该**规范性文件**的**附带**审查申请： （一）国务院部门的**规范性文件**； （二）县级以上地方各级人民政府及其工作部门的**规范性文件**； （三）乡、镇人民政府的**规范性文件**； **（四）法律、法规、规章授权的组织的规范性文件。** 前款所列**规范性文件**不含**规章**。规章的审查依照法律、行政法规办理。
	第二节　行政复议参加人
第十条　依照本法申请行政复议的公民、法人或者其他组织是申请人。 有权申请行政复议的公民死亡的，其近亲属可以申请行政复议。有权申请行政复议的公民为无民事行为能力人或者限制民事行为能力人的，其法定代理人可以代为申请行政复议。有权申请行政复议的法人或者其他组织终止的，**承受其权利的法人或者其他组织**可以申请行政复议。 **同申请行政复议的具体行政行为有利害关系的其他公民、法人或者其他组织，可以作为第三人参加行政复议。** **公民、法人或者其他组织对行政机关的具体行政行为不服申请行政复议的，作出具体行政行为的行政机关是被申请人。** **申请人、第三人可以委托代理人代为参加行政复议。**	**第十四条**　依照本法申请行政复议的公民、法人或者其他组织是申请人。 有权申请行政复议的公民死亡的，其近亲属可以申请行政复议。有权申请行政复议的法人或者其他组织终止的，**其权利义务承受人**可以申请行政复议。 有权申请行政复议的公民为无民事行为能力人或者限制民事行为能力人的，其法定代理人可以代为申请行政复议。
	第十五条　同一行政复议案件申请人人数众多的，可以由申请人推选代表人参加行政复议。 **代表人参加行政复议的行为对其所代表的申请人发生效力，但是代表人变更行政复议请求、撤回行政复议申请、承认第三人请求的，应当经被代表的申请人同意。**

旧法条	新法条
第十条 依照本法申请行政复议的公民、法人或者其他组织是申请人。 有权申请行政复议的公民死亡的，其近亲属可以申请行政复议。有权申请行政复议的公民为无民事行为能力人或者限制民事行为能力人的，其法定代理人可以代为申请行政复议。有权申请行政复议的法人或者其他组织终止的，承受其权利的法人或者其他组织可以申请行政复议。 同申请行政复议的具体行政行为有利害关系的其他公民、法人或者其他组织，可以作为第三人参加行政复议。 公民、法人或者其他组织对行政机关的具体行政行为不服申请行政复议的，作出具体行政行为的行政机关是被申请人。 申请人、第三人可以委托代理人代为参加行政复议。	**第十六条** 申请人以外的同被申请行政复议的行政行为或者行政复议案件处理结果有利害关系的公民、法人或者其他组织，可以作为第三人申请参加行政复议，或者由行政复议机构通知其作为第三人参加行政复议。 第三人不参加行政复议，不影响行政复议案件的审理。 **第十七条** 申请人、第三人可以委托一至二名律师、基层法律服务工作者或者其他代理人代为参加行政复议。 申请人、第三人委托代理人的，应当向行政复议机构提交授权委托书、委托人及被委托人的身份证明文件。授权委托书应当载明委托事项、权限和期限。申请人、第三人变更或者解除代理人权限的，应当书面告知行政复议机构。
	第十八条 符合法律援助条件的行政复议申请人申请法律援助的，法律援助机构应当依法为其提供法律援助。
第十条 依照本法申请行政复议的公民、法人或者其他组织是申请人。 有权申请行政复议的公民死亡的，其近亲属可以申请行政复议。有权申请行政复议的公民为无民事行为能力人或者限制民事行为能力人的，其法定代理人可以代为申请行政复议。有权申请行政复议的法人或者其他组织终止的，承受其权利的法人或者其他组织可以申请行政复议。 同申请行政复议的具体行政行为有利害关系的其他公民、法人或者其他组织，可以作为第三人参加行政复议。 公民、法人或者其他组织对行政机关的具体行政行为不服申请行政复议的，作出具体行政行为的行政机关是被申请人。 申请人、第三人可以委托代理人代为参加行政复议。	**第十九条** 公民、法人或者其他组织对行政行为不服申请行政复议的，作出行政行为的行政机关或者法律、法规、规章授权的组织是被申请人。 两个以上行政机关以共同的名义作出同一行政行为的，共同作出行政行为的行政机关是被申请人。 行政机关委托的组织作出行政行为的，委托的行政机关是被申请人。 作出行政行为的行政机关被撤销或者职权变更的，继续行使其职权的行政机关是被申请人。
	第三节 申请的提出
第九条 公民、法人或者其他组织认为具体行政行为侵犯其合法权益的，可以自知道该具体行政行为之日起六十日内提出行政复议申请；但是法律规定的申请期限超过六十日的除外。 因不可抗力或者其他正当理由耽误法定申请期限的，申请期限自障碍消除之日起继续计算。	**第二十条** 公民、法人或者其他组织认为行政行为侵犯其合法权益的，可以自知道或者应当知道该行政行为之日起六十日内提出行政复议申请；但是法律规定的申请期限超过六十日的除外。 因不可抗力或者其他正当理由耽误法定申请期限的，申请期限自障碍消除之日起继续计算。 行政机关作出行政行为时，未告知公民、法人或者其他组织申请行政复议的权利、行政复议机关和申请期限的，申请期限自公民、法人或者其他组织知道或者应当知道申请行政复议的权利、行政复议机关和申请期限之日起计算，但是自知道或者应当知道行政行为内容之日起最长不得超过一年。

续表

旧法条	新法条
	第二十一条 因不动产提出的行政复议申请自行政行为作出之日起超过二十年，其他行政复议申请自行政行为作出之日起超过五年的，行政复议机关不予受理。
第十一条 申请人申请行政复议，可以书面申请，也可以口头申请；口头申请的，行政复议机关应当当场记录申请人的基本情况、行政复议请求、申请行政复议的主要事实、理由和时间。	**第二十二条** 申请人申请行政复议，可以书面申请；书面申请有困难的，也可以口头申请。 书面申请的，可以通过邮寄或者行政复议机关指定的互联网渠道等方式提交行政复议申请书，也可以当面提交行政复议申请书。行政机关通过互联网渠道送达行政行为决定书的，应当同时提供提交行政复议申请书的互联网渠道。 口头申请的，行政复议机关应当当场记录申请人的基本情况、行政复议请求、申请行政复议的主要事实、理由和时间。 申请人对两个以上行政行为不服的，应当分别申请行政复议。
第八条 不服行政机关作出的行政处分或者其他人事处理决定的，依照有关法律、行政法规的规定提出申诉。 不服行政机关对民事纠纷作出的调解或者其他处理，依法申请仲裁或者向人民法院提起诉讼。	**第二十三条** 有下列情形之一的，申请人应当先向行政复议机关申请行政复议，对行政复议决定不服的，可以再依法向人民法院提起行政诉讼： （一）对当场作出的行政处罚决定不服； （二）对行政机关作出的侵犯其已经依法取得的自然资源的所有权或者使用权的决定不服； （三）认为行政机关存在本法第十一条规定的未履行法定职责情形； （四）申请政府信息公开，行政机关不予公开； （五）法律、行政法规规定应当先向行政复议机关申请行政复议的其他情形。 对前款规定的情形，行政机关在作出行政行为时应当告知公民、法人或者其他组织先向行政复议机关申请行政复议。
	第四节　行政复议管辖
第十三条 对地方各级人民政府的具体行政行为不服的，向上一级地方人民政府申请行政复议。 对省、自治区人民政府依法设立的派出机关所属的县级地方人民政府的具体行政行为不服的，向该派出机关申请行政复议。 **第十五条** 对本法第十二条、第十三条、第十四条规定以外的其他行政机关、组织的具体行政行为不服的，按照下列规定申请行政复议： （一）对县级以上地方人民政府依法设立的派出机关的具体行政行为不服的，向设立该派出机关的人民政府申请行政复议； （二）对政府工作部门依法设立的派出机构依照法律、法规或者规章规定，以自己的名义作出的具体行政行为不服的，向设立该派出机构的部门或者该部门的本级地方人民政府申请行政复议；	**第二十四条** 县级以上地方各级人民政府管辖下列行政复议案件： （一）对本级人民政府工作部门作出的行政行为不服的； （二）对下一级人民政府作出的行政行为不服的； （三）对本级人民政府依法设立的派出机关作出的行政行为不服的； （四）对本级人民政府或者其工作部门管理的法律、法规、规章授权的组织作出的行政行为不服的。 除前款规定外，省、自治区、直辖市人民政府同时管辖对本机关作出的行政行为不服的行政复议案件。 省、自治区人民政府依法设立的派出机关参照设区的市级人民政府的职责权限，管辖相关行政复议案件。

续表

旧法条	新法条
（三）对法律、法规授权的组织的具体行政行为不服的，分别向直接管理该组织的地方人民政府、地方人民政府工作部门或者国务院部门申请行政复议； （四）对两个或者两个以上行政机关以共同的名义作出的具体行政行为不服的，向其共同上一级行政机关申请行政复议； （五）对被撤销的行政机关在撤销前所作出的具体行政行为不服的，向继续行使其职权的行政机关的上一级行政机关申请行政复议。 有前款所列情形之一的，申请人也可以向具体行政行为发生地的县级地方人民政府提出行政复议申请，由接受申请的县级地方人民政府依照本法第十八条的规定办理。	对县级以上地方各级人民政府工作部门依法设立的派出机构依照法律、法规、规章规定，以派出机构的名义作出的行政行为不服的行政复议案件，由本级人民政府管辖；其中，对直辖市、设区的市人民政府工作部门按照行政区划设立的派出机构作出的行政行为不服的，也可以由其所在地的人民政府管辖。
	第二十五条 国务院部门管辖下列行政复议案件： （一）对本部门作出的行政行为不服的； （二）对本部门依法设立的派出机构依照法律、行政法规、部门规章规定，以派出机构的名义作出的行政行为不服的； （三）对本部门管理的法律、行政法规、部门规章授权的组织作出的行政行为不服的。
第十四条 对国务院部门或者省、自治区、直辖市人民政府的具体行政行为不服的，向作出该具体行政行为的国务院部门或者省、自治区、直辖市人民政府申请行政复议。对行政复议决定不服的，可以向人民法院提起行政诉讼；也可以向国务院申请裁决，国务院依照本法的规定作出最终裁决。	**第二十六条** 对省、自治区、直辖市人民政府依照本法第二十四条第二款的规定、国务院部门依照本法第二十五条第一项的规定作出的行政复议决定不服的，可以向人民法院提起行政诉讼；也可以向国务院申请裁决，国务院依照本法的规定作出最终裁决。
第十二条 对县级以上地方各级人民政府工作部门的具体行政行为不服的，由申请人选择，可以向该部门的本级人民政府申请行政复议，也可以向上一级主管部门申请行政复议。 对海关、金融、国税、外汇管理等实行垂直领导的行政机关和国家安全机关的具体行政行为不服的，向上一级主管部门申请行政复议。	**第二十七条** 对海关、金融、外汇管理等实行垂直领导的行政机关、税务和国家安全机关的行政行为不服的，向上一级主管部门申请行政复议。 **第二十八条** 对履行行政复议机构职责的地方人民政府司法行政部门的行政行为不服的，可以向本级人民政府申请行政复议，也可以向上一级司法行政部门申请行政复议。
第十六条 公民、法人或者其他组织申请行政复议，行政复议机关已经依法受理的，或者法律、法规规定应当先向行政复议机关申请行政复议、对行政复议决定不服再向人民法院提起行政诉讼的，在法定行政复议期限内不得向人民法院提起行政诉讼。 公民、法人或者其他组织向人民法院提起行政诉讼，人民法院已经依法受理的，不得申请行政复议。	**第二十九条** 公民、法人或者其他组织申请行政复议，行政复议机关已经依法受理的，在行政复议期间不得向人民法院提起行政诉讼。 公民、法人或者其他组织向人民法院提起行政诉讼，人民法院已经依法受理的，不得申请行政复议。

续表

旧法条	新法条
第四章　行政复议受理	**第三章　行政复议受理**
第十七条　行政复议机关收到行政复议申请后，应当在五日内进行审查，对不符合本法规定的行政复议申请，决定不予受理，并书面告知申请人；对符合本法规定，但是不属于本机关受理的行政复议申请，应当告知申请人向有关行政复议机关提出。 除前款规定外，行政复议申请自行政复议机关负责法制工作的机构收到之日起即为受理。	**第三十条**　行政复议机关收到行政复议申请后，应当在五日内进行审查。对符合下列规定的，行政复议机关应当予以受理： （一）有明确的申请人和符合本法规定的被申请人； （二）申请人与被申请行政复议的行政行为有利害关系； （三）有具体的行政复议请求和理由； （四）在法定申请期限内提出； （五）属于本法规定的行政复议范围； （六）属于本机关的管辖范围； （七）行政复议机关未受理过该申请人就同一行政行为提出的行政复议申请，并且人民法院未受理过该申请人就同一行政行为提起的行政诉讼。 对不符合前款规定的行政复议申请，行政复议机关应当在审查期限内决定不予受理并说明理由；不属于本机关管辖的，还应当在不予受理决定中告知申请人有管辖权的行政复议机关。 行政复议申请的审查期限届满，行政复议机关未作出不予受理决定的，审查期限届满之日起视为受理。
	第三十一条　行政复议申请材料不齐全或者表述不清楚，无法判断行政复议申请是否符合本法第三十条第一款规定的，行政复议机关应当自收到申请之日起五日内书面通知申请人补正。补正通知应当一次性载明需要补正的事项。 申请人应当自收到补正通知之日起十日内提交补正材料。有正当理由不能按期补正的，行政复议机关可以延长合理的补正期限。无正当理由逾期不补正的，视为申请人放弃行政复议申请，并记录在案。 行政复议机关收到补正材料后，依照本法第三十条的规定处理。
第十八条　依照本法第十五条第二款的规定接受行政复议申请的县级地方人民政府，对依照本法第十五条第一款的规定属于其他行政复议机关受理的行政复议申请，应当自接到该行政复议申请之日起七日内，转送有关行政复议机关，并告知申请人。接受转送的行政复议机关应当依照本法第十七条的规定办理。	
	第三十二条　对当场作出或者依据电子技术监控设备记录的违法事实作出的行政处罚决定不服申请行政复议的，可以通过作出行政处罚决定的行政机关提交行政复议申请。 行政机关收到行政复议申请后，应当及时处理；认为需要维持行政处罚决定的，应当自收到行政复议申请之日起五日内转送行政复议机关。

续表

旧法条	新法条
	第三十三条 行政复议机关受理行政复议申请后，发现该行政复议申请不符合本法第三十条第一款规定的，应当决定驳回申请并说明理由。
第十九条 法律、**法规规定**应当先向行政复议机关申请行政复议、对行政复议决定不服再向人民法院提起行政诉讼的，行政复议机关决定不予受理或者受理后超过行政复议期限不作答复的，公民、法人或者其他组织可以自收到**不予受理决定书**之日起或者行政复议**期满**之日起十五日内，依法向人民法院提起行政诉讼。	**第三十四条** 法律、**行政法规规定**应当先向行政复议机关申请行政复议、对行政复议决定不服再向人民法院提起行政诉讼的，行政复议机关决定不予受理、**驳回申请**或者受理后超过行政复议期限不作答复的，公民、法人或者其他组织可以自收到**决定书**之日起或者行政复议**期限届满**之日起十五日内，依法向人民法院提起行政诉讼。
第二十条 公民、法人或者其他组织依法提出行政复议申请，行政复议机关无正当理由不予受理的，上级行政机关应当责令其**受理**；必要时，上级**行政机关也**可以直接受理。	**第三十五条** 公民、法人或者其他组织依法提出行政复议申请，行政复议机关无正当理由不予受理、**驳回申请或者受理后超过行政复议期限不作答复**的，**申请人有权向上级行政机关反映**，上级行政机关应当责令其**纠正**；必要时，上级**行政复议机关**可以直接受理。
第四章 行政复议**受理**	第四章 行政复议**审理**
	第一节 一般规定
	第三十六条 行政复议机关受理行政复议申请后，依照本法适用普通程序或者简易程序进行审理。行政复议机构应当指定行政复议人员负责办理行政复议案件。 行政复议人员对办理行政复议案件过程中知悉的国家秘密、商业秘密和个人隐私，应当予以保密。
	第三十七条 行政复议机关依照法律、法规、规章审理行政复议案件。 行政复议机关审理民族自治地方的行政复议案件，同时依照该民族自治地方的自治条例和单行条例。
	第三十八条 上级行政复议机关根据需要，可以审理下级行政复议机关管辖的行政复议案件。 下级行政复议机关对其管辖的行政复议案件，认为需要由上级行政复议机关审理的，可以报请上级行政复议机关决定。

续表

旧法条	新法条
第二十五条 行政复议决定作出前,申请人要求撤回行政复议申请的,经说明理由,可以撤回;撤回行政复议申请的,行政复议终止。	**第三十九条** 行政复议期间有下列情形之一的,行政复议中止: (一)作为申请人的公民死亡,其近亲属尚未确定是否参加行政复议; (二)作为申请人的公民丧失参加行政复议的行为能力,尚未确定法定代理人参加行政复议; (三)作为申请人的公民下落不明; (四)作为申请人的法人或者其他组织终止,尚未确定权利义务承受人; (五)申请人、被申请人因不可抗力或者其他正当理由,不能参加行政复议; (六)依照本法规定进行调解、和解,申请人和被申请人同意中止; (七)行政复议案件涉及的法律适用问题需要有权机关作出解释或者确认; (八)行政复议案件审理需要以其他案件的审理结果为依据,而其他案件尚未审结; (九)有本法第五十六条或者第五十七条规定的情形; (十)需要中止行政复议的其他情形。 行政复议中止的原因消除后,应当及时恢复行政复议案件的审理。 行政复议机关中止、恢复行政复议案件的审理,应当书面告知当事人。
	第四十条 行政复议期间,行政复议机关无正当理由中止行政复议的,上级行政机关应当责令其恢复审理。
第二十五条 行政复议决定作出前,申请人要求撤回行政复议申请的,经说明理由,可以撤回;撤回行政复议申请的,行政复议终止。	**第四十一条** 行政复议期间有下列情形之一的,行政复议机关决定终止行政复议: (一)申请人撤回行政复议申请,行政复议机构准予撤回; (二)作为申请人的公民死亡,没有近亲属或者其近亲属放弃行政复议权利; (三)作为申请人的法人或者其他组织终止,没有权利义务承受人或者其权利义务承受人放弃行政复议权利; (四)申请人对行政拘留或者限制人身自由的行政强制措施不服申请行政复议后,因同一违法行为涉嫌犯罪,被采取刑事强制措施; (五)依照本法第三十九条第一款第一项、第二项、第四项的规定中止行政复议满六十日,行政复议中止的原因仍未消除。
第二十一条 行政复议期间**具体**行政行为不停止执行;但是,有下列情形之一的,**可以**停止执行: (一)被申请人认为需要停止执行**的**; (二)行政复议机关认为需要停止执行**的**; (三)申请人申请停止执行,行政复议机关认为其要求合理,决定停止执行**的**; (四)法律规定停止执行的。	**第四十二条** 行政复议期间行政行为不停止执行;但是有下列情形之一的,**应当**停止执行: (一)被申请人认为需要停止执行; (二)行政复议机关认为需要停止执行; (三)申请人、**第三人**申请停止执行,行政复议机关认为其要求合理,决定停止执行; (四)法律、**法规、规章**规定停止执行的**其他情形**。

续表

旧法条	新法条
	第二节　行政复议证据
	第四十三条　行政复议证据包括： （一）书证； （二）物证； （三）视听资料； （四）电子数据； （五）证人证言； （六）当事人的陈述； （七）鉴定意见； （八）勘验笔录、现场笔录。 以上证据经行政复议机构审查属实，才能作为认定行政复议案件事实的根据。
	第四十四条　被申请人对其作出的行政行为的合法性、适当性负有举证责任。 有下列情形之一的，申请人应当提供证据： （一）认为被申请人不履行法定职责的，提供曾经要求被申请人履行法定职责的证据，但是被申请人应当依职权主动履行法定职责或者申请人因正当理由不能提供的除外； （二）提出行政赔偿请求的，提供受行政行为侵害而造成损害的证据，但是因被申请人原因导致申请人无法举证的，由被申请人承担举证责任； （三）法律、法规规定需要申请人提供证据的其他情形。
	第四十五条　行政复议机关有权向有关单位和个人调查取证，查阅、复制、调取有关文件和资料，向有关人员进行询问。 调查取证时，行政复议人员不得少于两人，并应当出示行政复议工作证件。 被调查取证的单位和个人应当积极配合行政复议人员的工作，不得拒绝或者阻挠。
第二十四条　在行政复议过程中，被申请人不得自行向申请人和其他有关组织或者个人收集证据。	**第四十六条**　行政复议期间，被申请人不得自行向申请人和其他有关单位或者个人收集证据；自行收集的证据不作为认定行政行为合法性、适当性的依据。 行政复议期间，申请人或者第三人提出被申请行政复议的行政行为作出时没有提出的理由或者证据的，经行政复议机构同意，被申请人可以补充证据。
第二十三条　行政复议机关负责法制工作的机构应当自行政复议申请受理之日起七日内，将行政复议申请书副本或者行政复议申请笔录复印件发送被申请人。被申请人应当自收到申请书副本或者申请笔录复印件之日起十日内，提出书面答复，并提交当初作出具体行政行为的证据、依据和其他有关材料。 申请人、第三人可以查阅被申请人提出的书面答复、作出具体行政行为的证据、依据和其他有关材料，除涉及国家秘密、商业秘密或者个人隐私外，行政复议机关不得拒绝。	**第四十七条**　行政复议期间，申请人、第三人及其委托代理人可以按照规定查阅、复制被申请人提出的书面答复、作出行政行为的证据、依据和其他有关材料，除涉及国家秘密、商业秘密、个人隐私或者可能危及国家安全、公共安全、社会稳定的情形外，行政复议机构应当同意。

续表

旧法条	新法条
	第三节 普通程序
第二十三条 行政复议机关负责法制工作的机构应当自行政复议申请受理之日起七日内，将行政复议申请书副本或者行政复议申请笔录复印件发送被申请人。被申请人应当自收到**申请书**副本或者**申请**笔录复印件之日起十日内，提出书面答复，并提交**当初**作出**具体**行政行为的证据、依据和其他有关材料。 **申请人、第三人可以查阅被申请人提出的书面答复、作出具体行政行为的证据、依据和其他有关材料，除涉及国家秘密、商业秘密或者个人隐私外，行政复议机关不得拒绝。**	**第四十八条** 行政复议**机构**应当自行政复议申请受理之日起七日内，将行政复议申请书副本或者行政复议申请笔录复印件发送被申请人。被申请人应当自收到**行政复议申请书**副本或者**行政复议申请**笔录复印件之日起十日内，提出书面答复，并提交作出行政行为的证据、依据和其他有关材料。
第二十二条 行政复议原则上采取书面审查的办法，但是申请人提出要求或者行政复议机关负责法制工作的机构认为有必要时，可以向有关组织和人员调查情况，听取申请人、被申请人和第三人的意见。	**第四十九条** 适用普通程序审理的行政复议案件，行政复议机构应当当面或者通过互联网、电话等方式听取当事人的意见，并将听取的意见记录在案。因当事人原因不能听取意见的，可以书面审理。
	第五十条 审理重大、疑难、复杂的行政复议案件，行政复议机构应当组织听证。 行政复议机构认为有必要听证，或者申请人请求听证的，行政复议机构可以组织听证。 听证由一名行政复议人员任主持人，两名以上行政复议人员任听证员，一名记录员制作听证笔录。
	第五十一条 行政复议机构组织听证的，应当于举行听证的五日前将听证的时间、地点和拟听证事项书面通知当事人。 申请人无正当理由拒不参加听证的，视为放弃听证权利。 被申请人的负责人应当参加听证。不能参加的，应当说明理由并委托相应的工作人员参加听证。
	第五十二条 县级以上各级人民政府应当建立相关政府部门、专家、学者等参与的行政复议委员会，为办理行政复议案件提供咨询意见，并就行政复议工作中的重大事项和共性问题研究提出意见。行政复议委员会的组成和开展工作的具体办法，由国务院行政复议机构制定。 审理行政复议案件涉及下列情形之一的，行政复议机构应当提请行政复议委员会提出咨询意见： （一）案情重大、疑难、复杂； （二）专业性、技术性较强； （三）本法第二十四条第二款规定的行政复议案件； （四）行政复议机构认为有必要。 行政复议机构应当记录行政复议委员会的咨询意见。

旧法条	新法条
	第四节　简易程序
	第五十三条　行政复议机关审理下列行政复议案件，认为事实清楚、权利义务关系明确、争议不大的，可以适用简易程序： （一）被申请行政复议的行政行为是当场作出； （二）被申请行政复议的行政行为是警告或者通报批评； （三）案件涉及款额三千元以下； （四）属于政府信息公开案件。 除前款规定以外的行政复议案件，当事人各方同意适用简易程序的，可以适用简易程序。
第二十三条　行政复议机关负责法制工作的机构应当自行政复议申请受理之日起七日内，将行政复议申请书副本或者行政复议申请笔录复印件发送被申请人。被申请人应当自收到申请书副本或者申请笔录复印件之日起十日内，提出书面答复，并提交当初作出具体行政行为的证据、依据和其他有关材料。 申请人、第三人可以查阅被申请人提出的书面答复、作出具体行政行为的证据、依据和其他有关材料，除涉及国家秘密、商业秘密或者个人隐私外，行政复议机关不得拒绝。	**第五十四条**　适用简易程序审理的行政复议案件，行政复议机构应当自受理行政复议申请之日起三日内，将行政复议申请书副本或者行政复议申请笔录复印件发送被申请人。被申请人应当自收到行政复议申请书副本或者行政复议申请笔录复印件之日起五日内，提出书面答复，并提交作出行政行为的证据、依据和其他有关材料。 适用简易程序审理的行政复议案件，可以书面审理。
	第五十五条　适用简易程序审理的行政复议案件，行政复议机构认为不宜适用简易程序的，经行政复议机构的负责人批准，可以转为普通程序审理。
	第五节　行政复议附带审查
第二十六条　申请人在申请行政复议时，一并提出对本法第七条所列有关规定的审查申请的，行政复议机关对该规定有权处理的，应当在三十日内依法处理；无权处理的，应当在七日内按照法定程序转送有权处理的行政机关依法处理，有权处理的行政机关应当在六十日内依法处理。处理期间，中止对具体行政行为的审查。	**第五十六条**　申请人依照本法第十三条的规定提出对有关规范性文件的附带审查申请，行政复议机关有权处理的，应当在三十日内依法处理；无权处理的，应当在七日内转送有权处理的行政机关依法处理。
第二十七条　行政复议机关在对被申请人作出的具体行政行为进行审查时，认为其依据不合法，本机关有权处理的，应当在三十日内依法处理；无权处理的，应当在七日内按照法定程序转送有权处理的国家机关依法处理。处理期间，中止对具体行政行为的审查。	**第五十七条**　行政复议机关在对被申请人作出的行政行为进行审查时，认为其依据不合法，本机关有权处理的，应当在三十日内依法处理；无权处理的，应当在七日内转送有权处理的国家机关依法处理。

续表

旧法条	新法条
第三十条 公民、法人或者其他组织认为行政机关的具体行政行为侵犯其已经依法取得的土地、矿藏、水流、森林、山岭、草原、荒地、滩涂、海域等自然资源的所有权或者使用权的,应当先申请行政复议;对行政复议决定不服的,可以依法向人民法院提起行政诉讼。 根据国务院或者省、自治区、直辖市人民政府对行政区划的勘定、调整或者征收土地的决定,省、自治区、直辖市人民政府确认土地、矿藏、水流、森林、山岭、草原、荒地、滩涂、海域等自然资源的所有权或者使用权的行政复议决定为最终裁决。	
	第五十八条 行政复议机关依照本法第五十六条、第五十七条的规定有权处理有关规范性文件或者依据的,行政复议机构应当自行政复议中止之日起三日内,书面通知规范性文件或者依据的制定机关就相关条款的合法性提出书面答复。制定机关应当自收到书面通知之日起十日内提交书面答复及相关材料。 行政复议机构认为必要时,可以要求规范性文件或者依据的制定机关当面说明理由,制定机关应当配合。
	第五十九条 行政复议机关依照本法第五十六条、第五十七条的规定有权处理有关规范性文件或者依据,认为相关条款合法的,在行政复议决定书中一并告知;认为相关条款超越权限或者违反上位法的,决定停止该条款的执行,并责令制定机关予以纠正。
	第六十条 依照本法第五十六条、第五十七条的规定接受转送的行政机关、国家机关应当自收到转送之日起六十日内,将处理意见回复转送的行政复议机关。
第五章　行政复议决定	
	第六十一条 行政复议机关依照本法审理行政复议案件,由行政复议机构对行政行为进行审查,提出意见,经行政复议机关的负责人同意或者集体讨论通过后,以行政复议机关的名义作出行政复议决定。 经过听证的行政复议案件,行政复议机关应当根据听证笔录、审查认定的事实和证据,依照本法作出行政复议决定。 提请行政复议委员会提出咨询意见的行政复议案件,行政复议机关应当将咨询意见作为作出行政复议决定的重要参考依据。

续表

旧法条	新法条
第三十一条 行政复议机关应当自受理申请之日起六十日内作出行政复议决定;但是法律规定的行政复议期限少于六十日的除外。情况复杂,不能在规定期限内作出行政复议决定的,经**行政复议机关**的负责人批准,可以适当延长,并**告知申请人和被申请人**;但是延长期限最多**不**超过三十日。 **行政复议机关作出行政复议决定,应当制作行政复议决定书,并加盖印章。** **行政复议决定书一经送达,即发生法律效力。**	**第六十二条** **适用普通程序审理的行政复议案件,**行政复议机关应当自受理申请之日起六十日内作出行政复议决定;但是法律规定的行政复议期限少于六十日的除外。情况复杂,不能在规定期限内作出行政复议决定的,经**行政复议机构**的负责人批准,可以适当延长,并**书面告知当事人**;但是延长期限最多**不得**超过三十日。 **适用简易程序审理的行政复议案件,行政复议机关应当自受理申请之日起三十日内作出行政复议决定。**
	第六十三条 行政行为有下列情形之一的,**行政复议机关决定变更该行政行为:** **(一)事实清楚,证据确凿,适用依据正确,程序合法,但是内容不适当;** **(二)事实清楚,证据确凿,程序合法,但是未正确适用依据;** **(三)事实不清、证据不足,经行政复议机关查清事实和证据。** **行政复议机关不得作出对申请人更为不利的变更决定,但是第三人提出相反请求的除外。**
第二十八条 **行政复议机关负责法制工作的机构应当对被申请人作出的具体行政行为进行审查,提出意见,经行政复议机关的负责人同意或者集体讨论通过后,按照下列规定作出行政复议决定:** **(一)具体行政行为认定事实清楚,证据确凿,适用依据正确,程序合法,内容适当的,决定维持;** **(二)被申请人不履行法定职责的,决定其在一定期限内履行;** **(三)具体**行政行为有下列情形之一的,决定撤销、**变更或者确认该具体行政行为违法;决定撤销或者确认该具体行政行为违法的**,可以责令被申请人在一定期限内重新作出**具体**行政行为: 1.主要事实不清、证据不足**的**; **2.适用依据错误的;** 3.违反法定程序**的**; 4.超越或者滥用职权**的**; **5.具体行政行为明显不当的。** **(四)被申请人不按照本法第二十三条的规定提出书面答复、提交当初作出具体行政行为的证据、依据和其他有关材料的,视为该具体行政行为没有证据、依据,决定撤销该具体行政行为。** 行政复议机关责令被申请人重新作出**具体**行政行为的,被申请人不得以同一**的**事实和理由作出与**原具体**行政行为相同或者基本相同的**具体**行政行为。	**第六十四条** 行政行为有下列情形之一的,**行政复议机关**决定撤销**或者部分撤销该行政行为,并**可以责令被申请人在一定期限内重新作出行政行为: (一)主要事实不清、证据不足; (二)违反法定程序; **(三)适用的依据不合法;** **(四)**超越**职权**或者滥用职权。 行政复议机关责令被申请人重新作出行政行为的,被申请人不得以同一事实和理由作出与**被申请行政复议的**行政行为相同或者基本相同的行政行为**,但是行政复议机关以违反法定程序为由决定撤销或者部分撤销的除外。**

续表

旧法条	新法条
	第六十五条 行政行为有下列情形之一的，行政复议机关不撤销该行政行为，但是确认该行政行为违法： （一）依法应予撤销，但是撤销会给国家利益、社会公共利益造成重大损害； （二）程序轻微违法，但是对申请人权利不产生实际影响。 行政行为有下列情形之一，不需要撤销或者责令履行的，行政复议机关确认该行政行为违法： （一）行政行为违法，但是不具有可撤销内容； （二）被申请人改变原违法行政行为，申请人仍要求撤销或者确认该行政行为违法； （三）被申请人不履行或者拖延履行法定职责，责令履行没有意义。
	第六十六条 被申请人不履行法定职责的，行政复议机关决定被申请人在一定期限内履行。
	第六十七条 行政行为有实施主体不具有行政主体资格或者没有依据等重大且明显违法情形，申请人申请确认行政行为无效的，行政复议机关确认该行政行为无效。
	第六十八条 行政行为认定事实清楚，证据确凿，适用依据正确，程序合法，内容适当的，行政复议机关决定维持该行政行为。
	第六十九条 行政复议机关受理申请人认为被申请人不履行法定职责的行政复议申请后，发现被申请人没有相应法定职责或者在受理前已经履行法定职责的，决定驳回申请人的行政复议请求。
	第七十条 被申请人不按照本法第四十八条、第五十四条的规定提出书面答复、提交作出行政行为的证据、依据和其他有关材料的，视为该行政行为没有证据、依据，行政复议机关决定撤销、部分撤销该行政行为，确认该行政行为违法、无效或者决定被申请人在一定期限内履行，但是行政行为涉及第三人合法权益，第三人提供证据的除外。
	第七十一条 被申请人不依法订立、不依法履行、未按照约定履行或者违法变更、解除行政协议的，行政复议机关决定被申请人承担依法订立、继续履行、采取补救措施或者赔偿损失等责任。 被申请人变更、解除行政协议合法，但是未依法给予补偿或者补偿不合理的，行政复议机关决定被申请人依法给予合理补偿。

旧法条	新法条
第二十九条 申请人在申请行政复议时**可以**一并提出行政赔偿请求，行政复议机关对符合**国家赔偿法**的有关规定应当给予赔偿的，在决定撤销、变更**具体**行政行为或者确认**具体**行政行为违法时，应当同时决定被申请人依法给予赔偿。 申请人在申请行政复议时没有提出行政赔偿请求的，行政复议机关在依法决定撤销或者变更罚款，撤销违法集资、没收财物、**征收财物**、摊派费用以及对财产的查封、扣押、冻结等**具体**行政行为时，应当同时责令被申请人返还财产，解除对财产的查封、扣押、冻结措施，或者赔偿相应的价款。	**第七十二条** 申请人在申请行政复议时一并提出行政赔偿请求，行政复议机关**对依照《中华人民共和国国家赔偿法》的有关规定应当不予赔偿的，在作出行政复议决定时，应当同时决定驳回行政赔偿请求**；对符合《中华人民共和国国家赔偿法》的有关规定应当给予赔偿的，在决定撤销**或者部分撤销**、变更行政行为或者确认行政行为违法、**无效**时，应当同时决定被申请人依法给予赔偿；**确认行政行为违法的，还可以同时责令被申请人采取补救措施。** 申请人在申请行政复议时没有提出行政赔偿请求的，行政复议机关在依法决定撤销或者**部分撤销**、变更罚款，撤销**或者部分撤销**违法集资、没收财物、**征收征用**、摊派费用以及对财产的查封、扣押、冻结等行政行为时，应当同时责令被申请人返还财产，解除对财产的查封、扣押、冻结措施，或者赔偿相应的价款。
	第七十三条 当事人经调解达成协议的，行政复议机关应当制作行政复议调解书，经各方当事人签字或者签章，并加盖行政复议机关印章，即具有法律效力。 **调解未达成协议或者调解书生效前一方反悔的，行政复议机关应当依法审查或者及时作出行政复议决定。**
	第七十四条 当事人在行政复议决定作出前可以自愿达成和解，和解内容不得损害国家利益、社会公共利益和他人合法权益，不得违反法律、法规的强制性规定。 **当事人达成和解后，由申请人向行政复议机构撤回行政复议申请。行政复议机构准予撤回行政复议申请、行政复议机关决定终止行政复议的，申请人不得再以同一事实和理由提出行政复议申请。但是，申请人能够证明撤回行政复议申请违背其真实意愿的除外。**
第三十一条 行政复议机关应当自受理申请之日起六十日内作出行政复议决定；但是法律规定的行政复议期限少于六十日的除外。情况复杂，不能在规定期限内作出行政复议决定的，经行政复议机关的负责人批准，可以适当延长，并告知申请人和被申请人；但是延长期限最多不超过三十日。 行政复议机关作出行政复议决定，应当制作行政复议决定书，并加盖印章。 行政复议决定书一经送达，即发生法律效力。	**第七十五条** 行政复议机关作出行政复议决定，应当制作行政复议决定书，并加盖**行政复议机关**印章。 行政复议决定书一经送达，即发生法律效力。
	第七十六条 行政复议机关在办理行政复议案件过程中，发现被申请人或者其他下级行政机关的有关行政行为违法或者不当的，可以向其制发行政复议意见书。有关机关应当自收到行政复议意见书之日起六十日内，将纠正相关违法或者不当行政行为的情况报送行政复议机关。

续表

旧法条	新法条
第三十二条 被申请人应当履行行政复议**决定**。 被申请人不履行或者无正当理由拖延履行行政复议**决定**的，行政复议机关或者有关上级行政机关应当责令其限期履行。	**第七十七条** 被申请人应当履行行政复议**决定书、调解书、意见书**。 被申请人不履行或者无正当理由拖延履行行政复议**决定书、调解书、意见书**的，行政复议机关或者有关上级行政机关应当责令其限期履行**，并可以约谈被申请人的有关负责人或者予以通报批评**。
第三十三条 申请人逾期不起诉又不履行行政复议**决定**的，或者不履行最终裁决的行政复议决定的，按照下列规定分别处理： （一）维持**具体**行政行为的行政复议**决定**，由作出**具体**行政行为的行政机关依法强制执行，或者申请人民法院强制执行； （二）变更**具体**行政行为的行政复议**决定**，由行政复议机关依法强制执行，或者申请人民法院强制执行。	**第七十八条** 申请人、**第三人**逾期不起诉又不履行行政复议**决定书、调解书**的，或者不履行最终裁决的行政复议决定的，按照下列规定分别处理： （一）维持行政行为的行政复议**决定书**，由作出行政行为的行政机关依法强制执行，或者申请人民法院强制执行； （二）变更行政行为的行政复议**决定书**，由行政复议机关依法强制执行，或者申请人民法院强制执行； **（三）行政复议调解书，由行政复议机关依法强制执行，或者申请人民法院强制执行。**
	第七十九条 行政复议机关根据被申请行政复议的行政行为的公开情况，按照国家有关规定将行政复议决定书向社会公开。 **县级以上地方各级人民政府办理以本级人民政府工作部门为被申请人的行政复议案件，应当将发生法律效力的行政复议决定书、意见书同时抄告被申请人的上一级主管部门。**
第六章 法律责任	
第三十四条 行政复议机关违反本法规定，**无正当理由不予受理依法提出的行政复议申请或者不按照规定转送行政复议申请的，或者在法定期限内不作出行政复议决定的**，对**直接负责的主管人员**和**其他**直接责任人员依法给予警告、记过、记大过的**行政**处分；经**责令受理仍不受理或者不按照规定转送行政复议申请**，造成严重后果的，依法给予降级、撤职、开除的**行政**处分。	**第八十条** 行政复议机关**不依照本法规定履行行政复议职责**，对**负有责任的领导人员**和直接责任人员依法给予警告、记过、记大过的处分；经**有权监督的机关督促仍不改正或者**造成严重后果的，依法给予降级、撤职、开除的处分。
第三十五条 行政复议机关工作人员在行政复议活动中，徇私舞弊或者有其他渎职、失职行为的，依法给予警告、记过、记大过的**行政**处分；情节严重的，依法给予降级、撤职、开除的**行政**处分；构成犯罪的，依法追究刑事责任。	**第八十一条** 行政复议机关工作人员在行政复议活动中，徇私舞弊或者有其他渎职、失职行为的，依法给予警告、记过、记大过的处分；情节严重的，依法给予降级、撤职、开除的处分；构成犯罪的，依法追究刑事责任。
第三十六条 被申请人违反本法规定，不提出书面答复或者不提交作出**具体**行政行为的证据、依据和其他有关材料，或者阻挠、变相阻挠公民、法人或者其他组织依法申请行政复议的，对**直接负责的主管人员**和**其他**直接责任人员依法给予警告、记过、记大过的**行政**处分；进行报复陷害的，依法给予降级、撤职、开除的**行政**处分；构成犯罪的，依法追究刑事责任。	**第八十二条** 被申请人违反本法规定，不提出书面答复或者不提交作出行政行为的证据、依据和其他有关材料，或者阻挠、变相阻挠公民、法人或者其他组织依法申请行政复议的，对**负有责任的领导人员**和直接责任人员依法给予警告、记过、记大过的处分；进行报复陷害的，依法给予降级、撤职、开除的处分；构成犯罪的，依法追究刑事责任。

续表

旧法条	新法条
第三十七条 被申请人不履行或者无正当理由拖延履行行政复议**决定**的，对**直接负责的主管人员和其他**直接责任人员依法给予警告、记过、记大过的**行政**处分；经责令履行仍拒不履行的，依法给予降级、撤职、开除的**行政**处分。	**第八十三条** 被申请人不履行或者无正当理由拖延履行行政复议**决定书、调解书、意见书**的，对**负有责任的领导人员和**直接责任人员依法给予警告、记过、记大过的处分；经责令履行仍拒不履行的，依法给予降级、撤职、开除的处分。
	第八十四条 拒绝、阻挠行政复议人员调查取证，故意扰乱行政复议工作秩序的，依法给予处分、治安管理处罚；构成犯罪的，依法追究刑事责任。
第三十八条 行政复议机关负责法制工作的机构发现有无正当理由不予受理行政复议申请、不按照规定期限作出行政复议决定、徇私舞弊、对申请人打击报复或者不履行行政复议决定等情形的，应当向有关行政机关提出建议，有关行政机关应当依照本法和有关法律、行政法规的规定作出处理。	**第八十五条 行政机关及其工作人员违反本法规定的，行政复议机关可以向监察机关或者公职人员任免机关、单位移送有关人员违法的事实材料，接受移送的监察机关或者公职人员任免机关、单位应当依法处理。** **第八十六条 行政复议机关在办理行政复议案件过程中，发现公职人员涉嫌贪污贿赂、失职渎职等职务违法或者职务犯罪的问题线索，应当依照有关规定移送监察机关，由监察机关依法调查处置。**
第七章　附　　则	
第三十九条 行政复议机关受理行政复议申请，不得向申请人收取任何费用。**行政复议活动所需经费，应当列入本机关的行政经费，由本级财政予以保障。**	**第八十七条** 行政复议机关受理行政复议申请，不得向申请人收取任何费用。
第四十条 行政复议期间的计算和行政复议文书的送达，依照**民事诉讼法**关于期间、送达的规定执行。 本法关于行政复议期间有关“五日”、“七日”的规定是指工作日，不含**节假日**。	**第八十八条** 行政复议期间的计算和行政复议文书的送达，**本法没有规定的，**依照**《中华人民共和国民事诉讼法》**关于期间、送达的规定执行。 本法关于行政复议期间有关**“三日”**、“五日”、“七日”、**“十日”**的规定是指工作日，不含**法定休假日**。
第四十一条 外国人、无国籍人、外国组织在中华人民共和国境内申请行政复议，适用本法。	**第八十九条** 外国人、无国籍人、外国组织在中华人民共和国境内申请行政复议，适用本法。
第四十三条 本法自**1999年10月1日**起施行。**1990年12月24日国务院发布、1994年10月9日国务院修订发布的《行政复议条例》同时废止。**	**第九十条** 本法自**2024年1月1日**起施行。

最高人民法院关于审理司法赔偿案件适用请求时效制度若干问题的解释

（2023年4月3日最高人民法院审判委员会第1883次会议通过　2023年5月23日公布　自2023年6月1日起施行）　法释〔2023〕2号

为正确适用国家赔偿请求时效制度的规定，保障赔偿请求人的合法权益，依照《中华人民共和国国家赔偿法》的规定，结合司法赔偿审判实践，制定本解释。

第一条　赔偿请求人向赔偿义务机关提出赔偿请求的时效期间为两年，自其知道或者应当知道国家机关及其工作人员行使职权时的行为侵犯其人身权、财产权之日起计算。

赔偿请求人知道上述侵权行为时，相关诉讼程序或者执行程序尚未终结的，请求时效期间自该诉讼程序或者执行程序终结之日起计算，但是本解释有特别规定的除外。

第二条　赔偿请求人以人身权受到侵犯为由，依照国家赔偿法第十七条第一项、第二项、第三项规定申请赔偿的，请求时效期间自其收到决定撤销案件、终止侦查、不起诉或者判决宣告无罪等终止追究刑事责任或者再审改判无罪的法律文书之日起计算。

办案机关未作出终止追究刑事责任的法律文书，但是符合《最高人民法院、最高人民检察院关于办理刑事赔偿案件适用法律若干问题的解释》第二条规定情形，赔偿请求人申请赔偿的，依法应当受理。

第三条　赔偿请求人以人身权受到侵犯为由，依照国家赔偿法第十七条第四项、第五项规定申请赔偿的，请求时效期间自其知道或者应当知道损害结果之日起计算；损害结果当时不能确定的，自损害结果确定之日起计算。

第四条　赔偿请求人以财产权受到侵犯为由，依照国家赔偿法第十八条第一项规定申请赔偿的，请求时效期间自其收到刑事诉讼程序或者执行程序终结的法律文书之日起计算，但是刑事诉讼程序或者执行程序终结之后办案机关对涉案财物尚未处理完毕的，请求时效期间自赔偿请求人知道或者应当知道其财产权受到侵犯之日起计算。

办案机关未作出刑事诉讼程序或者执行程序终结的法律文书，但是符合《最高人民法院、最高人民检察院关于办理刑事赔偿案件适用法律若干问题的解释》第三条规定情形，赔偿请求人申请赔偿的，依法应当受理。

赔偿请求人以财产权受到侵犯为由，依照国家赔偿法第十八条第二项规定申请赔偿的，请求时效期间自赔偿请求人收到生效再审刑事裁判文书之日起计算。

第五条　赔偿请求人以人身权或者财产权受到侵犯为由，依照国家赔偿法第三十八条规定申请赔偿的，请求时效期间自赔偿请求人收到民事、行政诉讼程序或者执行程序终结的法律文书之日起计算，但是下列情形除外：

（一）罚款、拘留等强制措施已被依法撤销的，请求时效期间自赔偿请求人收到撤销决定之日起计算；

（二）在民事、行政诉讼过程中，有殴打、虐待或者唆使、放纵他人殴打、虐待等行为，以及违法使用武器、警械，造成公民人身损害的，请求时效期间的计算适用本解释第三条的规定。

人民法院未作出民事、行政诉讼程序或者执行程序终结的法律文书，请求时效期间自赔偿请求人知道或者应当知道其人身权或者财产权受到侵犯之日起计算。

第六条　依照国家赔偿法第三十九条第一款规定，赔偿请求人被羁押等限制人身自由的期间，不计算在请求时效期间内。

赔偿请求人依照法律法规规定的程序向相关机关申请确认职权行为违法或者寻求救济的期间，不计算在请求时效期间内，但是相关机关已经明确告知赔偿请求人应当依法申请国家赔偿的除外。

第七条 依照国家赔偿法第三十九条第二款规定，在请求时效期间的最后六个月内，赔偿请求人因下列障碍之一，不能行使请求权的，请求时效中止：

（一）不可抗力；

（二）无民事行为能力人或者限制民事行为能力人没有法定代理人，或者法定代理人死亡、丧失民事行为能力、丧失代理权；

（三）其他导致不能行使请求权的障碍。

自中止时效的原因消除之日起满六个月，请求时效期间届满。

第八条 请求时效期间届满的，赔偿义务机关可以提出不予赔偿的抗辩。

请求时效期间届满，赔偿义务机关同意赔偿或者予以赔偿后，又以请求时效期间届满为由提出抗辩或者要求赔偿请求人返还赔偿金的，人民法院赔偿委员会不予支持。

第九条 赔偿义务机关以请求时效期间届满为由抗辩，应当在人民法院赔偿委员会作出国家赔偿决定前提出。

赔偿义务机关未按前款规定提出抗辩，又以请求时效期间届满为由申诉的，人民法院赔偿委员会不予支持。

第十条 人民法院赔偿委员会审理国家赔偿案件，不得主动适用请求时效的规定。

第十一条 请求时效期间起算的当日不计入，自下一日开始计算。

请求时效期间按照年、月计算，到期月的对应日为期间的最后一日；没有对应日的，月末日为期间的最后一日。

请求时效期间的最后一日是法定休假日的，以法定休假日结束的次日为期间的最后一日。

第十二条 本解释自 2023 年 6 月 1 日起施行。本解释施行后，案件尚在审理的，适用本解释；对本解释施行前已经作出生效赔偿决定的案件进行再审，不适用本解释。

第十三条 本院之前发布的司法解释与本解释不一致的，以本解释为准。

民　　法

【大纲新增考点·法条说明】

2024 年，“民法”学科大纲法律法规新增 1 件，考点调整如下：

章　节	2023 年大纲	2024 年大纲	提　示
第四章第五节　无效民事法律行为	无效民事法律行为的类型（虚假行为）	无效民事法律行为的类型（虚假的民事法律行为）	子考点调整
第四章第六节　可撤销的民事法律行为	民事法律行为宣告无效或者被撤销的效果		减少 1 个考点

续表

章　节	2023年大纲	2024年大纲	提　示
第四章第七节　效力未定的民事法律行为	效力未定民事法律行为的类型	效力未定民事法律行为的类型(职务代理人超越代理权限且相对人未尽到合理审查义务所成立的民事法律行为　法定代表人越权代表且相对人未尽到合理审查义务所实施的民事法律行为　法定代表人、负责人或者代理人与相对人恶意串通行为)	增加子考点
第四章第八节　未生效的民事法律行为		未生效民事法律系行为的概念　违反未生效民事法律行为的责任(判决一方履行报批义务前的责任　判决一方履行报批义务后的责任　不予批准应当承担迟延报批的责任)	增加2个考点
第四章第九节　民事法律行为被确认无效、被撤销或确定不发生效力的后果		民事法律行为被确认无效、被撤销或者确定不发生效力的具体法律后果(返还财产　折价补偿　赔偿损失)　民事法律行为被确认无效、被撤销或者确定不发生效力情形下的第三人责任　民事法律行为被确认无效、被撤销或者确定不发生效力不影响争议解决条款的效力	增加3个考点
第十三章第一节　合同的订立		合同的解释(合同解释的概念　合同解释的基本规则)	增加1个考点
第十三章第二节　合同的效力	无权代理合同、越权订立合同、超越经营范围合同、免责条款、争议解决方法条款的特殊效力规则	合同效力的特殊规则	考点调整
第十四章第三节　双务合同履行抗辩权	顺序履行抗辩权	先履行抗辩权	考点调整
第三十四章第六节　侵权责任的承担方式	财产损害赔偿	财产损害赔偿(侵权之债的抵销)	子考点增加

大纲附录法律法规

项　目	法律法规
增加法规	**最高人民法院关于适用《中华人民共和国民法典》合同编通则若干问题的解释** (2023年5月23日最高人民法院审判委员会第1889次会议通过　2023年12月4日公布　自2023年12月5日起施行)　法释〔2023〕13号

2020~2023年大纲新增考点对照

<table>
<tr><th>年 份</th><th>章 节</th><th>新增与变化考点·法条</th></tr>
<tr><td>2023</td><td colspan="2">新增法律法规：最高人民法院关于审理人身损害赔偿案件适用法律若干问题的解释</td></tr>
<tr><td rowspan="8">2022</td><td>第一章第三节“民事法律关系”</td><td>滥用权利</td></tr>
<tr><td>第五章第三节“无权代理”</td><td>表见代理(表见代理争议中的举证责任)</td></tr>
<tr><td>第七章第二节“物权的类型”</td><td>民法上物权的种类　民法学上物权的分类(动产物权、不动产物权和以权利为客体的物权　主物权与从物权)</td></tr>
<tr><td>第十四章第二节“合同履行的特殊规则”</td><td>债权人合并、分立或住所变更</td></tr>
<tr><td>第十八章第一节“买卖合同”</td><td>买卖合同的成立</td></tr>
<tr><td>第二十五章第五节“隐私权和个人信息保护”</td><td>个人在个人信息处理活动中的权利</td></tr>
<tr><td>第三十四章第四节“数人侵权的侵权行为”</td><td>共同侵权行为</td></tr>
<tr><td colspan="2">新增法律法规：
(1)中华人民共和国个人信息保护法
(2)最高人民法院关于适用《中华人民共和国民法典》总则编若干问题的解释</td></tr>
<tr><td rowspan="12">2021</td><td>第一章第二节“民法的基本原则”</td><td>民法的基本原则(民事权益受法律保护原则)</td></tr>
<tr><td>第四章第六节“可撤销的民事法律行为”</td><td>民事法律行为宣告无效或被撤销的效果</td></tr>
<tr><td>第五章第二节“代理权”</td><td>代理权的滥用(利己代理　恶意代理)</td></tr>
<tr><td>第十章第一节“担保物权概述”</td><td>担保物权的概念与特征　担保物权的设立　担保物权的存续　担保物权的实现　担保物权的消灭　担保物权的类型　法定与非典型担保的新发展</td></tr>
<tr><td>第十章第二节“抵押权”</td><td>抵押权的设立(抵押财产)　特殊抵押(浮动抵押　动产抵押)</td></tr>
<tr><td>第十三章第一节“合同的订立”</td><td>合同的特殊订立方式(确认书　电子商务合同)</td></tr>
<tr><td>第十四章第二节“合同履行的特殊规则”</td><td>电子合同的履行　执行政府定价或政府指导价合同的履行　涉他合同的履行(向第三人履行　由第三人履行)</td></tr>
<tr><td>第十六章第二节“合同的转让”</td><td>债权转让　债务转移　债务加入　合同权利义务的概括移转</td></tr>
<tr><td>第十六章第三节“合同的权利义务终止”</td><td>清偿</td></tr>
<tr><td>第三十五章第九节“环境污染和生态环境责任”</td><td>环境污染和生态破坏责任的构成要件　环境污染和生态破坏的责任形式</td></tr>
<tr><td colspan="2">1.新增法律法规：
(1)最高人民法院关于适用《中华人民共和国民法典》时间效力的若干规定
(2)最高人民法院关于适用《中华人民共和国民法典》物权编的解释(一)
(3)最高人民法院关于适用《中华人民共和国民法典》有关担保制度的解释
(4)最高人民法院关于适用《中华人民共和国民法典》婚姻家庭编的解释(一)
(5)最高人民法院关于适用《中华人民共和国民法典》继承编的解释(一)
(6)最高人民法院关于审理建设工程施工合同纠纷案件适用法律问题的解释(一)
2.修订法律法规：
(1)最高人民法院关于审理建筑物区分所有权纠纷案件适用法律若干问题的解释
(2)最高人民法院关于审理买卖合同纠纷案件适用法律问题的解释</td></tr>
</table>

续表

年 份	章 节	新增与变化考点·法条
2021	(3)最高人民法院关于审理商品房买卖合同纠纷案件适用法律若干问题的解释 (4)最高人民法院关于审理民事案件适用诉讼时效制度若干问题的规定 (5)最高人民法院关于审理技术合同纠纷案件适用法律若干问题的解释 (6)最高人民法院关于审理城镇房屋租赁合同纠纷案件具体应用法律若干问题的解释 (7)最高人民法院关于审理融资租赁合同纠纷案件适用法律问题的解释 (8)最高人民法院关于审理民间借贷案件适用法律若干问题的规定 (9)最高人民法院关于确定民事侵权精神损害赔偿责任若干问题的解释 (10)最高人民法院关于审理人身损害赔偿案件适用法律若干问题的解释 (11)最高人民法院关于审理利用信息网络侵害人身权益民事纠纷案件适用法律若干问题的规定 (12)最高人民法院关于审理道路交通事故损害赔偿案件适用法律若干问题的解释	
2020	新增法律法规:中华人民共和国民法典	

【大纲新增、变化考点解读】

☞ 2024 考点1 民事法律行为的生效

所谓民事法律行为的生效,是指已经成立的民事法律行为因符合法定的生效要件,从而能产生法律上的约束力。《民法典》第136条第1款规定:“民事法律行为自成立时生效,但是法律另有规定或者当事人另有约定的除外。”该条对民事法律行为的生效规则作出了规定,此处所说的法律拘束力,首先,是指私法上的效力,而不应当包括民事法律行为生效以后所可能引起的公法上的效果。其次,是指民事法律行为发生了行为人所意欲发生的法律效果,这种效果因民事法律行为形态的不同而有异。就单方法律行为而言,在大多数情况下,主要是对表意人产生法律拘束力。当然,在某些情况下,单方行为也可能对其他人产生法律拘束力,例如,遗嘱行为可能会对继承人产生效力。就双方法律行为而言,一旦合意达成,就对双方当事人产生了拘束力,即双方必须依据合同的规定享有权利、履行义务、承担违约责任。

民事法律行为一旦依法成立,就具有法律拘束力,因而成立是生效的前提。如果民事法律行为尚未成立,则不存在有效或者无效的问题。但民事法律行为的成立与生效仍然存在区别:一方面,民事法律行为的成立是认定民事法律行为效力的前提条件,如果民事法律行为成立以后,存在效力瑕疵,也可能无法产生当事人追求的法律效果,因此,已经成立的民事法律行为并非当然能够生效。另一方面,民事法律行为成立主要是一个事实认定问题,即认定当事人之间是否存在民事法律行为,而民事法律行为的生效则是价值判断问题,即在法律上判断民事法律行为能否产生当事人意欲追求的法律效果。民事法律行为的成立主要体现的是当事人的意志,而民事法律行为的生效体现的则是国家意志,其反映的是国家对民事法律行为效力的干预。

民事法律行为的效力可以分为对内效力和对外效力。所谓对内效力,是指民事法律行为对当事人产生的法律拘束力。《民法典》第136条第2款规定:“行为人非依法律规定或者未经对方同意,不得擅自变更或者解除民事法律行为。”例如,当事人在订立合同后,即应当受到合同的严格拘束,必须严格履行合同,否则应当承担违约责任。所谓对外效力,是指民事法律行为对当事人以外的人产生的法律拘束力。例如,合同一旦生效,也可能会对合同当事人以外的第三人产生效力,其主要表现在利益第三人合同、债权保全制度、租赁权物权化、债权不可侵害性等方面。

民事法律行为能够产生法律拘束力，从表面上看是当事人的意思自治的结果，或者说是当事人自愿选择的结果；但从实质上看，民事法律行为的法律约束力或民事法律行为的效力，不仅源于当事人的意志，而且源于法律的赋予。也就是说，由于当事人的意志符合国家的意志和社会利益，因而国家赋予当事人的意志以拘束力，并且使当事人实施的民事法律行为能够产生其预期的效果。

☞ 2024 考点2　虚假的民事法律行为

《民法典》第146条第1款规定："行为人与相对人以虚假的意思表示实施的民事法律行为无效。"该条规定了虚假的民事法律行为的无效。所谓虚假的民事法律行为，是指行为人与相对人共同实施了虚假的民事法律行为，也称为通谋虚伪表示。例如，为逃避债务而虚假赠与财产、虚构建筑物施工合同中的债权以达到行使法定优先权的目的，等等。之所以在法律上要宣告此类行为无效，一方面，是因为此类行为并非当事人的真实意思表示，违反了诚信原则。另一方面，是因为此类行为可能规避了法律的规定，从而违反了某种法律秩序。例如，限购是政府为维护社会经济秩序而实施的一种调控措施，如果随意被虚假的民事法律行为规避，就会损害社会经济秩序，且此类规避行为如不及时宣告无效，将可能诱发连锁效应，极不利于交易安全和交易秩序的维护。双方实施的虚假民事法律行为应当依法被认定为无效。但被隐藏的民事法律行为则应当依据具体情形判断其效力。例如，当事人订立了多份合同，但登记备案的是一份合同，实际履行的是另一份合同，此时就要根据实际履行情况判断当事人的真意。如果当事人为规避法律、行政法规的强制性规定，以虚假的意思表示隐藏真实的意思表示，由于被隐藏的民事法律行为违反了法律、行政法规的强制性规定，此时应依据《民法典》第153条第1款的规定认定该民事法律行为无效；如果当事人实施隐藏行为旨在规避法律、行政法规规定的批准等手续，则应当依据未生效合同的规则认定该行为的效力。

☞ 2024 考点3　违反强制性规范及违背公序良俗的行为

1.违反强制性规范的民事法律行为。《民法典》第153条第1款规定："违反法律、行政法规的强制性规定的民事法律行为无效。但是，该强制性规定不导致该民事法律行为无效的除外。"依据该规定，因违法而无效的民事法律行为，必须具备如下条件：

第一，必须违反了法律或行政法规。如前所述，违法性的概念比较宽泛，不仅包括违反法律、行政法规，还包括违反其他规范性法律文件。但是，从民事法律行为的角度来看，违法性的判断应当受到限制，这有利于维护交易安全。对此，《民法典》将其限定为法律和行政法规，具体而言，前者是指全国人大及其常委会制定的法律，后者是指国务院制定的行政法规。只有违反了法律、行政法规的规定，才有可能导致合同的无效。需要指出的是，此处所说的违反主要是内容上违反，如果民事法律行为内容并未违反法律、行政法规的强制性规定，但履行行为违反了法律、行政法规的强制性规定，则并不当然认定该民事法律行为无效。

第二，必须是违反了法律和行政法规的强制性规定。法律规范大体可分为两种，即任意性规范和强行性规范。所谓任意性规范，是指当事人可以通过其约定排除其适用的规范，也就是说，任意性规范赋予了当事人一定的意思自治，允许当事人在法律规定的范围内自由作出约定，对任意性规范由当事人通过约定加以排除是合法的。如果民事法律行为违反了法律和行政法规的强制性规定，则民事法律行为无效。据此，除法律、行政法规的强制性规定外，规章、地方性法规等规范性文件不能直接作为认定民事法律行为无效的依据。

虽然民事法律行为违反了法律、行政法规的强制性规定，但如果行为人承担行政责任或者刑事责任能够实现强制性规定的立法目的的，则不必宣告民事法律行为无效，这就要求在判断民事法律行为的效力时，首先要考量相关条款的立法目的，尤其是考虑该强制性规定所要保护的法益；其次，要考量通过承担行政责任或者刑事责任能否实现强制性规定的立法目的。

依据相关司法解释的规定，在认定违反法律强制性规定的民事法律行为的效力时，还应当注意如下几点：一是强制性规定虽然旨在维护社会公共秩序，但是民事法律行为的生效对社会公共秩序造成的影响显著轻微，认定其无效将导致案件处理结果有失公平公正，此时可以认定该民事法律行为不因违反强制性规定而无效。二是强制性规定旨在维护政府的税收、土地出让金等国家利益或者其他民事主体的合法利益，而不是为了维护民事法律行为当事人的民事权益，在这种情形下，如果认定民事法律行为有效有利于维护政府的税收、土地出让金等利益，就不应当认定民事法律行为无效。三是强制性规定旨在要求当事人一方加强风险控制、内部管理等，对方无能力或者无义务审查民事法律行为是否违反强制性规定，认定民事法律行为无效将使其承担不利后果，此时就不应仅因民事法律行为违反此类强制性规定而认定其无效。四是当事人一方虽然在民事法律行为成立时违反强制性规定，但是在民事法律行为成立后其已经具备补正违反强制性规定的条件却违背诚信原则不予补正。在此情形下，也不宜否定民事法律行为的效力，否则可能鼓励当事人实施违背诚信原则的行为。五是法律、司法解释规定的其他情形。例如，依据《民法典》第706条的规定，当事人订立房屋租赁合同后，未依法办理备案登记，该行为也不应影响房屋租赁合同的效力。

2.违反公序良俗的民事法律行为。《民法典》第153条第2款规定："违背公序良俗的民事法律行为无效。"违反公序良俗的民事法律行为包括两类行为：

第一，违背公共秩序的民事法律行为。对公共秩序的维护，在法律上大都有明确的规定，危害公共秩序的行为通常也就是违反法律、行政法规的强制性规定的行为。但有时，法律规定并不可能涵盖无余，因此，《民法典》第153条第2款可以发挥兜底性的作用。只要民事法律行为危害了公共秩序，即使没有现行的法律规定，也应当被宣告无效。此类行为主要包括：一是民事法律行为影响政治安全、经济安全、军事安全等国家安全；二是民事法律行为影响社会稳定、公平竞争秩序或者损害社会公共利益等违背社会公共秩序；三是民事法律行为背离社会公德、家庭伦理或者有损人格尊严等违背善良风俗的。第二，违背善良风俗的民事法律行为。善良风俗，也称为社会公共道德，它是指由社会全体成员所普遍认许、遵循的道德准则。违背善良风俗的民事法律行为也属于无效民事法律行为。例如，双方离婚后约定禁止一方当事人生育，约定断绝亲子关系，夫妻在离婚时约定禁止任何一方在离婚后再婚等。再如，在雇佣合同中规定不准雇员外出，或规定离开商场、工作场地，需要搜身等，这些规定显然违反了公序良俗。此类行为主要包括：一是违反社会公德。公序良俗通常是指公共道德，但我们对《民法典》第153条第2款中的公序良俗不应当作出过于宽泛的解释，并非所有违背道德的民事法律行为都是无效的，只有违反社会公德较为严重时，才有必要否定其效力。二是违背家庭伦理。家庭伦理是构建和谐稳定家庭秩序的基础，也是社会公共秩序的重要根基。违背婚姻家庭伦理主要表现为违反婚姻伦理、违反家庭伦理、妨害婚姻自由以及违反有关收养关系的民事法律行为。三是有损人格尊严。我国《民法典》秉持以人民为中心的理念，在价值理念上不仅确立了保护弱势群体、维护个人人格尊严等人文关怀的理念，而且当人文关怀理念与私法自治价值发生冲突时，优先保护生命健康，优先维护人身自由、人格尊严。

鉴于公序良俗乃是不确定概念，赋予了法官过大的自由裁量权，为了避免该条款被滥用，在认定民事法律行为是否违背公序良俗时，应当考虑如下因素：一是社会主义核心价值观。二是当事人的主观动机和交易目的、政府部门的监管强度、一定期限内当事人从事类似交易的频次、行为的社会后

果等。三是当事人是否确因生活需要进行交易,如果民事法律行为并未给社会公共秩序造成重大影响,且不影响国家安全,也不违背善良风俗的,则不应当认定民事法律行为无效。

☞ 2024 考点4　效力未定民事法律行为的类型

1.限制民事行为能力人实施的行为。限制民事行为能力人从事的依法不能独立实施的民事法律行为,在性质上属于效力未定的民事法律行为。《民法典》第145条第1款规定,限制民事行为能力人"实施的其他民事法律行为经法定代理人同意或者追认后有效"。据此可见,《民法典》将此类行为规定为效力未定的民事法律行为,必须要经限制民事行为能力人的法定代理人同意或者追认后才能生效。

2.欠缺代理权的代理行为。无代理权人因无权代理而从事的民事法律行为,在效力上也属于效力未定的民事法律行为。《民法典》第171条第1款规定:"行为人没有代理权、超越代理权或者代理权终止后,仍然实施代理行为,未经被代理人追认的,对被代理人不发生效力。"因此,无权代理行为也是效力未定的民事法律行为。只有经过被代理人的追认,该民事行为才能对被代理人生效。当然,无权代理行为如构成表见代理,则代理行为有效。

3.职务代理人超越代理权限且相对人未尽到合理审查义务所成立的民事法律行为。在职务代理人越权代理的情形下,《最高人民法院关于适用〈中华人民共和国民法典〉合同编通则若干问题的解释》(以下简称《合同编通则解释》)第21条第1款规定:"法人、非法人组织的工作人员就超越其职权范围的事项以法人、非法人组织的名义订立合同,相对人主张该合同对法人、非法人组织发生效力并由其承担违约责任的,人民法院不予支持。"因此,职务代理人越权实施的民事法律行为对法人、非法人组织原则上不产生效力。但依据《合同编通则解释》第21条第1款规定,如果该行为构成表见代理,则应当对法人、非法人组织产生效力。在职务代理的情形下,法人或者非法人组织内部对执行一定职务的人员的职权范围限制,不得对抗善意第三人。而在判断善意的过程中,必须要求相对人对职务代理人是否超越其职权范围尽到合理审查义务,如果已经尽到合理审查义务,构成表见代理。如果相对人未尽到合理审查义务,则其不得否认合同的效力,此时,代理人所实施的民事法律行为即属于效力待定的行为,如果被代理人追认,则该民事法律行为有效,如果拒绝追认,则该民事法律行为无效。此外,由于职务代理人实施的越权代理行为可能给法人、非法人组织造成一定的损失,依据《合同编通则解释》第21条第4款规定,法人和非法人组织已经承担了民事责任后,其有权对有故意或者重大过失的职务代理人追偿。

4.法定代表人越权代表且相对人未尽合理审查义务所实施的民事法律行为。所谓越权代表,是指法定代表人超越代表权限实施的代表行为。在越权代表的情形下,如果相对人为善意,则依据《民法典》第504条规定,当事人之间的民事法律行为应当有效,而且应当由法人、非法人组织承担相应的法律效果。相对人善意的判断标准是相对人是否尽到合理审查义务。而在相对人未尽到合理审查义务的情形下,相对人构成恶意,该民事法律行为对被代表的法人不产生效力,相对人也无权对被代表的法人主张承担违约责任。当然,即便构成越权代表且相对人具有恶意,但如果被代表的法人愿意接受民事法律行为的拘束,按照私法自治原则,法律也不必干预,因此,法定代表人越权代表所实施的民事法律行为在性质上属于效力待定的民事法律行为,其效力取决于被代表的法人是否追认该民事法律行为。如果法人追认该民事法律行为,则该民事法律行为对法人发生效力,法人应当承担法定代表人行为的法律效果。如果拒绝追认,则民事法律行为对其不发生效力。

5.法定代表人、负责人或者代理人与相对人恶意串通行为。法定代表人、负责人或者代理人与相对人恶意串通行为，是指法人、非法人组织的法定代表人、负责人或者代理人在以法人、非法人组织的名义实施民事法律行为时，与相对人恶意串通，损害法人、非法人组织的权益。法定代表人、负责人或者代理人与相对人恶意串通行为与《民法典》第154条所规定的行为人恶意串通损害他人的民事法律行为不同，《民法典》第154条规定的是恶意串通损害他人的合法权益，而法定代表人、负责人或者代理人与相对人恶意串通行为损害的法人、非法人组织的利益。同时，《民法典》第154条规定的恶意串通是法律行为当事人的恶意串通，而法定代表人、负责人或者代理人与相对人恶意串通行为并非法人、非法人组织与相对人的恶意串通，而是法定代表人等与相对人恶意串通。关于法定代表人、负责人或者代理人与相对人恶意串通行为的效力，《合同编通则解释》第23条第1款规定："法定代表人、负责人或者代理人与相对人恶意串通，以法人、非法人组织的名义订立合同，损害法人、非法人组织的合法权益，法人、非法人组织主张不承担民事责任的，人民法院应予支持。法人、非法人组织请求法定代表人、负责人或者代理人与相对人对因此受到的损失承担连带赔偿责任的，人民法院应予支持。"从该规定来看，其实际上采纳了效力待定说，此种恶意串通行为的效力取决于法人、非法人组织是否追认，如果追认，则该行为有效；如果拒绝追认，则该行为对法人、非法人组织不产生效力。当然，依据《合同编通则解释》第23条第1款的规定，如果恶意串通行为给法人、非法人组织造成了损失，法人、非法人组织均有权请求法定代表人、负责人或者代理人与相对人承担连带责任。

☞ 2024 考点5 未生效的民事法律行为

1.未生效民事法律行为的概念。所谓未生效民事法律行为，是指法律规定了民事法律行为生效应当满足特别的批准要件，在这些要件未被满足时民事法律行为的状态。未生效民事法律行为的典型形态是依据法律、行政法规的规定应当办理批准才能生效，而当事人并未办理批准手续的合同。可见，未生效的民事法律行为是与法律法规明确规定的审批义务联系在一起的。《民法典》第502条第2款规定："依照法律、行政法规的规定，合同应当办理批准等手续的，依照其规定。未办理批准等手续影响合同生效的，不影响合同中履行报批等义务条款以及相关条款的效力。应当办理申请批准等手续的当事人未履行义务的，对方可以请求其承担违反该义务的责任。"该条对未生效合同的效力作出了规定。对于法律、行政法规规定应当办理批准等手续生效的，如果当事人没有办理批准手续，该民事法律行为虽然已经成立，但并不产生效力，在此情形下，民事法律行为的成立和生效是相互分离的。《合同编通则解释》第12条第3款规定："合同获得批准前，当事人一方起诉请求对方履行合同约定的主要义务，经释明后拒绝变更诉讼请求的，人民法院应当判决驳回其诉讼请求，但是不影响其另行提起诉讼。"依据该规定，在合同获得批准前，合同虽然已经成立，但整个合同尚未生效，所以一方当事人不得主张对方履行合同主要义务。对未生效的民事法律行为而言，民事法律行为未生效不影响报批义务条款的效力。《民法典》第502条第2款规定，未办理批准等手续影响合同生效的，不影响合同中履行报批等义务条款以及相关条款的效力。应当办理申请批准等手续的当事人未履行义务的，对方可以请求其承担违反该义务的责任。可见，报批义务条款具有独立性，《合同编通则解释》第12条第1款规定："合同依法成立后，负有报批义务的当事人不履行报批义务或者履行报批义务不符合合同的约定或者法律、行政法规的规定，对方请求其继续履行报批义务的，人民法院应予支持。"依据该规定，报批义务条款具有独立性，当事人违反报批义务条款，应当承担违约责任。

2.违反未生效民事法律行为的责任。违反未生效民事法律行为，应当区分为违反整个未生效民事法律行为与违反报批义务条款两种情形,二者存在一定的区别。《民法典》第502条第2款规定:“应当办理申请批准等手续的当事人未履行义务的,对方可以请求其承担违反该义务的责任。”该条对当事人违反报批义务的责任作出了规定,但对该责任的性质究竟是缔约过失还是违约责任,并未作明确规定。《合同编通则解释》第12条对此作出了规定。

(1)判决一方履行报批义务前的责任。《合同编通则解释》第12条第1款规定:“合同依法成立后,负有报批义务的当事人不履行报批义务或者履行报批义务不符合合同的约定或者法律、行政法规的规定,对方请求其继续履行报批义务的,人民法院应予支持;对方主张解除合同并请求其承担违反报批义务的赔偿责任的,人民法院应予支持。”依据该规定,当事人违反报批义务的,对方当事人有权依法主张违约责任,此种责任主要包括如下两种:其一是继续履行责任,即当事人可以请求负有报批义务的一方继续履行报批义务。其二是赔偿责任。负有报批义务的一方拒绝报批的,则可能产生赔偿对方所遭受的损失的责任,但由于合同未生效,此种责任性质上仍然是缔约过失责任。此外,依据《合同编通则解释》的上述规定,如果负有报批义务的当事人不履行报批义务或者履行报批义务不符合约定或者法律规定,则对方当事人有权解除合同并请求赔偿损失。

(2)判决一方履行报批义务后的责任。《合同编通则解释》第12条第2款规定:“人民法院判决当事人一方履行报批义务后,其仍不履行,对方主张解除合同并参照违反合同的违约责任请求其承担赔偿责任的,人民法院应予支持。”依据该规定,如果在法院判决当事人一方履行报批义务后,其仍不履行的,则对方当事人有权主张解除整个合同,并主张参照违约责任条款请求其承担赔偿责任。此处的解除是一种法定解除权,只要符合本条规定的条件,当事人即可主张解除合同。此处的赔偿责任在性质上应当是违约责任。

(3)不予批准应当承担迟延报批的责任。虽然当事人履行了报批义务,但由于不符合批准的条件等原因,导致合同未获批准的,将导致合同确定不生效。依据《合同编通则解释》第12条第4款的规定,在未能获得批准的情形下,负有报批义务的当事人已经办理申请批准等手续或者已经履行生效判决确定的报批义务,如果批准机关决定不予批准,则合同未生效并非可归责于该当事人的原因,负有报批义务的当事人不具有过错,因此,不应当承担损害赔偿责任。如果负有报批义务的当事人不办理或者迟延办理申请批准等手续导致合同未获批准,则合同未生效属于可归责于当事人的原因,负有报批义务的当事人对合同未获得报批具有过错的,其应当承担赔偿责任

☞ 2024 考点6 民事法律行为被确认无效、被撤销或确定不发生效力的后果

1.民事法律行为不成立、无效、被撤销或者确定不发生效力的具体法律后果。

(1)返还财产。返还财产,是指民事法律行为当事人在民事法律行为被确认无效或被撤销以后,对已交付给对方的财产享有返还请求权,而已经接受财产的当事人则有返还财产的义务。返还财产旨在使财产关系恢复到民事法律行为订立前的状况。所以,不论接受财产的一方是否具有过错,都应当负有返还财产的义务。根据《合同编通则解释》第24条第1款的规定,返还财产既包括标的物占有的返还,也包括不动产登记簿册的更正等。这就是说,对动产而言,返还财产指的是返还该动产的占有,而对不动产而言,返还财产除返还该不动产的占有外,还应当包括更正不动产登记簿,从而使当事人的利益状态恢复到订约前的状态。相互返还财产实际上在当事人之间成立了债的关系,双方互负债务,各自的给付构成对待给付。一方面,因为双方形成了对待给付的义务,应当适用同时履行原则。《合同编通则解释》第25条第2款规定:“双方互负返还义务,当事人主张同时履行的,人民法院应予支持;”据此,在双方互负返还义务的情形下,一方未作出履行自己的返还义务而

要求对方履行时,另一方有权提出抗辩。另一方面,如果符合法定抵销的规则,可以依法予以抵销。对此,《合同编通则解释》第25条第2款规定:“占有标的物的一方对标的物存在使用或者依法可以使用的情形,对方请求将其应支付的资金占用费与应收取的标的物使用费相互抵销的,人民法院应予支持,但是法律另有规定的除外。”

(2)**折价补偿**。所谓折价补偿,是指民事法律行为被宣告无效后,一方当事人基于民事法律行为而取得的对方的财产如果不能返还或者没有必要返还时,可以按照该财产的价值进行折算,以金钱的方式对对方当事人进行补偿的责任形式。《民法典》第157条中规定,“不能返还或者没有必要返还的,应当折价补偿”,这就确定了折价补偿的条件。依据该条规定,折价补偿主要适用于以下两种情形:一是财产不能返还。在财产不能返还或者没有必要返还时,可以按照该财产的价值进行折算,采取金钱补偿的方式使财产关系恢复原状。二是没有必要返还。所谓没有必要返还,是指返还财产在经济上不具有合理性。例如,返还标的物所需费用过高。在民事法律行为被宣告无效、被撤销或者确定不发生效力后,一方占有对方资金的情形下,除了返还资金外,还应当支付相应的资金占用费。对此,《合同编通则解释》第25条第1款规定:“合同不成立、无效、被撤销或者确定不发生效力,有权请求返还价款或者报酬的当事人一方请求对方支付资金占用费的,人民法院应当在当事人请求的范围内按照中国人民银行授权全国银行间同业拆借中心公布的一年期贷款市场报价利率(LPR)计算。但是,占用资金的当事人对于合同不成立、无效、被撤销或者确定不发生效力没有过错的,应当以中国人民银行公布的同期同类存款基准利率计算。”该条确认了当事人的资金占用费请求权,并区分了当事人对合同不成立、无效、被撤销或者确定不发生效力是否有过错,区分确定了相应的资金占用费计算标准。

(3)**赔偿损失**。民事法律行为被确认无效或被撤销以后,也将产生损害赔偿的责任。依据《合同编通则解释》第24条第2款的规定,合同不成立、无效、被撤销或者确定不发生效力,当事人还请求赔偿损失的,要综合考量如下因素:一是财产增值收益和贬值损失。当事人一方要主张损害赔偿,必须要证明损害的实际存在。因合同被确认无效或被撤销所造成的损失主要是当事人在实施合同过程中所遭受的损失。二是交易成本的支出,即当事人在缔约过程中所支出的相关成本。三是双方当事人的过错程度及原因力大小。四是诚信原则和公平原则。这就是说,赔偿损失的结果应当符合诚信原则和公平原则。

2.民事法律行为不成立、无效、被撤销或者确定不发生效力情形下的第三人责任。

关于民事法律行为无效、被撤销等情形下的第三人责任,《民法典》第157条并未作出明确规定,《合同编通则解释》第5条规定:“第三人实施欺诈、胁迫行为,使当事人在违背真实意思的情况下订立合同,受到损失的当事人请求第三人承担赔偿责任的,人民法院依法予以支持;当事人亦有违背诚信原则的行为的,人民法院应当根据各自的过错确定相应的责任。但是,法律、司法解释对当事人与第三人的民事责任另有规定的,依照其规定。”此外,依据上述规定,如果法律、司法解释对当事人与第三人的民事责任另有规定的,则依照其规定。该规则特别适用于会计师、审计师等专业机构造成他人损害的责任,此种责任在性质上主要是侵权损害赔偿责任,而不是合同无效、被撤销等情形下的责任,因此应当适用特别规定。

3.民事法律行为不成立、无效、被撤销或者确定不发生效力不影响争议解决条款的效力。

所谓解决争议方法的条款,是指将来一旦发生纠纷,应当通过何种方式来解决纠纷。《民法典》第507条规定:“合同不生效、无效、被撤销或者终止的,不影响合同中有关解决争议方法的条款的效力。”这就确立了合同中有关解决争议方法的条款的独立性规则。这些条款主要包括两种情形:一是合同中解决争议方法的条款,如仲裁条款等。二是合同的结算、清理条款。

解决争议方法的条款效力之所以具有独立性,主要是因为,一方面,尊重当事人的私法自治。因为当事人约定了有关解决争议方法的条款,就意味着当事人希望通过适用该条款来解决其发生的争议,应当尊重当事人的私法自治。另一方面,充分发挥解决争议方法的条款作为救济手段和解决纠纷的程序的作用。解决争议方法的条款的独立性原则可以防止当事人拖延纠纷解决程序,使纠纷得到及时、高效的解决。

☞ 2024 考点 7　格式条款

1.格式条款的概念。《民法典》第 496 条第 1 款规定,格式条款是当事人为了重复使用而预先拟定,并在订立合同时未与对方协商的条款。这一规定揭示了格式条款的以下特征:

(1)格式条款是一方为了重复使用而预先拟定的合同条款。格式条款必须是在订约以前就已经预先拟定,而并非在双方当事人的反复磋商中形成的。格式条款的提供方通常是固定提供某种商品或服务的公共事业部门、企业和有关社会团体(如邮政、交通运输企业),格式条款的拟定可以节约交易成本,提高交易效率。**依据《合同编通则解释》第 9 条第 2 款,"从事经营活动的当事人一方仅以未实际重复使用为由主张其预先拟定且未与对方协商的合同条款不是格式条款的,人民法院不予支持。"因此,一方面,如果相关的条款不是为了重复使用而拟定的,则其不属于格式条款。格式条款必须是在订约以前就已经预先制定出来,而不是在双方当事人反复协商的基础上制定出来的。另一方面,虽然还未开始使用,但如果当事人是为了重复使用而拟定的相关条款,则应当将其认定为格式条款。因此,"为了重复使用"仅仅是当事人拟定格式条款的目的,并非要求实际被重复使用。**

(2)格式条款多为定型化条款。格式条款是当事人一方为与不特定的人订约而拟定的,一般具有重复使用的功能,因而其内容具有定型化的特点。所谓定型化是指格式条款具有稳定性和不变性,其适用于一切与拟定者订立合同的不特定的相对人,并不因相对人的改变而改变。

(3)在订立合同时未与对方协商。附从性是格式条款最重要的特征。所谓"未与对方协商"不仅指"未协商",还意味着该条款"不容协商",即对方要么接受,要么拒绝,没有任何实质协商与修改的余地。如容许协商而对方放弃协商的权利,则该条款并非格式条款。

格式条款规则的适用具有强制性,依据《合同编通则解释》第 9 条第 1 款规定,在符合格式条款条件的情形下,当事人不得通过约定排除其格式条款的法律属性。因为法律关于格式条款的规定,旨在规制格式条款的使用,并强调格式条款制作人负有对异常条款提请注意、解释、说明等义务,并对处于弱势订约地位的一方当事人提供倾斜保护,该规定具有强制性,在符合格式条款的条件下,不允许当事人通过约定否定其格式条款的属性。

2.格式条款的订立规则。《民法典》第 496 条第 2 款前句规定,采用格式条款订立合同的,提供格式条款的一方应当遵循公平原则确定当事人之间的权利和义务,并采取合理的方式提示对方注意免除或者减轻其责任等与对方有重大利害关系的条款,按照对方的要求,对该条款予以说明。该条文规定了格式条款提供方的一般义务(格式条款的拟定应当遵循公平原则),并规定了提供方对格式条款中重大利害关系条款的"提示义务"和"说明义务"。所谓重大利害关系条款,包括但不限于免除或者减轻提供方责任的条款。《合同编通则解释》第 10 条第 1 款借鉴了比较法上的经验,将"与对方有重大利害关系的条款"限定为"异常条款"。所谓"异常条款"是指相对人不能合理预见到,且对当事人的权利、义务、责任等有重大影响的条款。此类条款的特点在于:第一,主观上当事人难以预见到该条款会在合同中出现。换言之,对这类条款,当事人的注意义务程度较低,其通常不会注意到此类条款的存在。第二,该条款客观上对当事人的权利义务具有重大影响。此类条款主要包括免除或者减轻责任条款以及仲裁条款、清算条款、选择鉴定单位的条款等。这些条款一旦没有提请注意,相对人盲目接受,可能会对其造成重大不利。

对异常条款,条款制定一方负有提示和说明义务。所谓提示,是指提请对方注意此类条款的存在,此为格式条款提供方必须主动履行的法定义务。所谓说明,是指对此类条款予以阐释,使对方明了其含义,此为格式条款提供方被动履行(按照对方要求)的法定义务。关于如何判定提供格式条款方是否"采取合理的方式"履行"提示义务"和"说明义务",《合同编通则解释》第10条作了如下规定:**(1)提供格式条款的一方在合同订立时采用通常足以引起对方注意的文字、符号、字体等明显标识,提示对方注意免除或者减轻其责任、排除或者限制对方权利等与对方有重大利害关系的异常条款的,人民法院可以认定其已经履行民法典第四百九十六条第二款规定的提示义务。(2)提供格式条款的一方按照对方的要求,就与对方有重大利害关系的异常条款的概念、内容及其法律后果以书面或者口头形式向对方作出通常能够理解的解释说明的,人民法院可以认定其已经履行民法典第四百九十六条第二款规定的说明义务。(3)提供格式条款的一方对其已经尽到提示义务或者说明义务承担举证责任。对于通过互联网等信息网络订立的电子合同,提供格式条款的一方仅以采取了设置勾选、弹窗等方式为由主张其已经履行提示义务或者说明义务的,人民法院不予支持,但是其举证符合前两款规定的除外。**

《民法典》第496条第2款后句规定,提供格式条款的一方未履行提示义务或者说明义务,致使对方没有注意或者理解与其有重大利害关系的条款的,对方可以主张该条款不成为合同的内容。该规定确立了格式条款中"重大利害关系条款"的订入规则,即以将"重大利害关系条款"排除于合同内容之外(不订入合同)作为格式条款提供方未履行提示义务或者说明义务的法律后果。这一后果并非因格式条款提供方未履行提示义务或者说明义务而当然发生,而只能基于相对方主张发生。相对方若主张此类条款不成为合同内容,须对条款提供方未履行提示义务或者说明义务(行为事实)、己方因此没有注意或者理解此类条款(后果及因果关系事实)负举证责任。

3.格式条款的无效及后果。根据《民法典》第497条的规定,有下列情形之一的,该格式条款无效:

(1)具有《民法典》第一编第六章第三节和《民法典》第506条规定的无效情形。《民法典》第153条规定,违反法律、行政法规的强制性规定的民事法律行为无效。但是,该强制性规定不导致该民事法律行为无效的除外。违背公序良俗的民事法律行为无效。当格式条款违反法律或行政法规的强制性规定,或违反公序良俗时,该格式条款无效。《民法典》第506条规定,合同中的下列免责条款无效:①造成对方人身损害的;②因故意或者重大过失造成对方财产损失的。市场交易中存在诸多风险,当事人可能预先通过免责条款对风险进行分配,格式条款中也包括格式的免责条款,对于该格式的免责条款应当适用此规则进行判断。

(2)提供格式条款一方不合理地免除或者减轻其责任、加重对方责任、限制对方主要权利。免除或减轻其责任,是指对自己本应承担的民事责任通过格式条款予以排除或减轻,如规定在合同履行过程中发生的一切后果均由对方负责(如劳务合同格式条款中的"工伤概不负责"条款)。加重对方责任,是指通过格式条款使对方承担过重的责任,如规定高额惩罚性赔偿。限制对方主要权利,是指通过格式条款使对方的主要权利受到减损或难以实现,如设置复杂的违约索赔程序。上述情形,均须满足"不合理"这一要件,对此应结合具体合同类型、参酌典型的双方当事人的利益作出判断,并优先适用特别法的相关规定,例如,根据《消费者权益保护法》第26条的规定,经营者提供的格式条款中的上述内容均属对消费者不公平、不合理的条款，应当认定为无效。

(3)**提供格式条款一方排除对方主要权利**。排除主要权利是指格式条款中含有排除对方当事人依据合同的性质和内容应当享有的主要权利，所对应的义务往往是主给付义务。何谓"对方主要权利"，应依合同性质与类型予以具体判定，例如，经营者在格式条款中规定，消费者对瑕疵的物只能请求修理或更换，不能请求解除合同或减少价金，也不能请求损害赔偿。

格式条款一旦被认定无效，则为自始无效。但需要注意以下几点：第一，格式条款的无效不一定导致合同的整体无效。无效格式条款仅是合同的部分内容，若其不影响合同整体的效力，则仅涉及格式条款的部分无效，该合同整体而言仍然应当有效。但若格式条款与其他条款不可分离，当格式条款被认定无效时，整个合同也应当被认定为无效。第二，格式条款无效可以补正。当格式条款存在无效事由时，当事人可以通过对格式条款进行修改，消除其无效的原因，使得无效的格式条款变为有效。

☞ 2024 考点 8　多份合同的效力认定

针对实践中当事人就同一交易订立数份合同的情形，《合同编通则解释》第 14 条就其效力认定作了如下规定：**(1)当事人之间就同一交易订立多份合同，人民法院应当认定其中以虚假意思表示订立的合同无效。当事人为规避法律、行政法规的强制性规定，以虚假意思表示隐藏真实意思表示的，人民法院应当依据《民法典》第 153 条第 1 款的规定认定被隐藏合同的效力；当事人为规避法律、行政法规关于合同应当办理批准等手续的规定，以虚假意思表示隐藏真实意思表示的，人民法院应当依据《民法典》第 502 条第 2 款的规定认定被隐藏合同的效力。(2)依据前款规定认定被隐藏合同无效或者确定不发生效力的，人民法院应当以被隐藏合同为事实基础，依据《民法典》第 157 条的规定确定当事人的民事责任。但是，法律另有规定的除外。(3)当事人就同一交易订立的多份合同均系真实意思表示，且不存在其他影响合同效力情形的，人民法院应当在查明各合同成立先后顺序和实际履行情况的基础上，认定合同内容是否发生变更。法律、行政法规禁止变更合同内容的，人民法院应当认定合同的相应变更无效。根据上述规定，对多份合同应区分"阴阳合同"与"前后合同"两种情形分别进行效力认定。**

☞ 2024 考点 9　无权处分与合同效力

关于无权处分是否影响合同效力，我国学界和司法实践中曾存在认识分歧，对此，《合同编通则解释》第 19 条作了规定：**(1)以转让或者设定财产权利为目的订立的合同，当事人或者真正权利人仅以让与人在订立合同时对标的物没有所有权或者处分权为由主张合同无效的，人民法院不予支持；因未取得真正权利人事后同意或者让与人事后未取得处分权导致合同不能履行，受让人主张解除合同并请求让与人承担违反合同的赔偿责任的，人民法院依法予以支持。(2)前款规定的合同被认定有效，且让与人已经将财产交付或者移转登记至受让人，真正权利人请求认定财产权利未发生变动或者请求返还财产的，人民法院应予支持。但是，受让人依据《民法典》第 311 条等规定善意取得财产权利的除外。**

☞ 2024 考点 10　印章与合同效力

关于合同书中印章的法律意义及其与合同效力的关系，《合同编通则解释》第 22 条在总结审判实践经验的基础上作了如下规定：**(1)法定代表人、负责人或者工作人员以法人、非法人组织的名义**

订立合同且未超越权限,法人、非法人组织仅以合同加盖的印章不是备案印章或者系伪造的印章为由主张该合同对其不发生效力的,人民法院不予支持。(2)合同系以法人、非法人组织的名义订立,但是仅有法定代表人、负责人或者工作人员签名或者按指印而未加盖法人、非法人组织的印章,相对人能够证明法定代表人、负责人或者工作人员在订立合同时未超越权限的,人民法院应当认定合同对法人、非法人组织发生效力。但是,当事人约定以加盖印章作为合同成立条件的除外。(3)合同仅加盖法人、非法人组织的印章而无人员签名或者按指印,相对人能够证明合同系法定代表人、负责人或者工作人员在其权限范围内订立的,人民法院应当认定该合同对法人、非法人组织发生效力。(4)在前三款规定的情形下,法定代表人、负责人或者工作人员在订立合同时虽然超越代表或者代理权限,但是依据民法典第五百零四条的规定构成表见代表,或者依据民法典第一百七十二条的规定构成表见代理的,人民法院应当认定合同对法人、非法人组织发生效力。上述规定,体现了"看人不看章"的基本立场。

☞ 2024 考点11 先履行抗辩权

1.先履行抗辩权的概念。先履行抗辩权也称顺序履行抗辩权,是指当事人互负债务,有先后履行顺序的,先履行一方履行之前,后履行一方得拒绝其履行请求,先履行一方履行债务不符合约定的,后履行一方得拒绝其相应的履行请求的权利。在传统民法上,通常只有同时履行抗辩权和不安抗辩权的理论与立法,先履行抗辩权为同时履行抗辩权所吸收。我国《民法典》沿袭原《合同法》,将先履行抗辩权从同时履行抗辩权中分离出来予以单独规定。先履行抗辩权发生于有先后履行顺序的双务合同中,这是它不同于同时履行抗辩权而与不安抗辩权的相同之处。

2.先履行抗辩权的成立要件。根据《民法典》第526条的规定,先履行抗辩权的成立须符合以下要件:

(1)双方当事人基于同一双务合同互负对待给付义务。此点与同时履行抗辩权的适用条件相同,一方面必须是由同一双务合同产生债务,另一方面双方的债务必须形成对待给付关系。

(2)双方债务(主给付义务)有先后履行顺序。履行的先后顺序可以由当事人约定;法律另有规定的,从其规定。在不存在约定或者法律规定时,可以按照交易习惯确定。若仍无法确定,则不适用先履行抗辩权。

(3)双方债务均已到期。在双方债务履行期限均未届至的情形下,双方均可以履行期限未至为由拒绝对方的履行请求,而与履行顺序无关;在先给付义务人履行期限届至而后给付义务人履行期限未届至的情形下,后给付义务人可以履行期限未至为由拒绝对方的履行请求,故无适用先履行抗辩权的必要;只有在双方债务履行期限均已届至、双方均有权请求对方履行债务的前提下,适用先履行抗辩权才有意义。

(4)先履行一方未履行债务或其履行不符合约定。此项要件与同时履行抗辩权相同。

(5)对方的债务可能履行。此项要件也与同时履行抗辩权相同。

3.先履行抗辩权的效力。先履行抗辩权属一时的抗辩权,其效力表现在:

(1)后给付义务人有权拒绝先给付义务人的履行请求。具体包括两种情况:①先给付义务人未履行债务的,后给付义务人有权拒绝履行全部债务;②先给付义务人履行债务不符合约定的,后给付义务人有权拒绝其相应的履行请求。后给付义务人行使先履行抗辩权拒绝履行的,不构成违约行为。

(2)先给付义务人履行债务后,后履行一方应恢复履行。在后给付义务人行使先履行抗辩权拒绝先给付义务人的履行请求后，若先给付义务人采取补救措施、变违约为适当履行，则先履行抗辩权的行使条件丧失，后给付义务人应履行其债务。

(3)先履行抗辩权的行使不影响后给付义务人向先给付义务人主张违约责任。一般而言，在后给付义务人行使先履行抗辩权情形下，先给付义务人均构成迟延履行、瑕疵给付等违约行为，后给付义务人一方面有权行使抗辩权以拒绝履行全部或部分债务，另一方面可要求先给付义务人承担违约责任。《合同编通则解释》第31条第3款规定："当事人一方起诉请求对方履行债务，被告依据民法典第五百二十六条的规定主张原告应先履行的抗辩且抗辩成立的，人民法院应当驳回原告的诉讼请求，但是不影响原告履行债务后另行提起诉讼。"这就通过规定先履行判决，为先履行抗辩权的实现程序提供了保障。先履行判决实际上是针对先履行抗辩权的一种确认，即在一方提出抗辩时，法院应当驳回对方当事人的诉讼请求。

☞ 2024 考点12 情势变更的法律效果

1.再交涉义务。根据《民法典》第533条的规定，情势变更发生后，受不利影响的当事人可以与对方重新协商；在合理期限内协商不成的，经双方协商一致可变更或解除合同。一方依法享有与对方重新协商即再交涉的权利，对方也就负有相应的义务。再交涉义务是诚实信用原则和鼓励交易原则的要求，义务人经对方要求拒不进行重新协商给对方造成损失的，应当承担赔偿责任。

2.合同变更或解除。情势变更发生后，双方在合理期限内协商不成的，受不利影响的一方当事人可请求人民法院或者仲裁机构变更或者解除合同。具体而言：(1)当事人依情势变更规则请求变更或解除合同的，必须通过诉讼或仲裁程序进行，即由人民法院或者仲裁机构作出裁判(也称司法变更或解除)，此点不同于一方享有解除权的合同解除；(2)仅受不利影响的一方当事人可向人民法院或者仲裁机构请求变更或者解除合同，对方当事人无权请求；(3)受不利影响的一方当事人可于重新协商不成后提出诉讼或仲裁请求，也可未经与对方重新协商径行提出诉讼或仲裁请求；(4)请求变更合同还是请求解除合同，由受不利影响的一方当事人选择。依据《合同编通则解释》第32条第2款，当事人请求变更合同的，人民法院不得解除合同；当事人一方请求变更合同，对方请求解除合同的，或者当事人一方请求解除合同，对方请求变更合同的，人民法院应当结合案件的实际情况，根据公平原则判决变更或者解除合同。这就是说，从鼓励交易出发，能够通过合同变更实现合同订约目的的，就尽量采取变更合同的方式。如果通过变更合同无法消除不公平结果，或情势变更导致请求方合同目的不能实现，则应支持当事人的解除合同请求(如旅游目的地停航)。

☞ 2024 考点13 债权人代位权的行使

根据《民法典》第535条的规定及相关司法解释，债权人代位权的行使须遵从以下规则。

1.债权人应以自己的名义行使代位权。多数人享有债权的，各债权人可独立行使代位权，也可共同行使代位权；如果其中一个债权人已就某项债权行使代位权而获得满足，则其他债权人不得再就该项债权行使代位权。

2.债权人代位权必须通过诉讼方式行使。在我国，债权人代位权必须借助国家司法机关的公力救济手段即通过诉讼方式行使，即"向人民法院请求"行使代位权。如此规定，旨在防止债权人滥用代位权，避免行使代位权的债权人与其他债权人、债务人以及次债务人之间因代位权的行使发生纠纷。债权人代位权诉讼中，债权人为原告，债务人的相对人为被告。依据《合同编通则解释》第37条，如果未将债务人列为第三人，人民法院应当追加债务人为第三人。两个以上债权人以债务人的同一相对人为被告提起代位权诉讼的，人民法院可以合并审理。债务人对相对人享有的债权不足以清偿其对两个以上债权人负担的债务的，人民法院应当按照债权人享有的债权比例确定相对人的履行份额，但是法律另有规定的除外。

依据《合同编通则解释》第35条，债权人对债务人的相对人提起代位权诉讼的，由被告住所地人民法院管辖，但是依法应当适用专属管辖规定的除外。债务人或者相对人以双方之间的债权债务关系订有管辖协议为由提出异议的，人民法院不予支持。依据《合同编通则解释》第38条、第39条，债权人向人民法院起诉债务人后，又向同一人民法院对债务人的相对人提起代位权诉讼，属于该人民法院管辖的，可以合并审理。不属于该人民法院管辖的，应当告知其向有管辖权的人民法院另行起诉；在起诉债务人的诉讼终结前，代位权诉讼应当中止。在代位权诉讼中，债务人对超过债权人代位请求数额的债权部分起诉相对人，属于同一人民法院管辖的，可以合并审理。不属于同一人民法院管辖的，应当告知其向有管辖权的人民法院另行起诉；在代位权诉讼终结前，债务人对相对人的诉讼应当中止。

3.债权人代位权的行使范围，以债权人的到期债权为限，并受次债务人对债务人所负债务数额限制。具体而言：**(1)如果债权人的债权为金钱债权，其行使代位权的范围以其债权数额为限，且不得超过次债务人对债务人所负债务数额；(2)如果债权人的债权为非金钱债权，其行使代位权的范围以其转化的金钱数额或者债务人不履行债务所生的违约损害赔偿金、违约金数额为限，且不得超过次债务人对债务人所负债务数额；(3)在必要范围内，债权人可以同时或顺位代位行使债务人的权利，对一项权利行使代位权已足以保全债权的，债权人不得代位行使债务人的其他权利。**

4.行使代位权应协调好与仲裁协议的关系。依据《合同编通则解释》第36条的规定，处理代位权行使与仲裁协议的关系，应遵循如下规则：(1)即使存在仲裁协议，债权人也可以通过诉讼程序行使代位权。按照上述司法解释规定，即便债务人与其相对人约定了仲裁条款，如果债权人行使代位权，在此情形下，人民法院也有权受理。(2)债务人的相对人在首次开庭前已申请仲裁的，可以依法中止代位权诉讼。按照《合同编通则解释》第36条的规定，如果债务人的相对人在一审法定辩论终结前申请仲裁，将导致代位权诉讼中止，这体现了对当事人私法自治的尊重。在债务人与其相对人约定仲裁协议的情形下，如果债务人的相对人已经提起仲裁，则应当尊重与保护当事人对纠纷解决方式的选择。同时，如果债务人的相对人已经提起仲裁，则表明债务人与其相对人之间的关系仍然处于不确定状态，此时，如果人民法院继续审理代位权诉讼，则可能使当事人之间的权利义务关系复杂化。

5.债权人行使代位权，应履行善良管理人的义务，因违反该项义务而给债务人造成损害的，应承担民事责任。债权人原则上不得处分债务人的权利(如免除债务、延缓履行期)，擅自处分的，其行为无效。但其处分的行为可以使债务人的责任财产得到保全的，不在此限，如将不易保存的货物予以变卖处理。

☞ 2024 考点14　债权人撤销权的成立要件

1.债权人对债务人享有债权且成立于债务人实施诈害行为前。

(1)债权人对债务人享有债权是债权人撤销权成立的前提条件。债权人的此项债权一般应是金钱债权或可转化为金钱债权的债权。劳务债权和不作为债权的债权人原则上不得主张债权人撤销权，但因债务人违约转化为损害赔偿请求权的，债权人可基于其损害赔偿请求权主张债权人撤销权。债权人对债务人的债权是否到期、具体数额是否确定，均不影响债权人撤销权的成立。对于有担保的债权,如系抵押等物的担保,即使债务人的诈害行为导致其责任财产减少,如果担保物的价值足以清偿债务,也不影响债权的实现,故债权人不得主张撤销权;如系保证担保,因其仅具有债权效力,故债权人对于债务人的诈害行为仍可行使撤销权;对连带责任保证人的诈害行为,也可成立债权人撤销权。附生效条件的债权在条件成就前,不宜承认债权人享有撤销权;附解除条件的债权在条件成就前,债权人可对债务人的诈害行为主张撤销权。附期限的债权,无论是始期还是终期,期限到来之前债权人均可对债务人的诈害行为行主张撤销权。

(2)债权人对债务人享有的债权必须成立于债务人实施诈害行为前。债权人撤销权的目的是防止债务人通过诈害行为使其责任财产不当减少,其责任财产状况应以合同成立时为对照标准,对于合同成立前债务人的财产处分行为,即使该行为导致其责任减少,债权人也无权干预,不得主张撤销权。

2.债务人实施了诈害行为。所谓诈害行为,即影响债权人的债权实现的处分行为。《民法典》第538条、第539条规定,对债务人的诈害行为应从行为和后果两个方面予以认定。

(1)债务人实施了财产处分行为。其一,以放弃其债权、放弃债权担保、无偿转让财产等方式处分财产利益。无论是放弃到期债权还是放弃未到期债权,均导致债务人责任财产减少。放弃债权担保是指放弃已生效的债权担保,包括放弃抵押权、质权、保证债权等,此类行为使作为债务人责任财产的债权效力减低从而增加了不能受偿的风险。无偿转让财产的行为,包括赠与、遗赠、无息借款等行为。其二,延长其到期债权的履行期限。该行为使次债务人不必现实履行债务,债务人可供执行的责任财产非正常减少。其三,以明显不合理的低价转让财产或者以明显不合理的高价受让他人财产或者为他人的债务提供担保。《合同编通则解释》第42条第1款规定:"对于民法典第五百三十九条规定的'明显不合理'的低价或者高价,人民法院应当按照交易当地一般经营者的判断,并参考交易时交易地的市场交易价或者物价部门指导价予以认定。"这就确定了明显不合理的低价或者高价的标准。因此,对于"明显不合理的低价",人民法院应当以交易当地一般经营者的判断,并参考交易当时交易地的物价部门指导价或者市场交易价,结合其他相关因素综合考虑予以认定。依据该解释第42条第2款、第3款,转让价格达不到交易时交易地的指导价或者市场交易价70%的,一般可以视为明显不合理的低价;对转让价格高于当地指导价或者市场交易价30%的,一般可以视为明显不合理的高价。但如果相对人之间存在亲属关系、关联关系的,则不受上述限制。其四,为他人债务提供担保。该行为使债务人的责任财产面临非正常减少的风险,对债权人的债权实现构成危害。其五,其他以明显不合理的价格处分财产的行为。《合同编通则解释》第43条规定:"债务人以明显不合理的价格,实施互易财产、以物抵债、出租或者承租财产、知识产权许可使用等行为,影响债权人的债权实现,债务人的相对人知道或者应当知道该情形,债权人请求撤销债务人的行为的,人民法院应当依据《民法典》第539条的规定予以支持。"依据该规定,此处处分财产的行为不限于买卖,也包括互易财产、以物抵债、出租或者承租财产、知识产权许可使用等行为。

(2)债务人的处分行为影响债权人债权的实现(有害于债权)。所谓影响债权人债权的实现,是指债务人的处分行为导致债务人责任财产减少,而使债权人的债权无法得到满足。对于是否影响债权人债权的实现,一般认为应采取"债务人无资力说",具体以"债务超过"为判断标准,即如果债务人的处分行为导致其不具有足够财产清偿对债权人所负债务,即可认定该行为影响债权人债权的实现。对于债务人清偿到期债务及获取正常对价的买卖、互易等行为,因其并未导致债务人责任财产的减少,故不能认定该行为有害于债权。即使债务人因实施了上述处分行为导致其责任财产减少,若其对债权人仍具有清偿能力,也不能认定该行为有害于债权。债权人于行为时虽有危害债权的故意，但事实上并未对债权造成危害的，也不发生撤销权。债务人是否陷入资力不足而不能履行或履行困难，致使自己债权的实现受到影响，应由主张撤销权的债权人负举证责任。

3.主观要件。主观要件，指债务人实施影响债权实现的处分行为时债务人和相对人的主观意识状态，分为善意与恶意。对此，《民法典》第538条、第539条区分不同情形作了规定：

(1)债务人无偿处分财产权益的，无论债务人、相对人是否存在恶意，均不影响债权人撤销权的成立。债务人为无偿行为而影响债权实现时，只需具备客观要件，债权人即可请求法院予以撤销。因为对无偿行为的撤销，仅使受益人丧失无偿取得的利益，并未损害其固有利益，因而法律侧重保护债权人的利益，无论双方善意还是恶意，均成立撤销权。

(2)债务人延长其到期债权的履行期限而影响债权实现的，仅在该行为出于债务人恶意时，债权人方可主张撤销权。延长到期债权履行期限对债权人而言并非无偿处分，于相对人也不是纯获利益，故法律要求只有债务人恶意为之，即债务人明知该行为影响他人债权的实现而故意为之，债权人才能请求撤销该行为。至于相对人是否须为善意，法律未作要求。

(3)债务人为有偿处分行为或为他人债务提供担保影响债权实现的，须相对人为恶意。对于债务人的有偿处分和对外担保行为，需兼顾债权人与相对人的利益，对善意相对人予以保护，故对于债务人以明显不合理的低价转让财产、以明显不合理的高价受让他人财产或者为他人的债务提供担保的，只有相对人知道或应当知道该情形，债权人才能请求撤销该行为。若相对人为善意，即不知道且不应当知道该情形(指上述处分行为减损债务人的履行能力从而影响他人债权的实现)，则债权人不得主张撤销权。至于相对人是否明知债务人具有危害债权的恶意，应在所不问。相对人的恶意，应由债权人承担举证责任。

☞ 2024 考点15　债权人撤销权的行使

依据《民法典》第538~541条的规定及相关司法解释，债权人撤销权的行使须遵从以下规则。

1.债权人撤销权由债权人以自己的名义通过诉讼方式行使。由于债权人撤销权关系到第三人的利益，因此，应由法院审查债权人撤销权的各项成立要件，以避免债权人撤销权的滥用。

2.在债权为连带债权的情况下，各债权人可作为共同原告主张债权人撤销权，也可以由其中的一个债权人作为原告主张债权人撤销权。但在后一种情况下，其他共同债权人不得再就该撤销权的行使提起诉讼。

3.债权人提起撤销权诉讼的，应当以债务人和债务人的相对人为共同被告，由债务人或者相对人的住所地人民法院管辖，但是依法应当适用专属管辖规定的除外。两个以上债权人就债务人的同一行为提起撤销权诉讼的，人民法院可以合并审理。

4.债权人撤销权的行使，在行使范围上应以债权人的债权(价额)为限，其请求撤销的数额原则上不应当大于其债权数额。在债务人实施了多个不当处分财产的行为时，债权人应当在其债权数额范围内行使撤销权。撤销的范围原则上应仅及于债权保全的范围，对债务人不当处分财产的行为超出债权保全必要的部分，不应发生撤销的效力。依据《合同编通则解释》第45条第1款的规定，如果标的可分，债权人应当在受影响的债权范围内行使撤销权，对债务人的行为请求撤销。一般的种类物、金钱为债权标的的，其标的通常是可分的，依据上述规定，在标的可分的情形下，债权人只能在债权保全的范围内行使撤销权，而不得在该范围之外行使撤销权。如果标的不可分，则债权人将无法在债权范围内行使撤销权，此时，债权人可以主张撤销债务人的全部处分行为。

5.债权人撤销权应自债权人知道或者应当知道撤销事由之日起1年内行使；自债务人的行为发

生之日起5年内没有行使撤销权的，该撤销权消灭。债权人撤销权的行使期间属于除斥期间，不适用诉讼时效的中止、中断和延长规则。

☞ 2024 考点16 债权人撤销权行使的效力

1.对债务人和相对人的效力。(1)被撤销行为自始无效。《民法典》第542条规定，债务人影响债权人的债权实现的行为被依法撤销后，自始不具有法律约束力。据此，债权人撤销权的行使具有溯及力，债务人的处分行为被依法撤销后，债务人尚未给付的，不得向相对人给付，相对人也不得请求给付；相对人已受领债务人财产的，负有返还的义务，原物不能返还的，应折价予以赔偿。相对人已向债务人支付对价的，对债务人享有不当得利返还请求权。债务人为他人提供担保行为被撤销后，债务人不再承担担保责任；债务人已承担担保责任的，担保权人应负返还义务。(2)债权人行使撤销权的必要费用，由债务人负担。依据《合同编通则解释》第45条第2款的规定，债权人行使撤销权所支付的合理的律师代理费、差旅费等费用，可以认定为民法典第五百四十条规定的"必要费用"。

为强化对行使撤销权的债权人的保护，《合同编通则解释》第46条在《民法典》第542条规定的行使撤销权效果的基础上，增加了撤销权行使的三重效果：一是债权人可请求恢复原状和履行到期债务。债权人可以在撤销权诉讼中请求相对人向债务人返还财产、折价补偿。相应地，相对人有返还财产的义务，因此，法院在撤销权诉讼中，应当依据债权人的请求，在依法宣告撤销之后，进一步明确相对人负有此种义务。二是债权人可向相对人申请强制执行以获得债权的清偿。依据《合同编通则解释》第46条第3款规定，债权人依据其与债务人的诉讼、撤销权诉讼产生的生效法律文书申请强制执行的，人民法院可以就债务人对相对人享有的权利采取强制执行措施以实现债权人的债权。这就采取了"撤销权+强制执行说"的做法，从而以债权人与债务人诉讼和撤销权诉讼中的给付内容的强制执行，为债权人获得清偿提供保障。三是债权人可在撤销权诉讼中申请保全。依据《合同编通则解释》第46条第3款规定，债权人可以在撤销权诉讼中申请保全相对人的财产，这就可以起到进一步保护撤销权人的作用，有效防止行使撤销权的债权人获得清偿的目的落空。

2.对债权人的效力。债权人提起撤销权诉讼的，对其债权发生诉讼时效中断的效力。撤销权诉讼对于债权人而言发生形成之诉的直接效果，即导致债务人与受益人之间的民事法律行为无效。关于债权人撤销权诉讼所产生的给付之诉的效果，即债权人能否直接受领相对人的给付(利益返还)以实现债权清偿，《民法典》未作规定。一般认为，对此原则上应适用"入库规则"，但为了限制债务人不当受领或者再作处分，可由行使撤销权的债权人代为受领，债权人虽不享有优先受偿权，但其相应债权可先行得到清偿。

☞ 2024 考点17 债务加入的效力

债务加入在效力方面与债务转移有诸多共同之处，如第三人取得债务人的法律地位、抗辩权的转移、抵销权援用的禁止、从权利的转移等。其特殊之处在于：**(1)债务加入生效后，原债务人仍承担债务，只是第三人加入债的关系，成为特定范围债务的连带债务人(加入全部或部分债务，依约定或第三人意愿确定)，故债权人在此债务范围内既可向原债务人请求履行，也可向承担人请求履行。(2)债务加入生效后，保证、抵押、质押担保对原债务人所负债务继续有效，对债务承担人所负债务不提供担保，即债权人不得因债务承担人的不履行主张担保债权或行使抵押权、质权，但当事人另有约定的除外；留置权则对原债务人和债务承担人均可主张。(3)债务加入生效后，原债务人与债务承担人成为所加入全部或部分债务的连带债务人，对于其中一人发生诉讼时效中断效力的事由，对**

另一人也发生效力。

债务加入人在履行债务后,对债务人应享有追偿权。债务加入人行使追偿权有两种情形:一是约定追偿权。《合同编通则解释》第51条规定:“第三人加入债务并与债务人约定了追偿权,其履行债务后主张向债务人追偿的,人民法院应予支持。”由于追偿权本质上是私权,按照私法自治原则,当事人有权对追偿权作出约定,即在债务加入发生时,如果当事人确实就追偿权以及追偿的时间、数额等作出了规定,则应当尊重当事人的约定。二是未约定追偿权。依据《合同编通则解释》第51条第1款的规定,如果当事人没有约定追偿权,第三人有权依照《民法典》关于不当得利等的规定,在其已经向债权人履行债务的范围内向债务人追偿。也就是说,债务加入人加入债务后,其向债权人作出清偿,债务人构成不当得利,据此,债务加入人有权向债务人追偿。

☞ 2024 考点18　赔偿损失的确定方式

赔偿损失的确定方式有两种:法定损害赔偿和约定损害赔偿。

1.法定损害赔偿。法定损害赔偿是指由法律规定的,由违约方对守约方因其违约行为而对守约方遭受的损失承担的赔偿责任。根据《民法典》的规定,法定损害赔偿应遵循以下规则:

(1)完全赔偿规则。所谓完全赔偿,是指违约方对于守约方因违约所遭受的全部损失应承担赔偿责任。《民法典》第584条规定,一方当事人不履行合同义务或者履行合同义务不符合约定,造成对方损失的,损失赔偿额应当相当于违约所造成的损失,包括合同履行后可以获得的利益。可见,违约损害赔偿的范围包括守约方的实际损失和可得利益损失。

实际损失也称积极损失,是指守约方现有财产的直接减少,主要表现为标的物灭失、为准备履行合同而支出的费用、停工损失、为减少违约损失而支出的费用、诉讼费用等。因违约而导致守约方对第三人承担违约或侵权责任的,守约方因此支付的违约金、赔偿金也可纳入实际损失范围。对于因对方违约而遭受的精神损害,守约方原则上不能请求违约损害赔偿,但因一方的违约行为损害对方人格权并造成严重精神损害的,受损害方除有权请求违约方承担违约责任外,还可基于人格权受侵害一并请求精神损害赔偿(《民法典》第996条)。

可得利益损失也称消极损失,是指在合同适当履行后可以实现和取得的财产利益的损失。可得利益具有如下特征:第一,可得利益是一种未来利益。在违约责任发生时,其并没有为当事人所实际享有,而必须通过合同的实际履行才能得到实现,包括生产利润、经营利润、转售利润等。可得利益是未来的不完全确定的利益,如果未来的利益是完全可以确定的,则应当视为实际损失。第二,可得利益必须具有一定的确定性。尽管可得利益并非实际享有的利益,但可得利益具有一定的现实性,也就是说可得利益具备一定的实现条件。第三,可得利益必须具有可预见性。合同法并不对任何损失都提供补救,而只是从合同的性质出发,对非违约方在订约时可以合理预见的损失提供救济。

如何计算可得利益损失,是司法实践中遇到的难题。《合同编通则解释》第60条引入了以替代交易规则确定可得利益损失的规则。所谓替代交易规则是指在特定的条件下,因为一方违约,另一方可以通过与他人订立另一个合同以取代原合同,并可以请求违约方赔偿原合同与替代交易的价格差。替代交易包括替代性购买与替代性销售。例如,在买卖合同中,当出卖人违反约定不交付货物时,买受人可以购买替代货物;当买受人违反约定不支付货款或拒绝接收货物时,出卖人可以另行寻找买受人出售货物。依据《合同编通则解释》第60条第2款、第3款规定,在非违约方从事替代交易时,应当以市场价格判断替代交易合理性的标准。如果替代交易“明显偏离替代交易发生时当地的市场价格”,将排除替代交易规则的适用。同时,如果非违约方不进行替代交易,就可以按照其知道或者应当知道违约行为发生后合理期间内合同履行地的市场价格与合同价格的差额,确定合同履行后可以获得的利益。这一规定赋予非违约方享有在替代交易规则和市场价格法则之间进行选择的权利:如果非违约方选择进行替代交易,就可以适用《合同编通则解释》第60条第2款计算可得利益;如果非违约方选择不进行替代交易,就适用《合同编通则解释》第60条第3款的市场价格法则计算可得利益。需要明确的是,非违约方在替代交易规则和市场价格法则之间的选择权不是任意选择权。《合同编通则解释》第60条第3款明确将"未实施替代交易"作为市场价格法则的前提。如果非违约方实际进行了替代交易,就不能再主张市场价格法则。

针对以持续履行的债务为内容的定期合同中的可得利益计算,《合同编通则解释》第61条第1款对于以持续履行的债务为内容的定期合同确定了如下规则:一是综合考量各种法定因素以确定非违约方寻找替代交易的合理期限。二是应当扣除非违约方所节省的履约成本。三是不得主张按照合同解除后的剩余期限确定其可得利益损失的数额。例如,在房屋租赁合同中,双方订立5年房屋租赁合同,承租人租用两年后,因为工作跳动需要解约,出租人不得以剩余3年期间所获得的租金作为可得利益的损失。

依据《合同编通则解释》第62条,非违约方在合同履行后可以获得的利益难以根据本解释第六十条、第六十一条的规定予以确定的,人民法院可以综合考虑违约方因违约获得的利益、违约方的过错程度、其他违约情节等因素,遵循公平原则和诚信原则确定。

(2)合理预见规则。合理预见规则也称可预见性规则,是指违约损害赔偿的范围不得超过违约方在订立合同时预见到或者应当预见到的因违约可能造成的损失。对此,《民法典》第584条作了规定。合理预见规则是限制法定违约损害赔偿范围的一项重要规则,其理论基础是意思自治原则和公平原则。其特点在于:①合理预见规则是限制包括实际财产损失和可得利益损失的损失赔偿总额的规则,不仅用以限制可得利益损失的赔偿,但不适用于约定损害赔偿。②预见主体是违约方,而不是守约方。③合理预见的内容。依据《合同编通则解释》第63条第1款的规定,在确定合理预见的内容时,应当根据当事人订立合同的目的,综合考虑合同主体、合同内容、交易类型、交易习惯、磋商过程等因素,按照与违约方处于相同或者类似情况的民事主体在订立合同时预见到或者应当预见到的损失予以确定。这就是说,在判断违约方的对损失的预见范围时,应当按照一般人的标准予以判断。依据《合同编通则解释》第63条第2款的规定,除合同履行后可以获得的利益外,非违约方主张还有其向第三人承担违约责任应当支出的额外费用等其他因违约所造成的损失,并请求违约方赔偿,经审理认为该损失系违约一方订立合同时预见到或者应当预见到的,人民法院应予支持。④合理预见规则的适用效果,是违约方对其未能预见且不应当预见的违约损害不承担赔偿责任。

(3)过失相抵规则。过失相抵规则也称与有过失规则,是指当合同一方违约造成另一方损失,另一方对损失的发生也存在过错情形下的违约损害赔偿规则。《民法典》第592条第2款规定,当事人一方违约造成对方损失,对方对损失的发生有过错的,可以减少相应的损失赔偿额。这一规定的适用条件为:①守约方遭受损失。与有过失规则是一项损失分担规则,仅适用于违约损害赔偿责任,如一方违约并未造成守约方实际损失,则不适用这一规则。②守约方对损失的发生存在过错。所谓对损失的发生存在过错,是指违约行为导致了损失的发生,但守约方的过错也是导致损失发生的原因(如建设工程逾期竣工交付既有承包方怠工的原因,也有发包方未能及时提供施工条件的原因)。在上述条件下,违约方的赔偿责任固然不应被免除,但守约方也应承担与其过错原因力相当的损失,即可以请求减少相应的损失赔偿额。

(4)损益相抵规则。损益相抵规则也称损益同销规则,是指守约方基于导致违约损失的同一原因而获得利益时，应将所得利益从违约损害赔偿额中予以扣除，即所受损失与所获利益相互冲抵的规则。对此，《民法典》合同编未作一般规定，但相关司法解释规定，买卖合同当事人一方因对方违约而获有利益，违约方主张从损失赔偿额中扣除该部分利益的，人民法院应予支持。损益相抵规则的适用条件为：①守约方受有利益，包括积极利益（财产的实际增加）和消极利益（本应减少的财产未减少）；②守约方所受利益与所受损失系基于同一原因即违约行为而发生。**因适用损益相抵规则而扣除的利益，主要包括标的物的残存价值、财产保险金、因违约而节省的费用、税金等，但守约方的法定利益及应客观标准计算损失（如借款利息）的除外。**

（5）**减轻损失规则**。所谓减轻损失规则，是指当事人一方违约后，对方应当采取适当的措施防止损失的扩大，否则不得就扩大的损失要求赔偿的违约损害赔偿限制规则。《民法典》第591条第1款规定，当事人一方违约后，对方应当采取适当措施防止损失的扩大；没有采取适当措施致使损失扩大的，不得就扩大的损失请求赔偿。这一规则的适用条件是：①损失系由一方的违约行为所导致，守约方对损失的发生没有过错，即守约方不存在于有过失。②守约方不履行减损义务。根据法律规定，因对方违约行为遭受损失的守约方负有减损义务，采取适当的措施防止损失的扩大的义务（属于不真正义务），若能够履行而未履行这一法定义务，应承担不利后果。至于守约方所采取的减损措施是否适当，应结合合同的性质、损害的性质、守约方的能力等因素予以判断。如在保险合同中，发生火灾保险事故后被保险人应采取切断电源、隔断过火路线、组织灭火等措施防止损失扩大。③因守约方未采取适当减损措施造成损失扩大。如果守约方能够采取适当措施防止损失扩大而未采取，并因此导致损失扩大，表明守约方对扩大的损失存在过错，故不得对该扩大的损失请求违约方赔偿。

2.约定损害赔偿。约定损害赔偿，是指当事人在订立合同时，预先约定一方违约时应当向对方支付一定数额的赔偿金，或者约定损害赔偿额的计算方法。约定损害赔偿具有以下特点：（1）预定性。约定损害赔偿是当事人在订立合同时或损害发生前约定的，属于合同内容的一部分，不同于违约发生后当事人就损失赔偿达成的协议。（2）意定性。约定损害赔偿体现了当事人的意思自治，既可以约定一方违约时应当向对方支付一定数额的赔偿金，也可以约定违约损害赔偿额的计算方法。约定损害赔偿相对于法定损害赔偿而言具有优先适用的效力，即除非相关约定存在无效事由或依法被撤销，就应以该约定作为确定违约损害赔偿数额的依据。

☞ 2024 考点19　违约金的调整

违约金作为对损害赔偿额的预先约定，既可能高于违约造成的损失，也可能低于违约造成的损失，畸高和畸低均会导致不公平结果。为此，各国法律规定法院对违约金具有变更权。《民法典》第585条第2款规定，约定的违约金低于造成的损失的，人民法院或者仲裁机构可以根据当事人的请求予以增加；约定的违约金过分高于造成的损失的，人民法院或者仲裁机构可以根据当事人的请求予以适当减少。该规定确立了违约金调整（司法酌增或司法酌减）规则，对此可从以下几个方面予以理解。

1.违约金的调整以约定违约金低于造成的损失或过分高于造成的损失为条件。第一，违约金调整规则仅适用于约定违约金，不适用于法定违约金。第二，违约金调整规则主要适用于补偿性违约金，对于惩罚性违约金不宜简单适用。第三，约定违约金的数额低于或过分高于因违约造成守约方的实际损失。对于违约金低于实际损失的情形，法律未作幅度要求，故原则上只要实际损失超出违约金数额，即可适用调整规则。对于违约金高于实际损失的情形，法律确立了“过分高于”的幅度要求。所谓过分高于是指违约金数额较大幅度地超过了实际损失金额,造成当事人利益失衡。根据相关司法解释,当事人约定的违约金超过造成损失30%的,一般可以认定为“过分高于造成的损失”。

2.违约金的调整必须依据当事人的请求,不能由法院直接依据职权进行。《民法典》第585条第2款依据私法自治与自愿原则,明确规定了违约金的调整应当由当事人提出,而不能由法院依据职权主动进行,从而尊重了当事人的自愿选择。当然,依据《民法典》第585条第2款的规定,对于违约金的调整,是由人民法院或仲裁机构依据当事人的请求而进行的。这也就意味着,当事人只是具有请求人民法院或仲裁机构调整的权利,而具体应当如何调整,则属于法院或仲裁机构的职权。当事人请求对违约金数额进行调整,只需要证明违约金数额低于或过分高于违约造成的损失,而不必证明违约金条款存在显失公平情形。关于当事人请求调整违约金的方式,依据《合同编通则解释》第64条第1款规定,“当事人一方通过反诉或者抗辩的方式,请求调整违约金的,人民法院依法予以支持”。据此,当事人除通过直接向法院提出调整违约金的请求外,还可以通过反诉或者抗辩的方式提出请求。

3.违约金的调整方法是根据损失情况“予以增加”或“予以适当减少”。依据《民法典》第585条第2款的规定,违约金高低的判断标准是当事人的损失。依据《合同编通则解释》第65条第1款,“当事人主张约定的违约金过分高于违约造成的损失,请求予以适当减少的,人民法院应当以民法典第五百八十四条规定的损失为基础。”从《民法典》第584条的规定来看,违约损害赔偿数额包括实际损失与可得利益损失。据此,损失应当包括实际损失与可得利益损失。违约金低于损失的,予以增加。增加后的违约金数额以不超过损失额为限,增加违约金以后,当事人不得另行请求对方赔偿损失。而违约金过分高于损失的,予以适当减少。所谓适当减少,是指以损失为基础,兼顾合同的履行情况、当事人的过错程度以及预期利益、当事人缔约地位强弱、是否属于格式条款等综合因素,根据公平原则和诚实信用原则予以衡量,并作出适当降低违约金数额(但不低于损失金额)的裁决。

4.恶意违约的一方不得请求调整。《合同编通则解释》第65条第3款将恶意违约排除于违约金调减的范围之外,但该条并未界定恶意违约的内涵。所谓恶意违约,是指公然毁约或者不与对方协商即不履行合同义务的行为。违约方不仅具有违约的故意,而且主观上完全不考虑违约给非违约方所造成的损失。恶意违约的一方不得请求调整,体现了对于恶意违约行为的制裁,有利于鼓励当事人严守合同,维护诚信。不过,恶意违约行为应当局限于主给付义务的不履行或不当履行,对于从给付义务和附随义务的违反而言,不应当认为其构成恶意违约行为。

5.关于举证责任分配。违约方在主张违约金过分高于违约造成的损失时,其应当对此承担举证责任。根据“谁主张,谁举证”的基本原则,也应当由主张酌减违约金的违约方承担证明责任。根据《合同编通则解释》第64条第2款第2句的规定,非违约方主张违约金合理的,应当提供相应的证据。毕竟非违约方也提出了违约金合理的主张,也应当为此举证。

6.法院的释明。依据《合同编通则解释》第66条第1款的规定,当事人一方请求对方支付违约金,对方以合同不成立、无效、被撤销、确定不发生效力、不构成违约或者非违约方不存在损失等为由抗辩,未主张调整过高的违约金的,人民法院应当就若不支持该抗辩,当事人是否请求调整违约金进行释明。第一审人民法院认为抗辩成立且未予释明,第二审人民法院认为应当判决支付违约金的,可以直接释明,并根据当事人的请求,在当事人就是否应当调整违约金充分举证、质证、辩论后,依法判决适当减少违约金。

☞ 2024 考点20 定金责任

1.定金责任的概念和适用条件。定金责任,是指在合同设定违约定金担保的情形下,违约方根据定金罚则所承担的责任。根据《民法典》第586条第1款的规定，当事人可以约定一方向对方给付定金作为债权的担保。债务人履行债务的，定金应当抵作价款或者收回。给付定金的一方不履行约定的债务的，无权要求返还定金；收受定金的一方不履行约定的债务的，应当双倍返还定金。据此，在当事人约定了定金担保的情况下，如一方违约，定金处罚即成为一种违约责任形式。

定金不同于留置金、担保金、保证金、订约金、押金或者订金等，后者都具有担保性质或者属于预付款，容易与定金相混淆。依据《合同编通则解释》第67条第1款的规定，如果当事人在形式上约定的是留置金、担保金、保证金、订约金、押金或者订金等，而没有明确约定定金性质，则不宜将其认定为定金，无法适用定金规则。因为虽然留置金、担保金、保证金、订约金、押金或者订金等与定金相似，但它们在性质、功能、效力等方面存在区别。当然，按照合同自由原则，即便当事人在形式上约定的是留置金、担保金、保证金、订约金、押金或者订金等，但如果当事人明确约定其属于定金性质，则应当认定其属于违约定金，应当依法适用违约定金规则。

2.违约定金责任的适用条件。定金责任的适用条件为：(1)主要适用于违约定金。定金有订约定金、成约定金、解约定金和违约定金等类型，一般而言只有违约定金适用定金罚则才是承担违约责任的形式，其他类型定金或为合同成立的条件(成约定金)，或为合同解除的代价(解约定金)，但订约定金也具有违约责任的功能。(2)定金合同已生效。定金合同以定金交付为生效条件，定金未交付则不能主张定金责任；实际交付的定金多于或者少于约定数额的，视为变更定金合同；收受定金一方提出异议并拒绝接受定金的，定金合同不生效。(3)发生根本违约行为。为了防止定金罚则被不当适用，《民法典》第587条将定金罚则适用于违约“致使不能实现合同目的”的情形，即定金罚则仅适用于一方根本违约的情形。《合同编通则解释》第68条也贯彻这一精神。因此，只有在一方完全不履行合同或者不完全履行合同的行为构成根本违约，使非违约一方基于合同所产生的期待利益丧失，订立合同的目的不能达到时，才能适用定金罚则。

依据《合同编通则解释》第68条第2款的规定，在部分履行的情形下，也可以依法适用定金罚则，即当事人一方已经部分履行合同，对方接受的，则其可以主张按照未履行部分所占比例适用定金罚则。在此情形下，除部分履行致使对方当事人合同目的不能实现的情形外，对方当事人不得主张按照合同整体适用定金罚则。

3.定金责任与违约金责任。在合同既有违约金条款又设有定金担保的情形下，一方违约时如何处理违约金与定金的关系，《民法典》第588条确立了以下规则：

(1)当事人既约定违约金，又约定定金的，一方违约时，对方可以选择适用违约金或者定金条款。据此，定金与违约金原则上不能并用。

(2)约定的定金不足以弥补一方违约造成的损失的，对方可以请求赔偿超过定金部分的损失。对此应理解为，适用定金罚则(如违约方双倍返还定金)后，守约方损失仍未得到充分填补的，可就超出的数额部分向违约方请求赔偿。

☞ 2024 考点21　禁止借婚姻索取财物

借婚姻索取财物，是指除买卖婚姻以外的其他借婚姻索取财物的行为。应当区分借婚姻索取财物和男女婚前出于自愿的赠与。借婚姻索取财物和买卖婚姻的共同点在于，它们都以索取财物为结婚的前提条件。这里的前提条件不是决定民事法律行为效力的生效条件。借婚姻索取财物和买卖婚姻的不同之处在于以下三点：(1)索取财物的主体不同。在借婚姻索取财物中，索取财物的主体通常是婚姻当事人一方；在买卖婚姻中，索取财物的主体通常是第三人。(2)婚姻自主决定的不同。

借婚姻索取财物，男女双方通常是自愿结婚，不存在强迫包办的情形，索取财物的婚姻当事人一方，实际上是滥用婚姻自主权；买卖婚姻则违背了婚姻当事人的意愿，存在强迫包办的情形，违反了婚姻自由原则。(3)法律后果不同。借婚姻索取财物，虽然给付方给付财物是违心的和被迫的，但是给付方对于结婚是自愿的，因此婚姻的效力不受索取财物的影响；买卖婚姻通常因胁迫而缔结，受胁迫的一方可以向人民法院请求撤销婚姻。

借婚姻索取财物也不同于婚前一方给付彩礼的行为。按民间婚俗，缔结婚姻关系的男女在婚前通常会有一些财物往来，即男方为缔结婚姻在婚前向女方给付一定的金钱、财物作为彩礼。一般来说，借婚姻索取财物的，财物价值明显高出当地婚前给付彩礼的一般水平。借婚姻索取财物是违法行为，但彩礼并不具有违法性。对于给付彩礼的行为，我国《民法典》并未禁止。根据司法解释的规定，人民法院在审理涉彩礼纠纷案件中，可以根据一方给付财物的目的，综合考虑双方当地习俗、给付的时间和方式、财物价值、给付人及接收人等事实，认定彩礼范围。原则上，这些情形给付的财物不属于彩礼：(1)一方在节日、生日等有特殊纪念意义时点给付的价值不大的礼物、礼金；(2)一方为表达或者增进感情的日常消费性支出；(3)其他价值不大的财物。

一方当事人请求返还按照习俗给付的彩礼的，如果查明属于以下情形，人民法院应当予以支持：(1)双方未办理结婚登记手续；(2)双方办理结婚登记手续但确未共同生活；(3)婚前给付并导致给付人生活困难。在上述第2项和第3项的情形下，彩礼的返还应当以夫妻双方离婚为条件。“双方未办理结婚登记手续”，是指未婚男女双方既未办理结婚登记手续也没有共同生活的情形。如果双方办理结婚登记手续但确未共同生活，彩礼返还的具体数额，根据双方结婚时间长短、彩礼数额、未共同生活的原因、财产使用情况、双方经济状况、当地风俗习惯等因素确定。婚前给付并导致给付人生活困难的，请求返还彩礼的一方必须陷入生活绝对困难，即彩礼返还以因彩礼的给付导致给付人无法维持当地最基本生活水平为前提。此外，如果双方未办理结婚登记但已共同生活，一方请求返还按照习俗给付的彩礼的，人民法院应当根据彩礼实际使用及嫁妆情况，综合考虑共同生活及孕育情况、双方过错等事实，结合当地习俗，确定是否返还以及返还的具体比例。最后，如果双方已办理结婚登记且共同生活，离婚时一方请求返还按照习俗给付的彩礼的，人民法院一般不予支持。但是，如果共同生活时间较短且彩礼数额过高的，人民法院可以根据彩礼实际使用及嫁妆情况，综合考虑彩礼数额、共同生活及孕育情况、双方过错等事实，结合当地习俗，确定是否返还以及返还的具体比例。彩礼数额是否过高，应当综合考虑彩礼给付方所在地居民人均可支配收入、给付方家庭经济情况以及当地习俗等因素。

☞ 2024 考点 22　侵权之债的抵销

对于行为人因侵权行为而产生的债务，多数国家立法例限制或禁止其抵销，理由是受害人的损失应得到及时填补。如果对侵权之债不加限制地允许抵销，还可能放任债权人任意侵犯债务人的人身权益和财产权利，违背公序良俗。《合同编通则解释》第57条规定，因侵害自然人人身权益，或者故意、重大过失侵害他人财产权益产生的损害赔偿债务，侵权人主张抵销的，人民法院不予支持。该条实际上是《民法典》第568条第1款但书规定的细化。按照人身权益损害和财产权益损害的分类思路，侵权之债的抵销被分为以下情形。

1.侵害自然人人身权益所产生的债务，一律不允许侵权人主张抵销。这里的人身权益，包括生命权、健康权等物质性人格权，以及名誉权、隐私权等非物质性人格权。为贯彻《民法典》以人为本的立法理念和充分保护自然人人格权的要求，对侵害自然人人身权益所产生的侵权之债的抵销，应被严格限制。具体而言，侵权人实施侵权行为给被侵权人人身权益造成损害的，根据《民法典》第1179条的规定，应当赔偿医疗费、护理费、交通费、营养费、住院伙食补助费等为治疗和康复支出的合理费用，以及因误工减少的收入。造成残疾的，还应当赔偿辅助器具费和残疾赔偿金；造成死亡的，还应当赔偿丧葬费和死亡赔偿金。另外，根据《民法典》第1183条第1款的规定，自然人因人身权益被侵害受到严重精神损害的，还可以请求精神损害赔偿。上述损害赔偿性质上属于金钱债务，若被侵权人对侵权人负有其他金钱债务，可能在形式上符合《民法典》第568条法定抵销的相关规定。但根据《合同编通则解释》第57条的规定侵权人不得主张抵销。此外，无论侵权人实施侵权行为时系故意还是过失，均不得主张侵权之债的抵销。这体现了法律和司法解释对生命权、健康权等人身权益的优先保护，意在使被侵权人受到的损害能够被迅速填补。

2.故意或者重大过失情形下，侵权人不得就侵害财产权益产生的侵权之债主张抵销。首先，被侵害的财产权益包括法律规定的财产权利如物权、知识产权等，还包括数据、网络虚拟财产等财产性利益。侵权财产权益所产生的赔偿债务本质上是侵权债务，若被侵权人也对侵权人负有金钱之债，也有可能可以抵销。其次，在侵害财产权益中，侵权人不得主张抵销的情形限于故意或重大过失，限制范围与《民法典》第506条关于因故意或者重大过失造成对方财产损失的免责条款无效的规定一致。与侵害人身权益中侵权人一律不得主张抵销相比，对侵害财产权益之债的抵销作出适当限制，旨在防止侵权人滥用债务抵销制度逃避侵权责任，避免债权人为泄愤而故意毁坏债务人的财物，并在之后主张债务抵销。在侵权人因一般过失造成财产权益损害的情形下，允许抵销适度扩大了民事主体意思自治的范围，有效平衡了个人行为自由与被侵权人权益保护，合理分配风险社会所发生的各种损害。

3.被侵权人可以主张抵销。值得注意的是，尽管侵权人不能主张抵销，但法律和司法解释并不禁止被侵权人主张抵销。这实质上赋予了被侵权人抵销权，使其可根据实际情况作出最符合自身利益的选择。

【大纲新增法条】

最高人民法院关于适用《中华人民共和国民法典》合同编通则若干问题的解释

（2023年5月23日最高人民法院审判委员会第1889次会议通过，自2023年12月5日起施行） 法释〔2023〕13号

为正确审理合同纠纷案件以及非因合同产生的债权债务关系纠纷案件，依法保护当事人的合法权益，根据《中华人民共和国民法典》、《中华人民共和国民事诉讼法》等相关法律规定，结合审判实践，制定本解释。

一、一般规定

第一条 人民法院依据民法典第一百四十二条第一款、第四百六十六条第一款的规定解释合同

条款时，应当以词句的通常含义为基础，结合相关条款、合同的性质和目的、习惯以及诚信原则，参考缔约背景、磋商过程、履行行为等因素确定争议条款的含义。

有证据证明当事人之间对合同条款有不同于词句的通常含义的其他共同理解，一方主张按照词句的通常含义理解合同条款的，人民法院不予支持。

对合同条款有两种以上解释，可能影响该条款效力的，人民法院应当选择有利于该条款有效的解释；属于无偿合同的，应当选择对债务人负担较轻的解释。

第二条　下列情形，不违反法律、行政法规的强制性规定且不违背公序良俗的，人民法院可以认定为民法典所称的“交易习惯”：

（一）当事人之间在交易活动中的惯常做法；

（二）在交易行为当地或者某一领域、某一行业通常采用并为交易对方订立合同时所知道或者应当知道的做法。

对于交易习惯，由提出主张的当事人一方承担举证责任。

二、合同的订立

第三条　当事人对合同是否成立存在争议，人民法院能够确定当事人姓名或者名称、标的和数量的，一般应当认定合同成立。但是，法律另有规定或者当事人另有约定的除外。

根据前款规定能够认定合同已经成立的，对合同欠缺的内容，人民法院应当依据民法典第五百一十条、第五百一十一条等规定予以确定。

当事人主张合同无效或者请求撤销、解除合同等，人民法院认为合同不成立的，应当依据《最高人民法院关于民事诉讼证据的若干规定》第五十三条的规定将合同是否成立作为焦点问题进行审理，并可以根据案件的具体情况重新指定举证期限。

第四条　采取招标方式订立合同，当事人请求确认合同自中标通知书到达中标人时成立的，人民法院应予支持。合同成立后，当事人拒绝签订书面合同的，人民法院应当依据招标文件、投标文件和中标通知书等确定合同内容。

采取现场拍卖、网络拍卖等公开竞价方式订立合同，当事人请求确认合同自拍卖师落槌、电子交易系统确认成交时成立的，人民法院应予支持。合同成立后，当事人拒绝签订成交确认书的，人民法院应当依据拍卖公告、竞买人的报价等确定合同内容。

产权交易所等机构主持拍卖、挂牌交易，其公布的拍卖公告、交易规则等文件公开确定了合同成立需要具备的条件，当事人请求确认合同自该条件具备时成立的，人民法院应予支持。

第五条　第三人实施欺诈、胁迫行为，使当事人在违背真实意思的情况下订立合同，受到损失的当事人请求第三人承担赔偿责任的，人民法院依法予以支持；当事人亦有违背诚信原则的行为的，人民法院应当根据各自的过错确定相应的责任。但是，法律、司法解释对当事人与第三人的民事责任另有规定的，依照其规定。

第六条　当事人以认购书、订购书、预订书等形式约定在将来一定期限内订立合同，或者为担保在将来一定期限内订立合同交付了定金，能够确定将来所要订立合同的主体、标的等内容的，人民法院应当认定预约合同成立。

当事人通过签订意向书或者备忘录等方式，仅表达交易的意向，未约定在将来一定期限内订立合同，或者虽然有约定但是难以确定将来所要订立合同的主体、标的等内容，一方主张预约合同成立的，人民法院不予支持。

当事人订立的认购书、订购书、预订书等已就合同标的、数量、价款或者报酬等主要内容达成合意，符合本解释第三条第一款规定的合同成立条件，未明确约定在将来一定期限内另行订立合同，或者虽然有约定但是当事人一方已实施履行行为且对方接受的，人民法院应当认定本约合同成立。

第七条　预约合同生效后，当事人一方拒绝订立本约合同或者在磋商订立本约合同时违背诚信原则导致未能订立本约合同的，人民法院应当认定该当事人不履行预约合同约定的义务。

人民法院认定当事人一方在磋商订立本约合同时是否违背诚信原则，应当综合考虑该当事人在磋商时提出的条件是否明显背离预约合同约定的内容以及是否已尽合理努力进行协商等因素。

第八条 预约合同生效后，当事人一方不履行订立本约合同的义务，对方请求其赔偿因此造成的损失的，人民法院依法予以支持。

前款规定的损失赔偿，当事人有约定的，按照约定；没有约定的，人民法院应当综合考虑预约合同在内容上的完备程度以及订立本约合同的条件的成就程度等因素酌定。

第九条 合同条款符合民法典第四百九十六条第一款规定的情形，当事人仅以合同系依据合同示范文本制作或者双方已经明确约定合同条款不属于格式条款为由主张该条款不是格式条款的，人民法院不予支持。

从事经营活动的当事人一方仅以未实际重复使用为由主张其预先拟定且未与对方协商的合同条款不是格式条款的，人民法院不予支持。但是，有证据证明该条款不是为了重复使用而预先拟定的除外。

第十条 提供格式条款的一方在合同订立时采用通常足以引起对方注意的文字、符号、字体等明显标识，提示对方注意免除或者减轻其责任、排除或者限制对方权利等与对方有重大利害关系的异常条款的，人民法院可以认定其已经履行民法典第四百九十六条第二款规定的提示义务。

提供格式条款的一方按照对方的要求，就与对方有重大利害关系的异常条款的概念、内容及其法律后果以书面或者口头形式向对方作出通常能够理解的解释说明的，人民法院可以认定其已经履行民法典第四百九十六条第二款规定的说明义务。

提供格式条款的一方对其已经尽到提示义务或者说明义务承担举证责任。对于通过互联网等信息网络订立的电子合同，提供格式条款的一方仅以采取了设置勾选、弹窗等方式为由主张其已经履行提示义务或者说明义务的，人民法院不予支持，但是其举证符合前两款规定的除外。

三、合同的效力

第十一条 当事人一方是自然人，根据该当事人的年龄、智力、知识、经验并结合交易的复杂程度，能够认定其对合同的性质、合同订立的法律后果或者交易中存在的特定风险缺乏应有的认知能力的，人民法院可以认定该情形构成民法典第一百五十一条规定的“缺乏判断能力”。

第十二条 合同依法成立后，负有报批义务的当事人不履行报批义务或者履行报批义务不符合合同的约定或者法律、行政法规的规定，对方请求其继续履行报批义务的，人民法院应予支持；对方主张解除合同并请求其承担违反报批义务的赔偿责任的，人民法院应予支持。

人民法院判决当事人一方履行报批义务后，其仍不履行，对方主张解除合同并参照违反合同的违约责任请求其承担赔偿责任的，人民法院应予支持。

合同获得批准前，当事人一方起诉请求对方履行合同约定的主要义务，经释明后拒绝变更诉讼请求的，人民法院应当判决驳回其诉讼请求，但是不影响其另行提起诉讼。

负有报批义务的当事人已经办理申请批准等手续或者已经履行生效判决确定的报批义务，批准机关决定不予批准，对方请求其承担赔偿责任的，人民法院不予支持。但是，因迟延履行报批义务等可归责于当事人的原因导致合同未获批准，对方请求赔偿因此受到的损失的，人民法院应当依据民法典第一百五十七条的规定处理。

第十三条 合同存在无效或者可撤销的情形，当事人以该合同已在有关行政管理部门办理备案、已经批准机关批准或者已依据该合同办理财产权利的变更登记、移转登记等为由主张合同有效的，人民法院不予支持。

第十四条 当事人之间就同一交易订立多份合同，人民法院应当认定其中以虚假意思表示订立的合同无效。当事人为规避法律、行政法规的强制性规定，以虚假意思表示隐藏真实意思表示的，人民法院应当依据民法典第一百五十三条第一款的规定认定被隐藏合同的效力；当事人为规避法律、行政法规关于合同应当办理批准等手续的规定，以虚假意思表示隐藏真实意思表示的，人民法院应当依据民法典第五百零二条第二款的规定认定被隐藏合同的效力。

依据前款规定认定被隐藏合同无效或者确定不发生效力的，人民法院应当以被隐藏合同为事实基础，依据民法典第一百五十七条的规定确定当事人的民事责任。但是,法律另有规定的除外。

当事人就同一交易订立的多份合同均系真实意思表示,且不存在其他影响合同效力情形的,人民法院应当在查明各合同成立先后顺序和实际履行情况的基础上,认定合同内容是否发生变更。法律、行政法规禁止变更合同内容的,人民法院应当认定合同的相应变更无效。

第十五条 人民法院认定当事人之间的权利义务关系,不应当拘泥于合同使用的名称,而应当根据合同约定的内容。当事人主张的权利义务关系与根据合同内容认定的权利义务关系不一致的,人民法院应当结合缔约背景、交易目的、交易结构、履行行为以及当事人是否存在虚构交易标的等事实认定当事人之间的实际民事法律关系。

第十六条 合同违反法律、行政法规的强制性规定,有下列情形之一,由行为人承担行政责任或者刑事责任能够实现强制性规定的立法目的的,人民法院可以依据民法典第一百五十三条第一款关于"该强制性规定不导致该民事法律行为无效的除外"的规定认定该合同不因违反强制性规定无效:

(一)强制性规定虽然旨在维护社会公共秩序,但是合同的实际履行对社会公共秩序造成的影响显著轻微,认定合同无效将导致案件处理结果有失公平公正;

(二)强制性规定旨在维护政府的税收、土地出让金等国家利益或者其他民事主体的合法利益而非合同当事人的民事权益,认定合同有效不会影响该规范目的的实现;

(三)强制性规定旨在要求当事人一方加强风险控制、内部管理等,对方无能力或者无义务审查合同是否违反强制性规定,认定合同无效将使其承担不利后果;

(四)当事人一方虽然在订立合同时违反强制性规定,但是在合同订立后其已经具备补正违反强制性规定的条件却违背诚信原则不予补正;

(五)法律、司法解释规定的其他情形。

法律、行政法规的强制性规定旨在规制合同订立后的履行行为,当事人以合同违反强制性规定为由请求认定合同无效的,人民法院不予支持。但是,合同履行必然导致违反强制性规定或者法律、司法解释另有规定的除外。

依据前两款认定合同有效,但是当事人的违法行为未经处理的,人民法院应当向有关行政管理部门提出司法建议。当事人的行为涉嫌犯罪的,应当将案件线索移送刑事侦查机关;属于刑事自诉案件的,应当告知当事人可以向有管辖权的人民法院另行提起诉讼。

第十七条 合同虽然不违反法律、行政法规的强制性规定,但是有下列情形之一,人民法院应当依据民法典第一百五十三条第二款的规定认定合同无效:

(一)合同影响政治安全、经济安全、军事安全等国家安全的;

(二)合同影响社会稳定、公平竞争秩序或者损害社会公共利益等违背社会公共秩序的;

(三)合同背离社会公德、家庭伦理或者有损人格尊严等违背善良风俗的。

人民法院在认定合同是否违背公序良俗时,应当以社会主义核心价值观为导向,综合考虑当事人的主观动机和交易目的、政府部门的监管强度、一定期限内当事人从事类似交易的频次、行为的社会后果等因素,并在裁判文书中充分说理。当事人确因生活需要进行交易,未给社会公共秩序造成重大影响,且不影响国家安全,也不违背善良风俗的,人民法院不应当认定合同无效。

第十八条 法律、行政法规的规定虽然有"应当""必须"或者"不得"等表述,但是该规定旨在限制或者赋予民事权利,行为人违反该规定将构成无权处分、无权代理、越权代表等,或者导致合同相对人、第三人因此获得撤销权、解除权等民事权利的,人民法院应当依据法律、行政法规规定的关于违反该规定的民事法律后果认定合同效力。

第十九条 以转让或者设定财产权利为目的订立的合同,当事人或者真正权利人仅以让与人在订立合同时对标的物没有所有权或者处分权为由主张合同无效的,人民法院不予支持;因未取得真正权利人事后同意或者让与人事后未取得处分权导致合同不能履行,受让人主张解除合同并请求让与人承担违反合同的赔偿责任的,人民法院依法予以支持。

前款规定的合同被认定有效，且让与人已经将财产交付或者移转登记至受让人，真正权利人请求认定财产权利未发生变动或者请求返还财产的，人民法院应予支持。但是，受让人依据民法典第三百一十一条等规定善意取得财产权利的除外。

第二十条 法律、行政法规为限制法人的法定代表人或者非法人组织的负责人的代表权，规定合同所涉事项应当由法人、非法人组织的权力机构或者决策机构决议，或者应当由法人、非法人组织的执行机构决定，法定代表人、负责人未取得授权而以法人、非法人组织的名义订立合同，未尽到合理审查义务的相对人主张该合同对法人、非法人组织发生效力并由其承担违约责任的，人民法院不予支持，但是法人、非法人组织有过错的，可以参照民法典第一百五十七条的规定判决其承担相应的赔偿责任。相对人已尽到合理审查义务，构成表见代表的，人民法院应当依据民法典第五百零四条的规定处理。

合同所涉事项未超越法律、行政法规规定的法定代表人或者负责人的代表权限，但是超越法人、非法人组织的章程或者权力机构等对代表权的限制，相对人主张该合同对法人、非法人组织发生效力并由其承担违约责任的，人民法院依法予以支持。但是，法人、非法人组织举证证明相对人知道或者应当知道该限制的除外。

法人、非法人组织承担民事责任后，向有过错的法定代表人、负责人追偿因越权代表行为造成的损失的，人民法院依法予以支持。法律、司法解释对法定代表人、负责人的民事责任另有规定的，依照其规定。

第二十一条 法人、非法人组织的工作人员就超越其职权范围的事项以法人、非法人组织的名义订立合同，相对人主张该合同对法人、非法人组织发生效力并由其承担违约责任的，人民法院不予支持。但是，法人、非法人组织有过错的，人民法院可以参照民法典第一百五十七条的规定判决其承担相应的赔偿责任。前述情形，构成表见代理的，人民法院应当依据民法典第一百七十二条的规定处理。

合同所涉事项有下列情形之一的，人民法院应当认定法人、非法人组织的工作人员在订立合同时超越其职权范围：

（一）依法应当由法人、非法人组织的权力机构或者决策机构决议的事项；

（二）依法应当由法人、非法人组织的执行机构决定的事项；

（三）依法应当由法定代表人、负责人代表法人、非法人组织实施的事项；

（四）不属于通常情形下依其职权可以处理的事项。

合同所涉事项未超越依据前款确定的职权范围，但是超越法人、非法人组织对工作人员职权范围的限制，相对人主张该合同对法人、非法人组织发生效力并由其承担违约责任的，人民法院应予支持。但是，法人、非法人组织举证证明相对人知道或者应当知道该限制的除外。

法人、非法人组织承担民事责任后，向故意或者有重大过失的工作人员追偿的，人民法院依法予以支持。

第二十二条 法定代表人、负责人或者工作人员以法人、非法人组织的名义订立合同且未超越权限，法人、非法人组织仅以合同加盖的印章不是备案印章或者系伪造的印章为由主张该合同对其不发生效力的，人民法院不予支持。

合同系以法人、非法人组织的名义订立，但是仅有法定代表人、负责人或者工作人员签名或者按指印而未加盖法人、非法人组织的印章，相对人能够证明法定代表人、负责人或者工作人员在订立合同时未超越权限的，人民法院应当认定合同对法人、非法人组织发生效力。但是，当事人约定以加盖印章作为合同成立条件的除外。

合同仅加盖法人、非法人组织的印章而无人员签名或者按指印，相对人能够证明合同系法定代表人、负责人或者工作人员在其权限范围内订立的，人民法院应当认定该合同对法人、非法人组织发生效力。

在前三款规定的情形下，法定代表人、负责人或者工作人员在订立合同时虽然超越代表或者代理权限，但是依据民法典第五百零四条的规定构成表见代表，或者依据民法典第一百七十二条的规定构成表见代理的,人民法院应当认定合同对法人、非法人组织发生效力。

第二十三条 法定代表人、负责人或者代理人与相对人恶意串通,以法人、非法人组织的名义订立合同,损害法人、非法人组织的合法权益,法人、非法人组织主张不承担民事责任的,人民法院应予支持。法人、非法人组织请求法定代表人、负责人或者代理人与相对人对因此受到的损失承担连带赔偿责任的,人民法院应予支持。

根据法人、非法人组织的举证,综合考虑当事人之间的交易习惯、合同在订立时是否显失公平、相关人员是否获取了不正当利益、合同的履行情况等因素,人民法院能够认定法定代表人、负责人或者代理人与相对人存在恶意串通的高度可能性的,可以要求前述人员就合同订立、履行的过程等相关事实作出陈述或者提供相应的证据。其无正当理由拒绝作出陈述,或者所作陈述不具合理性又不能提供相应证据的,人民法院可以认定恶意串通的事实成立。

第二十四条 合同不成立、无效、被撤销或者确定不发生效力,当事人请求返还财产,经审查财产能够返还的,人民法院应当根据案件具体情况,单独或者合并适用返还占有的标的物、更正登记簿册记载等方式;经审查财产不能返还或者没有必要返还的,人民法院应当以认定合同不成立、无效、被撤销或者确定不发生效力之日该财产的市场价值或者以其他合理方式计算的价值为基准判决折价补偿。

除前款规定的情形外,当事人还请求赔偿损失的,人民法院应当结合财产返还或者折价补偿的情况,综合考虑财产增值收益和贬值损失、交易成本的支出等事实,按照双方当事人的过错程度及原因力大小,根据诚信原则和公平原则,合理确定损失赔偿额。

合同不成立、无效、被撤销或者确定不发生效力,当事人的行为涉嫌违法且未经处理,可能导致一方或者双方通过违法行为获得不当利益的,人民法院应当向有关行政管理部门提出司法建议。当事人的行为涉嫌犯罪的,应当将案件线索移送刑事侦查机关;属于刑事自诉案件的,应当告知当事人可以向有管辖权的人民法院另行提起诉讼。

第二十五条 合同不成立、无效、被撤销或者确定不发生效力,有权请求返还价款或者报酬的当事人一方请求对方支付资金占用费的,人民法院应当在当事人请求的范围内按照中国人民银行授权全国银行间同业拆借中心公布的一年期贷款市场报价利率(LPR)计算。但是,占用资金的当事人对于合同不成立、无效、被撤销或者确定不发生效力没有过错的,应当以中国人民银行公布的同期同类存款基准利率计算。

双方互负返还义务,当事人主张同时履行的,人民法院应予支持;占有标的物的一方对标的物存在使用或者依法可以使用的情形,对方请求将其应支付的资金占用费与应收取的标的物使用费相互抵销的,人民法院应予支持,但是法律另有规定的除外。

四、合同的履行

第二十六条 当事人一方未根据法律规定或者合同约定履行开具发票、提供证明文件等非主要债务,对方请求继续履行该债务并赔偿因怠于履行该债务造成的损失的,人民法院依法予以支持;对方请求解除合同的,人民法院不予支持,但是不履行该债务致使不能实现合同目的或者当事人另有约定的除外。

第二十七条 债务人或者第三人与债权人在债务履行期限届满后达成以物抵债协议,不存在影响合同效力情形的,人民法院应当认定该协议自当事人意思表示一致时生效。

债务人或者第三人履行以物抵债协议后,人民法院应当认定相应的原债务同时消灭;债务人或者第三人未按照约定履行以物抵债协议,经催告后在合理期限内仍不履行,债权人选择请求履行原债务或者以物抵债协议的,人民法院应予支持,但是法律另有规定或者当事人另有约定的除外。

前款规定的以物抵债协议经人民法院确认或者人民法院根据当事人达成的以物抵债协议制作成调解书,债权人主张财产权利自确认书、调解书生效时发生变动或者具有对抗善意第三人效力的,人民法院不予支持。

债务人或者第三人以自己不享有所有权或者

处分权的财产权利订立以物抵债协议的，依据本解释第十九条的规定处理。

第二十八条 债务人或者第三人与债权人在债务履行期限届满前达成以物抵债协议的，人民法院应当在审理债权债务关系的基础上认定该协议的效力。

当事人约定债务人到期没有清偿债务，债权人可以对抵债财产拍卖、变卖、折价以实现债权的，人民法院应当认定该约定有效。当事人约定债务人到期没有清偿债务，抵债财产归债权人所有的，人民法院应当认定该约定无效，但是不影响其他部分的效力；债权人请求对抵债财产拍卖、变卖、折价以实现债权的，人民法院应予支持。

当事人订立前款规定的以物抵债协议后，债务人或者第三人未将财产权利转移至债权人名下，债权人主张优先受偿的，人民法院不予支持；债务人或者第三人已将财产权利转移至债权人名下的，依据《最高人民法院关于适用〈中华人民共和国民法典〉有关担保制度的解释》第六十八条的规定处理。

第二十九条 民法典第五百二十二条第二款规定的第三人请求债务人向自己履行债务的，人民法院应予支持；请求行使撤销权、解除权等民事权利的，人民法院不予支持，但是法律另有规定的除外。

合同依法被撤销或者被解除，债务人请求债权人返还财产的，人民法院应予支持。

债务人按照约定向第三人履行债务，第三人拒绝受领，债权人请求债务人向自己履行债务的，人民法院应予支持，但是债务人已经采取提存等方式消灭债务的除外。第三人拒绝受领或者受领迟延，债务人请求债权人赔偿因此造成的损失的，人民法院依法予以支持。

第三十条 下列民事主体，人民法院可以认定为民法典第五百二十四条第一款规定的对履行债务具有合法利益的第三人：

（一）保证人或者提供物的担保的第三人；

（二）担保财产的受让人、用益物权人、合法占有人；

（三）担保财产上的后顺位担保权人；

（四）对债务人的财产享有合法权益且该权益将因财产被强制执行而丧失的第三人；

（五）债务人为法人或者非法人组织的，其出资人或者设立人；

（六）债务人为自然人的，其近亲属；

（七）其他对履行债务具有合法利益的第三人。

第三人在其已经代为履行的范围内取得对债务人的债权，但是不得损害债权人的利益。

担保人代为履行债务取得债权后，向其他担保人主张担保权利的，依据《最高人民法院关于适用〈中华人民共和国民法典〉有关担保制度的解释》第十三条、第十四条、第十八条第二款等规定处理。

第三十一条 当事人互负债务，一方以对方没有履行非主要债务为由拒绝履行自己的主要债务的，人民法院不予支持。但是，对方不履行非主要债务致使不能实现合同目的或者当事人另有约定的除外。

当事人一方起诉请求对方履行债务，被告依据民法典第五百二十五条的规定主张双方同时履行的抗辩且抗辩成立，被告未提起反诉的，人民法院应当判决被告在原告履行债务的同时履行自己的债务，并在判项中明确原告申请强制执行的，人民法院应当在原告履行自己的债务后对被告采取执行行为；被告提起反诉的，人民法院应当判决双方同时履行自己的债务，并在判项中明确任何一方申请强制执行的，人民法院应当在该当事人履行自己的债务后对对方采取执行行为。

当事人一方起诉请求对方履行债务，被告依据民法典第五百二十六条的规定主张原告应先履行的抗辩且抗辩成立的，人民法院应当驳回原告的诉讼请求，但是不影响原告履行债务后另行提起诉讼。

第三十二条 合同成立后，因政策调整或者市场供求关系异常变动等原因导致价格发生当事人在订立合同时无法预见的、不属于商业风险的涨跌，继续履行合同对于当事人一方明显不公平的，人民法院应当认定合同的基础条件发生了民法典第五百三十三条第一款规定的“重大变化”。但是，合同涉及市场属性活跃、长期以来价格波动较大的大宗商品以及股票、期货等风险投资型金融产品的除外。

合同的基础条件发生了民法典第五百三十三条第一款规定的重大变化，当事人请求变更合同的，人民法院不得解除合同；当事人一方请求变更合同，对方请求解除合同的，或者当事人一方请求解除合同，对方请求变更合同的，人民法院应当结合案件的实际情况，根据公平原则判决变更或者解除合同。

人民法院依据民法典第五百三十三条的规定判决变更或者解除合同的，应当综合考虑合同基础条件发生重大变化的时间、当事人重新协商的情况以及因合同变更或者解除给当事人造成的损失等因素，在判项中明确合同变更或者解除的时间。

当事人事先约定排除民法典第五百三十三条适用的，人民法院应当认定该约定无效。

五、合同的保全

第三十三条 债务人不履行其对债权人的到期债务，又不以诉讼或者仲裁方式向相对人主张其享有的债权或者与该债权有关的从权利，致使债权人的到期债权未能实现的，人民法院可以认定为民法典第五百三十五条规定的“债务人怠于行使其债权或者与该债权有关的从权利，影响债权人的到期债权实现”。

第三十四条 下列权利，人民法院可以认定为民法典第五百三十五条第一款规定的专属于债务人自身的权利：

（一）抚养费、赡养费或者扶养费请求权；

（二）人身损害赔偿请求权；

（三）劳动报酬请求权，但是超过债务人及其所扶养家属的生活必需费用的部分除外；

（四）请求支付基本养老保险金、失业保险金、最低生活保障金等保障当事人基本生活的权利；

（五）其他专属于债务人自身的权利。

第三十五条 债权人依据民法典第五百三十五条的规定对债务人的相对人提起代位权诉讼的，由被告住所地人民法院管辖，但是依法应当适用专属管辖规定的除外。

债务人或者相对人以双方之间的债权债务关系订有管辖协议为由提出异议的，人民法院不予支持。

第三十六条 债权人提起代位权诉讼后，债务人或者相对人以双方之间的债权债务关系订有仲裁协议为由对法院主管提出异议的，人民法院不予支持。但是，债务人或者相对人在首次开庭前就债务人与相对人之间的债权债务关系申请仲裁的，人民法院可以依法中止代位权诉讼。

第三十七条 债权人以债务人的相对人为被告向人民法院提起代位权诉讼，未将债务人列为第三人的，人民法院应当追加债务人为第三人。

两个以上债权人以债务人的同一相对人为被告提起代位权诉讼的，人民法院可以合并审理。债务人对相对人享有的债权不足以清偿其对两个以上债权人负担的债务的，人民法院应当按照债权人享有的债权比例确定相对人的履行份额，但是法律另有规定的除外。

第三十八条 债权人向人民法院起诉债务人后，又向同一人民法院对债务人的相对人提起代位权诉讼，属于该人民法院管辖的，可以合并审理。不属于该人民法院管辖的，应当告知其向有管辖权的人民法院另行起诉；在起诉债务人的诉讼终结前，代位权诉讼应当中止。

第三十九条 在代位权诉讼中，债务人对超过债权人代位请求数额的债权部分起诉相对人，属于同一人民法院管辖的，可以合并审理。不属于同一人民法院管辖的，应当告知其向有管辖权的人民法院另行起诉；在代位权诉讼终结前，债务人对相对人的诉讼应当中止。

第四十条 代位权诉讼中，人民法院经审理认为债权人的主张不符合代位权行使条件的，应当驳回诉讼请求，但是不影响债权人根据新的事实再次起诉。

债务人的相对人仅以债权人提起代位权诉讼时债权人与债务人之间的债权债务关系未经生效法律文书确认为由，主张债权人提起的诉讼不符合代位权行使条件的，人民法院不予支持。

第四十一条 债权人提起代位权诉讼后，债务人无正当理由减免相对人的债务或者延长相对人的履行期限，相对人以此向债权人抗辩的，人民法院不予支持。

第四十二条 对于民法典第五百三十九条规定的“明显不合理”的低价或者高价，人民法院应当按照交易当地一般经营者的判断，并参考交易时交易地的市场交易价或者物价部门指导价予以认定。

转让价格未达到交易时交易地的市场交易价或者指导价百分之七十的，一般可以认定为“明显不合理的低价”；受让价格高于交易时交易地的市场交易价或者指导价百分之三十的，一般可以认定为“明显不合理的高价”。

债务人与相对人存在亲属关系、关联关系的，不受前款规定的百分之七十、百分之三十的限制。

第四十三条 债务人以明显不合理的价格，实施互易财产、以物抵债、出租或者承租财产、知识产权许可使用等行为，影响债权人的债权实现，债务人的相对人知道或者应当知道该情形，债权人请求撤销债务人的行为的，人民法院应当依据民法典第五百三十九条的规定予以支持。

第四十四条 债权人依据民法典第五百三十八条、第五百三十九条的规定提起撤销权诉讼的，应当以债务人和债务人的相对人为共同被告，由债务人或者相对人的住所地人民法院管辖，但是依法应当适用专属管辖规定的除外。

两个以上债权人就债务人的同一行为提起撤销权诉讼的，人民法院可以合并审理。

第四十五条 在债权人撤销权诉讼中，被撤销行为的标的可分，当事人主张在受影响的债权范围内撤销债务人的行为的，人民法院应予支持；被撤销行为的标的不可分，债权人主张将债务人的行为全部撤销的，人民法院应予支持。

债权人行使撤销权所支付的合理的律师代理费、差旅费等费用，可以认定为民法典第五百四十条规定的“必要费用”。

第四十六条 债权人在撤销权诉讼中同时请求债务人的相对人向债务人承担返还财产、折价补偿、履行到期债务等法律后果的，人民法院依法予以支持。

债权人请求受理撤销权诉讼的人民法院一并审理其与债务人之间的债权债务关系，属于该人民法院管辖的，可以合并审理。不属于该人民法院管辖的，应当告知其向有管辖权的人民法院另行起诉。

债权人依据其与债务人的诉讼、撤销权诉讼产生的生效法律文书申请强制执行的，人民法院可以就债务人对相对人享有的权利采取强制执行措施以实现债权人的债权。债权人在撤销权诉讼中，申请对相对人的财产采取保全措施的，人民法院依法予以准许。

六、合同的变更和转让

第四十七条 债权转让后，债务人向受让人主张其对让与人的抗辩的，人民法院可以追加让与人为第三人。

债务转移后，新债务人主张原债务人对债权人的抗辩的，人民法院可以追加原债务人为第三人。

当事人一方将合同权利义务一并转让后，对方就合同权利义务向受让人主张抗辩或者受让人就合同权利义务向对方主张抗辩的，人民法院可以追加让与人为第三人。

第四十八条 债务人在接到债权转让通知前已经向让与人履行，受让人请求债务人履行的，人民法院不予支持；债务人接到债权转让通知后仍然向让与人履行，受让人请求债务人履行的，人民法院应予支持。

让与人未通知债务人，受让人直接起诉债务人请求履行债务，人民法院经审理确认债权转让事实的，应当认定债权转让自起诉状副本送达时对债务人发生效力。债务人主张因未通知而给其增加的费用或者造成的损失从认定的债权数额中扣除的，人民法院依法予以支持。

第四十九条 债务人接到债权转让通知后，让与人以债权转让合同不成立、无效、被撤销或者确定不发生效力为由请求债务人向其履行的，人民法院不予支持。但是，该债权转让通知被依法撤销的除外。

受让人基于债务人对债权真实存在的确认受让债权后，债务人又以该债权不存在为由拒绝向受让人履行的，人民法院不予支持。但是，受让人知道或者应当知道该债权不存在的除外。

第五十条 让与人将同一债权转让给两个以上受让人，债务人以已经向最先通知的受让人履行为由主张其不再履行债务的，人民法院应予支持。债务人明知接受履行的受让人不是最先通知的受让人，最先通知的受让人请求债务人继续履行债务或者依据债权转让协议请求让与人承担违约责任的，人民法院应予支持；最先通知的受让人请求接受履行的受让人返还其接受的财产的，人民法院不予支持，但是接受履行的受让人明知该债权在其受让前已经转让给其他受让人的除外。

前款所称最先通知的受让人，是指最先到达债务人的转让通知中载明的受让人。当事人之间对通知到达时间有争议的，人民法院应当结合通知的方式等因素综合判断，而不能仅根据债务人认可的通知时间或者通知记载的时间予以认定。当事人采用邮寄、通讯电子系统等方式发出通知的，人民法院应当以邮戳时间或者通讯电子系统记载的时间等作为认定通知到达时间的依据。

第五十一条 第三人加入债务并与债务人约定了追偿权，其履行债务后主张向债务人追偿的，人民法院应予支持；没有约定追偿权，第三人依照民法典关于不当得利等的规定，在其已经向债权人履行债务的范围内请求债务人向其履行的，人民法院应予支持，但是第三人知道或者应当知道加入债务会损害债务人利益的除外。

债务人就其对债权人享有的抗辩向加入债务的第三人主张的，人民法院应予支持。

七、合同的权利义务终止

第五十二条 当事人就解除合同协商一致时未对合同解除后的违约责任、结算和清理等问题作出处理，一方主张合同已经解除的，人民法院应予支持。但是，当事人另有约定的除外。

有下列情形之一的，除当事人一方另有意思表示外，人民法院可以认定合同解除：

（一）当事人一方主张行使法律规定或者合同约定的解除权，经审理认为不符合解除权行使条件但是对方同意解除；

（二）双方当事人均不符合解除权行使的条件但是均主张解除合同。

前两款情形下的违约责任、结算和清理等问题，人民法院应当依据民法典第五百六十六条、第五百六十七条和有关违约责任的规定处理。

第五十三条 当事人一方以通知方式解除合同，并以对方未在约定的异议期限或者其他合理期限内提出异议为由主张合同已经解除的，人民法院应当对其是否享有法律规定或者合同约定的解除权进行审查。经审查，享有解除权的，合同自通知到达对方时解除；不享有解除权的，不发生合同解除的效力。

第五十四条 当事人一方未通知对方，直接以提起诉讼的方式主张解除合同，撤诉后再次起诉主张解除合同，人民法院经审理支持该主张的，合同自再次起诉的起诉状副本送达对方时解除。但是，当事人一方撤诉后又通知对方解除合同且该通知已经到达对方的除外。

第五十五条 当事人一方依据民法典第五百六十八条的规定主张抵销，人民法院经审理认为抵销权成立的，应当认定通知到达对方时双方互负的主债务、利息、违约金或者损害赔偿金等债务在同等数额内消灭。

第五十六条 行使抵销权的一方负担的数项债务种类相同，但是享有的债权不足以抵销全部债务，当事人因抵销的顺序发生争议的，人民法院可以参照民法典第五百六十条的规定处理。

行使抵销权的一方享有的债权不足以抵销其负担的包括主债务、利息、实现债权的有关费用在内的全部债务，当事人因抵销的顺序发生争议的，人民法院可以参照民法典第五百六十一条的规定处理。

第五十七条 因侵害自然人人身权益，或者故意、重大过失侵害他人财产权益产生的损害赔偿债务，侵权人主张抵销的，人民法院不予支持。

第五十八条 当事人互负债务，一方以其诉讼时效期间已经届满的债权通知对方主张抵销，对方提出诉讼时效抗辩的，人民法院对该抗辩应予支持。一方的债权诉讼时效期间已经届满，对方主张抵销的，人民法院应予支持。

八、违约责任

第五十九条 当事人一方依据民法典第五百八十条第二款的规定请求终止合同权利义务关系的，人民法院一般应当以起诉状副本送达对方的时间作为合同权利义务关系终止的时间。根据案件的具体情况，以其他时间作为合同权利义务关系终止的时间更加符合公平原则和诚信原则的，人民法院可以以该时间作为合同权利义务关系终止的时间，但是应当在裁判文书中充分说明理由。

第六十条 人民法院依据民法典第五百八十四条的规定确定合同履行后可以获得的利益时，可以在扣除非违约方为订立、履行合同支出的费用等合理成本后，按照非违约方能够获得的生产利润、经营利润或者转售利润等计算。

非违约方依法行使合同解除权并实施了替代交易，主张按照替代交易价格与合同价格的差额确定合同履行后可以获得的利益的，人民法院依法予以支持；替代交易价格明显偏离替代交易发生时当地的市场价格，违约方主张按照市场价格与合同价格的差额确定合同履行后可以获得的利益的，人民法院应予支持。

非违约方依法行使合同解除权但是未实施替代交易，主张按照违约行为发生后合理期间内合同履行地的市场价格与合同价格的差额确定合同履行后可以获得的利益的，人民法院应予支持。

第六十一条 在以持续履行的债务为内容的定期合同中，一方不履行支付价款、租金等金钱债务，对方请求解除合同，人民法院经审理认为合同应当依法解除的，可以根据当事人的主张，参考合同主体、交易类型、市场价格变化、剩余履行期限等因素确定非违约方寻找替代交易的合理期限，并按照该期限对应的价款、租金等扣除非违约方应当支付的相应履约成本确定合同履行后可以获得的利益。

非违约方主张按照合同解除后剩余履行期限相应的价款、租金等扣除履约成本确定合同履行后可以获得的利益的，人民法院不予支持。但是，剩余履行期限少于寻找替代交易的合理期限的除外。

第六十二条 非违约方在合同履行后可以获得的利益难以根据本解释第六十条、第六十一条的规定予以确定的，人民法院可以综合考虑违约方因违约获得的利益、违约方的过错程度、其他违约情节等因素，遵循公平原则和诚信原则确定。

第六十三条 在认定民法典第五百八十四条规定的“违约一方订立合同时预见到或者应当预见到的因违约可能造成的损失”时，人民法院应当根据当事人订立合同的目的，综合考虑合同主体、合同内容、交易类型、交易习惯、磋商过程等因素，按照与违约方处于相同或者类似情况的民事主体在订立合同时预见到或者应当预见到的损失予以确定。

除合同履行后可以获得的利益外，非违约方主张还有其向第三人承担违约责任应当支出的额外费用等其他因违约所造成的损失，并请求违约方赔偿，经审理认为该损失系违约一方订立合同时预见到或者应当预见到的，人民法院应予支持。

在确定违约损失赔偿额时，违约方主张扣除非违约方未采取适当措施导致的扩大损失、非违约方也有过错造成的相应损失、非违约方因违约获得的额外利益或者减少的必要支出的，人民法院依法予以支持。

第六十四条 当事人一方通过反诉或者抗辩的方式，请求调整违约金的，人民法院依法予以支持。

违约方主张约定的违约金过分高于违约造成的损失，请求予以适当减少的，应当承担举证责任。非违约方主张约定的违约金合理的，也应当提供相应的证据。

当事人仅以合同约定不得对违约金进行调整为由主张不予调整违约金的，人民法院不予支持。

第六十五条 当事人主张约定的违约金过分高于违约造成的损失，请求予以适当减少的，人民法院应当以民法典第五百八十四条规定的损失为基础，兼顾合同主体、交易类型、合同的履行情况、当事人的过错程度、履约背景等因素，遵循公平原则和诚信原则进行衡量，并作出裁判。

约定的违约金超过造成损失的百分之三十的，人民法院一般可以认定为过分高于造成的损失。

恶意违约的当事人一方请求减少违约金的，人民法院一般不予支持。

第六十六条 当事人一方请求对方支付违约金，对方以合同不成立、无效、被撤销、确定不发生效力、不构成违约或者非违约方不存在损失等为由抗辩，未主张调整过高的违约金的，人民法院应当就若不支持该抗辩，当事人是否请求调整违约金进行释明。第一审人民法院认为抗辩成立且未予释明，第二审人民法院认为应当判决支付违约金的，可以直接释明，并根据当事人的请求，在当事人就是否应当调整违约金充分举证、质证、辩论后，依法判决适当减少违约金。

被告因客观原因在第一审程序中未到庭参加诉讼，但是在第二审程序中到庭参加诉讼并请求减少违约金的，第二审人民法院可以在当事人就是否应当调整违约金充分举证、质证、辩论后，依法判决适当减少违约金。

第六十七条 当事人交付留置金、担保金、保证金、订约金、押金或者订金等，但是没有约定定金性质，一方主张适用民法典第五百八十七条规定的定金罚则的，人民法院不予支持。当事人约定了定金性质，但是未约定定金类型或者约定不明，一方主张为违约定金的，人民法院应予支持。

当事人约定以交付定金作为订立合同的担保，一方拒绝订立合同或者在磋商订立合同时违背诚信原则导致未能订立合同，对方主张适用民法典第五百八十七条规定的定金罚则的，人民法院应予支持。

当事人约定以交付定金作为合同成立或者生效条件，应当交付定金的一方未交付定金，但是合同主要义务已经履行完毕并为对方所接受的，人民法院应当认定合同在对方接受履行时已经成立或者生效。

当事人约定定金性质为解约定金，交付定金的一方主张以丧失定金为代价解除合同的，或者收受定金的一方主张以双倍返还定金为代价解除合同的，人民法院应予支持。

第六十八条 双方当事人均具有致使不能实现合同目的的违约行为，其中一方请求适用定金罚则的，人民法院不予支持。当事人一方仅有轻微违约，对方具有致使不能实现合同目的的违约行为，轻微违约方主张适用定金罚则，对方以轻微违约方也构成违约为由抗辩的，人民法院对该抗辩不予支持。

当事人一方已经部分履行合同，对方接受并主张按照未履行部分所占比例适用定金罚则的，人民法院应予支持。对方主张按照合同整体适用定金罚则的，人民法院不予支持，但是部分未履行致使不能实现合同目的的除外。

因不可抗力致使合同不能履行，非违约方主张适用定金罚则的，人民法院不予支持。

九、附则

第六十九条 本解释自 2023 年 12 月 5 日起施行。

民法典施行后的法律事实引起的民事案件，本解释施行后尚未终审的，适用本解释；本解释施行前已经终审，当事人申请再审或者按照审判监督程序决定再审的，不适用本解释。

知识产权法

【大纲新增考点·法条说明】

2024 年，“知识产权法”学科以修订完善教材为主，大纲附录修订 1 件，考点内容没有变化。

大纲附录法律法规

项　目	法律法规
修订法规	**中华人民共和国专利法实施细则** （2001 年 6 月 15 日国务院令第 306 号公布　根据 2002 年 12 月 28 日《国务院关于修改〈中华人民共和国专利法实施细则〉的决定》第一次修订　根据 2010 年 1 月 9 日《国务院关于修改〈中华人民共和国专利法实施细则〉的决定》第二次修订　根据 2023 年 12 月 11 日《国务院关于修改〈中华人民共和国专利法实施细则〉的决定》第三次修订）

2020~2023 年大纲新增考点对照

<table>
<tr><th>年 份</th><th>章 节</th><th>新增与变化考点·法条</th></tr>
<tr><td>2023</td><td colspan="2">无</td></tr>
<tr><td>2022</td><td colspan="2">无</td></tr>
<tr><td rowspan="3">2021</td><td>第一章第二节“知识产权的国际保护”</td><td>国际知识产权保护的基本原则(国民待遇原则　最惠国待遇原则　独立保护原则　自动保护原则　优先权原则)</td></tr>
<tr><td>第三章第六节“专利侵权行为”</td><td>不视为侵犯专利权的行为　现有技术抗辩　药品专利侵权纠纷早期解决机制</td></tr>
<tr><td colspan="2">修订法律法规:
(1)中华人民共和国著作权法
(2)中华人民共和国专利法
(3)最高人民法院关于审理著作权民事纠纷案件适用法律若干问题的解释
(4)最高人民法院关于审理侵害信息网络传播权民事纠纷案件适用法律若干问题的规定
(5)最高人民法院关于审理专利纠纷案件适用法律问题的若干规定
(6)最高人民法院关于审理侵犯专利权纠纷案件应用法律若干问题的解释(二)
(7)最高人民法院关于审理商标民事纠纷案件适用法律若干问题的解释
(8)最高人民法院关于审理涉及驰名商标保护的民事纠纷案件应用法律若干问题的解释</td></tr>
<tr><td rowspan="3">2020</td><td>第一章第一节“知识产权保护概述”</td><td>考点“知识产权诉讼特殊程序”下新增子考点“管辖”“举证责任”“知识产权被许可人的诉讼地位”“诉前责令停止有关行为”</td></tr>
<tr><td>第三章第一节“商标权的取得”</td><td>考点“商标注册的原则”下新增子考点“诚实信用原则”</td></tr>
<tr><td colspan="2">修订法律法规:中华人民共和国商标法</td></tr>
</table>

【大纲新增、变化考点解读】

☞ 2024 考点 1　专利申请的原则

1.形式法定原则。申请专利的各种手续,都应当以书面形式或者国家知识产权局专利局规定的其他形式办理。以电子数据交换等方式能够有形地表现所载内容,并可以随时调取查用的数据电文,视为书面形式。

2.单一性原则。一件发明或者实用新型专利申请应当限于一项发明或者实用新型。属于一个总的发明构思的两项以上的发明或者实用新型,可以作为一件申请提出。

一件外观设计专利申请应当限于一项外观设计。同一产品两项以上的相似外观设计,或者用于同一类别并且成套出售或者使用的产品的两项以上外观设计,可以作为一件申请提出。

3.先申请原则。同样的发明创造只能授予一项专利权。但是,同一申请人同日对同样的发明创造既申请实用新型专利又申请发明专利,先获得的实用新型专利权尚未终止,且申请人声明放弃该实用新型专利权的,可以授予发明专利权。两个以上的申请人分别就同样的发明创造申请专利的,专利权授予最先申请的人。

4.诚实信用原则。申请专利应当遵循诚实信用原则。提出各类专利申请应当以真实发明创造活动为基础,不得弄虚作假。

5.保密审查原则。任何单位或者个人将在中国完成的发明或者实用新型向外国申请专利的,应当事先报经国务院专利行政部门进行保密审查。保密审查的程序、期限等按照国务院的规定执行。中国单位或者个人可以根据中华人民共和国参加的有关国际条约提出专利国际申请。申请人提出专利国际申请的,应当遵守前述规定。对违反前述规定向外国申请专利的发明或者实用新型,在中国申请专利的,不授予专利权。

☞ 2024 考点 2 专利权的期限

发明专利权的期限为 20 年,实用新型专利权的期限为 10 年,外观设计专利权的期限为 15 年,均自申请日起计算。自发明专利申请日起满 4 年,且自实质审查请求之日起满 3 年后授予发明专利权的,国务院专利行政部门应专利权人的请求,就发明专利在授权过程中的不合理延迟给予专利权期限补偿,但由申请人引起的不合理延迟除外。

为补偿新药上市审评审批占用的时间,对在中国获得上市许可的新药相关发明专利,国务院专利行政部门应专利权人的请求给予专利权期限补偿。请求给予专利权期限补偿的,专利权人应当自公告授予专利权之日起 3 个月内向国务院专利行政部门提出。补偿期限不超过 5 年,新药批准上市后总有效专利权期限不超过 14 年。申请人享有优先权的,优先权日不得成为专利保护期的起算日。专利权期限届满后,专利权终止。专利权期限届满前,专利权人可以书面声明放弃专利权。

☞ 2024 考点 3 专利权的特别许可

1.强制许可。强制许可又称为非自愿许可,是指国务院专利行政部门依照法律规定,不经专利权人的同意,直接许可具备实施条件的申请者实施发明或实用新型专利的一种行政措施。其目的是促进获得专利的发明创造得以实施,防止专利权人滥用专利权,维护国家利益和社会公共利益。我国专利法将强制许可分为三类:

(1)滥用专利权的强制许可。有下列情形之一的,国务院专利行政部门根据具备实施条件的单位或者个人的申请,可以给予实施发明专利或者实用新型专利的强制许可:①专利权人自专利权被授予之日起满 3 年,且自提出专利申请之日起满 4 年,无正当理由未实施或者未充分实施其专利的。申请强制许可的单位或者个人应当提供证据,证明其以合理的条件请求专利权人许可其实施专利,但未能在合理的时间内获得许可。②专利权人行使专利权的行为被依法认定为垄断行为,为消除或者减少该行为对竞争产生的不利影响的。

(2)根据公共利益需要的强制许可。在国家出现紧急状态或者非常情况时,或者为了公共利益的目的,国务院专利行政部门可以给予实施发明专利或者实用新型专利的强制许可。为了公共健康目的,对取得专利权的药品,国务院专利行政部门可以给予制造并将其出口到符合中华人民共和国参加的有关国际条约规定的国家或者地区的强制许可。

(3)从属专利的强制许可。一项取得专利权的发明或者实用新型比前已经取得专利权的发明或者实用新型具有显著经济意义的重大技术进步,其实施又有赖于前一发明或者实用新型的实施的,国务院专利行政部门根据后一专利权人的申请,可以给予实施前一发明或者实用新型的强制许可。在依照前述规定给予实施强制许可的情形下,国务院专利行政部门根据前一专利权人的申请,也可以给予实施后一发明或者实用新型的强制许可。

强制许可涉及的发明创造为半导体技术的,其实施限于公共利益的目的和专利权人行使专利权的行为被依法认定为垄断行为后为消除或者减少该行为对竞争产生的不利影响的情形。

除专利权人行使专利权的行为被依法认定为垄断行为后为消除或者减少该行为对竞争产生的不利影响,以及为了公共健康目的的强制许可外,强制许可的实施应当主要为了供应国内市场。

取得实施强制许可的单位或者个人应当付给专利权人合理的使用费,或者依照中华人民共和国参加的有关国际条约的规定处理使用费问题。付给使用费的,其数额由双方协商;双方不能达成协议的,由国务院专利行政部门裁决。

2.开放许可。为了促进发明创造的推广应用,我国专利法新规定了开放许可制度。专利权人自愿以书面方式向国务院专利行政部门声明愿意许可任何单位或者个人实施其专利,并明确许可使用费支付方式、标准的,由国务院专利行政部门予以公告,实行开放许可。专利权人自愿声明对其专利实行开放许可的,应当在公告授予专利权后提出。就实用新型、外观设计专利提出开放许可声明的,应当提供专利权评价报告。专利权人撤回开放许可声明的,应当以书面方式提出,并由国务院专利行政部门予以公告。开放许可声明被公告撤回的,不影响在先给予的开放许可的效力。

任何单位或者个人有意愿实施开放许可的专利的,以书面方式通知专利权人,并依照公告的许可使用费支付方式、标准支付许可使用费后,即获得专利实施许可。开放许可实施期间,对专利权人缴纳专利年费相应给予减免。实行开放许可的专利权人可以与被许可人就许可使用费进行协商后给予普通许可,但不得就该专利给予独占或者排他许可。通过开放许可达成专利实施许可的,专利权人或者被许可人应当凭能够证明达成许可的书面文件向国务院专利行政部门备案。

3.指定许可。国有企业事业单位的发明专利,对国家利益或者公共利益具有重大意义的,国务院有关主管部门和省、自治区、直辖市人民政府报经国务院批准,可以决定在批准的范围内推广应用,允许指定的单位实施,由实施单位按照国家规定向专利权人支付使用费。

【大纲新增法条】

中华人民共和国专利法实施细则

(2001年6月15日中华人民共和国国务院令第306号公布　根据2002年12月28日《国务院关于修改〈中华人民共和国专利法实施细则〉的决定》第一次修订　根据2010年1月9日《国务院关于修改〈中华人民共和国专利法实施细则〉的决定》第二次修订　根据2023年12月11日《国务院关于修改〈中华人民共和国专利法实施细则〉的决定》第三次修订)

【法条对照】

旧法条	新法条
第一章　总　　则	
第一条　根据《中华人民共和国专利法》(以下简称专利法),制定本细则。	**第一条**　根据《中华人民共和国专利法》(以下简称专利法),制定本细则。

续表

旧法条	新法条
第二条 专利法和本细则规定的各种手续，应当以书面形式或者国务院专利行政部门规定的其他形式办理。	**第二条** 专利法和本细则规定的各种手续，应当以书面形式或者国务院专利行政部门规定的其他形式办理。**以电子数据交换等方式能够有形地表现所载内容，并可以随时调取查用的数据电文（以下统称电子形式），视为书面形式。**
第三条 依照专利法和本细则规定提交的各种文件应当使用中文；国家有统一规定的科技术语的，应当采用规范词；外国人名、地名和科技术语没有统一中文译文的，应当注明原文。 依照专利法和本细则规定提交的各种证件和证明文件是外文的，国务院专利行政部门认为必要时，可以要求当事人在指定期限内附送中文译文；期满未附送的，视为未提交该证件和证明文件。	**第三条** 依照专利法和本细则规定提交的各种文件应当使用中文；国家有统一规定的科技术语的，应当采用规范词；外国人名、地名和科技术语没有统一中文译文的，应当注明原文。 依照专利法和本细则规定提交的各种证件和证明文件是外文的，国务院专利行政部门认为必要时，可以要求当事人在指定期限内附送中文译文；期满未附送的，视为未提交该证件和证明文件。
第四条 向国务院专利行政部门邮寄的各种文件，以寄出的邮戳日为递交日；邮戳日不清晰的，除当事人能够提出证明外，以国务院专利行政部门收到日为递交日。 国务院专利行政部门的各种文件，可以通过邮寄、直接送交或者其他方式送达当事人。当事人委托专利代理机构的，文件送交专利代理机构；未委托专利代理机构的，文件送交请求书中指明的联系人。 国务院专利行政部门邮寄的各种文件，自文件发出之日起满15日，推定为当事人收到文件之日。 根据国务院专利行政部门规定应当直接送交的文件，以交付日为送达日。 文件送交地址不清，无法邮寄的，可以通过公告的方式送达当事人。自公告之日起满1个月，该文件视为已经送达。	**第四条** 向国务院专利行政部门邮寄的各种文件，以寄出的邮戳日为递交日；邮戳日不清晰的，除当事人能够提出证明外，以国务院专利行政部门收到日为递交日。 **以电子形式向国务院专利行政部门提交各种文件的，以进入国务院专利行政部门指定的特定电子系统的日期为递交日。** 国务院专利行政部门的各种文件，可以通过**电子形式**、邮寄、直接送交或者其他方式送达当事人。当事人委托专利代理机构的，文件送交专利代理机构；未委托专利代理机构的，文件送交请求书中指明的联系人。 国务院专利行政部门邮寄的各种文件，自文件发出之日起满15日，推定为当事人收到文件之日。**当事人提供证据能够证明实际收到文件的日期的，以实际收到日为准。** 根据国务院专利行政部门规定应当直接送交的文件，以交付日为送达日。 文件送交地址不清，无法邮寄的，可以通过公告的方式送达当事人。自公告之日起满1个月，该文件视为已经送达。 **国务院专利行政部门以电子形式送达的各种文件，以进入当事人认可的电子系统的日期为送达日。**
第五条 专利法和本细则规定的各种期限**的第一日**不计算在期限内。期限以年或者月计算的，以其最后一月的相应日为期限届满日；该月无相应日的，以该月最后一日为期限届满日；期限届满日是法定休假日的，以休假日后的第一个工作日为期限届满日。	**第五条** 专利法和本细则规定的各种期限**开始的当日**不计算在期限内，**自下一日开始计算**。期限以年或者月计算的，以其最后一月的相应日为期限届满日；该月无相应日的，以该月最后一日为期限届满日；期限届满日是法定休假日的，以休假日后的第一个工作日为期限届满日。

续表

旧法条	新法条
第六条 当事人因不可抗拒的事由而延误专利法或者本细则规定的期限或者国务院专利行政部门指定的期限，导致其权利丧失的，自障碍消除之日起2个月内，**最迟**自期限届满之日起2年内，可以向国务院专利行政部门请求恢复权利。 除前款规定的情形外，当事人因其他正当理由延误专利法或者本细则规定的期限或者国务院专利行政部门指定的期限，导致其权利丧失的，可以自收到国务院专利行政部门的通知之日起2个月内向国务院专利行政部门请求恢复权利。 当事人依照本条第一款或者第二款的规定请求恢复权利的，应当提交恢复权利请求书，说明理由，必要时附具有关证明文件，并办理权利丧失前应当办理的相应手续；依照本条第二款的规定请求恢复权利的，还应当缴纳恢复权利请求费。 当事人请求延长国务院专利行政部门指定的期限的，应当在期限届满前，向国务院专利行政部门说明理由并办理有关手续。 本条第一款和第二款的规定不适用专利法第二十四条、第二十九条、第四十二条、**第六十八条**规定的期限。	**第六条** 当事人因不可抗拒的事由而延误专利法或者本细则规定的期限或者国务院专利行政部门指定的期限，导致其权利丧失的，自障碍消除之日起2个月内**且**自期限届满之日起2年内，可以向国务院专利行政部门请求恢复权利。 除前款规定的情形外，当事人因其他正当理由延误专利法或者本细则规定的期限或者国务院专利行政部门指定的期限，导致其权利丧失的，可以自收到国务院专利行政部门的通知之日起2个月内向国务院专利行政部门请求恢复权利**；但是，延误复审请求期限的，可以自复审请求期限届满之日起2个月内向国务院专利行政部门请求恢复权利**。 当事人依照本条第一款或者第二款的规定请求恢复权利的，应当提交恢复权利请求书，说明理由，必要时附具有关证明文件，并办理权利丧失前应当办理的相应手续；依照本条第二款的规定请求恢复权利的，还应当缴纳恢复权利请求费。 当事人请求延长国务院专利行政部门指定的期限的，应当在期限届满前，向国务院专利行政部门**提交延长期限请求书**，说明理由，并办理有关手续。 本条第一款和第二款的规定不适用专利法第二十四条、第二十九条、第四十二条、**第七十四条**规定的期限。
第七条 专利申请涉及国防利益需要保密的，由国防专利机构受理并进行审查；国务院专利行政部门受理的专利申请涉及国防利益需要保密的，应当及时移交国防专利机构进行审查。经国防专利机构审查没有发现驳回理由的，由国务院专利行政部门作出授予国防专利权的决定。 国务院专利行政部门认为其受理的发明或者实用新型专利申请涉及国防利益以外的国家安全或者重大利益需要保密的，应当及时作出按照保密专利申请处理的决定，并通知申请人。保密专利申请的审查、复审以及保密专利权无效宣告的特殊程序，由国务院专利行政部门规定。	**第七条** 专利申请涉及国防利益需要保密的，由国防专利机构受理并进行审查；国务院专利行政部门受理的专利申请涉及国防利益需要保密的，应当及时移交国防专利机构进行审查。经国防专利机构审查没有发现驳回理由的，由国务院专利行政部门作出授予国防专利权的决定。 国务院专利行政部门认为其受理的发明或者实用新型专利申请涉及国防利益以外的国家安全或者重大利益需要保密的，应当及时作出按照保密专利申请处理的决定，并通知申请人。保密专利申请的审查、复审以及保密专利权无效宣告的特殊程序，由国务院专利行政部门规定。
第八条 **专利法第二十条**所称在中国完成的发明或者实用新型，是指技术方案的实质性内容在中国境内完成的发明或者实用新型。 任何单位或者个人将在中国完成的发明或者实用新型向外国申请专利的，应当按照下列方式之一请求国务院专利行政部门进行保密审查： （一）直接向外国申请专利或者向有关国外机构提交专利国际申请的，应当事先向国务院专利行政部门提出请求，并详细说明其技术方案； （二）向国务院专利行政部门申请专利后拟向外国申请专利或者向有关国外机构提交专利国际申请的，应当在向外国申请专利或者向有关国外机构提交专利国际申请前向国务院专利行政部门提出请求。 向国务院专利行政部门提交专利国际申请的，视为同时提出了保密审查请求。	**第八条** **专利法第十九条**所称在中国完成的发明或者实用新型，是指技术方案的实质性内容在中国境内完成的发明或者实用新型。 任何单位或者个人将在中国完成的发明或者实用新型向外国申请专利的，应当按照下列方式之一请求国务院专利行政部门进行保密审查： （一）直接向外国申请专利或者向有关国外机构提交专利国际申请的，应当事先向国务院专利行政部门提出请求，并详细说明其技术方案； （二）向国务院专利行政部门申请专利后拟向外国申请专利或者向有关国外机构提交专利国际申请的，应当在向外国申请专利或者向有关国外机构提交专利国际申请前向国务院专利行政部门提出请求。 向国务院专利行政部门提交专利国际申请的，视为同时提出了保密审查请求。

续表

旧法条	新法条
第九条 国务院专利行政部门收到依照本细则第八条规定递交的请求后，经过审查认为该发明或者实用新型可能涉及国家安全或者重大利益需要保密的，应当**及时**向申请人发出保密审查通知；**申请人未在其请求递交日起4个月内收到保密审查通知的，可以就该发明或者实用新型向外国申请专利或者向有关国外机构提交专利国际申请。** 国务院专利行政部门依照前款规定通知进行保密审查的，应当**及时**作出是否需要保密的决定，并通知申请人。**申请人未在其请求递交日起6个月内收到需要保密的决定的，可以就该发明或者实用新型向外国申请专利或者向有关国外机构提交专利国际申请。**	**第九条** 国务院专利行政部门收到依照本细则第八条规定递交的请求后，经过审查认为该发明或者实用新型可能涉及国家安全或者重大利益需要保密的，应当**在请求递交日起2个月内**向申请人发出保密审查通知；**情况复杂的，可以延长2个月。** 国务院专利行政部门依照前款规定通知进行保密审查的，应当**在请求递交日起4个月内**作出是否需要保密的决定，并通知申请人；**情况复杂的，可以延长2个月。**
第十条 专利法第五条所称违反法律的发明创造，不包括仅其实施为法律所禁止的发明创造。	**第十条** 专利法第五条所称违反法律的发明创造，不包括仅其实施为法律所禁止的发明创造。
	第十一条 申请专利应当遵循诚实信用原则。提出各类专利申请应当以真实发明创造活动为基础，不得弄虚作假。
第十一条 除专利法第二十八条和第四十二条规定的情形外，专利法所称申请日，有优先权的，指优先权日。 本细则所称申请日，除另有规定的外，是指专利法第二十八条规定的申请日。	**第十二条** 除专利法第二十八条和第四十二条规定的情形外，专利法所称申请日，有优先权的，指优先权日。 本细则所称申请日，除另有规定的外，是指专利法第二十八条规定的申请日。
第十二条 专利法第六条所称执行本单位的任务所完成的职务发明创造，是指： （一）在本职工作中作出的发明创造； （二）履行本单位交付的本职工作之外的任务所作出的发明创造； （三）退休、调离原单位后或者劳动、人事关系终止后1年内作出的，与其在原单位承担的本职工作或者原单位分配的任务有关的发明创造。 专利法第六条所称本单位，包括临时工作单位；专利法第六条所称本单位的物质技术条件，是指本单位的资金、设备、零部件、原材料或者不对外公开的**技术资料**等。	**第十三条** 专利法第六条所称执行本单位的任务所完成的职务发明创造，是指： （一）在本职工作中作出的发明创造； （二）履行本单位交付的本职工作之外的任务所作出的发明创造； （三）退休、调离原单位后或者劳动、人事关系终止后1年内作出的，与其在原单位承担的本职工作或者原单位分配的任务有关的发明创造。 专利法第六条所称本单位，包括临时工作单位；专利法第六条所称本单位的物质技术条件，是指本单位的资金、设备、零部件、原材料或者不对外公开的**技术信息和资料**等。
第十三条 专利法所称发明人或者设计人，是指对发明创造的实质性特点作出创造性贡献的人。在完成发明创造过程中，只负责组织工作的人、为物质技术条件的利用提供方便的人或者从事其他辅助工作的人，不是发明人或者设计人。	**第十四条** 专利法所称发明人或者设计人，是指对发明创造的实质性特点作出创造性贡献的人。在完成发明创造过程中，只负责组织工作的人、为物质技术条件的利用提供方便的人或者从事其他辅助工作的人，不是发明人或者设计人。
第十四条 除依照专利法第十条规定转让专利权外，专利权因其他事由发生转移的，当事人应当凭有关证明文件或者法律文书向国务院专利行政部门办理专利权转移手续。 专利权人与他人订立的专利实施许可合同，应当自合同生效之日起3个月内向国务院专利行政部门备案。 以专利权出质的，由出质人和质权人共同向国务院专利行政部门办理出质登记。	**第十五条** 除依照专利法第十条规定转让专利权外，专利权因其他事由发生转移的，当事人应当凭有关证明文件或者法律文书向国务院专利行政部门办理专利权转移手续。 专利权人与他人订立的专利实施许可合同，应当自合同生效之日起3个月内向国务院专利行政部门备案。 以专利权出质的，由出质人和质权人共同向国务院专利行政部门办理出质登记。

旧法条	新法条
	第十六条　专利工作应当贯彻党和国家知识产权战略部署,提升我国专利创造、运用、保护、管理和服务水平,支持全面创新,促进创新型国家建设。 **国务院专利行政部门应当提升专利信息公共服务能力,完整、准确、及时发布专利信息,提供专利基础数据,促进专利相关数据资源的开放共享、互联互通。**
第二章　专利的申请	
第十五条　以书面形式申请专利的,应当向国务院专利行政部门提交申请文件一式两份。 **以国务院专利行政部门规定的其他形式申请专利的,应当符合规定的要求。** 申请人委托专利代理机构向国务院专利行政部门申请专利和办理其他专利事务的,应当同时提交委托书,写明委托权限。 申请人有2人以上且未委托专利代理机构的,除请求书中另有声明的外,以请求书中指明的第一申请人为代表人。	**第十七条　申请专利的,应当向国务院专利行政部门提交申请文件。申请文件应当符合规定的要求。** 申请人委托专利代理机构向国务院专利行政部门申请专利和办理其他专利事务的,应当同时提交委托书,写明委托权限。 申请人有2人以上且未委托专利代理机构的,除请求书中另有声明的外,以请求书中指明的第一申请人为代表人。
	第十八条　依照专利法第十八条第一款的规定委托专利代理机构在中国申请专利和办理其他专利事务的,涉及下列事务,申请人或者专利权人可以自行办理: **(一)申请要求优先权的,提交第一次提出的专利申请(以下简称在先申请)文件副本;** **(二)缴纳费用;** **(三)国务院专利行政部门规定的其他事务。**
第十六条　发明、实用新型或者外观设计专利申请的请求书应当写明下列事项: (一)发明、实用新型或者外观设计的名称; (二)申请人是中国单位或者个人的,其名称或者姓名、地址、邮政编码、**组织机构代码或者居民身份证件号码**;申请人是外国人、外国企业或者外国其他组织的,其姓名或者名称、国籍或者注册的国家或者地区; (三)发明人或者设计人的姓名; (四)申请人委托专利代理机构的,受托机构的名称、机构代码以及该机构指定的专利代理人的姓名、**执业证号码**、联系电话; (五)要求优先权的,**申请人第一次提出专利申请(以下简称在先申请)**的申请日、申请号以及原受理机构的名称; (六)申请人或者专利代理机构的签字或者盖章; (七)申请文件清单; (八)附加文件清单; (九)其他需要写明的有关事项。	**第十九条**　发明、实用新型或者外观设计专利申请的请求书应当写明下列事项: (一)发明、实用新型或者外观设计的名称; (二)申请人是中国单位或者个人的,其名称或者姓名、地址、邮政编码、**统一社会信用代码或者身份证件号码**;申请人是外国人、外国企业或者外国其他组织的,其姓名或者名称、国籍或者注册的国家或者地区; (三)发明人或者设计人的姓名; (四)申请人委托专利代理机构的,受托机构的名称、机构代码以及该机构指定的专利代理**师**的姓名、**专利代理师资格证号码**、联系电话; (五)要求优先权的,**在先申请**的申请日、申请号以及原受理机构的名称; (六)申请人或者专利代理机构的签字或者盖章; (七)申请文件清单; (八)附加文件清单; (九)其他需要写明的有关事项。

旧法条	新法条
第十七条 发明或者实用新型专利申请的说明书应当写明发明或者实用新型的名称，该名称应当与请求书中的名称一致。说明书应当包括下列内容： （一）技术领域：写明要求保护的技术方案所属的技术领域； （二）背景技术：写明对发明或者实用新型的理解、检索、审查有用的背景技术；有可能的，并引证反映这些背景技术的文件； （三）发明内容：写明发明或者实用新型所要解决的技术问题以及解决其技术问题采用的技术方案，并对照现有技术写明发明或者实用新型的有益效果； （四）附图说明：说明书有附图的，对各幅附图作简略说明； （五）具体实施方式：详细写明申请人认为实现发明或者实用新型的优选方式；必要时，举例说明；有附图的，对照附图。 发明或者实用新型专利申请人应当按照前款规定的方式和顺序撰写说明书，并在说明书每一部分前面写明标题，除非其发明或者实用新型的性质用其他方式或者顺序撰写能节约说明书的篇幅并使他人能够准确理解其发明或者实用新型。 发明或者实用新型说明书应当用词规范、语句清楚，并不得使用“如权利要求……所述的……”一类的引用语，也不得使用商业性宣传用语。 发明专利申请包含一个或者多个核苷酸或者氨基酸序列的，说明书应当包括符合国务院专利行政部门规定的序列表。**申请人应当将该序列表作为说明书的一个单独部分提交，并按照国务院专利行政部门的规定提交该序列表的计算机可读形式的副本。** 实用新型专利申请说明书应当有表示要求保护的产品的形状、构造或者其结合的附图。	**第二十条** 发明或者实用新型专利申请的说明书应当写明发明或者实用新型的名称，该名称应当与请求书中的名称一致。说明书应当包括下列内容： （一）技术领域：写明要求保护的技术方案所属的技术领域； （二）背景技术：写明对发明或者实用新型的理解、检索、审查有用的背景技术；有可能的，并引证反映这些背景技术的文件； （三）发明内容：写明发明或者实用新型所要解决的技术问题以及解决其技术问题采用的技术方案，并对照现有技术写明发明或者实用新型的有益效果； （四）附图说明：说明书有附图的，对各幅附图作简略说明； （五）具体实施方式：详细写明申请人认为实现发明或者实用新型的优选方式；必要时，举例说明；有附图的，对照附图。 发明或者实用新型专利申请人应当按照前款规定的方式和顺序撰写说明书，并在说明书每一部分前面写明标题，除非其发明或者实用新型的性质用其他方式或者顺序撰写能节约说明书的篇幅并使他人能够准确理解其发明或者实用新型。 发明或者实用新型说明书应当用词规范、语句清楚，并不得使用“如权利要求……所述的……”一类的引用语，也不得使用商业性宣传用语。 发明专利申请包含一个或者多个核苷酸或者氨基酸序列的，说明书应当包括符合国务院专利行政部门规定的序列表。 实用新型专利申请说明书应当有表示要求保护的产品的形状、构造或者其结合的附图。
第十八条 发明或者实用新型的几幅附图应当按照“图1，图2，……”顺序编号排列。 发明或者实用新型说明书文字部分中未提及的附图标记不得在附图中出现，附图中未出现的附图标记不得在说明书文字部分中提及。申请文件中表示同一组成部分的附图标记应当一致。 附图中除必需的词语外，不应当含有其他注释。	**第二十一条** 发明或者实用新型的几幅附图应当按照“图1，图2，……”顺序编号排列。 发明或者实用新型说明书文字部分中未提及的附图标记不得在附图中出现，附图中未出现的附图标记不得在说明书文字部分中提及。申请文件中表示同一组成部分的附图标记应当一致。 附图中除必需的词语外，不应当含有其他注释。

续表

旧法条	新法条
第十九条 权利要求书应当记载发明或者实用新型的技术特征。 权利要求书有几项权利要求的，应当用阿拉伯数字顺序编号。 权利要求书中使用的科技术语应当与说明书中使用的科技术语一致，可以有化学式或者数学式，但是不得有插图。除绝对必要的外，不得使用“如说明书……部分所述”或者“如图……所示”的用语。 权利要求中的技术特征可以引用说明书附图中相应的标记，该标记应当放在相应的技术特征后并置于括号内，便于理解权利要求。附图标记不得解释为对权利要求的限制。	**第二十二条** 权利要求书应当记载发明或者实用新型的技术特征。 权利要求书有几项权利要求的，应当用阿拉伯数字顺序编号。 权利要求书中使用的科技术语应当与说明书中使用的科技术语一致，可以有化学式或者数学式，但是不得有插图。除绝对必要的外，不得使用“如说明书……部分所述”或者“如图……所示”的用语。 权利要求中的技术特征可以引用说明书附图中相应的标记，该标记应当放在相应的技术特征后并置于括号内，便于理解权利要求。附图标记不得解释为对权利要求的限制。
第二十条 权利要求书应当有独立权利要求，也可以有从属权利要求。 独立权利要求应当从整体上反映发明或者实用新型的技术方案，记载解决技术问题的必要技术特征。 从属权利要求应当用附加的技术特征，对引用的权利要求作进一步限定。	**第二十三条** 权利要求书应当有独立权利要求，也可以有从属权利要求。 独立权利要求应当从整体上反映发明或者实用新型的技术方案，记载解决技术问题的必要技术特征。 从属权利要求应当用附加的技术特征，对引用的权利要求作进一步限定。
第二十一条 发明或者实用新型的独立权利要求应当包括前序部分和特征部分，按照下列规定撰写： （一）前序部分：写明要求保护的发明或者实用新型技术方案的主题名称和发明或者实用新型主题与最接近的现有技术共有的必要技术特征； （二）特征部分：使用“其特征是……”或者类似的用语，写明发明或者实用新型区别于最接近的现有技术的技术特征。这些特征和前序部分写明的特征合在一起，限定发明或者实用新型要求保护的范围。 发明或者实用新型的性质不适于用前款方式表达的，独立权利要求可以用其他方式撰写。 一项发明或者实用新型应当只有一个独立权利要求，并写在同一发明或者实用新型的从属权利要求之前。	**第二十四条** 发明或者实用新型的独立权利要求应当包括前序部分和特征部分，按照下列规定撰写： （一）前序部分：写明要求保护的发明或者实用新型技术方案的主题名称和发明或者实用新型主题与最接近的现有技术共有的必要技术特征； （二）特征部分：使用“其特征是……”或者类似的用语，写明发明或者实用新型区别于最接近的现有技术的技术特征。这些特征和前序部分写明的特征合在一起，限定发明或者实用新型要求保护的范围。 发明或者实用新型的性质不适于用前款方式表达的，独立权利要求可以用其他方式撰写。 一项发明或者实用新型应当只有一个独立权利要求，并写在同一发明或者实用新型的从属权利要求之前。
第二十二条 发明或者实用新型的从属权利要求应当包括引用部分和限定部分，按照下列规定撰写： （一）引用部分：写明引用的权利要求的编号及其主题名称； （二）限定部分：写明发明或者实用新型附加的技术特征。 从属权利要求只能引用在前的权利要求。引用两项以上权利要求的多项从属权利要求，只能以择一方式引用在前的权利要求，并不得作为另一项多项从属权利要求的基础。	**第二十五条** 发明或者实用新型的从属权利要求应当包括引用部分和限定部分，按照下列规定撰写： （一）引用部分：写明引用的权利要求的编号及其主题名称； （二）限定部分：写明发明或者实用新型附加的技术特征。 从属权利要求只能引用在前的权利要求。引用两项以上权利要求的多项从属权利要求，只能以择一方式引用在前的权利要求，并不得作为另一项多项从属权利要求的基础。

旧法条	新法条
第二十三条 说明书摘要应当写明发明或者实用新型专利申请所公开内容的概要，即写明发明或者实用新型的名称和所属技术领域，并清楚地反映所要解决的技术问题、解决该问题的技术方案的要点以及主要用途。 说明书摘要可以包含最能说明发明的化学式；有附图的专利申请，还应当**提供一幅**最能说明该发明或者实用新型技术特征的附图。**附图的大小及清晰度应当保证在该图缩小到4厘米×6厘米时，仍能清晰地分辨出图中的各个细节。摘要文字部分不得超过300个字。**摘要中不得使用商业性宣传用语。	**第二十六条** 说明书摘要应当写明发明或者实用新型专利申请所公开内容的概要，即写明发明或者实用新型的名称和所属技术领域，并清楚地反映所要解决的技术问题、解决该问题的技术方案的要点以及主要用途。 说明书摘要可以包含最能说明发明的化学式；有附图的专利申请，还应当**在请求书中指定一幅**最能说明该发明或者实用新型技术特征的说明书附图**作为摘要附图**。摘要中不得使用商业性宣传用语。
第二十四条 申请专利的发明涉及新的生物材料，该生物材料公众不能得到，并且对该生物材料的说明不足以使所属领域的技术人员实施其发明的，除应当符合专利法和本细则的有关规定外，申请人还应当办理下列手续： （一）在申请日前或者最迟在申请日（有优先权的，指优先权日），将该生物材料的样品提交国务院专利行政部门认可的保藏单位保藏，并在申请时或者最迟自申请日起4个月内提交保藏单位出具的保藏证明和存活证明；期满未提交证明的，该样品视为未提交保藏； （二）在申请文件中，提供有关该生物材料特征的资料； （三）涉及生物材料样品保藏的专利申请应当在请求书和说明书中写明该生物材料的分类命名（注明拉丁文名称）、保藏该生物材料样品的单位名称、地址、保藏日期和保藏编号；申请时未写明的，应当自申请日起4个月内补正；期满未补正的，视为未提交保藏。	**第二十七条** 申请专利的发明涉及新的生物材料，该生物材料公众不能得到，并且对该生物材料的说明不足以使所属领域的技术人员实施其发明的，除应当符合专利法和本细则的有关规定外，申请人还应当办理下列手续： （一）在申请日前或者最迟在申请日（有优先权的，指优先权日），将该生物材料的样品提交国务院专利行政部门认可的保藏单位保藏，并在申请时或者最迟自申请日起4个月内提交保藏单位出具的保藏证明和存活证明；期满未提交证明的，该样品视为未提交保藏； （二）在申请文件中，提供有关该生物材料特征的资料； （三）涉及生物材料样品保藏的专利申请应当在请求书和说明书中写明该生物材料的分类命名（注明拉丁文名称）、保藏该生物材料样品的单位名称、地址、保藏日期和保藏编号；申请时未写明的，应当自申请日起4个月内补正；期满未补正的，视为未提交保藏。
第二十五条 发明专利申请人依照**本细则第二十四条**的规定保藏生物材料样品的，在发明专利申请公布后，任何单位或者个人需要将该专利申请所涉及的生物材料作为实验目的使用的，应当向国务院专利行政部门提出请求，并写明下列事项： （一）请求人的姓名或者名称和地址； （二）不向其他任何人提供该生物材料的保证； （三）在授予专利权前，只作为实验目的使用的保证。	**第二十八条** 发明专利申请人依照**本细则第二十七条**的规定保藏生物材料样品的，在发明专利申请公布后，任何单位或者个人需要将该专利申请所涉及的生物材料作为实验目的使用的，应当向国务院专利行政部门提出请求，并写明下列事项： （一）请求人的姓名或者名称和地址； （二）不向其他任何人提供该生物材料的保证； （三）在授予专利权前，只作为实验目的使用的保证。
第二十六条 专利法所称遗传资源，是指取自人体、动物、植物或者微生物等含有遗传功能单位并具有实际或者潜在价值的材料；专利法所称依赖遗传资源完成的发明创造，是指利用了遗传资源的遗传功能完成的发明创造。 就依赖遗传资源完成的发明创造申请专利的，申请人应当在请求书中予以说明，并填写国务院专利行政部门制定的表格。	**第二十九条** 专利法所称遗传资源，是指取自人体、动物、植物或者微生物等含有遗传功能单位并具有实际或者潜在价值的材料**和利用此类材料产生的遗传信息**；专利法所称依赖遗传资源完成的发明创造，是指利用了遗传资源的遗传功能完成的发明创造。 就依赖遗传资源完成的发明创造申请专利的，申请人应当在请求书中予以说明，并填写国务院专利行政部门制定的表格。

续表

旧法条	新法条
第二十七条 申请人请求保护色彩的,应当提交彩色图片或者照片。 申请人应当就每件外观设计产品所需要保护的内容提交有关图片或者照片。	**第三十条** 申请人应当就每件外观设计产品所需要保护的内容提交有关图片或者照片。 **申请局部外观设计专利的,应当提交整体产品的视图,并用虚线与实线相结合或者其他方式表明所需要保护部分的内容。** 申请人请求保护色彩的,应当提交彩色图片或者照片。
第二十八条 外观设计的简要说明应当写明外观设计产品的名称、用途,外观设计的设计要点,并指定一幅最能表明设计要点的图片或者照片。省略视图或者请求保护色彩的,应当在简要说明中写明。 对同一产品的多项相似外观设计提出一件外观设计专利申请的,应当在简要说明中指定其中一项作为基本设计。 简要说明不得使用商业性宣传用语,也**不能用来**说明产品的性能。	**第三十一条** 外观设计的简要说明应当写明外观设计产品的名称、用途,外观设计的设计要点,并指定一幅最能表明设计要点的图片或者照片。省略视图或者请求保护色彩的,应当在简要说明中写明。 对同一产品的多项相似外观设计提出一件外观设计专利申请的,应当在简要说明中指定其中一项作为基本设计。 **申请局部外观设计专利的,应当在简要说明中写明请求保护的部分,已在整体产品的视图中用虚线与实线相结合方式表明的除外。** 简要说明不得使用商业性宣传用语,也**不得**说明产品的性能。
第二十九条 国务院专利行政部门认为必要时,可以要求外观设计专利申请人提交使用外观设计的产品样品或者模型。样品或者模型的体积不得超过30厘米×30厘米×30厘米,重量不得超过15公斤。易腐、易损或者危险品不得作为样品或者模型提交。	**第三十二条** 国务院专利行政部门认为必要时,可以要求外观设计专利申请人提交使用外观设计的产品样品或者模型。样品或者模型的体积不得超过30厘米×30厘米×30厘米,重量不得超过15公斤。易腐、易损或者危险品不得作为样品或者模型提交。
第三十条 专利法第二十四条**第(一)项**所称中国政府承认的国际展览会,是指国际展览会公约规定的在国际展览局注册或者由其认可的国际展览会。 专利法第二十四条**第(二)项**所称学术会议或者技术会议,是指国务院有关主管部门或者全国性学术团体组织召开的学术会议或者技术会议。 申请专利的发明创造有专利法第二十四条**第(一)项或者第(二)项**所列情形的,申请人应当在提出专利申请时声明,并自申请日起2个月内提交**有关国际展览会或者学术会议、技术会议的组织单位出具的**有关发明创造已经展出或者发表,以及展出或者发表日期的证明文件。 申请专利的发明创造有专利法第二十四条**第(三)项**所列情形的,国务院专利行政部门认为必要时,可以要求申请人在指定期限内提交证明文件。 申请人未依照本条第三款的规定提出声明和提交证明文件的,或者未依照本条第四款的规定在指定期限内提交证明文件的,其申请不适用专利法第二十四条的规定。	**第三十三条** 专利法第二十四条**第(二)项**所称中国政府承认的国际展览会,是指国际展览会公约规定的在国际展览局注册或者由其认可的国际展览会。 专利法第二十四条**第(三)项**所称学术会议或者技术会议,是指国务院有关主管部门或者全国性学术团体组织召开的学术会议或者技术会议,**以及国务院有关主管部门认可的由国际组织召开的学术会议或者技术会议。** 申请专利的发明创造有专利法第二十四条**第(二)项或者第(三)项**所列情形的,申请人应当在提出专利申请时声明,并自申请日起2个月内提交有关发明创造已经展出或者发表,以及展出或者发表日期的证明文件。 申请专利的发明创造有专利法第二十四条**第(一)项或者第(四)项**所列情形的,国务院专利行政部门认为必要时,可以要求申请人在指定期限内提交证明文件。 申请人未依照本条第三款的规定提出声明和提交证明文件的,或者未依照本条第四款的规定在指定期限内提交证明文件的,其申请不适用专利法第二十四条的规定。

续表

旧法条	新法条
第三十一条　申请人依照专利法第三十条的规定要求外国优先权的，申请人提交的在先申请文件副本应当经原受理机构证明。依照国务院专利行政部门与该受理机构签订的协议，国务院专利行政部门通过电子交换等途径获得在先申请文件副本的，视为申请人提交了经该受理机构证明的在先申请文件副本。要求本国优先权，申请人在请求书中写明在先申请的申请日和申请号的，视为提交了在先申请文件副本。 要求优先权，但请求书中漏写或者错写在先申请的申请日、申请号和原受理机构名称中的一项或者两项内容的，国务院专利行政部门应当通知申请人在指定期限内补正；期满未补正的，视为未要求优先权。 要求优先权的申请人的姓名或者名称与在先申请文件副本中记载的申请人姓名或者名称不一致的，应当提交优先权转让证明材料，未提交该证明材料的，视为未要求优先权。 外观设计专利申请的申请人要求外国优先权，其在先申请未包括对外观设计的简要说明，申请人按照**本细则第二十八条**规定提交的简要说明未超出在先申请文件的图片或者照片表示的范围的，不影响其享有优先权。	**第三十四条**　申请人依照专利法第三十条的规定要求外国优先权的，申请人提交的在先申请文件副本应当经原受理机构证明。依照国务院专利行政部门与该受理机构签订的协议，国务院专利行政部门通过电子交换等途径获得在先申请文件副本的，视为申请人提交了经该受理机构证明的在先申请文件副本。要求本国优先权，申请人在请求书中写明在先申请的申请日和申请号的，视为提交了在先申请文件副本。 要求优先权，但请求书中漏写或者错写在先申请的申请日、申请号和原受理机构名称中的一项或者两项内容的，国务院专利行政部门应当通知申请人在指定期限内补正；期满未补正的，视为未要求优先权。 要求优先权的申请人的姓名或者名称与在先申请文件副本中记载的申请人姓名或者名称不一致的，应当提交优先权转让证明材料，未提交该证明材料的，视为未要求优先权。 外观设计专利申请人要求外国优先权，其在先申请未包括对外观设计的简要说明，申请人按照**本细则第三十一条**规定提交的简要说明未超出在先申请文件的图片或者照片表示的范围的，不影响其享有优先权。
第三十二条　申请人在一件专利申请中，可以要求一项或者多项优先权；要求多项优先权的，该申请的优先权期限从最早的优先权日起计算。 申请人要求本国优先权，在先申请是发明专利申请的，可以就相同主题提出发明或者实用新型专利申请；在先申请是实用新型专利申请的，可以就相同主题提出实用新型或者发明专利申请。但是，提出后一申请时，在先申请的主题有下列情形之一的，不得作为要求本国优先权的基础： （一）已经要求外国优先权或者本国优先权的； （二）已经被授予专利权的； （三）属于按照规定提出的分案申请的。 申请人要求本国优先权的，其在先申请自后一申请提出之日起即视为撤回。	**第三十五条**　申请人在一件专利申请中，可以要求一项或者多项优先权；要求多项优先权的，该申请的优先权期限从最早的优先权日起计算。 **发明或者实用新型专利**申请人要求本国优先权，在先申请是发明专利申请的，可以就相同主题提出发明或者实用新型专利申请；在先申请是实用新型专利申请的，可以就相同主题提出实用新型或者发明专利申请。**外观设计专利申请人要求本国优先权，在先申请是发明或者实用新型专利申请的，可以就附图显示的设计提出相同主题的外观设计专利申请；在先申请是外观设计专利申请的，可以就相同主题提出外观设计专利申请。**但是，提出后一申请时，在先申请的主题有下列情形之一的，不得作为要求本国优先权的基础： （一）已经要求外国优先权或者本国优先权的； （二）已经被授予专利权的； （三）属于按照规定提出的分案申请的。 申请人要求本国优先权的，其在先申请自后一申请提出之日起即视为撤回，**但外观设计专利申请人要求以发明或者实用新型专利申请作为本国优先权基础的除外。**
	第三十六条　申请人超出专利法第二十九条规定的期限，向国务院专利行政部门就相同主题提出发明或者实用新型专利申请，有正当理由的，可以在期限届满之日起2个月内请求恢复优先权。

续表

旧法条	新法条
	第三十七条　发明或者实用新型专利申请人要求了优先权的，可以自优先权日起16个月内或者自申请日起4个月内，请求在请求书中增加或者改正优先权要求。
第三十三条　在中国没有经常居所或者营业所的申请人，申请专利或者要求外国优先权的，国务院专利行政部门认为必要时，可以要求其提供下列文件： （一）申请人是个人的，其国籍证明； （二）申请人是企业或者其他组织的，其注册的国家或者地区的证明文件； （三）申请人的所属国，承认中国单位和个人可以按照该国国民的同等条件，在该国享有专利权、优先权和其他与专利有关的权利的证明文件	**第三十八条**　在中国没有经常居所或者营业所的申请人，申请专利或者要求外国优先权的，国务院专利行政部门认为必要时，可以要求其提供下列文件： （一）申请人是个人的，其国籍证明； （二）申请人是企业或者其他组织的，其注册的国家或者地区的证明文件； （三）申请人的所属国，承认中国单位和个人可以按照该国国民的同等条件，在该国享有专利权、优先权和其他与专利有关的权利的证明文件。
第三十四条　依照专利法第三十一条第一款规定，可以作为一件专利申请提出的属于一个总的发明构思的两项以上的发明或者实用新型，应当在技术上相互关联，包含一个或者多个相同或者相应的特定技术特征，其中特定技术特征是指每一项发明或者实用新型作为整体，对现有技术作出贡献的技术特征。	**第三十九条**　依照专利法第三十一条第一款规定，可以作为一件专利申请提出的属于一个总的发明构思的两项以上的发明或者实用新型，应当在技术上相互关联，包含一个或者多个相同或者相应的特定技术特征，其中特定技术特征是指每一项发明或者实用新型作为整体，对现有技术作出贡献的技术特征。
第三十五条　依照专利法第三十一条第二款规定，将同一产品的多项相似外观设计作为一件申请提出的，对该产品的其他设计应当与简要说明中指定的基本设计相似。一件外观设计专利申请中的相似外观设计不得超过10项。 专利法第三十一条第二款所称同一类别并且成套出售或者使用的产品的两项以上外观设计，是指各产品属于分类表中同一大类，习惯上同时出售或者同时使用，而且各产品的外观设计具有相同的设计构思。 将两项以上外观设计作为一件申请提出的，应当将各项外观设计的顺序编号标注在每件外观设计产品各幅图片或者照片的名称之前。	**第四十条**　依照专利法第三十一条第二款规定，将同一产品的多项相似外观设计作为一件申请提出的，对该产品的其他设计应当与简要说明中指定的基本设计相似。一件外观设计专利申请中的相似外观设计不得超过10项。 专利法第三十一条第二款所称同一类别并且成套出售或者使用的产品的两项以上外观设计，是指各产品属于分类表中同一大类，习惯上同时出售或者同时使用，而且各产品的外观设计具有相同的设计构思。 将两项以上外观设计作为一件申请提出的，应当将各项外观设计的顺序编号标注在每件外观设计产品各幅图片或者照片的名称之前。
第三十六条　申请人撤回专利申请的，应当向国务院专利行政部门提出声明，写明发明创造的名称、申请号和申请日。 撤回专利申请的声明在国务院专利行政部门作好公布专利申请文件的印刷准备工作后提出的，申请文件仍予公布；但是，撤回专利申请的声明应当在以后出版的专利公报上予以公告。	**第四十一条**　申请人撤回专利申请的，应当向国务院专利行政部门提出声明，写明发明创造的名称、申请号和申请日。 撤回专利申请的声明在国务院专利行政部门做好公布专利申请文件的印刷准备工作后提出的，申请文件仍予公布；但是，撤回专利申请的声明应当在以后出版的专利公报上予以公告。

续表

旧法条	新法条
第三章　专利申请的审查和批准	
第三十七条　在初步审查、实质审查、复审和无效宣告程序中,实施审查和审理的人员有下列情形之一的,应当自行回避,当事人或者其他利害关系人可以要求其回避: (一)是当事人或者其代理人的近亲属的; (二)与专利申请或者专利权有利害关系的; (三)与当事人或者其代理人有其他关系,可能影响公正审查和审理的; (四)**专利复审委员会成员曾参与原申请的审查的。**	**第四十二条**　在初步审查、实质审查、复审和无效宣告程序中,实施审查和审理的人员有下列情形之一的,应当自行回避,当事人或者其他利害关系人可以要求其回避: (一)是当事人或者其代理人的近亲属的; (二)与专利申请或者专利权有利害关系的; (三)与当事人或者其代理人有其他关系,可能影响公正审查和审理的; (四)**复审或者无效宣告程序中,曾参与原申请的审查的。**
第三十八条　国务院专利行政部门收到发明或者实用新型专利申请的请求书、说明书(实用新型必须包括附图)和权利要求书,或者外观设计专利申请的请求书、外观设计的图片或者照片和简要说明后,应当明确申请日、给予申请号,并通知申请人。	**第四十三条**　国务院专利行政部门收到发明或者实用新型专利申请的请求书、说明书(实用新型必须包括附图)和权利要求书,或者外观设计专利申请的请求书、外观设计的图片或者照片和简要说明后,应当明确申请日、给予申请号,并通知申请人。
第三十九条　专利申请文件有下列情形之一的,国务院专利行政部门不予受理,并通知申请人: (一)发明或者实用新型专利申请缺少请求书、说明书(实用新型无附图)或者权利要求书的,或者外观设计专利申请缺少请求书、图片或者照片、简要说明的; (二)未使用中文的; (三)**不符合本细则第一百二十一条第一款规定的;** (四)请求书中缺少申请人姓名或者名称,或者缺少地址的; (五)明显不符合专利法**第十八条或者第十九条第一款**的规定的; (六)专利申请类别(发明、实用新型或者外观设计)不明确或者难以确定的。	**第四十四条**　专利申请文件有下列情形之一的,国务院专利行政部门不予受理,并通知申请人: (一)发明或者实用新型专利申请缺少请求书、说明书(实用新型无附图)或者权利要求书的,或者外观设计专利申请缺少请求书、图片或者照片、简要说明的; (二)未使用中文的; (三)**申请文件的格式不符合规定的;** (四)请求书中缺少申请人姓名或者名称,或者缺少地址的; (五)明显不符合专利法**第十七条或者第十八条第一款**的规定的; (六)专利申请类别(发明、实用新型或者外观设计)不明确或者难以确定的。
	第四十五条　发明或者实用新型专利申请缺少或者错误提交权利要求书、说明书或者权利要求书、说明书的部分内容,但申请人在递交日要求了优先权的,可以自递交日起2个月内或者在国务院专利行政部门指定的期限内以援引在先申请文件的方式补交。补交的文件符合有关规定的,以首次提交文件的递交日为申请日。
第四十条　说明书中写有对附图的说明但无附图或者缺少部分附图的,申请人应当在国务院专利行政部门指定的期限内补交附图或者声明取消对附图的说明。申请人补交附图的,以向国务院专利行政部门提交或者邮寄附图之日为申请日;取消对附图的说明的,保留原申请日。	**第四十六条**　说明书中写有对附图的说明但无附图或者缺少部分附图的,申请人应当在国务院专利行政部门指定的期限内补交附图或者声明取消对附图的说明。申请人补交附图的,以向国务院专利行政部门提交或者邮寄附图之日为申请日;取消对附图的说明的,保留原申请日。

续表

旧法条	新法条
第四十一条 两个以上的申请人同日(指申请日;有优先权的,指优先权日)分别就同样的发明创造申请专利的,应当在收到国务院专利行政部门的通知后自行协商确定申请人。 同一申请人在同日(指申请日)对同样的发明创造既申请实用新型专利又申请发明专利的,应当在申请时分别说明对同样的发明创造已申请了另一专利;未作说明的,依照专利法第九条第一款关于同样的发明创造只能授予一项专利权的规定处理。 国务院专利行政部门公告授予实用新型专利权,应当公告申请人已依照本条第二款的规定同时申请了发明专利的说明。 发明专利申请经审查没有发现驳回理由,国务院专利行政部门应当通知申请人在规定期限内声明放弃实用新型专利权。申请人声明放弃的,国务院专利行政部门应当作出授予发明专利权的决定,并在公告授予发明专利权时一并公告申请人放弃实用新型专利权声明。申请人不同意放弃的,国务院专利行政部门应当驳回该发明专利申请;申请人期满未答复的,视为撤回该发明专利申请。 实用新型专利权自公告授予发明专利权之日起终止。	**第四十七条** 两个以上的申请人同日(指申请日;有优先权的,指优先权日)分别就同样的发明创造申请专利的,应当在收到国务院专利行政部门的通知后自行协商确定申请人。 同一申请人在同日(指申请日)对同样的发明创造既申请实用新型专利又申请发明专利的,应当在申请时分别说明对同样的发明创造已申请了另一专利;未作说明的,依照专利法第九条第一款关于同样的发明创造只能授予一项专利权的规定处理。 国务院专利行政部门公告授予实用新型专利权,应当公告申请人已依照本条第二款的规定同时申请了发明专利的说明。 发明专利申请经审查没有发现驳回理由,国务院专利行政部门应当通知申请人在规定期限内声明放弃实用新型专利权。申请人声明放弃的,国务院专利行政部门应当作出授予发明专利权的决定,并在公告授予发明专利权时一并公告申请人放弃实用新型专利权声明。申请人不同意放弃的,国务院专利行政部门应当驳回该发明专利申请;申请人期满未答复的,视为撤回该发明专利申请。 实用新型专利权自公告授予发明专利权之日起终止。
第四十二条 一件专利申请包括两项以上发明、实用新型或者外观设计的,申请人可以在**本细则第五十四条第一款**规定的期限届满前,向国务院专利行政部门提出分案申请;但是,专利申请已经被驳回、撤回或者视为撤回的,不能提出分案申请。 国务院专利行政部门认为一件专利申请不符合专利法第三十一条和**本细则第三十四条或者第三十五条**的规定的,应当通知申请人在指定期限内对其申请进行修改;申请人期满未答复的,该申请视为撤回。 分案的申请不得改变原申请的类别。	**第四十八条** 一件专利申请包括两项以上发明、实用新型或者外观设计的,申请人可以在**本细则第六十条第一款**规定的期限届满前,向国务院专利行政部门提出分案申请;但是,专利申请已经被驳回、撤回或者视为撤回的,不能提出分案申请。 国务院专利行政部门认为一件专利申请不符合专利法第三十一条和**本细则第三十九条或者第四十条**的规定的,应当通知申请人在指定期限内对其申请进行修改;申请人期满未答复的,该申请视为撤回。 分案的申请不得改变原申请的类别。
第四十三条 依照**本细则第四十二条**规定提出的分案申请,可以保留原申请日,享有优先权的,可以保留优先权日,但是不得超出原申请记载的范围。 分案申请应当依照专利法及本细则的规定办理有关手续。 分案申请的请求书中应当写明原申请的申请号和申请日。**提交分案申请时,申请人应当提交原申请文件副本;原申请享有优先权的,并应当提交原申请的优先权文件副本。**	**第四十九条** 依照**本细则第四十八条**规定提出的分案申请,可以保留原申请日,享有优先权的,可以保留优先权日,但是不得超出原申请记载的范围。 分案申请应当依照专利法及本细则的规定办理有关手续。 分案申请的请求书中应当写明原申请的申请号和申请日。

旧法条	新法条
第四十四条 专利法第三十四条和第四十条所称初步审查,是指审查专利申请是否具备专利法第二十六条或者第二十七条规定的文件和其他必要的文件,这些文件是否符合规定的格式,并审查下列各项: (一)发明专利申请是否明显属于专利法第五条、第二十五条规定的情形,是否不符合**专利法第十八条、第十九条第一款、第二十条第一款或者本细则第十六条、第二十六条第二款**的规定,是否明显不符合专利法第二条第二款、第二十六条第五款、第三十一条第一款、第三十三条或者**本细则第十七条至第二十一条**的规定; (二)实用新型专利申请是否明显属于专利法第五条、第二十五条规定的情形,是否不符合**专利法第十八条、第十九条第一款、第二十条第一款或者本细则第十六条至第十九条、第二十一条至第二十三条**的规定,是否明显不符合专利法第二条第三款、**第二十二条第二款、第四款**、第二十六条第三款、**第四款**、第三十一条第一款、第三十三条或者**本细则第二十条、第四十三条第一款**的规定,是否依照专利法第九条规定不能取得专利权; (三)外观设计专利申请是否明显属于专利法第五条、第二十五条第一款第(六)项规定的情形,是否不符合**专利法第十八条、第十九条第一款或者本细则第十六条、第二十七条、第二十八条**的规定,是否明显不符合专利法第二条第四款、第二十三条第一款、第二十七条第二款、第三十一条第二款、第三十三条或者**本细则第四十三条第一款**的规定,是否依照专利法第九条规定不能取得专利权; (四)申请文件是否符合本细则第二条、第三条第一款的规定。 国务院专利行政部门应当将审查意见通知申请人,要求其在指定期限内陈述意见或者补正;申请人期满未答复的,其申请视为撤回。申请人陈述意见或者补正后,国务院专利行政部门仍然认为不符合前款所列各项规定的,应当予以驳回。	**第五十条** 专利法第三十四条和第四十条所称初步审查,是指审查专利申请是否具备专利法第二十六条或者第二十七条规定的文件和其他必要的文件,这些文件是否符合规定的格式,并审查下列各项: (一)发明专利申请是否明显属于专利法第五条、第二十五条规定的情形,是否不符合**专利法第十七条、第十八条第一款、第十九条第一款或者本细则第十一条、第十九条、第二十九条第二款**的规定,是否明显不符合专利法第二条第二款、第二十六条第五款、第三十一条第一款、第三十三条或者**本细则第二十条至第二十四条**的规定; (二)实用新型专利申请是否明显属于专利法第五条、第二十五条规定的情形,是否不符合**专利法第十七条、第十八条第一款、第十九条第一款或者本细则第十一条、第十九条至第二十二条、第二十四条至第二十六条**的规定,是否明显不符合专利法第二条第三款、**第二十二条**、第二十六条第三款、**第二十六条第四款**、第三十一条第一款、第三十三条或者**本细则第二十三条、第四十九条第一款**的规定,是否依照专利法第九条规定不能取得专利权; (三)外观设计专利申请是否明显属于专利法第五条、第二十五条第一款第(六)项规定的情形,是否不符合**专利法第十七条、第十八条第一款或者本细则第十一条、第十九条、第三十条、第三十一条**的规定,是否明显不符合专利法第二条第四款、第二十三条第一款、**第二十三条第二款**、第二十七条第二款、第三十一条第二款、第三十三条或者**本细则第四十九条第一款**的规定,是否依照专利法第九条规定不能取得专利权; (四)申请文件是否符合本细则第二条、第三条第一款的规定。 国务院专利行政部门应当将审查意见通知申请人,要求其在指定期限内陈述意见或者补正;申请人期满未答复的,其申请视为撤回。申请人陈述意见或者补正后,国务院专利行政部门仍然认为不符合前款所列各项规定的,应当予以驳回。
第四十五条 除专利申请文件外,申请人向国务院专利行政部门提交的与专利申请有关的其他文件有下列情形之一的,视为未提交: (一)未使用规定的格式或者填写不符合规定的; (二)未按照规定提交证明材料的。 国务院专利行政部门应当将视为未提交的审查意见通知申请人。	**第五十一条** 除专利申请文件外,申请人向国务院专利行政部门提交的与专利申请有关的其他文件有下列情形之一的,视为未提交: (一)未使用规定的格式或者填写不符合规定的; (二)未按照规定提交证明材料的。 国务院专利行政部门应当将视为未提交的审查意见通知申请人。

续表

旧法条	新法条
第四十六条 申请人请求早日公布其发明专利申请的,应当向国务院专利行政部门声明。国务院专利行政部门对该申请进行初步审查后,除予以驳回的外,应当立即将申请予以公布。	**第五十二条** 申请人请求早日公布其发明专利申请的,应当向国务院专利行政部门声明。国务院专利行政部门对该申请进行初步审查后,除予以驳回的外,应当立即将申请予以公布。
第四十七条 申请人写明使用外观设计的产品及其所属类别的,应当使用国务院专利行政部门公布的外观设计产品分类表。未写明使用外观设计的产品所属类别或者所写的类别不确切的,国务院专利行政部门可以予以补充或者修改。	**第五十三条** 申请人写明使用外观设计的产品及其所属类别的,应当使用国务院专利行政部门公布的外观设计产品分类表。未写明使用外观设计的产品所属类别或者所写的类别不确切的,国务院专利行政部门可以予以补充或者修改。
第四十八条 自发明专利申请公布之日起至公告授予专利权之日止,任何人均可以对不符合专利法规定的专利申请向国务院专利行政部门提出意见,并说明理由。	**第五十四条** 自发明专利申请公布之日起至公告授予专利权之日止,任何人均可以对不符合专利法规定的专利申请向国务院专利行政部门提出意见,并说明理由。
第四十九条 发明专利申请人因有正当理由无法提交专利法第三十六条规定的检索资料或者审查结果资料的,应当向国务院专利行政部门声明,并在得到有关资料后补交。	**第五十五条** 发明专利申请人因有正当理由无法提交专利法第三十六条规定的检索资料或者审查结果资料的,应当向国务院专利行政部门声明,并在得到有关资料后补交。
第五十条 国务院专利行政部门依照专利法第三十五条第二款的规定对专利申请自行进行审查时,应当通知申请人。	**第五十六条** 国务院专利行政部门依照专利法第三十五条第二款的规定对专利申请自行进行审查时,应当通知申请人。 **申请人可以对专利申请提出延迟审查请求。**
第五十一条 发明专利申请人在提出实质审查请求时以及在收到国务院专利行政部门发出的发明专利申请进入实质审查阶段通知书之日起的3个月内,可以对发明专利申请主动提出修改。 实用新型或者外观设计专利申请人自申请日起2个月内,可以对实用新型或者外观设计专利申请主动提出修改。 申请人在收到国务院专利行政部门发出的审查意见通知书后对专利申请文件进行修改的,应当针对通知书指出的缺陷进行修改。 国务院专利行政部门可以自行修改专利申请文件中文字和符号的明显错误。国务院专利行政部门自行修改的,应当通知申请人。	**第五十七条** 发明专利申请人在提出实质审查请求时以及在收到国务院专利行政部门发出的发明专利申请进入实质审查阶段通知书之日起的3个月内,可以对发明专利申请主动提出修改。 实用新型或者外观设计专利申请人自申请日起2个月内,可以对实用新型或者外观设计专利申请主动提出修改。 申请人在收到国务院专利行政部门发出的审查意见通知书后对专利申请文件进行修改的,应当针对通知书指出的缺陷进行修改。 国务院专利行政部门可以自行修改专利申请文件中文字和符号的明显错误。国务院专利行政部门自行修改的,应当通知申请人。
第五十二条 发明或者实用新型专利申请的说明书或者权利要求书的修改部分,除个别文字修改或者增删外,应当按照规定格式提交替换页。外观设计专利申请的图片或者照片的修改,应当按照规定提交替换页。	**第五十八条** 发明或者实用新型专利申请的说明书或者权利要求书的修改部分,除个别文字修改或者增删外,应当按照规定格式提交替换页。外观设计专利申请的图片或者照片的修改,应当按照规定提交替换页。

续表

旧法条	新法条
第五十三条 依照专利法第三十八条的规定，发明专利申请经实质审查应当予以驳回的情形是指： （一）申请属于专利法第五条、第二十五条规定的情形，或者依照专利法第九条规定不能取得专利权的； （二）申请不符合专利法第二条第二款、**第二十条第一款**、第二十二条、第二十六条第三款、**第四款**、**第五款**、第三十一条第一款或者**本细则第二十条第二款**规定的； （三）申请的修改不符合专利法第三十三条规定，或者分案的申请不符合**本细则第四十三条第一款**的规定的。	**第五十九条** 依照专利法第三十八条的规定，发明专利申请经实质审查应当予以驳回的情形是指： （一）申请属于专利法第五条、第二十五条规定的情形，或者依照专利法第九条规定不能取得专利权的； （二）申请不符合专利法第二条第二款、**第十九条第一款**、第二十二条、第二十六条第三款、**第二十六条第四款**、**第二十六条第五款**、第三十一条第一款或者**本细则第十一条**、**第二十三条第二款**规定的； （三）申请的修改不符合专利法第三十三条规定，或者分案的申请不符合**本细则第四十九条第一款**的规定的。
第五十四条 国务院专利行政部门发出授予专利权的通知后，申请人应当自收到通知之日起2个月内办理登记手续。申请人按期办理登记手续的，国务院专利行政部门应当授予专利权，颁发专利证书，并予以公告。 期满未办理登记手续的，视为放弃取得专利权的权利。	**第六十条** 国务院专利行政部门发出授予专利权的通知后，申请人应当自收到通知之日起2个月内办理登记手续。申请人按期办理登记手续的，国务院专利行政部门应当授予专利权，颁发专利证书，并予以公告。 期满未办理登记手续的，视为放弃取得专利权的权利。
第五十五条 保密专利申请经审查没有发现驳回理由的，国务院专利行政部门应当作出授予保密专利权的决定，颁发保密专利证书，登记保密专利权的有关事项。	**第六十一条** 保密专利申请经审查没有发现驳回理由的，国务院专利行政部门应当作出授予保密专利权的决定，颁发保密专利证书，登记保密专利权的有关事项。
第五十六条 授予实用新型或者外观设计专利权的决定公告后，**专利法第六十条**规定的专利权人**或者利害关系人**可以请求国务院专利行政部门作出专利权评价报告。 请求作出专利权评价报告的，应当提交专利权评价报告请求书，写明**专利号**。每项请求应当限于一项专利权。 专利权评价报告请求书不符合规定的，国务院专利行政部门应当通知请求人在指定期限内补正；请求人期满未补正的，视为未提出请求。	**第六十二条** 授予实用新型或者外观设计专利权的决定公告后，**专利法第六十六条**规定的专利权人、**利害关系人**、**被控侵权人**可以请求国务院专利行政部门作出专利权评价报告。**申请人可以在办理专利权登记手续时请求国务院专利行政部门作出专利权评价报告。** 请求作出专利权评价报告的，应当提交专利权评价报告请求书，写明专利**申请号或者专利号**。每项请求应当限于一项专利申请或者专利权。 专利权评价报告请求书不符合规定的，国务院专利行政部门应当通知请求人在指定期限内补正；请求人期满未补正的，视为未提出请求。
第五十七条 国务院专利行政部门应当自收到专利权评价报告请求书后2个月内作出专利权评价报告。对同一项实用新型或者外观设计专利权，有多个请求人请求作出专利权评价报告的，国务院专利行政部门仅作出一份专利权评价报告。任何单位或者个人可以查阅或者复制该专利权评价报告。	**第六十三条** 国务院专利行政部门应当自收到专利权评价报告请求书后2个月内作出专利权评价报告，**但申请人在办理专利权登记手续时请求作出专利权评价报告的，国务院专利行政部门应当自公告授予专利权之日起2个月内作出专利权评价报告。** 对同一项实用新型或者外观设计专利权，有多个请求人请求作出专利权评价报告的，国务院专利行政部门仅作出一份专利权评价报告。任何单位或者个人可以查阅或者复制该专利权评价报告。

续表

旧法条	新法条
第五十八条　国务院专利行政部门对专利公告、专利单行本中出现的错误，一经发现，应当及时更正，并对所作更正予以公告。	**第六十四条**　国务院专利行政部门对专利公告、专利单行本中出现的错误，一经发现，应当及时更正，并对所作更正予以公告。
第四章　专利申请的复审与专利权的无效宣告	
第五十九条　专利复审委员会由国务院专利行政部门指定的技术专家和法律专家组成，主任委员由国务院专利行政部门负责人兼任。	
第六十条　依照专利法第四十一条的规定向**专利复审委员会**请求复审的，应当提交复审请求书，说明理由，必要时还应当附具有关证据。 复审请求不符合**专利法第十九条第一款**或者第四十一条第一款规定的，**专利复审委员会**不予受理，书面通知复审请求人并说明理由。 复审请求书不符合规定格式的，复审请求人应当在**专利复审委员会**指定的期限内补正；期满未补正的，该复审请求视为未提出。	**第六十五条**　依照专利法第四十一条的规定向**国务院专利行政部门**请求复审的，应当提交复审请求书，说明理由，必要时还应当附具有关证据。 复审请求不符合**专利法第十八条第一款**或者第四十一条第一款规定的，**国务院专利行政部门**不予受理，书面通知复审请求人并说明理由。 复审请求书不符合规定格式的，复审请求人应当在**国务院专利行政部门**指定的期限内补正；期满未补正的，该复审请求视为未提出。
第六十一条　请求人在提出复审请求或者在对**专利复审委员会**的复审通知书作出答复时，可以修改专利申请文件；但是，修改应当仅限于消除驳回决定或者复审通知书指出的缺陷。 **修改的专利申请文件应当提交一式两份。**	**第六十六条**　请求人在提出复审请求或者在对**国务院专利行政部门**的复审通知书作出答复时，可以修改专利申请文件；但是，修改应当仅限于消除驳回决定或者复审通知书指出的缺陷。
第六十二条　专利复审委员会应当将受理的复审请求书转交国务院专利行政部门原审查部门进行审查。原审查部门根据复审请求人的请求，同意撤销原决定的，专利复审委员会应当据此作出复审决定，并通知复审请求人。	
第六十三条　**专利复审委员会**进行复审后，认为复审请求不符合专利法和本细则有关规定的，应当通知复审请求人，要求其在指定期限内陈述意见。期满未答复的，该复审请求视为撤回；经陈述意见或者进行修改后，**专利复审委员会**认为仍不符合专利法和本细则有关规定的，应当作出维持原驳回决定的复审决定。 **专利复审委员会**进行复审后，认为原驳回决定不符合专利法和本细则有关规定的，或者认为经过修改的专利申请文件消除了原驳回决定指出的缺陷的，应当撤销原驳回决定，**由原审查部门**继续进行审查程序。	**第六十七条**　**国务院专利行政部门**进行复审后，认为复审请求不符合专利法和本细则有关规定**或者专利申请存在其他明显违反专利法和本细则有关规定情形的**，应当通知复审请求人，要求其在指定期限内陈述意见。期满未答复的，该复审请求视为撤回；经陈述意见或者进行修改后，**国务院专利行政部门**认为仍不符合专利法和本细则有关规定的，应当作出驳回复审请求的复审决定。 **国务院专利行政部门**进行复审后，认为原驳回决定不符合专利法和本细则有关规定的，或者认为经过修改的专利申请文件消除了原驳回决定**和复审通知书**指出的缺陷的，应当撤销原驳回决定，继续进行审查程序。
第六十四条　复审请求人在**专利复审委员会**作出决定前，可以撤回其复审请求。 复审请求人在**专利复审委员会**作出决定前撤回其复审请求的，复审程序终止。	**第六十八条**　复审请求人在**国务院专利行政部门**作出决定前，可以撤回其复审请求。 复审请求人在**国务院专利行政部门**作出决定前撤回其复审请求的，复审程序终止。

续表

旧法条	新法条
第六十五条　依照专利法第四十五条的规定，请求宣告专利权无效或者部分无效的，应当向**专利复审委员会**提交专利权无效宣告请求书和必要的证据一式两份。无效宣告请求书应当结合提交的所有证据，具体说明无效宣告请求的理由，并指明每项理由所依据的证据。 前款所称无效宣告请求的理由，是指被授予专利的发明创造不符合专利法第二条、**第二十条第一款**、第二十二条、第二十三条、第二十六条第三款、**第四款**、第二十七条第二款、第三十三条或者**本细则第二十条第二款**、**第四十三条第一款**的规定，或者属于专利法第五条、第二十五条**的规定**，或者依照专利法第九条规定不能取得专利权。	**第六十九条**　依照专利法第四十五条的规定，请求宣告专利权无效或者部分无效的，应当向**国务院专利行政部门**提交专利权无效宣告请求书和必要的证据一式两份。无效宣告请求书应当结合提交的所有证据，具体说明无效宣告请求的理由，并指明每项理由所依据的证据。 前款所称无效宣告请求的理由，是指被授予专利的发明创造不符合专利法第二条、**第十九条第一款**、第二十二条、第二十三条、第二十六条第三款、**第二十六条第四款**、第二十七条第二款、第三十三条或者**本细则第十一条**、**第二十三条第二款**、**第四十九条第一款**的规定，或者属于专利法第五条、第二十五条**规定的情形**，或者依照专利法第九条规定不能取得专利权。
第六十六条　专利权无效宣告请求不符合**专利法第十九条**第一款或者**本细则第六十五条**规定的，**专利复审委员会**不予受理。 在**专利复审委员会**就无效宣告请求作出决定之后，又以同样的理由和证据请求无效宣告的，**专利复审委员会**不予受理。 以不符合专利法第二十三条第三款的规定为理由请求宣告外观设计专利权无效，但是未提交证明权利冲突的证据的，**专利复审委员会**不予受理。 专利权无效宣告请求书不符合规定格式的，无效宣告请求人应当在**专利复审委员**会指定的期限内补正；期满未补正的，该无效宣告请求视为未提出。	**第七十条**　专利权无效宣告请求不符合**专利法第十八条**第一款或者**本细则第六十九条**规定的，**国务院专利行政部门**不予受理。 在**国务院专利行政部门**就无效宣告请求作出决定之后，又以同样的理由和证据请求无效宣告的，**国务院专利行政部门**不予受理。 以不符合专利法第二十三条第三款的规定为理由请求宣告外观设计专利权无效，但是未提交证明权利冲突的证据的，**国务院专利行政部门**不予受理。 专利权无效宣告请求书不符合规定格式的，无效宣告请求人应当在**国务院专利行政部门**指定的期限内补正；期满未补正的，该无效宣告请求视为未提出。
第六十七条　在**专利复审委员会**受理无效宣告请求后，请求人可以在提出无效宣告请求之日起1个月内增加理由或者补充证据。逾期增加理由或者补充证据的，**专利复审委员会**可以不予考虑。	**第七十一条**　**国务院专利行政部门**受理无效宣告请求后，请求人可以在提出无效宣告请求之日起1个月内增加理由或者补充证据。逾期增加理由或者补充证据的，**国务院专利行政部门**可以不予考虑。
第六十八条　**专利复审委员会**应当将专利权无效宣告请求书和有关文件的副本送交专利权人，要求其在指定的期限内陈述意见。 专利权人和无效宣告请求人应当在指定期限内答复**专利复审委员会**发出的转送文件通知书或者无效宣告请求审查通知书；期满未答复的，不影响**专利复审委员会**审理。	**第七十二条**　**国务院专利行政部门**应当将专利权无效宣告请求书和有关文件的副本送交专利权人，要求其在指定的期限内陈述意见。 专利权人和无效宣告请求人应当在指定期限内答复**国务院专利行政部门**发出的转送文件通知书或者无效宣告请求审查通知书；期满未答复的，不影响**国务院专利行政部门**审理。
第六十九条　在无效宣告请求的审查过程中，发明或者实用新型专利的专利权人可以修改其权利要求书，但是不得扩大原专利的保护范围。 发明或者实用新型专利的专利权人不得修改专利说明书和附图，外观设计专利的专利权人不得修改图片、照片和简要说明。	**第七十三条**　在无效宣告请求的审查过程中，发明或者实用新型专利的专利权人可以修改其权利要求书，但是不得扩大原专利的保护范围。**国务院专利行政部门在修改后的权利要求基础上作出维持专利权有效或者宣告专利权部分无效的决定的，应当公告修改后的权利要求。** 发明或者实用新型专利的专利权人不得修改专利说明书和附图，外观设计专利的专利权人不得修改图片、照片和简要说明。

续表

旧法条	新法条
第七十条 **专利复审委员会**根据当事人的请求或者案情需要，可以决定对无效宣告请求进行口头审理。 **专利复审委员会**决定对无效宣告请求进行口头审理的，应当向当事人发出口头审理通知书，告知举行口头审理的日期和地点。当事人应当在通知书指定的期限内作出答复。 无效宣告请求人对**专利复审委员会**发出的口头审理通知书在指定的期限内未作答复，并且不参加口头审理的，其无效宣告请求视为撤回；专利权人不参加口头审理的，可以缺席审理。	**第七十四条** **国务院专利行政部门**根据当事人的请求或者案情需要，可以决定对无效宣告请求进行口头审理。 **国务院专利行政部门**决定对无效宣告请求进行口头审理的，应当向当事人发出口头审理通知书，告知举行口头审理的日期和地点。当事人应当在通知书指定的期限内作出答复。 无效宣告请求人对**国务院专利行政部门**发出的口头审理通知书在指定的期限内未作答复，并且不参加口头审理的，其无效宣告请求视为撤回；专利权人不参加口头审理的，可以缺席审理。
第七十一条 在无效宣告请求审查程序中，**专利复审委员会**指定的期限不得延长。	**第七十五条** 在无效宣告请求审查程序中，**国务院专利行政部门**指定的期限不得延长。
第七十二条 **专利复审委员会**对无效宣告的请求作出决定前，无效宣告请求人可以撤回其请求。 **专利复审委员会**作出决定之前，无效宣告请求人撤回其请求或者其无效宣告请求被视为撤回的，无效宣告请求审查程序终止。但是，**专利复审委员会**认为根据已进行的审查工作能够作出宣告专利权无效或者部分无效的决定的，不终止审查程序。	**第七十六条** **国务院专利行政部门**对无效宣告的请求作出决定前，无效宣告请求人可以撤回其请求。 **国务院专利行政部门**作出决定之前，无效宣告请求人撤回其请求或者其无效宣告请求被视为撤回的，无效宣告请求审查程序终止。但是，**国务院专利行政部门**认为根据已进行的审查工作能够作出宣告专利权无效或者部分无效的决定的，不终止审查程序。
第五章 专利权期限补偿	
	第七十七条 **依照专利法第四十二条第二款的规定请求给予专利权期限补偿的，专利权人应当自公告授予专利权之日起3个月内向国务院专利行政部门提出。**
	第七十八条 **依照专利法第四十二条第二款的规定给予专利权期限补偿的，补偿期限按照发明专利在授权过程中不合理延迟的实际天数计算。** **前款所称发明专利在授权过程中不合理延迟的实际天数，是指自发明专利申请日起满4年且自实质审查请求之日起满3年之日至公告授予专利权之日的间隔天数，减去合理延迟的天数和由申请人引起的不合理延迟的天数。** **下列情形属于合理延迟：** **（一）依照本细则第六十六条的规定修改专利申请文件后被授予专利权的，因复审程序引起的延迟；** **（二）因本细则第一百零三条、第一百零四条规定情形引起的延迟；** **（三）其他合理情形引起的延迟。** **同一申请人同日对同样的发明创造既申请**实用新型专利又**申请发明专利，依照本细则第四十七条第四款的规定取得发明专利权的，该发明专利权的期限不适用专利法第四十二条第二款的规定。**

续表

旧法条	新法条
	第七十九条 专利法第四十二条第二款规定的由申请人引起的不合理延迟包括以下情形： （一）未在指定期限内答复国务院专利行政部门发出的通知； （二）申请延迟审查； （三）因本细则第四十五条规定情形引起的延迟； （四）其他由申请人引起的不合理延迟。
	第八十条 专利法第四十二条第三款所称新药相关发明专利是指符合规定的新药产品专利、制备方法专利、医药用途专利。
	第八十一条 依照专利法第四十二条第三款的规定请求给予新药相关发明专利权期限补偿的，应当符合下列要求，自该新药在中国获得上市许可之日起3个月内向国务院专利行政部门提出： （一）该新药同时存在多项专利的，专利权人只能请求对其中一项专利给予专利权期限补偿； （二）一项专利同时涉及多个新药的，只能对一个新药就该专利提出专利权期限补偿请求； （三）该专利在有效期内，且尚未获得过新药相关发明专利权期限补偿。
	第八十二条 依照专利法第四十二条第三款的规定给予专利权期限补偿的，补偿期限按照该专利申请日至该新药在中国获得上市许可之日的间隔天数减去5年，在符合专利法第四十二条第三款规定的基础上确定。
	第八十三条 新药相关发明专利在专利权期限补偿期间，该专利的保护范围限于该新药及其经批准的适应症相关技术方案；在保护范围内，专利权人享有的权利和承担的义务与专利权期限补偿前相同。
	第八十四条 国务院专利行政部门对依照专利法第四十二条第二款、第三款的规定提出的专利权期限补偿请求进行审查后，认为符合补偿条件的，作出给予期限补偿的决定，并予以登记和公告；不符合补偿条件的，作出不予期限补偿的决定，并通知提出请求的专利权人。
第六章　专利实施的特别许可	
	第八十五条 专利权人自愿声明对其专利实行开放许可的，应当在公告授予专利权后提出。 开放许可声明应当写明以下事项： （一）专利号； （二）专利权人的姓名或者名称； （三）专利许可使用费支付方式、标准； （四）专利许可期限； （五）其他需要明确的事项。 开放许可声明内容应当准确、清楚，不得出现商业性宣传用语。

续表

旧法条	新法条
	第八十六条 专利权有下列情形之一的，专利权人不得对其实行开放许可： （一）专利权处于独占或者排他许可有效期限内的； （二）属于本细则第一百零三条、第一百零四条规定的中止情形的； （三）没有按照规定缴纳年费的； （四）专利权被质押，未经质权人同意的； （五）其他妨碍专利权有效实施的情形。
	第八十七条 通过开放许可达成专利实施许可的，专利权人或者被许可人应当凭能够证明达成许可的书面文件向国务院专利行政部门备案。
	第八十八条 专利权人不得通过提供虚假材料、隐瞒事实等手段，作出开放许可声明或者在开放许可实施期间获得专利年费减免。
第七十三条 专利法第四十八条第（一）项所称未充分实施其专利，是指专利权人及其被许可人实施其专利的方式或者规模不能满足国内对专利产品或者专利方法的需求。 **专利法第五十条**所称取得专利权的药品，是指解决公共健康问题所需的医药领域中的任何专利产品或者依照专利方法直接获得的产品，包括取得专利权的制造该产品所需的活性成分以及使用该产品所需的诊断用品。	**第八十九条** 专利法第五十三条第（一）项所称未充分实施其专利，是指专利权人及其被许可人实施其专利的方式或者规模不能满足国内对专利产品或者专利方法的需求。 **专利法第五十五条**所称取得专利权的药品，是指解决公共健康问题所需的医药领域中的任何专利产品或者依照专利方法直接获得的产品，包括取得专利权的制造该产品所需的活性成分以及使用该产品所需的诊断用品。
第七十四条 请求给予强制许可的，应当向国务院专利行政部门提交强制许可请求书，说明理由并附具有关证明文件。 国务院专利行政部门应当将强制许可请求书的副本送交专利权人，专利权人应当在国务院专利行政部门指定的期限内陈述意见；期满未答复的，不影响国务院专利行政部门作出决定。 国务院专利行政部门在作出驳回强制许可请求的决定或者给予强制许可的决定前，应当通知请求人和专利权人拟作出的决定及其理由。 国务院专利行政部门依照**专利法第五十条**的规定作出给予强制许可的决定，应当同时符合中国缔结或者参加的有关国际条约关于为了解决公共健康问题而给予强制许可的规定，但中国作出保留的除外。	**第九十条** 请求给予强制许可的，应当向国务院专利行政部门提交强制许可请求书，说明理由并附具有关证明文件。 国务院专利行政部门应当将强制许可请求书的副本送交专利权人，专利权人应当在国务院专利行政部门指定的期限内陈述意见；期满未答复的，不影响国务院专利行政部门作出决定。 国务院专利行政部门在作出驳回强制许可请求的决定或者给予强制许可的决定前，应当通知请求人和专利权人拟作出的决定及其理由。 国务院专利行政部门依照**专利法第五十五条**的规定作出给予强制许可的决定，应当同时符合中国缔结或者参加的有关国际条约关于为了解决公共健康问题而给予强制许可的规定，但中国作出保留的除外。
第七十五条 依照**专利法第五十七条**的规定，请求国务院专利行政部门裁决使用费数额的，当事人应当提出裁决请求书，并附具双方不能达成协议的证明文件。国务院专利行政部门应当自收到请求书之日起3个月内作出裁决，并通知当事人。	**第九十一条** 依照**专利法第六十二条**的规定，请求国务院专利行政部门裁决使用费数额的，当事人应当提出裁决请求书，并附具双方不能达成协议的证明文件。国务院专利行政部门应当自收到请求书之日起3个月内作出裁决，并通知当事人。

续表

旧法条	新法条
第七章　对职务发明创造的发明人或者设计人的奖励和报酬	
第七十六条　被授予专利权的单位可以与发明人、设计人约定或者在其依法制定的规章制度中规定**专利法第十六条**规定的奖励、报酬的方式和数额。 企业、事业单位给予发明人或者设计人的奖励、报酬，按照国家有关财务、会计制度的规定进行处理。	**第九十二条**　被授予专利权的单位可以与发明人、设计人约定或者在其依法制定的规章制度中规定**专利法第十五条**规定的奖励、报酬的方式和数额。**鼓励被授予专利权的单位实行产权激励，采取股权、期权、分红等方式，使发明人或者设计人合理分享创新收益。** 企业、事业单位给予发明人或者设计人的奖励、报酬，按照国家有关财务、会计制度的规定进行处理。
第七十七条　被授予专利权的单位未与发明人、设计人约定也未在其依法制定的规章制度中规定**专利法第十六条**规定的奖励的方式和数额的，应当自**专利权公告之日**起3个月内发给发明人或者设计人奖金。一项发明专利的奖金最低不少于**3000元**；一项实用新型专利或者外观设计专利的奖金最低不少于**1000元**。 由于发明人或者设计人的建议被其所属单位采纳而完成的发明创造，被授予专利权的单位应当从优发给奖金。	**第九十三条**　被授予专利权的单位未与发明人、设计人约定也未在其依法制定的规章制度中规定**专利法第十五条**规定的奖励的方式和数额的，应当自**公告授予专利权之日**起3个月内发给发明人或者设计人奖金。一项发明专利的奖金最低不少于**4000元**；一项实用新型专利或者外观设计专利的奖金最低不少于**1500元**。 由于发明人或者设计人的建议被其所属单位采纳而完成的发明创造，被授予专利权的单位应当从优发给奖金。
第七十八条　被授予专利权的单位未与发明人、设计人约定也未在其依法制定的规章制度中规定**专利法第十六条**规定的报酬的方式和数额的，**在专利权有效期限内，实施发明创造专利后，每年应当从实施该项发明或者实用新型专利的营业利润中提取不低于2%或者从实施该项外观设计专利的营业利润中提取不低于0.2%，作为报酬给予发明人或者设计人，或者参照上述比例，给予发明人或者设计人一次性报酬；被授予专利权的单位许可其他单位或者个人实施其专利的，应当从收取的使用费中提取不低于10%，作为报酬给予发明人或者设计人。**	**第九十四条**　被授予专利权的单位未与发明人、设计人约定也未在其依法制定的规章制度中规定**专利法第十五条**规定的报酬的方式和数额的，**应当依照《中华人民共和国促进科技成果转化法》的规定，给予发明人或者设计人合理的报酬。**
第八章　专利权的保护	
第七十九条　专利法和本细则所称管理专利工作的部门，是指由省、自治区、直辖市人民政府以及专利管理工作量大又有实际处理能力的设区的市人民政府设立的管理专利工作的部门。	**第九十五条　省、自治区、直辖市人民政府管理专利工作的部门以及专利管理工作量大又有实际处理能力的地级市、自治州、盟、地区和直辖市的区人民政府管理专利工作的部门，可以处理和调解专利纠纷。**
第八十条　国务院专利行政部门应当对管理专利工作的部门处理专利侵权纠纷、查处假冒专利行为、调解专利纠纷进行业务指导。	**第九十六条　有下列情形之一的，属于专利法第七十条所称的在全国有重大影响的专利侵权纠纷：** **（一）涉及重大公共利益的；** **（二）对行业发展有重大影响的；** **（三）跨省、自治区、直辖市区域的重大案件；** **（四）国务院专利行政部门认为可能有重大影响的其他情形。** **专利权人或者利害关系人请求国务院专利行政部门处理专利侵权纠纷，相关案件不属于在全国有重大影响的专利侵权纠纷的，国务院专利行政部门可以指定有管辖权的地方人民政府管理专利工作的部门处理。**

续表

旧法条	新法条
第八十一条　当事人请求处理专利侵权纠纷或者调解专利纠纷的，由被请求人所在地或者侵权行为地的管理专利工作的部门管辖。 两个以上管理专利工作的部门都有管辖权的专利纠纷，当事人可以向其中一个管理专利工作的部门提出请求；当事人向两个以上有管辖权的管理专利工作的部门提出请求的，由最先受理的管理专利工作的部门管辖。 管理专利工作的部门对管辖权发生争议的，由其共同的上级人民政府管理专利工作的部门指定管辖；无共同上级人民政府管理专利工作的部门的，由国务院专利行政部门指定管辖。	**第九十七条**　当事人请求处理专利侵权纠纷或者调解专利纠纷的，由被请求人所在地或者侵权行为地的管理专利工作的部门管辖。 两个以上管理专利工作的部门都有管辖权的专利纠纷，当事人可以向其中一个管理专利工作的部门提出请求；当事人向两个以上有管辖权的管理专利工作的部门提出请求的，由最先受理的管理专利工作的部门管辖。 管理专利工作的部门对管辖权发生争议的，由其共同的上级人民政府管理专利工作的部门指定管辖；无共同上级人民政府管理专利工作的部门的，由国务院专利行政部门指定管辖。
第八十二条　在处理专利侵权纠纷过程中，被请求人提出无效宣告请求并被**专利复审委员会**受理的，可以请求管理专利工作的部门中止处理。 管理专利工作的部门认为被请求人提出的中止理由明显不能成立的，可以不中止处理。	**第九十八条**　在处理专利侵权纠纷过程中，被请求人提出无效宣告请求并被**国务院专利行政部门**受理的，可以请求管理专利工作的部门中止处理。 管理专利工作的部门认为被请求人提出的中止理由明显不能成立的，可以不中止处理。
第八十三条　专利权人依照**专利法第十七条**的规定，在其专利产品或者该产品的包装上标明专利标识的，应当按照国务院专利行政部门规定的方式予以标明。 专利标识不符合前款规定的，由**管理专利工作的部门**责令改正。	**第九十九条**　专利权人依照**专利法第十六条**的规定，在其专利产品或者该产品的包装上标明专利标识的，应当按照国务院专利行政部门规定的方式予以标明。 专利标识不符合前款规定的，由**县级以上负责专利执法的部门**责令改正。
	第一百条　申请人或者专利权人违反本细则第十一条、第八十八条规定的，由县级以上负责专利执法的部门予以警告，可以处10万元以下的罚款。
第八十四条　下列行为属于**专利法第六十三条**规定的假冒专利的行为： （一）在未被授予专利权的产品或者其包装上标注专利标识，专利权被宣告无效后或者终止后继续在产品或者其包装上标注专利标识，或者未经许可在产品或者产品包装上标注他人的专利号； （二）销售第（一）项所述产品； （三）在产品说明书等材料中将未被授予专利权的技术或者设计称为专利技术或者专利设计，将专利申请称为专利，或者未经许可使用他人的专利号，使公众将所涉及的技术或者设计误认为是专利技术或者专利设计； （四）伪造或者变造专利证书、专利文件或者专利申请文件； （五）其他使公众混淆，将未被授予专利权的技术或者设计误认为是专利技术或者专利设计的行为。 专利权终止前依法在专利产品、依照专利方法直接获得的产品或者其包装上标注专利标识，在专利权终止后许诺销售、销售该产品的，不属于假冒专利行为。 销售不知道是假冒专利的产品，并且能够证明该产品合法来源的，由**管理专利工作的部门**责令停止销售，**但免除罚款的处罚**。	**第一百零一条**　下列行为属于**专利法第六十八条**规定的假冒专利的行为： （一）在未被授予专利权的产品或者其包装上标注专利标识，专利权被宣告无效后或者终止后继续在产品或者其包装上标注专利标识，或者未经许可在产品或者产品包装上标注他人的专利号； （二）销售第（一）项所述产品； （三）在产品说明书等材料中将未被授予专利权的技术或者设计称为专利技术或者专利设计，将专利申请称为专利，或者未经许可使用他人的专利号，使公众将所涉及的技术或者设计误认为是专利技术或者专利设计； （四）伪造或者变造专利证书、专利文件或者专利申请文件； （五）其他使公众混淆，将未被授予专利权的技术或者设计误认为是专利技术或者专利设计的行为。 专利权终止前依法在专利产品、依照专利方法直接获得的产品或者其包装上标注专利标识，在专利权终止后许诺销售、销售该产品的，不属于假冒专利行为。 销售不知道是假冒专利的产品，并且能够证明该产品合法来源的，由**县级以上负责专利执法的部门**责令停止销售。

续表

旧法条	新法条
第八十五条 除**专利法第六十条**规定的外,管理专利工作的部门应当事人请求,可以对下列专利纠纷进行调解: (一)专利申请权和专利权归属纠纷; (二)发明人、设计人资格纠纷; (三)职务发明创造的发明人、设计人的奖励和报酬纠纷; (四)在发明专利申请公布后专利权授予前使用发明而未支付适当费用的纠纷; (五)其他专利纠纷。 对于前款第(四)项所列的纠纷,当事人请求管理专利工作的部门调解的,应当在专利权被授予之后提出。	**第一百零二条** 除**专利法第六十五条**规定的外,管理专利工作的部门应当事人请求,可以对下列专利纠纷进行调解: (一)专利申请权和专利权归属纠纷; (二)发明人、设计人资格纠纷; (三)职务发明创造的发明人、设计人的奖励和报酬纠纷; (四)在发明专利申请公布后专利权授予前使用发明而未支付适当费用的纠纷; (五)其他专利纠纷。 对于前款第(四)项所列的纠纷,当事人请求管理专利工作的部门调解的,应当在专利权被授予之后提出。
第八十六条 当事人因专利申请权或者专利权的归属发生纠纷,已请求管理专利工作的部门调解或者向人民法院起诉的,可以请求国务院专利行政部门中止有关程序。 依照前款规定请求中止有关程序的,应当向国务院专利行政部门提交请求书,并附具管理专利工作的部门或者人民法院的写明申请号或者专利号的有关受理文件副本。 管理专利工作的部门作出的调解书或者人民法院作出的判决生效后,当事人应当向国务院专利行政部门办理恢复有关程序的手续。自请求中止之日起1年内,有关专利申请权或者专利权归属的纠纷未能结案,需要继续中止有关程序的,请求人应当在该期限内请求延长中止。期满未请求延长的,国务院专利行政部门自行恢复有关程序。	**第一百零三条** 当事人因专利申请权或者专利权的归属发生纠纷,已请求管理专利工作的部门调解或者向人民法院起诉的,可以请求国务院专利行政部门中止有关程序。 依照前款规定请求中止有关程序的,应当向国务院专利行政部门提交请求书,**说明理由**,并附具管理专利工作的部门或者人民法院的写明申请号或者专利号的有关受理文件副本。**国务院专利行政部门认为当事人提出的中止理由明显不能成立的,可以不中止有关程序。** 管理专利工作的部门作出的调解书或者人民法院作出的判决生效后,当事人应当向国务院专利行政部门办理恢复有关程序的手续。自请求中止之日起1年内,有关专利申请权或者专利权归属的纠纷未能结案,需要继续中止有关程序的,请求人应当在该期限内请求延长中止。期满未请求延长的,国务院专利行政部门自行恢复有关程序。
第八十七条 人民法院在审理民事案件中裁定对专利申请权或者专利权采取保全措施的,国务院专利行政部门应当在收到写明申请号或者专利号的裁定书和协助执行通知书之日中止被保全的专利申请权或者专利权的有关程序。保全期限届满,人民法院没有裁定继续采取保全措施的,国务院专利行政部门自行恢复有关程序。	**第一百零四条** 人民法院在审理民事案件中裁定对专利申请权或者专利权采取保全措施的,国务院专利行政部门应当在收到写明申请号或者专利号的裁定书和协助执行通知书之日中止被保全的专利申请权或者专利权的有关程序。保全期限届满,人民法院没有裁定继续采取保全措施的,国务院专利行政部门自行恢复有关程序。
第八十八条 国务院专利行政部门根据**本细则第八十六条和第八十七条**规定中止有关程序,是指暂停专利申请的初步审查、实质审查、复审程序,授予专利权程序和专利权无效宣告程序;暂停办理放弃、变更、转移专利权或者专利申请权手续,专利权质押手续以及专利权期限届满前的终止手续等。	**第一百零五条** 国务院专利行政部门根据**本细则第一百零三条和第一百零四条**规定中止有关程序,是指暂停专利申请的初步审查、实质审查、复审程序,授予专利权程序和专利权无效宣告程序;暂停办理放弃、变更、转移专利权或者专利申请权手续,专利权质押手续以及专利权期限届满前的终止手续等。

续表

旧法条	新法条
第九章　专利登记和专利公报	
第八十九条　国务院专利行政部门设置专利登记簿,登记下列与专利申请和专利权有关的事项: (一)专利权的授予; (二)专利申请权、专利权的转移; (三)专利权的质押、保全及其解除; (四)专利实施许可合同的备案; (五)专利权的无效宣告; (六)专利权的终止; (七)专利权的恢复; (八)专利实施的强制许可; (九)专利权人的姓名或者名称、国籍和地址的变更。	**第一百零六条**　国务院专利行政部门设置专利登记簿,登记下列与专利申请和专利权有关的事项: (一)专利权的授予; (二)专利申请权、专利权的转移; (三)专利权的质押、保全及其解除; (四)专利实施许可合同的备案; **(五)国防专利、保密专利的解密;** (六)专利权的无效宣告; (七)专利权的终止; (八)专利权的恢复; **(九)专利权期限的补偿;** **(十)专利实施的开放许可;** (十一)专利实施的强制许可; (十二)专利权人的姓名或者名称、国籍和地址的变更。
第九十条　国务院专利行政部门定期出版专利公报,公布或者公告下列内容: (一)发明专利申请的著录事项和说明书摘要; (二)发明专利申请的实质审查请求和国务院专利行政部门对发明专利申请自行进行实质审查的决定; (三)发明专利申请公布后的驳回、撤回、视为撤回、视为放弃、恢复和转移; (四)专利权的授予以及专利权的著录事项; (五)**发明或者**实用新型专利的说明书摘要,外观设计专利的一幅图片或者照片; (六)国防专利、保密专利的解密; (七)专利权的无效宣告; (八)专利权的终止、恢复; (九)专利权的转移; (十)专利实施许可合同的备案; (十一)专利权的质押、保全及其解除; (十二)专利实施的强制许可的给予; (十三)专利权人的姓名或者名称、地址的变更; (十四)文件的公告送达; (十五)国务院专利行政部门作出的更正; (十六)其他有关事项。	**第一百零七条**　国务院专利行政部门定期出版专利公报,公布或者公告下列内容: (一)发明专利申请的著录事项和说明书摘要; (二)发明专利申请的实质审查请求和国务院专利行政部门对发明专利申请自行进行实质审查的决定; (三)发明专利申请公布后的驳回、撤回、视为撤回、视为放弃、恢复和转移; (四)专利权的授予以及专利权的著录事项; (五)实用新型专利的说明书摘要,外观设计专利的一幅图片或者照片; (六)国防专利、保密专利的解密; (七)专利权的无效宣告; (八)专利权的终止、恢复; **(九)专利权期限的补偿;** (十)专利权的转移; (十一)专利实施许可合同的备案; (十二)专利权的质押、保全及其解除; **(十三)专利实施的开放许可事项;** (十四)专利实施的强制许可的给予; (十五)专利权人的姓名或者名称、**国籍和**地址的变更; (十六)文件的公告送达; (十七)国务院专利行政部门作出的更正; (十八)其他有关事项。
第九十一条　国务院专利行政部门应当提供专利公报、发明专利申请单行本以及发明专利、实用新型专利、外观设计专利单行本,供公众免费查阅。	**第一百零八条**　国务院专利行政部门应当提供专利公报、发明专利申请单行本以及发明专利、实用新型专利、外观设计专利单行本,供公众免费查阅。

续表

旧法条	新法条
第九十二条 国务院专利行政部门负责按照互惠原则与其他国家、地区的专利机关或者区域性专利组织交换专利文献。	**第一百零九条** 国务院专利行政部门负责按照互惠原则与其他国家、地区的专利机关或者区域性专利组织交换专利文献。
第十章 费 用	
第九十三条 向国务院专利行政部门申请专利和办理其他手续时,应当缴纳下列费用: (一)申请费、申请附加费、公布印刷费、优先权要求费; (二)发明专利申请实质审查费、复审费; (三)**专利登记费、公告印刷费**、年费; (四)恢复权利请求费、延长期限请求费; (五)著录事项变更费、专利权评价报告请求费、无效宣告请求费。	**第一百一十条** 向国务院专利行政部门申请专利和办理其他手续时,应当缴纳下列费用: (一)申请费、申请附加费、公布印刷费、优先权要求费; (二)发明专利申请实质审查费、复审费; (三)年费; (四)恢复权利请求费、延长期限请求费; (五)著录事项变更费、专利权评价报告请求费、无效宣告请求费、**专利文件副本证明费**。 **前款所列各种费用的缴纳标准,由国务院发展改革部门、财政部门会同国务院专利行政部门按照职责分工规定。国务院财政部门、发展改革部门可以会同国务院专利行政部门根据实际情况对申请专利和办理其他手续应当缴纳的费用种类和标准进行调整。**
第九十四条 专利法和本细则规定的各种费用,**可以直接向国务院专利行政部门缴纳,也可以通过邮局或者银行汇付,或者以国务院专利行政部门规定的其他方式缴纳。** **通过邮局或者银行汇付的,应当在送交国务院专利行政部门的汇单上写明正确的申请号或者专利号以及缴纳的费用名称。不符合本款规定的,视为未办理缴费手续。** 直接向国务院专利行政部门缴纳费用的,以缴纳当日为缴费日;以邮局汇付方式缴纳费用的,以邮局汇出的邮戳日为缴费日;以银行汇付方式缴纳费用的,以银行实际汇出日为缴费日。 多缴、重缴、错缴专利费用的,当事人可以自缴费日起3年内,向国务院专利行政部门提出退款请求,国务院专利行政部门应当予以退还。	**第一百一十一条** 专利法和本细则规定的各种费用,**应当严格按照规定缴纳**。 直接向国务院专利行政部门缴纳费用的,以缴纳当日为缴费日;以邮局汇付方式缴纳费用的,以邮局汇出的邮戳日为缴费日;以银行汇付方式缴纳费用的,以银行实际汇出日为缴费日。 多缴、重缴、错缴专利费用的,当事人可以自缴费日起3年内,向国务院专利行政部门提出退款请求,国务院专利行政部门应当予以退还。
第九十五条 申请人应当自申请日起2个月内或者在收到受理通知书之日起15日内缴纳申请费、公布印刷费和必要的申请附加费;期满未缴纳或者未缴足的,其申请视为撤回。 申请人要求优先权的,应当在缴纳申请费的同时缴纳优先权要求费;期满未缴纳或者未缴足的,视为未要求优先权。	**第一百一十二条** 申请人应当自申请日起2个月内或者在收到受理通知书之日起15日内缴纳申请费、公布印刷费和必要的申请附加费;期满未缴纳或者未缴足的,其申请视为撤回。 申请人要求优先权的,应当在缴纳申请费的同时缴纳优先权要求费;期满未缴纳或者未缴足的,视为未要求优先权。
第九十六条 当事人请求实质审查或者复审的,应当在专利法及本细则规定的相关期限内缴纳费用;期满未缴纳或者未缴足的,视为未提出请求。	**第一百一十三条** 当事人请求实质审查或者复审的,应当在专利法及本细则规定的相关期限内缴纳费用;期满未缴纳或者未缴足的,视为未提出请求。

续表

旧法条	新法条
第九十七条 申请人办理登记手续时,应当缴纳**专利登记费、公告印刷费和**授予专利权当年的年费;期满未缴纳或者未缴足的,视为未办理登记手续。	**第一百一十四条** 申请人办理登记手续时,应当缴纳授予专利权当年的年费;期满未缴纳或者未缴足的,视为未办理登记手续。
第九十八条 授予专利权当年以后的年费应当在上一年度期满前缴纳。专利权人未缴纳或者未缴足的,国务院专利行政部门应当通知专利权人自应当缴纳年费期满之日起6个月内补缴,同时缴纳滞纳金;滞纳金的金额按照每超过规定的缴费时间1个月,加收当年全额年费的5%计算;期满未缴纳的,专利权自应当缴纳年费期满之日起终止。	**第一百一十五条** 授予专利权当年以后的年费应当在上一年度期满前缴纳。专利权人未缴纳或者未缴足的,国务院专利行政部门应当通知专利权人自应当缴纳年费期满之日起6个月内补缴,同时缴纳滞纳金;滞纳金的金额按照每超过规定的缴费时间1个月,加收当年全额年费的5%计算;期满未缴纳的,专利权自应当缴纳年费期满之日起终止。
第九十九条 恢复权利请求费应当在本细则规定的相关期限内缴纳;期满未缴纳或者未缴足的,视为未提出请求。 延长期限请求费应当在相应期限届满之日前缴纳;期满未缴纳或者未缴足的,视为未提出请求。 著录事项变更费、专利权评价报告请求费、无效宣告请求费应当自提出请求之日起1个月内缴纳;期满未缴纳或者未缴足的,视为未提出请求。	**第一百一十六条** 恢复权利请求费应当在本细则规定的相关期限内缴纳;期满未缴纳或者未缴足的,视为未提出请求。 延长期限请求费应当在相应期限届满之日前缴纳;期满未缴纳或者未缴足的,视为未提出请求。 著录事项变更费、专利权评价报告请求费、无效宣告请求费应当自提出请求之日起1个月内缴纳;期满未缴纳或者未缴足的,视为未提出请求。
第一百条 申请人或者专利权人缴纳本细则规定的各种费用有困难的,可以按照规定向国务院专利行政部门提出减缴**或者缓缴**的请求。减缴**或者缓缴**的办法由国务院财政部门会同**国务院价格管理部门**、国务院专利行政部门规定。	**第一百一十七条** 申请人或者专利权人缴纳本细则规定的各种费用有困难的,可以按照规定向国务院专利行政部门提出减缴的请求。减缴的办法由国务院财政部门会同**国务院发展改革部门**、国务院专利行政部门规定。
第十一章 关于发明、实用新型国际申请的特别规定	
第一百零一条 国务院专利行政部门根据**专利法第二十条**规定,受理按照专利合作条约提出的专利国际申请。 按照专利合作条约提出并指定中国的专利国际申请(以下简称国际申请)进入国务院专利行政部门处理阶段(以下称进入中国国家阶段)的条件和程序适用本章的规定;本章没有规定的,适用专利法及本细则其他各章的有关规定。	**第一百一十八条** 国务院专利行政部门根据**专利法第十九条**规定,受理按照专利合作条约提出的专利国际申请。 按照专利合作条约提出并指定中国的专利国际申请(以下简称国际申请)进入国务院专利行政部门处理阶段(以下称进入中国国家阶段)的条件和程序适用本章的规定;本章没有规定的,适用专利法及本细则其他各章的有关规定。
第一百零二条 按照专利合作条约已确定国际申请日并指定中国的国际申请,视为向国务院专利行政部门提出的专利申请,该国际申请日视为专利法第二十八条所称的申请日。	**第一百一十九条** 按照专利合作条约已确定国际申请日并指定中国的国际申请,视为向国务院专利行政部门提出的专利申请,该国际申请日视为专利法第二十八条所称的申请日。
第一百零三条 国际申请的申请人应当在专利合作条约第二条所称的优先权日(本章简称优先权日)起30个月内,向国务院专利行政部门办理进入中国国家阶段的手续;申请人未在该期限内办理该手续的,在缴纳宽限费后,可以在自优先权日起32个月内办理进入中国国家阶段的手续。	**第一百二十条** 国际申请的人应当在专利合作条约第二条所称申请的优先权日(本章简称优先权日)起30个月内,向国务院专利行政部门办理进入中国国家阶段的手续;申请人未在该期限内办理该手续的,在缴纳宽限费后,可以在自优先权日起32个月内办理进入中国国家阶段的手续。

续表

旧法条	新法条
第一百零四条 申请人依照**本细则第一百零三条**的规定办理进入中国国家阶段的手续的，应当符合下列要求： （一）以中文提交进入中国国家阶段的书面声明，写明国际申请号和要求获得的专利权类型； （二）缴纳**本细则第九十三条第一款**规定的申请费、公布印刷费，必要时缴纳**本细则第一百零三条**规定的宽限费； （三）国际申请以外文提出的，提交原始国际申请的说明书和权利要求书的中文译文； （四）在进入中国国家阶段的书面声明中写明发明创造的名称，申请人姓名或者名称、地址和发明人的姓名，上述内容应当与世界知识产权组织国际局（以下简称国际局）的记录一致；国际申请中未写明发明人的，在上述声明中写明发明人的姓名； （五）国际申请以外文提出的，提交摘要的中文译文，有附图和摘要附图的，提交附图副本**和摘要附图副本**，附图中有文字的，将其替换为对应的中文文字；**国际申请以中文提出的，提交国际公布文件中的摘要和摘要附图副本；** （六）在国际阶段向国际局已办理申请人变更手续的，提供变更后的申请人享有申请权的证明材料； （七）必要时缴纳**本细则第九十三条**第一款规定的申请附加费。 符合本条第一款第（一）项至第（三）项要求的，国务院专利行政部门应当给予申请号，明确国际申请进入中国国家阶段的日期（以下简称进入日），并通知申请人其国际申请已进入中国国家阶段。 国际申请已进入中国国家阶段，但不符合本条第一款第（四）项至第（七）项要求的，国务院专利行政部门应当通知申请人在指定期限内补正；期满未补正的，其申请视为撤回。	**第一百二十一条** 申请人依照**本细则第一百二十条**的规定办理进入中国国家阶段的手续的，应当符合下列要求： （一）以中文提交进入中国国家阶段的书面声明，写明国际申请号和要求获得的专利权类型； （二）缴纳**本细则第一百一十条第一款**规定的申请费、公布印刷费，必要时缴纳**本细则第一百二十条**规定的宽限费； （三）国际申请以外文提出的，提交原始国际申请的说明书和权利要求书的中文译文； （四）在进入中国国家阶段的书面声明中写明发明创造的名称，申请人姓名或者名称、地址和发明人的姓名，上述内容应当与世界知识产权组织国际局（以下简称国际局）的记录一致；国际申请中未写明发明人的，在上述声明中写明发明人的姓名； （五）国际申请以外文提出的，提交摘要的中文译文，有附图和摘要附图的，提交附图副本**并指定摘要附图**，附图中有文字的，将其替换为对应的中文文字； （六）在国际阶段向国际局已办理申请人变更手续的，**必要时**提供变更后的申请人享有申请权的证明材料； （七）必要时缴纳**本细则第一百一十条**第一款规定的申请附加费。 符合本条第一款第（一）项至第（三）项要求的，国务院专利行政部门应当给予申请号，明确国际申请进入中国国家阶段的日期（以下简称进入日），并通知申请人其国际申请已进入中国国家阶段。 国际申请已进入中国国家阶段，但不符合本条第一款第（四）项至第（七）项要求的，国务院专利行政部门应当通知申请人在指定期限内补正；期满未补正的，其申请视为撤回。
第一百零五条 国际申请有下列情形之一的，其在中国的效力终止： （一）在国际阶段，国际申请被撤回或者被视为撤回，或者国际申请对中国的指定被撤回的； （二）申请人未在优先权日起32个月内按照**本细则第一百零三条**规定办理进入中国国家阶段手续的； （三）申请人办理进入中国国家阶段的手续，但自优先权日起32个月期限届满仍不符合**本细则第一百零四条**第（一）项至第（三）项要求的。 依照前款第（一）项的规定，国际申请在中国的效力终止的，不适用本细则第六条的规定；依照前款第（二）项、第（三）项的规定，国际申请在中国的效力终止的，不适用本细则第六条第二款的规定。	**第一百二十二条** 国际申请有下列情形之一的，其在中国的效力终止： （一）在国际阶段，国际申请被撤回或者被视为撤回，或者国际申请对中国的指定被撤回的； （二）申请人未在优先权日起32个月内按照**本细则第一百二十条**规定办理进入中国国家阶段手续的； （三）申请人办理进入中国国家阶段的手续，但自优先权日起32个月期限届满仍不符合**本细则第一百二十一条**第（一）项至第（三）项要求的。 依照前款第（一）项的规定，国际申请在中国的效力终止的，不适用本细则第六条的规定；依照前款第（二）项、第（三）项的规定，国际申请在中国的效力终止的，不适用本细则第六条第二款的规定。

续表

旧法条	新法条
第一百零六条　国际申请在国际阶段作过修改,申请人要求以经修改的申请文件为基础进行审查的,应当自进入日起2个月内提交修改部分的中文译文。在该期间内未提交中文译文的,对申请人在国际阶段提出的修改,国务院专利行政部门不予考虑。	**第一百二十三条**　国际申请在国际阶段作过修改,申请人要求以经修改的申请文件为基础进行审查的,应当自进入日起2个月内提交修改部分的中文译文。在该期间内未提交中文译文的,对申请人在国际阶段提出的修改,国务院专利行政部门不予考虑。
第一百零七条　国际申请涉及的发明创造有专利法第二十四条**第(一)项或者第(二)项**所列情形之一,在提出国际申请时作过声明的,申请人应当在进入中国国家阶段的书面声明中予以说明,并自进入日起2个月内提交**本细则第三十条**第三款规定的有关证明文件;未予说明或者期满未提交证明文件的,其申请不适用专利法第二十四条的规定。	**第一百二十四条**　国际申请涉及的发明创造有专利法第二十四条**第(二)项或者第(三)项**所列情形之一,在提出国际申请时作过声明的,申请人应当在进入中国国家阶段的书面声明中予以说明,并自进入日起2个月内提交**本细则第三十三条**第三款规定的有关证明文件;未予说明或者期满未提交证明文件的,其申请不适用专利法第二十四条的规定。
第一百零八条　申请人按照专利合作条约的规定,对生物材料样品的保藏已作出说明的,视为已经满足了**本细则第二十四条**第(三)项的要求。申请人应当在进入中国国家阶段声明中指明记载生物材料样品保藏事项的文件以及在该文件中的具体记载位置。 申请人在原始提交的国际申请的说明书中已记载生物材料样品保藏事项,但是没有在进入中国国家阶段声明中指明的,应当自进入日起4个月内补正。期满未补正的,该生物材料视为未提交保藏。 申请人自进入日起4个月内向国务院专利行政部门提交生物材料样品保藏证明和存活证明的,视为在**本细则第二十四条**第(一)项规定的期限内提交。	**第一百二十五条**　申请人按照专利合作条约的规定,对生物材料样品的保藏已作出说明的,视为已经满足了**本细则第二十七条**第(三)项的要求。申请人应当在进入中国国家阶段声明中指明记载生物材料样品保藏事项的文件以及在该文件中的具体记载位置。 申请人在原始提交的国际申请的说明书中已记载生物材料样品保藏事项,但是没有在进入中国国家阶段声明中指明的,应当自进入日起4个月内补正。期满未补正的,该生物材料视为未提交保藏。 申请人自进入日起4个月内向国务院专利行政部门提交生物材料样品保藏证明和存活证明的,视为在**本细则第二十七条**第(一)项规定的期限内提交。
第一百零九条　国际申请涉及的发明创造依赖遗传资源完成的,申请人应当在国际申请进入中国国家阶段的书面声明中予以说明,并填写国务院专利行政部门制定的表格。	**第一百二十六条**　国际申请涉及的发明创造依赖遗传资源完成的,申请人应当在国际申请进入中国国家阶段的书面声明中予以说明,并填写国务院专利行政部门制定的表格。
第一百一十条　申请人在国际阶段已要求一项或者多项优先权,在进入中国国家阶段时该优先权要求继续有效的,视为已经依照专利法第三十条的规定提出了书面声明。 申请人应当自进入日起2个月内缴纳优先权要求费;期满未缴纳或者未缴足的,视为未要求该优先权。 申请人在国际阶段已依照专利合作条约的规定,提交过在先申请文件副本的,办理进入中国国家阶段手续时不需要向国务院专利行政部门提交在先申请文件副本。申请人在国际阶段未提交在先申请文件副本的,国务院专利行政部门认为必要时,可以通知申请人在指定期限内补交;申请人期满未补交的,其优先权要求视为未提出。	**第一百二十七条**　申请人在国际阶段已要求一项或者多项优先权,在进入中国国家阶段时该优先权要求继续有效的,视为已经依照专利法第三十条的规定提出了书面声明。 申请人应当自进入日起2个月内缴纳优先权要求费;期满未缴纳或者未缴足的,视为未要求该优先权。 申请人在国际阶段已依照专利合作条约的规定,提交过在先申请文件副本的,办理进入中国国家阶段手续时不需要向国务院专利行政部门提交在先申请文件副本。申请人在国际阶段未提交在先申请文件副本的,国务院专利行政部门认为必要时,可以通知申请人在指定期限内补交;申请人期满未补交的,其优先权要求视为未提出。

续表

旧法条	新法条
	第一百二十八条　国际申请的申请日在优先权期限届满之后2个月内，在国际阶段受理局已经批准恢复优先权的，视为已经依照本细则第三十六条的规定提出了恢复优先权请求；在国际阶段申请人未请求恢复优先权，或者提出了恢复优先权请求但受理局未批准，申请人有正当理由的，可以自进入日起2个月内向国务院专利行政部门请求恢复优先权。
第一百一十一条　在优先权日起30个月期满前要求国务院专利行政部门提前处理和审查国际申请的，申请人除应当办理进入中国国家阶段手续外，还应当依照专利合作条约第二十三条第二款规定提出请求。国际局尚未向国务院专利行政部门传送国际申请的，申请人应当提交经确认的国际申请副本。	**第一百二十九条**　在优先权日起30个月期满前要求国务院专利行政部门提前处理和审查国际申请的，申请人除应当办理进入中国国家阶段手续外，还应当依照专利合作条约第二十三条第二款规定提出请求。国际局尚未向国务院专利行政部门传送国际申请的，申请人应当提交经确认的国际申请副本。
第一百一十二条　要求获得实用新型专利权的国际申请，申请人可以自进入日起2个月内对专利申请文件主动提出修改。 要求获得发明专利权的国际申请，适用**本细则第五十一条**第一款的规定。	**第一百三十条**　要求获得实用新型专利权的国际申请，申请人可以自进入日起2个月内对专利申请文件主动提出修改。 要求获得发明专利权的国际申请，适用**本细则第五十七条**第一款的规定。
第一百一十三条　申请人发现提交的说明书、权利要求书或者附图中的文字的中文译文存在错误的，可以在下列规定期限内依照原始国际申请文本提出改正： （一）在国务院专利行政部门作好公布发明专利申请或者公告实用新型专利权的准备工作之前； （二）在收到国务院专利行政部门发出的发明专利申请进入实质审查阶段通知书之日起3个月内。 申请人改正译文错误的，应当提出书面请求并缴纳规定的译文改正费。 申请人按照国务院专利行政部门的通知书的要求改正译文的，应当在指定期限内办理本条第二款规定的手续；期满未办理规定手续的，该申请视为撤回。	**第一百三十一条**　申请人发现提交的说明书、权利要求书或者附图中的文字的中文译文存在错误的，可以在下列规定期限内依照原始国际申请文本提出改正： （一）在国务院专利行政部门做好公布发明专利申请或者公告实用新型专利权的准备工作之前； （二）在收到国务院专利行政部门发出的发明专利申请进入实质审查阶段通知书之日起3个月内。 申请人改正译文错误的，应当提出书面请求并缴纳规定的译文改正费。 申请人按照国务院专利行政部门的通知书的要求改正译文的，应当在指定期限内办理本条第二款规定的手续；期满未办理规定手续的，该申请视为撤回。
第一百一十四条　对要求获得发明专利权的国际申请，国务院专利行政部门经初步审查认为符合专利法和本细则有关规定的，应当在专利公报上予以公布；国际申请以中文以外的文字提出的，应当公布申请文件的中文译文。 要求获得发明专利权的国际申请，由国际局以中文进行国际公布的，自国际公布日起适用专利法第十三条的规定；由国际局以中文以外的文字进行国际公布的，自国务院专利行政部门公布之日起适用专利法第十三条的规定。	**第一百三十二条**　对要求获得发明专利权的国际申请，国务院专利行政部门经初步审查认为符合专利法和本细则有关规定的，应当在专利公报上予以公布；国际申请以中文以外的文字提出的，应当公布申请文件的中文译文。 要求获得发明专利权的国际申请，由国际局以中文进行国际公布的，自国际公布日**或者国务院专利行政部门公布之日**起适用专利法第十三条的规定；由国际局以中文以外的文字进行国际公布的，自国务院专利行政部门公布之日起适用专利法第十三条的规定。

续表

旧法条	新法条
第一百一十五条 国际申请包含两项以上发明或者实用新型的，申请人可以自进入日起，依照**本细则第四十二条**第一款的规定提出分案申请。 在国际阶段，国际检索单位或者国际初步审查单位认为国际申请不符合专利合作条约规定的单一性要求时，申请人未按照规定缴纳附加费，导致国际申请某些部分未经国际检索或者未经国际初步审查，在进入中国国家阶段时，申请人要求将所述部分作为审查基础，国务院专利行政部门认为国际检索单位或者国际初步审查单位对发明单一性的判断正确的，应当通知申请人在指定期限内缴纳单一性恢复费。期满未缴纳或者未足额缴纳的，国际申请中未经检索或者未经国际初步审查的部分视为撤回。	**第一百三十三条** 国际申请包含两项以上发明或者实用新型的，申请人可以自进入日起，依照**本细则第四十八条**第一款的规定提出分案申请。 在国际阶段，国际检索单位或者国际初步审查单位认为国际申请不符合专利合作条约规定的单一性要求时，申请人未按照规定缴纳附加费，导致国际申请某些部分未经国际检索或者未经国际初步审查，在进入中国国家阶段时，申请人要求将所述部分作为审查基础，国务院专利行政部门认为国际检索单位或者国际初步审查单位对发明单一性的判断正确的，应当通知申请人在指定期限内缴纳单一性恢复费。期满未缴纳或者未足额缴纳的，国际申请中未经检索或者未经国际初步审查的部分视为撤回。
第一百一十六条 国际申请在国际阶段被有关国际单位拒绝给予国际申请日或者宣布视为撤回的，申请人在收到通知之日起2个月内，可以请求国际局将国际申请档案中任何文件的副本转交国务院专利行政部门，并在该期限内向国务院专利行政部门办理**本细则第一百零三条**规定的手续，国务院专利行政部门应当在接到国际局传送的文件后，对国际单位作出的决定是否正确进行复查。	**第一百三十四条** 国际申请在国际阶段被有关国际单位拒绝给予国际申请日或者宣布视为撤回的，申请人在收到通知之日起2个月内，可以请求国际局将国际申请档案中任何文件的副本转交国务院专利行政部门，并在该期限内向国务院专利行政部门办理**本细则第一百二十条**规定的手续，国务院专利行政部门应当在接到国际局传送的文件后，对国际单位作出的决定是否正确进行复查。
第一百一十七条 基于国际申请授予的专利权，由于译文错误，致使依照**专利法第五十九条**规定确定的保护范围超出国际申请的原文所表达的范围的，以依据原文限制后的保护范围为准；致使保护范围小于国际申请的原文所表达的范围的，以授权时的保护范围为准。	**第一百三十五条** 基于国际申请授予的专利权，由于译文错误，致使依照**专利法第六十四条**规定确定的保护范围超出国际申请的原文所表达的范围的，以依据原文限制后的保护范围为准；致使保护范围小于国际申请的原文所表达的范围的，以授权时的保护范围为准。
第十二章　关于外观设计国际申请的特别规定	
	第一百三十六条　国务院专利行政部门根据专利法第十九条第二款、第三款规定，处理按照工业品外观设计国际注册海牙协定(1999年文本)(以下简称海牙协定)提出的外观设计国际注册申请。 **国务院专利行政部门处理按照海牙协定提出并指定中国的外观设计国际注册申请(简称外观设计国际申请)的条件和程序适用本章的规定；本章没有规定的，适用专利法及本细则其他各章的有关规定。**
	第一百三十七条　按照海牙协定已确定国际注册日并指定中国的外观设计国际申请，视为向国务院专利行政部门提出的外观设计专利申请，该国际注册日视为专利法第二十八条所称的申请日。
	第一百三十八条　国际局公布外观设计国际申请后，国务院专利行政部门对外观设计国际申请进行审查，并将审查结果通知国际局。

续表

旧法条	新法条
	第一百三十九条 国际局公布的外观设计国际申请中包括一项或者多项优先权的，视为已经依照专利法第三十条的规定提出了书面声明。 外观设计国际申请的申请人要求优先权的，应当自外观设计国际申请公布之日起3个月内提交在先申请文件副本。
	第一百四十条 外观设计国际申请涉及的外观设计有专利法第二十四条第（二）项或者第（三）项所列情形的，应当在提出外观设计国际申请时声明，并自外观设计国际申请公布之日起2个月内提交本细则第三十三条第三款规定的有关证明文件。
	第一百四十一条 一件外观设计国际申请包括两项以上外观设计的，申请人可以自外观设计国际申请公布之日起2个月内，向国务院专利行政部门提出分案申请，并缴纳费用。
	第一百四十二条 国际局公布的外观设计国际申请中包括含设计要点的说明书的，视为已经依照本细则第三十一条的规定提交了简要说明。
	第一百四十三条 外观设计国际申请经国务院专利行政部门审查后没有发现驳回理由的，由国务院专利行政部门作出给予保护的决定，通知国际局。 国务院专利行政部门作出给予保护的决定后，予以公告，该外观设计专利权自公告之日起生效。
	第一百四十四条 已在国际局办理权利变更手续的，申请人应当向国务院专利行政部门提供有关证明材料。
第十三章 附 则	
第一百一十八条 经国务院专利行政部门同意，任何人均可以查阅或者复制已经公布或者公告的专利申请的案卷和专利登记簿，并可以请求国务院专利行政部门出具专利登记簿副本。 已视为撤回、驳回和主动撤回的专利申请的案卷，自该专利申请失效之日起满2年后不予保存。 已放弃、宣告全部无效和终止的专利权的案卷，自该专利权失效之日起满3年后不予保存。	**第一百四十五条** 经国务院专利行政部门同意，任何人均可以查阅或者复制已经公布或者公告的专利申请的案卷和专利登记簿，并可以请求国务院专利行政部门出具专利登记簿副本。 已视为撤回、驳回和主动撤回的专利申请的案卷，自该专利申请失效之日起满2年后不予保存。 已放弃、宣告全部无效和终止的专利权的案卷，自该专利权失效之日起满3年后不予保存。
第一百一十九条 向国务院专利行政部门提交申请文件或者办理各种手续，应当由申请人、专利权人、其他利害关系人或者其代表人签字或者盖章；委托专利代理机构的，由专利代理机构盖章。 请求变更发明人姓名、专利申请人和专利权人的姓名或者名称、国籍和地址、专利代理机构的名称、地址和**代理人**姓名的，应当向国务院专利行政部门办理著录事项变更手续，**并附具**变更理由的证明材料。	**第一百四十六条** 向国务院专利行政部门提交申请文件或者办理各种手续，应当由申请人、专利权人、其他利害关系人或者其代表人签字或者盖章；委托专利代理机构的，由专利代理机构盖章。 请求变更发明人姓名、专利申请人和专利权人的姓名或者名称、国籍和地址、专利代理机构的名称、地址和**专利代理师**姓名的，应当向国务院专利行政部门办理著录事项变更手续，**必要时应当提交**变更理由的证明材料。

续表

旧法条	新法条
第一百二十条 向国务院专利行政部门邮寄有关申请或者专利权的文件,应当使用挂号信函,不得使用包裹。 除首次提交专利申请文件外,向国务院专利行政部门提交各种文件、办理各种手续的,应当标明申请号或者专利号、发明创造名称和申请人或者专利权人姓名或者名称。 一件信函中应当只包含同一申请的文件。	**第一百四十七条** 向国务院专利行政部门邮寄有关申请或者专利权的文件,应当使用挂号信函,不得使用包裹。 除首次提交专利申请文件外,向国务院专利行政部门提交各种文件、办理各种手续的,应当标明申请号或者专利号、发明创造名称和申请人或者专利权人姓名或者名称。 一件信函中应当只包含同一申请的文件。
第一百二十一条 **各类申请文件应当打字或者印刷,字迹呈黑色,整齐清晰,并不得涂改。附图应当用制图工具和黑色墨水绘制,线条应当均匀清晰,并不得涂改。** **请求书、说明书、权利要求书、附图和摘要应当分别用阿拉伯数字顺序编号。** **申请文件的文字部分应当横向书写。纸张限于单面使用。**	
第一百二十二条 国务院专利行政部门根据专利法和本细则制定专利审查指南。	**第一百四十八条** 国务院专利行政部门根据专利法和本细则制定专利审查指南。
第一百二十三条 本细则自2001年7月1日起施行。1992年12月12日国务院批准修订、1992年12月21日中国专利局发布的《中华人民共和国专利法实施细则》同时废止。	**第一百四十九条** 本细则自2001年7月1日起施行。1992年12月12日国务院批准修订、1992年12月21日中国专利局发布的《中华人民共和国专利法实施细则》同时废止。

商　　法

【大纲新增考点·法条说明】

2024年,由于《公司法》的修订,大纲商法学科第一章考点变化较大,修订后的第一章考点内容如下:

第一节　公司法总则

公司的概念与特征(公司的概念　公司的营利性　公司的独立财产　公司的独立责任)　公司的分

类(公司的不同分类标准及其意义　有限责任公司与股份有限公司　封闭式公司与开放式公司　人合公司与资合公司　总公司与分公司　母公司与子公司)　公司法定代表人(可以担任公司法定代表人的范围　法定代表人越权行为的后果)　公司股东的权利和义务　公司对外担保的效力　公司法人人格否认制度(纵向法人人格否认　横向法人人格否认　一人公司法人人格否认)　公司决议(公司决议效力的类型　公司决议的无效　公司决议的撤销事由　公司决议的撤销程序　公司决议轻微瑕疵的效力　公司决议不成立　公司决议无效、被撤销、不成立的法律后果)

第二节　公司登记

公司设立登记的概念　公司登记的类型　公司登记事项的公示

第三节　有限责任公司的设立与组织机构

有限责任公司的特征(股东人数的要求　设立程序的简便　股权对外转让的限制性要求　封闭性)　公司设立的方式(发起设立募集设立)　有限责任公司的设立条件(注册资本　5年限期实缴制　出资方式　出资程序　有限责任公司章程的记载事项　公司章程的效力)　有限责任公司的设立程序　有限责任公司的组织机构(股东会及其职权　股东会的召集与决议规则　董事会及其职权　董事会的组成　监事会及其职责)

第四节　有限责任公司的股权转让

股权对外转让的规则(通知义务　其他股东的优先购买权)　异议股东的股权收购请求权

第五节　股份有限公司的设立和组织机构

股份有限公司的特征(资本的股份化　开放性)　股份有限公司的设立和方式　股份有限公司的组织机构(股东会及其职权　股东会的召集与召开　累积投票权　董事会及其职权　董事会的召集与召开　审计委员会及其职责　监事会及其职责)　上市公司组织机构的特别规定(审计委员会的职责　独立董事　董事会秘书)

第六节　股份有限公司的股份发行和转让

股份的概念与特征　股票的概念和特征　股份与股票的联系与区别　股东名册及其意义　股票的类型(记名股票与无记名股票　面额股与无面额股　普通股与优先股)　类别股制度　股份的发行(发行的原则　发行的程序)　股份的转让规则(股份转让的限制)　股份回购规则(股份有限公司回购本公司股份的法定情形)　异议股东的股份回购请求权(产生回购请求权的法定情形)

第七节　国家出资公司组织机构的特别规定

国家出资公司的概念　国家出资公司的类型　国有独资公司的概念　国有独资公司

第八节　公司的董事、监事、高级管理人员的资格和义务

董事、监事、高级管理人员的消极任职资格及董事、监事、高级管理人员消极任职资格的法律后果　董事、监事、高级管理人员的义务　董事、监事、高级管理人员的责任追究制度(股东直接诉讼　股东代表诉讼)

第九节　公司债券

（参见商法第七章证券法的相关内容）

第十节　公司的财务与会计制度

公司的财务会计报告制度　公司的收益分配制度（公司收益分配顺序　股东利润的分配　公积金）

第十一节　公司的合并、分立、增资、减资

公司合并的种类（吸收合并　新设合并）　公司合并的程序（合并协议　对债权人的通知　合并公告　对债权人的救济）　简易合并的条件与程序　公司合并的法律效果（对公司主体资格的影响　合并后公司债权债务的承担）　公司分立的种类（派生分立　新设分立）　公司分立的程序（分立协议　对债权人的通知　分立公告）　公司分立的法律效果　公司的增资（公司增资的方式　公司增资的程序　公司增资时原股东的优先认股权）　公司的减资（同比例减资原则　公司减资的程序公司简易减资）　简易减资的适用条件与程序

第十二节　公司的解散与清算

公司的解散（公司解散的事由　一般解散的原因　强制解散的原因　股东请求解散）　公司的清算（清算组的成立　清算义务人　清算组的职责　清偿顺序　剩余财产的分割）　公司的注销（普通注销　简易注销　强制注销）

第十三节　外国公司的分支机构

外国公司分支机构的设立条件　外国公司分支机构的设立程序　外国公司分支机构的解散和清算

大纲附录法律法规

项　目	法律法规
修订法规	**中华人民共和国公司法** （1993 年 12 月 29 日第八届全国人民代表大会常务委员会第五次会议通过　根据 1999 年 12 月 25 日第九届全国人民代表大会常务委员会第十三次会议《关于修改〈中华人民共和国公司法〉的决定》第一次修正　根据 2004 年 8 月 28 日第十届全国人民代表大会常务委员会第十一次会议《关于修改〈中华人民共和国公司法〉的决定》第二次修正　2005 年 10 月 27 日第十届全国人民代表大会常务委员会第十八次会议第一次修订　根据 2013 年 12 月 28 日第十二届全国人民代表大会常务委员会第六次会议《关于修改〈中华人民共和国海洋环境保护法〉等七部法律的决定》第三次修正　根据 2018 年 10 月 26 日第十三届全国人民代表大会常务委员会第六次会议《关于修改〈中华人民共和国公司法〉的决定》第四次修正　2023 年 12 月 29 日第十四届全国人民代表大会常务委员会第七次会议第二次修订）

2020～2023 年大纲新增考点对照

<table>
<tr><th>年 份</th><th>章 节</th><th>新增与变化考点·法条</th></tr>
<tr><td>2023</td><td colspan="2">无</td></tr>
<tr><td rowspan="6">2022</td><td>第十章第一节“信托制度概述”</td><td>信托制度的起源及在我国的发展现状　信托的概念与特征　信托的种类</td></tr>
<tr><td>第十章第二节“信托的设立”</td><td>信托设立“三确定”原则（信托财产确定性原则　受益人确定性原则　信托目的确定性原则）　信托合同（合同主体　要式性与诺成性　有偿性　信托合同条款　信托存续期限）　信托的成立与生效　信托无效　委托人的债权人对信托的撤销　遗嘱信托设立上的特别规定</td></tr>
<tr><td>第十章第三节“信托财产”</td><td>信托财产的范围　信托财产的独立性（信托财产之于委托人的独立性　信托财产之于受托人的独立性　信托财产之于受益人的独立性）　信托财产登记与信托登记</td></tr>
<tr><td>第十章第四节“信托当事人”</td><td>委托人（委托人的权利　委托人的义务）　受托人（受托人的义务　受托人的权利）　受益人（信托受益权　受益人的其他权利）</td></tr>
<tr><td>第十章第五节“信托的变更与终止”</td><td>信托变更的概念及其具体情形　信托的终止（信托的连续性　信托终止的事由　信托终止的法律后果）</td></tr>
<tr><td colspan="2">增加法律法规：中华人民共和国信托法</td></tr>
<tr><td>2021</td><td colspan="2">修订法律法规：
（1）最高人民法院关于适用《中华人民共和国公司法》若干问题的规定（二）
（2）最高人民法院关于适用《中华人民共和国公司法》若干问题的规定（三）
（3）最高人民法院关于适用《中华人民共和国公司法》若干问题的规定（四）
（4）最高人民法院关于适用《中华人民共和国公司法》若干问题的规定（五）
（5）最高人民法院关于适用《中华人民共和国企业破产法》若干问题的规定（二）
（6）最高人民法院关于适用《中华人民共和国企业破产法》若干问题的规定（三）
（7）最高人民法院关于适用《中华人民共和国保险法》若干问题的解释（二）
（8）最高人民法院关于适用《中华人民共和国保险法》若干问题的解释（三）
（9）最高人民法院关于适用《中华人民共和国保险法》若干问题的解释（四）</td></tr>
<tr><td rowspan="2">2020</td><td>第七章“证券法”</td><td>全章考点修订、调整</td></tr>
<tr><td colspan="2">1.增加法律法规：最高人民法院关于适用《中华人民共和国公司法》若干问题的规定（五）
2.修订法律法规：中华人民共和国证券法</td></tr>
</table>

【大纲新增、变化考点解读】

☞ 2024 考点 1　名义股东与实际股东

所谓名义股东，是指登记于股东名册及公司登记机关的登记文件，但事实上并没有真实向公司出资，并且也不会向公司出资的人。从形式上而言，名义股东是公司的股东，需承担一定的股东义务，但这种义务主要是从保护善意的交易第三人出发的，至于名义股东与实际股东之间的法律关系，则主要从合同法律规定的角度予以规制。所谓实际出资人或者实际股东，就是向公司履行了出资义务，并且实际享有股东权利但其姓名或者名称并未记载于公司股东名册及公司登记机关的登记文件的人。实际股东也被称为隐名股东，名义股东也被称为显名股东。

实践中，名义股东与实际股东往往签订协议，一般称为持股协议或者代持协议，对双方当事人的权利义务包括如何参加公司股东会会议、行使股东权等有明确约定。这种协议并不违反《公司法》的强制性规定，是有效的合同。《最高人民法院关于适用〈中华人民共和国公司法〉若干问题的规定(三)》(以下简称《公司法规定(三)》)第 24 条第 1 款规定，有限责任公司的实际出资人与名义出资人订立合同，约定由实际出资人出资并享有投资权益，以名义出资人为名义股东，实际出资人与名义股东对该合同效力发生争议的，如无法律规定的无效的情形，人民法院应当认定该合同有效。

如果实际出资人与名义股东因投资权益的归属发生争议，实际出资人以其实际履行了出资义务为由向名义股东主张权利的，人民法院应支持其请求。名义股东以公司股东名册记载、公司登记机关登记为由否认实际出资人权利的，则不予支持。这就是对于名义股东与实际股东事项采取的实际出资原则。

但是，就其法律上或者名义上而言，名义股东仍然是合法的股东。实际股东如果想要“浮出水面”，取代名义股东的法律地位，必须履行相关的股权转让手续。实际出资人能够提供证据证明有限责任公司过半数的其他股东知道其实际出资的事实，且对其实际行使股东权利未曾提出异议的，对实际出资人提出的登记为公司股东的请求，人民法院依法予以支持。实际出资人未经公司其他股东半数以上同意，请求公司变更股东、签发出资证明书、记载于股东名册、记载于公司章程并办理公司登记机关登记的，人民法院不予支持。换言之，必须履行相关的股权转让手续后，实际股东才能成为法律意义上的股东，做到“名实相符”。若涉及对善意第三人利益保护时，名义股东和实际股东均须承担相应的责任；若涉及名义股东与实际股东之间的利益时，以合同约定为准并兼顾实际出资的原则；若涉及股东资格的认定，则需符合《公司法》的相关规定。

如果名义股东将登记于其名下的股权进行了诸如转让、质押或者以其他方式处分，实际出资人以其对于股权享有实际权利、名义股东不享有实际权利为由，请求认定处分股权行为无效的，人民法院可以参照民事法律关于善意取得的规定处理。也就是说，如果股权的受让人不知名义股东为名义股东、背后尚有实际股东之情事，则其为善意，股权转让行为有效；若受让人明知名义股东为名义股东、背后尚有实际股东之事实，仍然与名义股东签订股权转让协议受让股权的，其为恶意，不能取得股权。在受让人善意取得的情况下，如果名义股东处分股权造成实际出资人损失的，实际出资人可以请求名义股东承担赔偿责任。

就对外责任而言，如果公司债权人以登记于公司登记机关的名义股东未履行出资义务为由，请求其对公司债务不能清偿的部分在未出资本息范围内承担补充赔偿责任，股东以其仅为名义股东而非实际出资人为由进行抗辩的，该抗辩不能成立，名义股东应当承担出资不足或者出资不实的赔偿责任。名义股东承担上述赔偿责任后，有权向实际出资人追偿。

但是，冒用他人名义出资并将该他人作为股东在公司登记机关登记的，冒名登记行为人，也就是所谓的冒名股东，应当承担相应责任；公司、其他股东或者公司债权人以未履行出资义务为由，请求被冒名登记为股东的承担补足出资责任或者对公司债务不能清偿部分的赔偿责任的，人民法院不予支持。

☞ 2024 考点2　公司对外担保

公司对外担保，是指公司为除自己以外的第三人提供担保，当第三人不履行债务时，由公司代为履行债务。公司提供担保的主要方式，有保证、抵押、质押等。与公司为自身业务提供担保属于自益行为不同，公司对外提供担保往往是一种单务行为，担保的风险由公司承担，并将进一步影响股东的利益，这涉及公司的根本利益。因此，《公司法》对公司担保行为作了限制性规定。

1.公司为股东或者实际控制人提供担保。依据《公司法》第15条规定，公司为公司股东或者实际控制人提供担保时，须依法进行。

(1)公司为公司股东或者实际控制人提供担保，该事项的决议机关只能是公司股东会，由股东会作出决议方可。公司董事会无权作出决议。

(2)公司为公司股东或者实际控制人提供担保，接受公司担保的股东或者接受公司担保的实际控制人支配的股东，不得参加对于该股东或者实际控制人的担保事项的表决。这被称为关联股东表决权回避规则。

(3)公司为公司股东或者实际控制人提供担保，该项表决由出席会议的无关联关系的其他股东所持表决权的过半数通过方可。

2.公司为股东和实际控制人以外的他人提供担保的。依据《公司法》第15条规定，公司为非公司股东或者实际控制人的其他主体的债务提供担保时，须依章程进行。按照公司章程的规定，该担保事项可以由董事会或者股东会决议；公司章程对担保的总额及单项担保的数额有限额规定的，不得超过规定的限额。

3.公司越权担保的效力判断和责任承担。司法实务中，可能会出现公司提供担保未经股东会或者董事会决议，而由法定代表人在担保合同上签字盖章而形成的担保，此种未经决议机关决议的公司担保被称为“越权担保”。参照《九民纪要》第17条规定，公司担保行为不是法定代表人所能单独决定的事项，而必须以公司股东(大)会、董事会等公司机关的决议作为授权的基础和来源。法定代表人未经授权擅自为他人提供担保的，构成越权代表，人民法院应当根据《民法典》关于法定代表人越权代表的规定，区分订立合同时债权人是否善意分别认定合同效力：债权人善意的，合同有效；反之，合同无效。《最高人民法院关于适用〈中华人民共和国民法典〉有关担保制度的解释》(以下简称《民法典担保制度司法解释》)第7条第1款规定，公司的法定代表人违反公司法关于公司对外担保决议程序的规定，超越权限代表公司与相对人订立担保合同，人民法院应当依照《民法典》第61条和第504条等规定处理：(1)相对人善意的，担保合同对公司发生效力；相对人请求公司承担担保责任的，人民法院应予支持。(2)相对人非善意的，担保合同对公司不发生效力；相对人请求公司承担赔偿责任的，参照适用本解释第17条的有关规定。

(1)相对人(被担保人)善意的认定。《民法典担保制度司法解释》第7条第3款规定，此处的善意，是指相对人在订立担保合同时不知道且不应当知道法定代表人超越权限。相对人有证据证明已对公司决议进行了合理审查,人民法院应当认定其构成善意,但是公司有证据证明相对人知道或者应当知道决议系伪造、变造的除外。

《九民纪要》第18条规定,根据《民法典》第61条第3款关于"法人章程或者法人权力机构对法定代表人代表权的限制,不得对抗善意相对人"的规定,只要债权人能够证明其在订立担保合同时对董事会决议或者股东(大)会决议进行了审查,同意决议的人数及签字人员符合公司章程的规定,就应当认定其构成善意,但公司能够证明债权人明知公司章程对决议机关有明确规定的除外。债权人对公司机关决议内容的审查一般限于形式审查,只要求尽到必要的注意义务即可,标准不宜太过严苛。公司以机关决议系法定代表人伪造或者变造、决议程序违法、签章(名)不实、担保金额超过法定限额等事由抗辩债权人非善意的,人民法院一般不予支持。但是,公司有证据证明债权人明知决议系伪造或者变造的除外。

根据《民法典担保制度司法解释》第8条规定,有下列情形之一,公司以其未依照公司法关于公司对外担保的规定作出决议为由主张不承担担保责任的,人民法院不予支持:①金融机构开立保函或者担保公司提供担保;②公司为其全资子公司开展经营活动提供担保;③担保合同系由单独或者共同持有公司2/3以上对担保事项有表决权的股东签字同意。上市公司对外提供担保,不适用前款第2项、第3项的规定。第9条规定,相对人根据上市公司公开披露的关于担保事项已经董事会或者股东大会决议通过的信息,与上市公司订立担保合同,相对人主张担保合同对上市公司发生效力,并由上市公司承担担保责任的,人民法院应予支持。相对人未根据上市公司公开披露的关于担保事项已经董事会或者股东大会决议通过的信息,与上市公司订立担保合同,上市公司主张担保合同对其不发生效力,且不承担担保责任或者赔偿责任的,人民法院应予支持。相对人与上市公司已公开披露的控股子公司订立的担保合同,或者相对人与股票在国务院批准的其他全国性证券交易场所交易的公司订立的担保合同,适用前两款规定。第10条规定,一人有限责任公司为其股东提供担保,公司以违反公司法关于公司对外担保决议程序的规定为由主张不承担担保责任的,人民法院不予支持。公司因承担担保责任导致无法清偿其他债务,提供担保时的股东不能证明公司财产独立于自己的财产,其他债权人请求该股东承担连带责任的,人民法院应予支持。

(2)相对人(被担保人)不构成善意,则可能承担缔约过失责任。此时适用《民法典担保制度司法解释》第17条规定,主合同有效而第三人提供的担保合同无效,人民法院应当区分不同情形确定担保人的赔偿责任:①债权人与担保人均有过错的,担保人承担的赔偿责任不应超过债务人不能清偿部分的1/2;②担保人有过错而债权人无过错的,担保人对债务人不能清偿的部分承担赔偿责任;③债权人有过错而担保人无过错的,担保人不承担赔偿责任。主合同无效导致第三人提供的担保合同无效,担保人无过错的,不承担赔偿责任;担保人有过错的,其承担的赔偿责任不应超过债务人不能清偿部分的1/3。即若公司对法定代表人的越权担保被人民法院认定有过错,则可能因该过程而需承担小于等于债务人不能清偿部分的1/2的缔约过失责任。

(3)法定代表人超越权限提供担保造成公司损失,公司有权请求法定代表人承担因此给公司造成的损失的赔偿责任。

☞ 2024 考点3　股东红利分配请求权的行使

1.红利分配请求权的司法救济与诉讼当事人。公司股东如果认为公司没有按照公司章程或者《公司法》的规定进行股息或者利润分配,可以通过诉讼途径行使自己的红利分配请求权。股东请求公司分配利润案件,应当列公司为被告,即使是股东(特别是小股东)认为公司拒绝进行利润分配是大股东控制的结果,也仍然只能以公司为被告提起此等诉讼。法院受理关于股息与红利分配纠纷案件后,在一审法庭辩论终结前,其他股东基于同一分配方案请求分配利润并申请参加诉讼的,应当将其他股东列为共同原告。

2.红利分配请求权纠纷的实体处理。在红利分配请求权纠纷案件中,如果公司曾经作出了进行利润分配的决议,嗣后却又拒绝按照该决议进行实际的利润分配,股东如果向法院提交了载明具体分配方案的股东会的有效决议,请求公司分配利润,而公司拒绝分配利润且其关于无法执行决议的抗辩理由不成立的,人民法院应当判决公司按照决议载明的具体分配方案向股东分配利润。相反,如果股东未提交载明具体分配方案的股东会,请求公司分配利润的,人民法院应当驳回其诉讼请求。例外的情形是,如果股东能够证明公司违反法律规定滥用股东权利导致公司不分配利润,给其他股东造成损失的,则法院应当支持股东的诉讼请求。至于利润分配的完成时限,分配方案中有规定的,以分配方案为准;分配方案中没有规定的,以公司章程为准;分配方案和公司章程中均没有规定,或者有规定但时限超过1年的,则应当在1年内分配完毕。

☞ 2024 考点4 公司决议的无效

1.公司决议无效的原因。《公司法》第25条规定,公司股东会、董事会的决议内容违反法律、行政法规的无效。股东会决议无效的原因如下:

(1)违反法律和行政法规的决议无效。股东会是公司的权力机构、董事会是公司的执行机构,股东会和董事会依法作出的决议,体现的是公司的意志,其内容对股东相互之间、股东与公司之间、董事、监事、高级管理人员与公司之间的法律关系乃至公司与债权人之间的法律关系影响重大,公司的经营管理运行和重大事项的决策必须依法进行。因此,公司法规定了股东会、董事会决议内容违反法律、行政法规的无效。《民法典》第153条第1款规定,违反法律、行政法规的强制性规定的民事法律行为无效。但是,该强制性规定不导致该民事法律行为无效的除外。至于何为“违反强制性规定不导致该民事法律行为无效”的例外情形,《合同编通则解释》第16条第1款规定,合同违反法律、行政法规的强制性规定,有下列情形之一,由行为人承担行政责任或者刑事责任能够实现强制性规定的立法目的的,人民法院可以依据《民法典》第153条第1款关于“该强制性规定不导致该民事法律行为无效的除外”的规定认定该合同不因违反强制性规定无效:①强制性规定虽然旨在维护社会公共秩序,但是合同的实际履行对社会公共秩序造成的影响显著轻微,认定合同无效将导致案件处理结果有失公平公正;②强制性规定旨在维护政府的税收、土地出让金等国家利益或者其他民事主体的合法利益而非合同当事人的民事权益,认定合同有效不会影响该规范目的的实现;③强制性规定旨在要求当事人一方加强风险控制、内部管理等,对方无能力或者无义务审查合同是否违反强制性规定,认定合同无效将使其承担不利后果;④当事人一方虽然在订立合同时违反强制性规定,但是在合同订立后其已经具备补正违反强制性规定的条件却违背诚信原则不予补正;⑤法律、司法解释规定的其他情形。股东会、董事会决议若出现符合《民法典》第153条第1款规定,且不具有《合同编通则解释》第16条第1款规定情形的,则属于无效决议。

(2)违反公序良俗的决议无效。如前所述,依据民法典规定,公司决议属于民事法律行为。《民法典》第153条第2款规定,违背公序良俗的民事法律行为无效。《合同编通则解释》第17条第1款规定,合同虽然不违反法律、行政法规的强制性规定,但是有下列情形之一,人民法院应当依据《民法典》第153条第2款的规定认定合同无效:①合同影响政治安全、经济安全、军事安全等国家安全的;②合同影响社会稳定、公平竞争秩序或者损害社会公共利益等违背社会公共秩序的;③合同背离社会公德、家庭伦理或者有损人格尊严等违背善良风俗的。故公司决议所出现上述法律和司法解释规定的情形的,则会被人民法院依法判定为决议无效。

2.公司决议无效的确认程序。我国公司法目前仅规定了决议可撤销的诉讼行使程序,未规定决议无效以及决议不成立的诉讼程序,但依据相关公司法理以及法律行为的基础理论,决议无效与未成立也应当通过诉讼程序加以行使。《公司法》第 25 条并未规定提起股东会、董事会决议无效之诉的主体,按照法律行为无效的基础法理,在决议无效的类型下,任何人均应当有权提起无效之诉。但监事会是法定的公司监督机构,若发现股东会和董事会决议存在无效情形,监事会依法应当提起诉讼维护股东利益和公司利益。同样,与决议存在利益相关的第三人应当同样可以提起股东会、董事会决议的无效之诉。

☞ 2024 考点 5 公司决议的撤销

1.公司决议撤销的事由。依据《公司法》第 26 条的规定,公司决议可撤销的事由主要包括:

(1)会议召集程序违反法律、行政法规或公司章程,例如由没有召集权的人召集会议;未向部分股东召集,或通知时间、通知方法不合法,通知内容不齐全等。

(2)会议的表决方式违反法律、行政法规或公司章程。《公司法》第 24 条规定,公司股东会、董事会、监事会召开会议和表决可以采用电子通信方式,公司章程另有规定的除外。这是对公司决议方式的规定。如出现特别决议事项以普通决议来表决、决议通过的股份数不满足法定要求、或表决权计算违法以及表决过程中存在以商业利益交换拉票行为等情形,或者违反公司章程对于会议决议方式约定的情形的,都属于可以撤销的情形。

(3)会议决议内容违反公司章程,如公司大股东通过 2/3 多数决方式通过了以侵害小股东利益为内容的决议,侵害了公司章程赋予公司和小股东的利益,即属于可撤销的情形。当然,若决议各项内容具有可分性,也会出现部分决议事项被撤销的情形。

2.公司决议撤销的程序与除斥期间。依公司法规定,我国有权提起决议撤销之诉的主体只能是股东。至于提起撤销之诉的股东是否参与表决、是否投赞成票,《公司法》对此并未明确规定。我们认为,应当允许其提起撤销之诉,这可以保护那些虽然在表决中同意议案但并不知道召集程序或表决方法有瑕疵的股东的利益,并且也能起到督促公司股东会在召集和表决中严格按照规定进行。当然,就公司法理论而言,公司的监事会同样有权提起股东会决议的撤销之诉。因为撤销之诉的被告是公司。

至于提起撤销权之诉的期限,因为引起决议撤销之诉的事由并非很严重,所以在法律规定的期间内,没有提起决议撤销之诉的,不得再提起决议撤销之诉。《公司法》第 26 条规定行使撤销权的期限为 60 日,对于参加会议的股东而言,提起撤销之诉的 60 日期限自决议作出之日起计算;对于未被通知参加股东会的股东,自知道或者应当知道股东会决议作出之日起算 60 日的期间。为了维护决议的稳定性,公司法同时规定了撤销权行使的最长期间为 1 年,股东自决议作出之日起 1 年内没有行使撤销权的,撤销权消灭。依据撤销权的法理,此处规定的 60 日和 1 年均为除斥期间,不存在中止、中断和延长的情形,如果在此期间无人提起股东会、董事会决议撤销之诉,则该决议成为具有确定法律效力的决议。

3.公司决议轻微瑕疵的效力。对于股东会、董事会会议的召集程序或者表决方式仅有轻微瑕疵,对决议未产生实质影响,《公司法》第 26 条通过但书条款确定该轻微瑕疵情形不属于可撤销的范畴。这是因为,若股东会、董事会的会议召集程序或者表决方式上存在轻微瑕疵,不对决议内容和结果产生实质性影响的，在实体上就没有必要撤销该决议，重新召开会议。节约了公司会议成本和时间成本，也提高了公司的运营效率。

☞ 2024 考点6 公司决议不成立

公司的决议是法律行为，类推于法律行为成立的理论，在公司股东会、董事会决议缺少了必要的形式要件的情况下，应认定股东会、董事会未作出决议，即公司决议的不成立。公司决议的无效和可撤销的前提均是已经作出决议，只不过因为决议内容或相关程序违反法律法规或存在瑕疵，但决议的不成立相当于认定公司股东会或董事会自始并未作出过决议。

1.公司决议不成立的事由。依据《公司法》第27条规定，以下四类情形应当认定为公司股东会或董事会的决议不成立：

(1)未召开股东会或董事会会议作出决议。该规定强调股东会和董事会会议的形式作用，要求股东会和董事会必须以开会的形式作出决议。如果会议没有召开，那么股东会或董事会不能进行任何决议表决，未经开会而形成的单纯的书面决议不能作为决议成立的要件。例外情形是《公司法》第59条第2款规定，对于该条第1款所列股东会的9项职权事项，有限责任公司股东以书面形式一致表示同意的，可以不召开股东会会议，直接作出决定，并由全体股东在决定文件上签名或者盖章。

(2)股东会或董事会会议未对决议事项进行表决。如果会议召开了，但在会议上没有对决议事项进行表决，那么这些事项也不会成为正式的决议。未经表决说明被讨论的事项没有经过充分的意见表达，最终是由特定的主体依个人意志促成决议的通过，不符合决议的形式和实质要求。

(3)出席会议的人数或者所持表决权数未达到《公司法》或者公司章程规定的人数或者所持表决权数。我国《公司法》并未对于股东法定出席比例作出规定，股东会出席会议的人数或者所持表决权数主要是通过章程加以规定。《公司法》第124条规定了股份公司的董事会会议应当有过半数的董事出席方可举行。我国《公司法》没有规定有限责任董事会的出席人数。若出席股东会会议的股东人数或者所持表决权没有达到公司章程规定的最低比例的，或者出席董事会的人数没有达到法定或者章定人数的，则不符合公司章程规定的议事方式和表决程序，该股东会、董事会决议不成立。

(4)同意决议事项的人数或者所持表决权数未达到《公司法》或者公司章程规定的人数或者所持表决权数。根据《公司法》或公司章程的规定，对于相应的决议事项需要一定数量的股东或董事同意决议，或者需要他们持有的表决权达到一定的比例才能使决议生效。如果上述要求没有达到，将无法形成有效的决议，已经形成的决议应当被确认为不成立。如《公司法》第66条、第116条规定，股东会作出一般决议，有限责任公司应当经代表过半数表决权的股东通过，股份有限公司应当经出席会议的股东所持表决权过半数通过；股东会作出修改公司章程、增加或者减少注册资本的决议，以及公司合并、分立、解散或者变更公司形式的特别决议的，应当经代表2/3以上表决权的股东通过。《公司法》第73条、第124条规定，公司董事会作出决议，应当经全体董事的过半数通过。由此，若股东会决议、董事会决议没有获得公司法或者章程规定的人数或者表决权数，则该决议不能成立。

2.公司决议不成立的确认程序。目前公司法并未规定决议不成立之诉的具体程序，参照《最高人民法院关于适用〈中华人民共和国公司法〉若干问题的规定(四)》，以及民事法律行为的不成立的认定程序，公司的股东、董事、监事或与决议事项存在利害关系的主体均可提起该诉讼。该诉讼应当属于确认之诉的类型，即请求法官确认股东会或董事会决议在法律上未成立，从而无法对任何主体产生约束力。提起诉讼的时间也应当限定在决议作出后的合理时间内，以避免决议长期处于不确定的效力状态下。

☞ 2024 考点 7　公司决议无效、被撤销、不成立的法律后果

1.已办理登记事项的后果。股东会、董事会决议被法院裁判确认无效的，对公司产生法律效力；决议被撤销的，决议撤销判决的效力应当溯及于决议之时无效，而且，依据被裁判确认无效或者撤销的决议形成的公司登记应依法申请撤销。《公司法》第 28 条规定，公司股东会、董事会决议被人民法院宣告无效、撤销或者确认不成立的，公司应当向公司登记机关申请撤销根据该决议已办理的登记。

2.对外民事法律关系的后果。公司决议虽然是公司的内部行为，但在有法律规定的情形下，一定场合下也会产生对外效力。为了保护善意相对人和合法权益，保护交易安全，《公司法》第 28 条第 2 款规定，股东会、董事会决议被人民法院宣告无效、撤销或者确认不成立的，公司根据该决议与善意相对人形成的民事法律关系不受影响。该规定也与《民法典》第 85 条的规定完全相符，体现了民商事法律关系中法律对于交易安全秩序的保障。

☞ 2024 考点 8　股权对外转让的规则

有限责任公司的股东可以将其持有的公司股权转让给现有股东以外的第三人，但须符合《公司法》规定的相关条件，包括：

1.转让通知。转让股东要尽到通知义务。股东向股东以外的第三人转让股权，应当将股权转让的数量、价格、支付方式和期限等事项书面通知其他股东，其他股东在同等条件下有优先购买权。

2.其他股东的优先购买权。对于股东对外转让的股权，其他股东在同等条件下有优先购买权。股东自接到书面通知之日起 30 日内未答复的，视为放弃优先购买权。对"同等条件"的理解，可以参酌的因素包括转让股权的数量、价格等，考虑转让股权的数量、价格、支付方式及期限等因素。两个以上股东行使优先购买权的，协商确定各自的购买比例；协商不成的，按照转让时各自的出资比例行使优先购买权。公司章程对股权转让另有规定的，从其规定。

3.强制执行程序中的股东优先购买权。在因股权质押担保等情形而导致人民法院依法采取强制执行措施而转让有限责任公司的股东在公司中的股权的情形下，人民法院应当将此强制执行措施的有关情况通知股东所在的公司和全体股东，包括被强制执行股权的股东和其他股东。其他股东在同等条件下享有优先购买权，但该优先购买权应当自接到人民法院的通知之日起 20 日行使，逾期不行使的，视为放弃优先购买权，第三人可以通过强制执行措施受让该股权。对于该非通过协商而是通过强制执行程序购买股权的新股东，公司和其他股东不得否认其效力。公司应当注销原股东的出资证明书，并向新股东签发出资证明书，修改公司章程和股东名册中有关股东及其出资额的记载，此项对于公司章程的修改不需再由股东会表决而直接发生效力。

☞ 2024 考点 9　股份有限公司的股份回购

1.不公开发行股份的股份有限公司的股东异议回购请求权。公司收购股权本质上仍属于股东撤回投资退出公司的行为，须遵守严格的条件限制，《公司法》第 161 条规定，有下列 3 种情形之一，并且股东会在该股东投反对票的情况下依然作出了有效的决议，该投反对票的股份有限公司的股东才可以请求公司按照合理的收购其股份。

(1)公司连续 5 年不向股东分配利润，而公司该 5 年连续盈利，并且符合本法规定的分配利润条件。当公司满足利润分配要件时，股东即享有获得投资收益的权利，而依据资本多数决规则形成的

股东会决议现实阻碍了股东分配利润的合理利益实现。

(2)公司转让主要财产的。在该情形下,公司现有赖以开展生产经营活动的主要财产出现变化,未来的发展充满不确定性甚至可能产生风险;尽管股东会按照“资本多数决”原则形成了合法的决议,但与少数表决权股东的意愿相反,改变了其在设立公司时的合理利益期待,应允许其退出公司。

(3)公司章程规定的营业期限届满或者章程规定的其他解散事由出现,股东会会议通过章程修改使公司存续。章程规定的营业期限届满或章程规定的其他解散事由出现时,公司应当解散,股东可以退出经营。然而,经股东会决议后公司得以因修改章程而存续,让异议股东继续待在存续公司中,与公司章程订立时其意愿存在重大差异。法律不能强迫其继续成为公司股东面对公司存续经营的风险,使其退出公司更具正当性。

异议股东享有请求公司以合理价格收购其股份的权利,公司也负有法定的缔约义务。如果股东与公司不能达成股份收购协议,既包括股东与公司不能就收购协议内容尤其是股价协商一致,也包括公司拒绝与股东协商两种情形,但只要在法定期间内,即前述股东会决议作出之日起60日内,双方未达成股份回购协议的,异议股东可向法院寻求救济。这是因为在股份有限公司中,如果股东与公司长时间不能就股份收购达成协议,那么也可能影响请求收购股东的合法权益,也会对公司正常生产经营造成困扰,因而需要设置权利行使期间予以限制,以平衡异议股东与公司间的利益。异议股东诉权的权利行使期间为自股东会决议作出之日起90日内,超过该法定期限的,法院不予受理。

此外,为防止公司长时间持有自己的股份,避免公司的实际财产能力与其明示的资本数额和信用脱节,《公司法》亦明确规定:股份有限公司回购异议股东股份后,应在6个月内完成转让或注销程序。

2.股份有限公司对本公司股份的回购。股份回购,是指公司收购本公司已发行的股份。通常情形下,公司自身不应通过持有本公司股份而成为本公司的成员。若允许公司自由决定回购本公司股份,则可能产生损害资本维持原则、损害股票交易的公平性等诸多弊端。然而,特定情形下的股份回购具有一定的合理性,如能够减少资本冗余、有利于保持股本结构、维持公司控制权等。主要国家和地区普遍对股份回购实行“原则禁止,例外允许”。《公司法》第162条规定了我国股份有限公司可以回购本公司股份的法定情形。

(1)减少公司注册资本。公司减少注册资本的,应当经股东会决议,由公司对股东发出收购要约。一般而言,收购条件应使每一股东均有机会按照持股比例出让一定数额的股份。在公司完成收购后,应当自收购之日起10日内注销该部分股份,完成减资程序。

(2)与持有本公司股份的其他公司合并。公司股份可以为其他公司持有,当公司与拥有本公司股份的其他公司合并时,被合并的其他公司的资产都归属本公司,也包括其他公司所持有的本公司的股份,形成股份回购。该事项亦应经股东会决议,公司回购股份后,应当在回购之日起6个月内转让或者注销股份。

(3)将股份用于员工持股计划或者股权激励。员工持股计划是指公司根据员工意愿,通过合法方式使员工获得本公司股票并长期持有,股份权益按约定分配给员工的制度安排,员工持股计划的参加对象为公司员工,包括管理层人员。股权激励是指上市公司以本公司股票为标的,对其董事、高级管理人员及其他员工进行的长期性激励,激励对象可以包括上市公司的董事、高级管理人员、核心技术人员或者核心业务人员等。公司推行员工持股计划或者股权激励,也可以通过发行新股进行,但可能稀释未来股权收益;而通过股份回购进行,有利于提升估价,也不会稀释未来股权收益,既维护了既有股东利益,也有利于对员工的激励。为提高效率以利于公司及时把握市场机会,对这一情形下的股份回购决策程序进行了简化,即可以依照公司章程的规定或者股东会的授权,经2/3以上董事出席的董事会会议决议。回购股份后,可根据公司的具体实际情况适时推行员工持股计划或者股权激励计划,但公司持股最长不得超过3年。

(4)股东因对股东会作出的公司合并、分立决议持异议,要求公司收购其股份。为维护异议股东权利,当股东对股东会作出的合并、分立决议持异议时,可以要求公司回购其股份,公司应当回购,无须经股东会或者董事会决议。公司回购股份后,应当在回购之日起6个月内转让或者注销股份。

(5)将股份用于转换上市公司发行的可转换为股票的公司债券。可转换为股票的公司债券是以债券形式发行的,在一定时期内依据约定的条件可以转换为股票的债券。依据《公司法》第202条第1款规定:"股份有限公司经股东会决议,或者经公司章程、股东会授权由董事会决议,可以发行可转换为股票的公司债券,并规定具体的转换办法。上市公司发行可转换为股票的公司债券,应当经国务院证券监督管理机构注册。"上市公司为转换可转债的需要回购股份,避免发行新股稀释未来股权收益,有利于股东和可转债券持有人的利益。同时,为提高效率简化决策程序,此类回购可以依照公司章程的规定或者股东会的授权,经2/3以上董事出席的董事会会议决议。所回购的股份,应当在3年内按照可转债募集办法的规定转换给可转债持有人。

(6)上市公司为维护公司价值及股东权益所必需。为提高效率简化决策程序,此类回购可以依照公司章程的规定或者股东会的授权,经2/3以上董事出席的董事会会议决议。所回购的股份,应当在3年内转让或者注销。

3.股份回购后的程序与处理。公司因第161条规定的股东主张股份回购请求权的情形收购的本公司股份,无须经过股东会决议,应当在6个月内依法转让或者注销。公司因上述第162条第1款第1项、第2项规定的情形收购本公司股份的,应当经股东会决议;公司因第3项、第5项、第6项规定的情形收购本公司股份的,可以依照公司章程的规定的授权,经2/3以上董事出席的董事会会议决议。公司依照上述规定收购本公司股份后,属于第1项情形的,应当自收购之日起10日内注销公司股份;属于第2项、第4项情形的,应当在6个月内转让或者注销公司股份;属于第3项、第5项、第6项情形的,公司合计持有的本公司股份数不得超过本公司已发行股份总额的10%,并应当在3年内转让或者注销。

4.上市公司的股份回购。上市公司收购本公司股份的,除需要符合《公司法》的上述规定,还应当依照《证券法》的规定履行信息披露义务。上市公司因上述第162条第1款第3项、第5项、第6项规定的情形收购本公司股份的,应当通过公开的集中交易方式进行,而不能通过协议收购的方式进行。

5.公司接受本公司股票质押的禁止规定。据《公司法》规定,除了法定特殊情况外,公司不得拥有本公司股份。因此,本公司的股份不能作为质押权标的用来对公司债权进行担保;即使设立了以本公司股份为质押权标的的担保,最后也无法实现。因此,公司不得接受本公司的股票作为质押权的标的。

☞ 2024 考点10 公司的增资

公司增加注册资本,是指公司成立后,基于筹集资金,扩大经营等目的,依照法定的条件和程序增加公司资本总额的法律行为。

1.增资的方式。有限责任公司与股份有限公司皆存在增资需求,但二者因公司资本和股东出资形式不同导致其增资方式亦存在形式差异。一般而言,公司的增资方式可以分为以下几种:

(1)内部增资与外部增资。内部增资是指公司仅向现有股东发行新股,由现有股东认购新增的公司资本。外部增资则是指公司向现有股东以外的投资者发行新股,由其认购新增的公司资本。公司可以在一次增资中同时采用内部增资与外部增资两种方式。

(2)追加性增资与分配性增资。追加性增资,是指通过现有股东或者其他投资者对公司新的投资而增资,其结果不仅增加了公司资本,也增加了公司的资产或运营资金。分配性增资仅适用于内部增资情形,是指在现有股东不作新的投入的情况下,直接将未分配利润用于股东出资缴纳或者把公积金转为公司资本的增资方式。该种方式将仅改变公司资产的性质和结构,但不会改变公司总的价值金额,换言之,仅增加了公司资本总额,但并不会导致公司资产与运营资金增加。

(3)同比增资与不等比增资。这是公司内部增资的再分类。同比增资,是指内部增资时现有股东按其原本的出资比例或持股比例同步认缴或实缴新增股权或股份,增资后各股东的股权比例或持股比例保持不变。不同比增资,是指内部增资时现有股东按照其原本的出资比例或持股比例同步认缴或实缴新增股权或股份,有的股东可能不增加出资,增资后各股东的股权比例或持股比例将会改变。

(4)公司债转换增资与债转股增资。这两种增资方式都具有特殊性。其中,公司债转换增资是上市公司特有的增资方式,具体是指公司发行的可转换为股票的公司债券到期后,债券持有人对转换股票或者不转换股票享有选择权,如果债权人要求转换,则相应的债券金额即转换为公司资本,使得公司资本增加。债转股增资则是我国商业银行改革和资产重组的过程中所实行的特殊增资方式,目前尚未形成系统规定,而仅是实践中出现的情况。债转股增资是指银行依照约定方法,将对债务人公司享有的债权折抵为公司一定金额的股权,银行即从公司债权人转变为公司股东,这亦可导致公司资本增加。

(5)配股增资与送股增资。我国上市公司广泛采用的内部增资方式。配股增资,是指上市公司根据现有股东的持股数量按照一定的比例向其发售股份,配股对象仅限于现有股东,配股条件通常要优于公司对外发行的条件。送股增资,又称送红股,是指上市公司根据现有股东的持股数量按照一定比例向其无偿分配股份。该行为本质属于公司向股东进行收益分配,但其分配的是公司股份而非货币,实质上是一种分配性增资。

2.增资条件和程序。增资提高了公司的信用,增强了公司的实力,对公司现有股东而言,增资不仅会导致股权结构调整,还可能稀释股权,系对现有股东利益产生重大影响甚至可能引发严重利益冲突的事项。不同股东对公司增资的需求也存在差异。为此,公司法一般会明确增资程序,必须经过股东会决议并变更公司章程,其后完成公司相应变更登记的手续。公司增资的主要程序如下:

(1)公司决议。根据新《公司法》第59条和第112条,第67条和第120条的规定,公司增资方案由公司董事会制订,提交股东会决议。《公司法》第66条第3款规定,有限责任公司的增资应当经代表2/3以上表决权的股东通过。第116条第3款规定,股份有限公司的增资应当经出席会议的股东所持表决权的2/3以上通过。

(2)认缴出资或认购股份。依照《公司法》第228条的规定,有限责任公司增加注册资本或股份有限公司为增加注册资本发行新股时,股东认缴新增资本的出资或认购新股,分别依照该法设立有限责任公司缴纳出资或股份有限公司缴纳股款的有关规定执行。

(3)变更登记。根据《公司法》第35条的规定,变更公司章程,并办理相应的变更登记手续。

(4)特别程序。根据《公司法》第151条和《证券法》第12条、第13条的规定，按照股份公司公开发行新股的程序，且须在证券交易所和证券监管机构完成注册程序。

违反上述增资条件和程序的，理论上应该导致增资行为的无效或被撤销。

3.增资时原股东的优先认股权。《公司法》第227条规定，有限责任公司增加注册资本时，股东在同等条件下有权优先按照实缴的出资比例认缴出资。但是，全体股东约定不按照出资比例优先认缴出资的除外。股份有限公司为增加注册资本发行新股时，股东不享有优先认购权，公司章程另有规定或者股东会决议决定股东享有优先认购权的除外。

有限责任公司的股东有权优先按实缴的出资比例认缴公司新增的注册资本，即有限责任公司的新股优先认购权。因为新股认购本身就是股东获得利益的一种方式，其优先认购也是股东当然的权利。公司成立后因业务发展的需要而增加公司注册资本，认购新股往往意味着股东可以获取更多的公司发展利益，所以才有此规定。但若全体股东一致同意，该规定的新股优先认购权可以被排除适用。

股份有限公司的股东一般情况下不享有优先认购权，但若经过公司章程或者股东会决议允许，股份有限公司的股东也可以享有优先认购权。当然，此处的"股东会决议"应理解为股东会特别决议，须经出席股东会会议的股东所持表决权的2/3以上通过。

☞ 2024 考点11　公司的减资

公司减资是指公司基于某种情况或者需要，按照法定条件和程序，减少公司资本总额的法律行为。按照公司法确立的资本不变和资本维持原则，通常情况下公司资本不得随意减少，公司资本的减少必须符合法定的条件并经过法定的程序。

1.同比例减资原则。《公司法》第224条第3款规定，公司减少注册资本，应当按照股东出资或者持有股份的比例相应减少出资额或者股份，法律另有规定、有限责任公司全体股东另有约定或者股份有限公司章程另有规定的除外。公司法增加了同比例减资的原则性规定，要求公司按照股东出资或者持有股份的比例进行出资，但存在例外规定，即法律另有规定、有限责任公司全体股东另有约定、股份有限公司章程另有规定的除外。因此，公司的减资可以根据减资的比例分为同比例减资和不同比减资，前者指公司减资后各个股东的出资比例保持不变；后者又称定向减资，指公司减资后各个股东的出资比例发生了变化。依据本条款的规定，公司原则上应当进行同比例减资。不同比减资必须体现减资股东的意思，这是对股东意思自治的尊重，也能实现对中小股东的完整保护。

2.公司减资的程序。公司减少注册资本属于股东会特别决议事项，有限责任公司必须经代表2/3以上表决权的股东通过，股份有限公司必须经出席股东会的股东所持表决权的2/3以上通过。《公司法》对公司注册资本减少程序作了强行性的规定。

(1)编制资产负债表及财产清单。资产负债表可以反映公司的资产和负债情况，财产清单记载着公司的现存财产状况。编制资产负债表及财产清单的目的是让公司债权人清楚地了解到公司的生产经营状况和负债情况，有利于他们依法采取措施，保护自己的合法债权。

(2)通知债权人并公告。公司注册资本一经注册就具有了公示效力，这实际上构成了对债权人的承诺和担保，因此公司减资时必须对债权人作出相应的救济和保障。为了防止公司减资成为股东逃避债务的途径和方式，公司法规定公司在股东会作出减少注册资本决议之日起10日内应当通知债权人，并于30日内在报纸上或者国家企业信用信息公示系统公告。

(3)债权人自接到通知之日起30日内，未接到通知的自公告之日起45日内，有权要求公司清偿债务或者提供相应的担保。减资可能影响债权的实现,是对债权人利益的直接影响,需要为其提供救济方式和途径以保障债权人的合法权益。

☞ 2024 考点 12　公司简易减资

简易减资制度是2023年《公司法》新增的一项制度,即公司以任意公积金、法定公积金、资本公积金弥补亏损后,仍有亏损的,可以亏损数额为限,相应地减少公司的注册资本数额,简化了一般减资情形下的债权人保护程序,仅需公司依法进行公告即可。公司通过简易减资弥补亏损是公司通过财务处理减少亏损的方式,实质上并没有增加或减少公司的资产,但是在注册资本减少的情况下,净资产与注册资本之间的差值减少,公司的账面亏损也有所降低。若能使亏损公司使用减资程序减少注册资本,就可以消除注册资本和公司实质资产之间的亏空,从而消除公司的亏损状态,使得以后年度的盈利可以分配给股东,帮助实现股东获取收益的投资目的。

1.简易减资的适用条件和程序。

(1)公司确实存在亏损,并且已经用尽其他补亏手段。公司确定是否存在亏损的方式一般是进行资产评估,若进行资产评估后,公司的净资产低于注册资本,则认定其存在亏损。此时,根据《公司法》第214条第2款的规定,在使用任意公积金和法定公积金、资本公积金弥补亏损后,仍存在亏损的,公司可以进行简易减资。换言之,注册资本是公司补亏的最后一个财源。

(2)公司通过简易减资弥补亏损应依法依规进行。根据《公司法》的规定,一般的减资程序下,公司弥补亏损方案、减少注册资本应当报经股东会决议,并依法履行登记手续。减资决议应当经代表2/3以上表决权的股东通过,减资应当通知债权人并公告,债权人享有提前清偿权。简易减资程序虽然减免了对债权人的通知、清偿或担保程序,但其他程序并未简化,仍应依法进行。需要注意的是,在简易减资程序的适用过程中,公司虽然减少了注册资本,但不得向股东分配,也不得免除股东缴纳出资或者股款的义务。

(3)无须通知债权人,但应当自股东会作出减少注册资本决议之日起30日内在报纸上或者国家企业信用信息公示系统公告。在简易减资的过程中,公司的偿债能力没有任何降低,这一减资不会对债权人的债权实现产生不利影响,不需要经过债权人同意,亦不需要赋予债权人异议权,但公司仍应于法定期限内在报纸上或者国家企业信用信息公示系统上进行公告,遵循最低限度的保障债权人的知情权。

2.建议减资后对于股东分红权产生一定期限内的限制效力。简易减资后的利润分配应受到限制。公司简易减资可以实现账目上的不亏损,也能使注册资本更精确地反映公司的经营情况和偿债能力,但并不意味着允许减少公司的责任财产。因而在公司获得收入时,需要首先偿还债务、提取公积金,在达到法律规定的额度前,即在法定公积金累计额和任意公积金达到公司注册资本的50%前,不得分配利润。

☞ 2024 考点 13　公司的解散

公司的解散是指已成立的公司基于一定的合法事由而使公司消灭的法律行为。公司解散的原因有三大类:第一类是一般解散的原因;第二类是强制解散的原因;第三类是股东请求解散的原因。

1.一般解散。一般解散的原因是指只要出现了解散公司的事由公司即可解散。我国公司法规定的一般解散的原因有:

(1)公司章程规定的营业期限届满或者公司章程规定的其他解散事由出现时。但在此种情形下,可以通过修改公司章程而使公司继续存在,并不意味着公司必须解散。

(2)股东会决议解散。

上述两种情形,如果有限责任公司经持有2/3以上表决权的股东通过或者股份有限公司经出席股东会会议的股东所持表决权的2/3以上通过修改公司章程的决议,公司可以继续存在。

(3)因公司合并或者分立需要解散。

2.强制解散。强制解散的原因是指由于某种情况的出现,主管机关或人民法院命令公司解散。公司法规定强制解散公司的原因主要有:

(1)责令关闭。公司违反法律、行政法规被主管机关依法责令关闭的,应当解散。

(2)被吊销营业执照。《公司法》第260条规定,公司成立后无正当理由超过六个月未开业的,或者开业后自行停业连续六个月以上的,公司登记机关可以吊销营业执照,但公司依法办理歇业的除外。

(3)公司被撤销。《公司法》第39条规定,虚报注册资本、提交虚假材料或者采取其他欺诈手段隐瞒重要事实取得公司设立登记的,公司登记机关应当依照法律、行政法规的规定予以撤销。

3.股东请求解散。现行《公司法》规定,当公司经营管理发生严重困难,继续存在会使股东利益受到重大损失,通过其他途径不能解决的,持有公司全部股东表决权10%以上的股东可以请求人民法院解散公司。

具体而言,可以申请解散公司的理由有:(1)公司持续两年以上无法召开股东会,公司经营管理发生严重困难的;(2)股东表决时无法达到法定或者公司章程规定的比例,持续两年以上不能作出有效的股东会决议,公司经营管理发生严重困难的;(3)公司董事长期冲突,且无法通过股东会解决,公司经营管理发生严重困难的;(4)经营管理发生其他严重困难,公司继续存续会使股东利益受到重大损失的情形。但是要特别注意的是,股东知情权、利润分配请求权等权益受到损害,或者公司亏损、财产不足以偿还全部债务,以及公司被吊销企业法人营业执照未进行清算等,均不构成请求法院解散公司的理由。

4.公司解散事由的公示。公司出现上述解散事由,应当在10日内将解散事由通过国家企业信用信息公示系统予以公示。

【大纲新增法条】

中华人民共和国公司法

（1993 年 12 月 29 日第八届全国人民代表大会常务委员会第五次会议通过　根据 1999 年 12 月 25 日第九届全国人民代表大会常务委员会第十三次会议《关于修改〈中华人民共和国公司法〉的决定》第一次修正　根据 2004 年 8 月 28 日第十届全国人民代表大会常务委员会第十一次会议《关于修改〈中华人民共和国公司法〉的决定》第二次修正　2005 年 10 月 27 日第十届全国人民代表大会常务委员会第十八次会议第一次修订　根据 2013 年 12 月 28 日第十二届全国人民代表大会常务委员会第六次会议《关于修改〈中华人民共和国海洋环境保护法〉等七部法律的决定》第三次修正　根据 2018 年 10 月 26 日第十三届全国人民代表大会常务委员会第六次会议《关于修改〈中华人民共和国公司法〉的决定》第四次修正　2023 年 12 月 29 日第十四届全国人民代表大会常务委员会第七次会议第二次修订）

【法条对照】

<table>
<tr><th>旧法条</th><th>新法条</th></tr>
<tr><td colspan="2">第一章　总　　则</td></tr>
<tr><td>第一条　为了规范公司的组织和行为，保护公司、股东和债权人的合法权益，维护社会经济秩序，促进社会主义市场经济的发展，制定本法。</td><td>第一条　为了规范公司的组织和行为，保护公司、股东、职工和债权人的合法权益，完善中国特色现代企业制度，弘扬企业家精神，维护社会经济秩序，促进社会主义市场经济的发展，根据宪法，制定本法。</td></tr>
<tr><td>第二条　本法所称公司是指依照本法在中国境内设立的有限责任公司和股份有限公司。</td><td>第二条　本法所称公司，是指依照本法在中华人民共和国境内设立的有限责任公司和股份有限公司。</td></tr>
<tr><td rowspan="2">第三条　公司是企业法人，有独立的法人财产，享有法人财产权。公司以其全部财产对公司的债务承担责任。
有限责任公司的股东以其认缴的出资额为限对公司承担责任；股份有限公司的股东以其认购的股份为限对公司承担责任。
第四条　公司股东依法享有资产收益、参与重大决策和选择管理者等权利。
第五条　公司从事经营活动，必须遵守法律、行政法规，遵守社会公德、商业道德，诚实守信，接受政府和社会公众的监督，承担社会责任。
公司的合法权益受法律保护，不受侵犯。</td><td>第三条　公司是企业法人，有独立的法人财产，享有法人财产权。公司以其全部财产对公司的债务承担责任。
公司的合法权益受法律保护，不受侵犯。</td></tr>
<tr><td>第四条　有限责任公司的股东以其认缴的出资额为限对公司承担责任；股份有限公司的股东以其认购的股份为限对公司承担责任。
公司股东对公司依法享有资产收益、参与重大决策和选择管理者等权利。</td></tr>
<tr><td>第十一条　设立公司必须依法制定公司章程。公司章程对公司、股东、董事、监事、高级管理人员具有约束力。</td><td>第五条　设立公司应当依法制定公司章程。公司章程对公司、股东、董事、监事、高级管理人员具有约束力。</td></tr>
</table>

续表

旧法条	新法条
	第六条 公司应当有自己的名称。公司名称应当符合国家有关规定。 公司的名称权受法律保护。
第八条 依照本法设立的有限责任公司，必须在公司名称中标明有限责任公司或者有限公司字样。 依照本法设立的股份有限公司，必须在公司名称中标明股份有限公司或者股份公司字样。	**第七条** 依照本法设立的有限责任公司，应当在公司名称中标明有限责任公司或者有限公司字样。 依照本法设立的股份有限公司，应当在公司名称中标明股份有限公司或者股份公司字样。
第十条 公司以其主要办事机构所在地为住所。	**第八条** 公司以其主要办事机构所在地为住所。
第十二条 公司的经营范围由公司章程规定，并依法登记。公司可以修改公司章程，改变经营范围，但是应当办理变更登记。 公司的经营范围中属于法律、行政法规规定须经批准的项目，应当依法经过批准。	**第九条** 公司的经营范围由公司章程规定。公司可以修改公司章程，变更经营范围。 公司的经营范围中属于法律、行政法规规定须经批准的项目，应当依法经过批准。
第十三条 公司法定代表人依照公司章程的规定，由董事长、执行董事或者经理担任，并依法登记。公司法定代表人变更，应当办理变更登记。	**第十条** 公司的法定代表人按照公司章程的规定，由代表公司执行公司事务的董事或者经理担任。 担任法定代表人的董事或者经理辞任的，视为同时辞去法定代表人。 法定代表人辞任的，公司应当在法定代表人辞任之日起三十日内确定新的法定代表人。
	第十一条 法定代表人以公司名义从事的民事活动，其法律后果由公司承受。 公司章程或者股东会对法定代表人职权的限制，不得对抗善意相对人。 法定代表人因执行职务造成他人损害的，由公司承担民事责任。公司承担民事责任后，依照法律或者公司章程的规定，可以向有过错的法定代表人追偿。
第九条 有限责任公司变更为股份有限公司，应当符合本法规定的股份有限公司的条件。股份有限公司变更为有限责任公司，应当符合本法规定的有限责任公司的条件。 有限责任公司变更为股份有限公司的，或者股份有限公司变更为有限责任公司的，公司变更前的债权、债务由变更后的公司承继。	**第十二条** 有限责任公司变更为股份有限公司，应当符合本法规定的股份有限公司的条件。股份有限公司变更为有限责任公司，应当符合本法规定的有限责任公司的条件。 有限责任公司变更为股份有限公司的，或者股份有限公司变更为有限责任公司的，公司变更前的债权、债务由变更后的公司承继。
第十四条 公司可以设立分公司。设立分公司，应当向公司登记机关申请登记，领取营业执照。分公司不具有法人资格，其民事责任由公司承担。 公司可以设立子公司，子公司具有法人资格，依法独立承担民事责任。	**第十三条** 公司可以设立子公司。子公司具有法人资格，依法独立承担民事责任。 公司可以设立分公司。分公司不具有法人资格，其民事责任由公司承担。
第十五条 公司可以向其他企业投资；但是，除法律另有规定外，不得成为对所投资企业的债务承担连带责任的出资人。	**第十四条** 公司可以向其他企业投资。 法律规定公司不得成为对所投资企业的债务承担连带责任的出资人的，从其规定。

旧法条	新法条
第十六条　公司向其他企业投资或者为他人提供担保，**依照**公司章程的规定，由董事会或者股东会、**股东大会**决议；公司章程对投资或者担保的总额及单项投资或者担保的数额有限额规定的，不得超过规定的限额。 公司为公司股东或者实际控制人提供担保的，**必须**经股东会**或者股东大会**决议。 前款规定的股东或者受前款规定的实际控制人支配的股东，不得参加前款规定事项的表决。该项表决由出席会议的其他股东所持表决权的过半数通过。	**第十五条**　公司向其他企业投资或者为他人提供担保，**按照**公司章程的规定，由董事会或者股东会决议；公司章程对投资或者担保的总额及单项投资或者担保的数额有限额规定的，不得超过规定的限额。 公司为公司股东或者实际控制人提供担保的，**应当**经股东会决议。 前款规定的股东或者受前款规定的实际控制人支配的股东，不得参加前款规定事项的表决。该项表决由出席会议的其他股东所持表决权的过半数通过。
第十七条　公司**必须**保护职工的合法权益，依法与职工签订劳动合同，参加社会保险，加强劳动保护，实现安全生产。 公司应当采用多种形式，加强公司职工的职业教育和岗位培训，提高职工素质。	**第十六条**　公司**应当**保护职工的合法权益，依法与职工签订劳动合同，参加社会保险，加强劳动保护，实现安全生产。 公司应当采用多种形式，加强公司职工的职业教育和岗位培训，提高职工素质。
第十八条　公司职工依照《中华人民共和国工会法》组织工会，开展工会活动，维护职工合法权益。公司应当为本公司工会提供必要的活动条件。公司工会代表职工就职工的劳动报酬、工作时间、**福利、保险和**劳动安全卫生等事项依法与公司签订集体合同。 公司依照宪法和有关法律的规定，通过职工代表大会或者其他形式，实行民主管理。 公司研究决定改制以及经营方面的重大问题、制定重要的规章制度时，应当听取公司工会的意见，并通过职工代表大会或者其他形式听取职工的意见和建议。	**第十七条**　公司职工依照《中华人民共和国工会法》组织工会，开展工会活动，维护职工合法权益。公司应当为本公司工会提供必要的活动条件。公司工会代表职工就职工的劳动报酬、工作时间、**休息休假**、劳动安全卫生**和保险福利**等事项依法与公司签订集体合同。 公司依照宪法和有关法律的规定，**建立健全以职工代表大会为基本形式的民主管理制度**，通过职工代表大会或者其他形式，实行民主管理。 公司研究决定改制、**解散**、**申请破产**以及经营方面的重大问题、制定重要的规章制度时，应当听取公司工会的意见，并通过职工代表大会或者其他形式听取职工的意见和建议。
第十九条　在公司中，根据中国共产党章程的规定，设立中国共产党的组织，开展党的活动。公司应当为党组织的活动提供必要条件。	**第十八条**　在公司中，根据中国共产党章程的规定，设立中国共产党的组织，开展党的活动。公司应当为党组织的活动提供必要条件。
第五条　公司从事经营活动，**必须**遵守法律、**行政法规**，遵守社会公德、商业道德，诚实守信，接受政府和社会公众的监督，**承担社会责任**。 **公司的合法权益受法律保护，不受侵犯。**	**第十九条**　公司从事经营活动，**应当**遵守法律**法规**，遵守社会公德、商业道德，诚实守信，接受政府和社会公众的监督。
	第二十条　公司从事经营活动，应当充分考虑公司职工、消费者等利益相关者的利益以及生态环境保护等社会公共利益，承担社会责任。 **国家鼓励公司参与社会公益活动，公布社会责任报告。**
第二十条　公司股东应当遵守法律、行政法规和公司章程，依法行使股东权利，不得滥用股东权利损害公司或者其他股东的利益；**不得滥用公司法人独立地位和股东有限责任损害公司债权人的利益。** 公司股东滥用股东权利给公司或者其他股东造成损失的，应当**依法**承担赔偿责任。 **公司股东滥用公司法人独立地位和股东有限责任，逃避债务，严重损害公司债权人利益的，应当对公司债务承担连带责任。**	**第二十一条**　公司股东应当遵守法律、行政法规和公司章程，依法行使股东权利，不得滥用股东权利损害公司或者其他股东的利益。 公司股东滥用股东权利给公司或者其他股东造成损失的，应当承担赔偿责任。

续表

旧法条	新法条
第二十一条 公司的控股股东、实际控制人、董事、监事、高级管理人员不得利用其关联关系损害公司利益。 违反前款规定,给公司造成损失的,应当承担赔偿责任。	**第二十二条** 公司的控股股东、实际控制人、董事、监事、高级管理人员不得利用关联关系损害公司利益。 违反前款规定,给公司造成损失的,应当承担赔偿责任。
第二十条 公司股东应当遵守法律、行政法规和公司章程,依法行使股东权利,不得滥用股东权利损害公司或者其他股东的利益;不得滥用公司法人独立地位和股东有限责任损害公司债权人的利益。 公司股东滥用股东权利给公司或者其他股东造成损失的,应当依法承担赔偿责任。 公司股东滥用公司法人独立地位和股东有限责任,逃避债务,严重损害公司债权人利益的,应当对公司债务承担连带责任。 **第六十三条** 一人有限责任公司的股东不能证明公司财产独立于股东自己的财产的,应当对公司债务承担连带责任。	**第二十三条** 公司股东滥用公司法人独立地位和股东有限责任,逃避债务,严重损害公司债权人利益的,应当对公司债务承担连带责任。 股东利用其控制的两个以上公司实施前款规定行为的,各公司应当对任一公司的债务承担连带责任。 只有一个股东的公司,股东不能证明公司财产独立于股东自己的财产的,应当对公司债务承担连带责任。
	第二十四条 公司股东会、董事会、监事会召开会议和表决可以采用电子通信方式,公司章程另有规定的除外。
第二十二条 公司股东会或者股东大会、董事会的决议内容违反法律、行政法规的无效。 股东会或者股东大会、董事会的会议召集程序、表决方式违反法律、行政法规或者公司章程,或者决议内容违反公司章程的,股东可以自决议作出之日起六十日内,请求人民法院撤销。 股东依照前款规定提起诉讼的,人民法院可以应公司的请求,要求股东提供相应担保。 公司根据股东会或者股东大会、董事会决议已办理变更登记的,人民法院宣告该决议无效或者撤销该决议后,公司应当向公司登记机关申请撤销变更登记。	**第二十五条** 公司股东会、董事会的决议内容违反法律、行政法规的无效。
	第二十六条 公司股东会、董事会的会议召集程序、表决方式违反法律、行政法规或者公司章程,或者决议内容违反公司章程的,股东自决议作出之日起六十日内,可以请求人民法院撤销。但是,股东会、董事会的会议召集程序或者表决方式仅有轻微瑕疵,对决议未产生实质影响的除外。 未被通知参加股东会会议的股东自知道或者应当知道股东会决议作出之日起六十日内,可以请求人民法院撤销;自决议作出之日起一年内没有行使撤销权的,撤销权消灭。
	第二十七条 有下列情形之一的,公司股东会、董事会的决议不成立: (一)未召开股东会、董事会会议作出决议; (二)股东会、董事会会议未对决议事项进行表决; (三)出席会议的人数或者所持表决权数未达到本法或者公司章程规定的人数或者所持表决权数; (四)同意决议事项的人数或者所持表决权数未达到本法或者公司章程规定的人数或者所持表决权数。
	第二十八条 公司股东会、董事会决议被人民法院宣告无效、撤销或者确认不成立的,公司应当向公司登记机关申请撤销根据该决议已办理的登记。 股东会、董事会决议被人民法院宣告无效、撤销或者确认不成立的,公司根据该决议与善意相对人形成的民事法律关系不受影响。

续表

<table>
<tr><th>旧法条</th><th>新法条</th></tr>
<tr><td></td><td>第二章　公司登记</td></tr>
<tr><td>第六条　设立公司，应当依法向公司登记机关申请设立登记。符合本法规定的设立条件的，由公司登记机关分别登记为有限责任公司或者股份有限公司；不符合本法规定的设立条件的，不得登记为有限责任公司或者股份有限公司。
法律、行政法规规定设立公司必须报经批准的，应当在公司登记前依法办理批准手续。
公众可以向公司登记机关申请查询公司登记事项，公司登记机关应当提供查询服务。</td><td>第二十九条　设立公司，应当依法向公司登记机关申请设立登记。
法律、行政法规规定设立公司必须报经批准的，应当在公司登记前依法办理批准手续。</td></tr>
<tr><td rowspan="3">第二十九条　设立公司，应当依法向公司登记机关申请设立登记。
法律、行政法规规定设立公司必须报经批准的，应当在公司登记前依法办理批准手续。</td><td>第三十条　申请设立公司，应当提交设立登记申请书、公司章程等文件，提交的相关材料应当真实、合法和有效。
申请材料不齐全或者不符合法定形式的，公司登记机关应当一次性告知需要补正的材料。</td></tr>
<tr><td>第三十一条　申请设立公司，符合本法规定的设立条件的，由公司登记机关分别登记为有限责任公司或者股份有限公司；不符合本法规定的设立条件的，不得登记为有限责任公司或者股份有限公司。</td></tr>
<tr><td>第三十二条　公司登记事项包括：
（一）名称；
（二）住所；
（三）注册资本；
（四）经营范围；
（五）法定代表人的姓名；
（六）有限责任公司股东、股份有限公司发起人的姓名或者名称。
公司登记机关应当将前款规定的公司登记事项通过国家企业信用信息公示系统向社会公示。</td></tr>
<tr><td rowspan="4">第七条　依法设立的公司，由公司登记机关发给公司营业执照。公司营业执照签发日期为公司成立日期。
公司营业执照应当载明公司的名称、住所、注册资本、经营范围、法定代表人姓名等事项。
公司营业执照记载的事项发生变更的，公司应当依法办理变更登记，由公司登记机关换发营业执照。</td><td>第三十三条　依法设立的公司，由公司登记机关发给公司营业执照。公司营业执照签发日期为公司成立日期。
公司营业执照应当载明公司的名称、住所、注册资本、经营范围、法定代表人姓名等事项。
公司登记机关可以发给电子营业执照。电子营业执照与纸质营业执照具有同等法律效力。</td></tr>
<tr><td>第三十四条　公司登记事项发生变更的，应当依法办理变更登记。
公司登记事项未经登记或者未经变更登记，不得对抗善意相对人。</td></tr>
<tr><td>第三十五条　公司申请变更登记，应当向公司登记机关提交公司法定代表人签署的变更登记申请书、依法作出的变更决议或者决定等文件。
公司变更登记事项涉及修改公司章程的，应当提交修改后的公司章程。
公司变更法定代表人的，变更登记申请书由变更后的法定代表人签署。</td></tr>
<tr><td>第三十六条　公司营业执照记载的事项发生变更的，公司办理变更登记后，由公司登记机关换发营业执照。</td></tr>
</table>

续表

旧法条	新法条
	第三十七条 公司因解散、被宣告破产或者其他法定事由需要终止的，应当依法向公司登记机关申请注销登记，由公司登记机关公告公司终止。
第十四条 公司可以设立分公司。设立分公司，应当向公司登记机关申请登记，领取营业执照。**分公司不具有法人资格，其民事责任由公司承担。** **公司可以设立子公司，子公司具有法人资格，依法独立承担民事责任。**	**第三十八条** 公司设立分公司，应当向公司登记机关申请登记，领取营业执照。
	第三十九条 虚报注册资本、提交虚假材料或者采取其他欺诈手段隐瞒重要事实取得公司设立登记的，公司登记机关应当依照法律、行政法规的规定予以撤销。
	第四十条 公司应当按照规定通过国家企业信用信息公示系统公示下列事项： **（一）有限责任公司股东认缴和实缴的出资额、出资方式和出资日期，股份有限公司发起人认购的股份数；** **（二）有限责任公司股东、股份有限公司发起人的股权、股份变更信息；** **（三）行政许可取得、变更、注销等信息；（四）法律、行政法规规定的其他信息。** **公司应当确保前款公示信息真实、准确、完整。**
	第四十一条 公司登记机关应当优化公司登记办理流程，提高公司登记效率，加强信息化建设，推行网上办理等便捷方式，提升公司登记便利化水平。 **国务院市场监督管理部门根据本法和有关法律、行政法规的规定，制定公司登记注册的具体办法。**
第二章　有限责任公司的设立和组织机构	**第三章　有限责任公司的设立和组织机构**
第一节　设　　立	第一节　设　　立
第二十四条 有限责任公司由五十个以下股东出资设立。	**第四十二条** 有限责任公司由**一个以上**五十个以下股东出资设立。
	第四十三条 有限责任公司设立时的股东可以签订设立协议，明确各自在公司设立过程中的权利和义务。
	第四十四条 有限责任公司设立时的股东为设立公司从事的民事活动，其法律后果由公司承受。 **公司未成立的，其法律后果由公司设立时的股东承受；设立时的股东为二人以上的，享有连带债权，承担连带债务。** **设立时的股东为设立公司以自己的名义从事民事活动产生的民事责任，第三人有权选择请求公司或者公司设立时的股东承担。** **设立时的股东因履行公司设立职责造成他人损害的，公司或者无过错的股东承担赔偿责任后，可以向有过错的股东追偿。**

续表

旧法条	新法条
第二十三条 设立有限责任公司，应当**具备下列条件**： **（一）股东符合法定人数；** **（二）有符合公司章程规定的全体股东认缴的出资额；** （三）股东共同制定公司章程； **（四）有公司名称，建立符合有限责任公司要求的组织机构；** **（五）有公司住所。**	**第四十五条** 设立有限责任公司，应当**由**股东共同制定公司章程。
第二十五条 有限责任公司章程应当载明下列事项： （一）公司名称和住所； （二）公司经营范围； （三）公司注册资本； （四）股东的姓名或者名称； （五）股东的**出资方式**、**出资额**和出资**时间**； （六）公司的机构及其产生办法、职权、议事规则； （七）公司法定代表人； （八）股东会**会议**认为需要规定的其他事项。股东应当在公司章程上签名、盖章。	**第四十六条** 有限责任公司章程应当载明下列事项： （一）公司名称和住所； （二）公司经营范围； （三）公司注册资本； （四）股东的姓名或者名称； （五）股东的**出资额**、**出资方式**和出资**日期**； （六）公司的机构及其产生办法、职权、议事规则； （七）公司法定代表人**的产生**、**变更办法**； （八）股东会认为需要规定的其他事项。 股东应当在公司章程上签名**或者**盖章。
第二十六条 有限责任公司的注册资本为在公司登记机关登记的全体股东认缴的出资额。 法律、行政法规以及国务院决定对有限责任公司注册资本实缴、注册资本最低限额另有规定的，从其规定。	**第四十七条** 有限责任公司的注册资本为在公司登记机关登记的全体股东认缴的出资额。**全体股东认缴的出资额由股东按照公司章程的规定自公司成立之日起五年内缴足。** 法律、行政法规以及国务院决定对有限责任公司注册资本实缴、注册资本最低限额、**股东出资期限**另有规定的，从其规定。
第二十七条 股东可以用货币出资，也可以用实物、知识产权、土地使用权等可以用货币估价并可以依法转让的非货币财产作价出资；但是，法律、行政法规规定不得作为出资的财产除外。 对作为出资的非货币财产应当评估作价，核实财产，不得高估或者低估作价。法律、行政法规对评估作价有规定的，从其规定。	**第四十八条** 股东可以用货币出资，也可以用实物、知识产权、土地使用权、**股权**、**债权**等可以用货币估价并可以依法转让的非货币财产作价出资；但是，法律、行政法规规定不得作为出资的财产除外。 对作为出资的非货币财产应当评估作价，核实财产，不得高估或者低估作价。法律、行政法规对评估作价有规定的，从其规定。
第二十八条 股东应当按期足额缴纳公司章程**中**规定的各自所认缴的出资额。股东以货币出资的，应当将货币出资足额存入有限责任公司在银行开设的账户；以非货币财产出资的，应当依法办理其财产权的转移手续。 股东**不按照前款规定**缴纳出资的，除应当向公司足额缴纳外，还应当**向已按期足额缴纳出资的股东**承担**违约**责任。	**第四十九条** 股东应当按期足额缴纳公司章程规定的各自所认缴的出资额。 股东以货币出资的，应当将货币出资足额存入有限责任公司在银行开设的账户；以非货币财产出资的，应当依法办理其财产权的转移手续。 股东**未按期足额**缴纳出资的，除应当向公司足额缴纳外，还应当**对给公司造成的损失**承担**赔偿**责任。
第三十条 有限责任公司**成立后，发现作为设立公司**出资的非货币财产的实际价额显著低于**公司章程所定价额**的，**应当由交付该出资的股东补足其差额；公司**设立时的其他股东承担连带责任。	**第五十条** 有限责任公司**设立时，股东未按照公司章程规定实际缴纳出资，或者实际**出资的非货币财产的实际价额显著低于**所认缴的出资额**的，设立时的其他股东**与该股东在出资不足的范围内**承担连带责任。

续表

旧法条	新法条
	第五十一条 有限责任公司成立后,**董事会应当对股东的出资情况进行核查,发现股东未按期足额缴纳公司章程规定的出资的,应当由公司向该股东发出书面催缴书,催缴出资。** **未及时履行前款规定的义务,给公司造成损失的,负有责任的董事应当承担赔偿责任。**
	第五十二条 **股东未按照公司章程规定的出资日期缴纳出资,公司依照前条第一款规定发出书面催缴书催缴出资的,可以载明缴纳出资的宽限期;宽限期自公司发出催缴书之日起,不得少于六十日。宽限期届满,股东仍未履行出资义务的,公司经董事会决议可以向该股东发出失权通知,通知应当以书面形式发出。自通知发出之日起,该股东丧失其未缴纳出资的股权。** **依照前款规定丧失的股权应当依法转让,或者相应减少注册资本并注销该股权;六个月内未转让或者注销的,由公司其他股东按照其出资比例足额缴纳相应出资。** **股东对失权有异议的,应当自接到失权通知之日起三十日内,向人民法院提起诉讼。**
第三十五条 公司成立后,股东不得抽逃出资。	**第五十三条** 公司成立后,股东不得抽逃出资。 **违反前款规定的,股东应当返还抽逃的出资;给公司造成损失的,负有责任的董事、监事、高级管理人员应当与该股东承担连带赔偿责任。**
	第五十四条 **公司不能清偿到期债务的,公司或者已到期债权的债权人有权要求已认缴出资但未届出资期限的股东提前缴纳出资。**
第三十一条 有限责任公司成立后,应当向股东签发出资证明书。 **出资证明书应当载明**下列事项: (一)公司名称; (二)公司成立日期; (三)公司注册资本; (四)股东的姓名或者名称、**缴纳**的出资额和出资日期; (五)出资证明书的编号和核发日期。 出资证明书由公司盖章。	**第五十五条** 有限责任公司成立后,应当向股东签发出资证明书,**记载**下列事项: (一)公司名称; (二)公司成立日期; (三)公司注册资本; (四)股东的姓名或者名称、**认缴和实缴**的出资额、**出资方式**和出资日期; (五)出资证明书的编号和核发日期。 出资证明书由**法定代表人签名,并由**公司盖章。
第三十二条 有限责任公司应当置备股东名册,记载下列事项: (一)股东的姓名或者名称及住所; (二)股东的出资额; (三)出资证明书编号。 记载于股东名册的股东,可以依股东名册主张行使股东权利。 **公司应当将股东的姓名或者名称向公司登记机关登记;登记事项发生变更的,应当办理变更登记。未经登记或者变更登记的,不得对抗第三人。**	**第五十六条** 有限责任公司应当置备股东名册,记载下列事项: (一)股东的姓名或者名称及住所; (二)股东**认缴和实缴**的出资额、**出资方式和出资日期**; (三)出资证明书编号; **(四)取得和丧失股东资格的日期。** 记载于股东名册的股东,可以依股东名册主张行使股东权利。

续表

旧法条	新法条
第三十三条　股东有权查阅、复制公司章程、股东会会议记录、董事会会议决议、监事会会议决议和财务会计报告。 股东可以要求查阅公司会计账簿。股东要求查阅公司会计账簿的，应当向公司提出书面请求，说明目的。公司有合理根据认为股东查阅会计账簿有不正当目的，可能损害公司合法利益的，可以拒绝提供查阅，并应当自股东提出书面请求之日起十五日内书面答复股东并说明理由。公司拒绝提供查阅的，股东可以**请求**人民法院**要求公司提供查阅**。	**第五十七条**　股东有权查阅、复制公司章程、**股东名册**、股东会会议记录、董事会会议决议、监事会会议决议和财务会计报告。 股东可以要求查阅公司会计账簿、**会计凭证**。股东要求查阅公司会计账簿、**会计凭证**的，应当向公司提出书面请求，说明目的。公司有合理根据认为股东查阅会计账簿、**会计凭证**有不正当目的，可能损害公司合法利益的，可以拒绝提供查阅，并应当自股东提出书面请求之日起十五日内书面答复股东并说明理由。公司拒绝提供查阅的，股东可以**向**人民法院**提起诉讼**。 **股东查阅前款规定的材料，可以委托会计师事务所、律师事务所等中介机构进行。** **股东及其委托的会计师事务所、律师事务所等中介机构查阅、复制有关材料，应当遵守有关保护国家秘密、商业秘密、个人隐私、个人信息等法律、行政法规的规定。** **股东要求查阅、复制公司全资子公司相关材料的，适用前四款的规定。**
第二节　组织机构	第二节　组织机构
第三十六条　有限责任公司股东会由全体股东组成。股东会是公司的权力机构，依照本法行使职权。	**第五十八条**　有限责任公司股东会由全体股东组成。股东会是公司的权力机构，依照本法行使职权。
第三十七条　股东会行使下列职权： **（一）决定公司的经营方针和投资计划；** （二）选举和更换**非由职工代表担任的**董事、监事，决定有关董事、监事的报酬事项； （三）审议批准董事会的报告； （四）审议批准监事会**或者监事**的报告； **（五）审议批准公司的年度财务预算方案、决算方案；** （六）审议批准公司的利润分配方案和弥补亏损方案； （七）对公司增加或者减少注册资本作出决议； （八）对发行公司债券作出决议； （九）对公司合并、分立、解散、清算或者变更公司形式作出决议； （十）修改公司章程； （十一）公司章程规定的其他职权。 对**前款**所列事项股东以书面形式一致表示同意的，可以不召开股东会会议，直接作出决定，并由全体股东在决定文件上签名、盖章。	**第五十九条**　股东会行使下列职权： （一）选举和更换董事、监事，决定有关董事、监事的报酬事项； （二）审议批准董事会的报告； （三）审议批准监事会的报告； （四）审议批准公司的利润分配方案和弥补亏损方案； （五）对公司增加或者减少注册资本作出决议； （六）对发行公司债券作出决议； （七）对公司合并、分立、解散、清算或者变更公司形式作出决议； （八）修改公司章程； （九）公司章程规定的其他职权。 **股东会可以授权董事会对发行公司债券作出决议。** 对**本条第一款**所列事项股东以书面形式一致表示同意的，可以不召开股东会会议，直接作出决定，并由全体股东在决定文件上签名**或者**盖章。
第六十一条　一人有限责任公司不设股东会。股东作出**本法第三十七条第一款**所列决定时，应当采用书面形式，并由股东签名后置备于公司。	**第六十条**　**只有一个股东的**有限责任公司不设股东会。股东作出**前条第一款**所列**事项的**决定时，应当采用书面形式，并由股东签名**或者盖章**后置备于公司。
第三十八条　首次股东会会议由出资最多的股东召集和主持，依照本法规定行使职权。	**第六十一条**　首次股东会会议由出资最多的股东召集和主持，依照本法规定行使职权。

续表

旧法条	新法条
第三十九条 股东会会议分为定期会议和临时会议。 定期会议应当**依照**公司章程的规定按时召开。代表十分之一以上表决权的股东，三分之一以上的董事，监事会**或者不设监事会的公司的监事**提议召开临时会议的，应当召开临时会议。	**第六十二条** 股东会会议分为定期会议和临时会议。 定期会议应当**按照**公司章程的规定按时召开。代表十分之一以上表决权的股东、三分之一以上的董事**或者**监事会提议召开临时会议的，应当召开临时会议。
第四十条 **有限责任公司设立董事会的**，股东会会议由董事会召集，董事长主持；董事长不能履行职务或者不履行职务的，由副董事长主持；副董事长不能履行职务或者不履行职务的，由**半数以上**董事共同推举一名董事主持。 **有限责任公司不设董事会的，股东会会议由执行董事召集和主持。** 董事会**或者执行董事**不能履行或者不履行召集股东会会议职责的，由监事会**或者不设监事会的公司的监事**召集和主持；监事会**或者监事**不召集和主持的，代表十分之一以上表决权的股东可以自行召集和主持。	**第六十三条** 股东会会议由董事会召集，董事长主持；董事长不能履行职务或者不履行职务的，由副董事长主持；副董事长不能履行职务或者不履行职务的，由**过半数的**董事共同推举一名董事主持。 董事会不能履行或者不履行召集股东会会议职责的，由监事会召集和主持；监事会不召集和主持的，代表十分之一以上表决权的股东可以自行召集和主持。
第四十一条 召开股东会会议，应当于会议召开十五日前通知全体股东；但是，公司章程另有规定或者全体股东另有约定的除外。 股东会应当对所议事项的决定作成会议记录，出席会议的股东应当在会议记录上签名。	**第六十四条** 召开股东会会议，应当于会议召开十五日前通知全体股东；但是，公司章程另有规定或者全体股东另有约定的除外。 股东会应当对所议事项的决定作成会议记录，出席会议的股东应当在会议记录上签名**或者盖章**。
第四十二条 股东会会议由股东按照出资比例行使表决权；但是，公司章程另有规定的除外。	**第六十五条** 股东会会议由股东按照出资比例行使表决权；但是，公司章程另有规定的除外。
第四十三条 股东会的议事方式和表决程序，除本法有规定的外，由公司章程规定。 股东会**会议**作出修改公司章程、增加或者减少注册资本的决议，以及公司合并、分立、解散或者变更公司形式的决议，**必须**经代表三分之二以上表决权的股东通过。	**第六十六条** 股东会的议事方式和表决程序，除本法有规定的外，由公司章程规定。 **股东会作出决议，应当经代表过半数表决权的股东通过。** 股东会作出修改公司章程、增加或者减少注册资本的决议，以及公司合并、分立、解散或者变更公司形式的决议，**应当**经代表三分之二以上表决权的股东通过。
第四十六条 董事会**对股东会负责**，行使下列职权： （一）召集股东会会议，并向股东会报告工作； （二）执行股东会的决议； （三）决定公司的经营计划和投资方案； **（四）制订公司的年度财务预算方案、决算方案；** **（五）**制订公司的利润分配方案和弥补亏损方案； **（六）**制订公司增加或者减少注册资本以及发行公司债券的方案； **（七）**制订公司合并、分立、解散或者变更公司形式的方案； **（八）**决定公司内部管理机构的设置； **（九）**决定聘任或者解聘公司经理及其报酬事项，并根据经理的提名决定聘任或者解聘公司副经理、财务负责人及其报酬事项； **（十）**制定公司的基本管理制度； **（十一）**公司章程规定的其他职权。	**第六十七条** **有限责任公司设董事会，本法第七十五条另有规定的除外。** 董事会行使下列职权： （一）召集股东会会议，并向股东会报告工作； （二）执行股东会的决议； （三）决定公司的经营计划和投资方案； **（四）**制订公司的利润分配方案和弥补亏损方案； **（五）**制订公司增加或者减少注册资本以及发行公司债券的方案； **（六）**制订公司合并、分立、解散或者变更公司形式的方案； **（七）**决定公司内部管理机构的设置； **（八）**决定聘任或者解聘公司经理及其报酬事项，并根据经理的提名决定聘任或者解聘公司副经理、财务负责人及其报酬事项； **（九）**制定公司的基本管理制度； **（十）**公司章程规定**或者股东会授予**的其他职权。 **公司章程对董事会职权的限制不得对抗善意相对人。**

旧法条	新法条
第四十四条 有限责任公司设董事会，**其成员为三人至十三人；但是，本法第五十条另有规定的除外。** **两个以上的国有企业或者两个以上的其他国有投资主体投资设立的**有限责任公司，其董事会成员中应当有公司职工代表；**其他有限责任公司董事会成员中可以有公司职工代表。**董事会中的职工代表由公司职工通过职工代表大会、职工大会或者其他形式民主选举产生。 董事会设董事长一人，可以设副董事长。董事长、副董事长的产生办法由公司章程规定。	**第六十八条** 有限责任公司董事会成员为三人以上，**其成员中可以有公司职工代表。职工人数三百人以上的**有限责任公司，**除依法设监事会并有公司职工代表的外，**其董事会成员中应当有公司职工代表。董事会中的职工代表由公司职工通过职工代表大会、职工大会或者其他形式民主选举产生。 董事会设董事长一人，可以设副董事长。董事长、副董事长的产生办法由公司章程规定。
	第六十九条 有限责任公司可以按照公司章程的规定在董事会中设置由董事组成的审计委员会，行使本法规定的监事会的职权，不设监事会或者监事。公司董事会成员中的职工代表可以成为审计委员会成员。
第四十五条 董事任期由公司章程规定，但每届任期不得超过三年。董事任期届满，连选可以连任。 董事任期届满未及时改选，或者董事在任期内**辞职**导致董事会成员低于法定人数的，在改选出的董事就任前，原董事仍应当依照法律、行政法规和公司章程的规定，履行董事职务。	**第七十条** 董事任期由公司章程规定，但每届任期不得超过三年。董事任期届满，连选可以连任。 董事任期届满未及时改选，或者董事在任期内**辞任**导致董事会成员低于法定人数的，在改选出的董事就任前，原董事仍应当依照法律、行政法规和公司章程的规定，履行董事职务。 **董事辞任的，应当以书面形式通知公司，公司收到通知之日辞任生效，但存在前款规定情形的，董事应当继续履行职务。**
	第七十一条 股东会可以决议解任董事，决议作出之日解任生效。 **无正当理由，在任期届满前解任董事的，该董事可以要求公司予以赔偿。**
第四十七条 董事会会议由董事长召集和主持；董事长不能履行职务或者不履行职务的，由副董事长召集和主持；副董事长不能履行职务或者不履行职务的，由**半数以上**董事共同推举一名董事召集和主持。	**第七十二条** 董事会会议由董事长召集和主持；董事长不能履行职务或者不履行职务的，由副董事长召集和主持；副董事长不能履行职务或者不履行职务的，由**过半数的**董事共同推举一名董事召集和主持。
第四十八条 董事会的议事方式和表决程序，除本法有规定的外，由公司章程规定。 董事会应当对所议事项的决定作成会议记录，出席会议的董事应当在会议记录上签名。 董事会决议的表决，**实行**一人一票。	**第七十三条** 董事会的议事方式和表决程序，除本法有规定的外，由公司章程规定。 **董事会会议应当有过半数的董事出席方可举行。董事会作出决议，应当经全体董事的过半数通过。** 董事会决议的表决，**应当**一人一票。 董事会应当对所议事项的决定作成会议记录，出席会议的董事应当在会议记录上签名。

旧法条	新法条
第四十九条 有限责任公司可以设经理，由董事会决定聘任或者解聘。经理对董事会负责，**行使下列职权：** **（一）主持公司的生产经营管理工作，组织实施董事会决议；** **（二）组织实施公司年度经营计划和投资方案；** **（三）拟订公司内部管理机构设置方案；** **（四）拟订公司的基本管理制度；** **（五）制定公司的具体规章；** **（六）提请聘任或者解聘公司副经理、财务负责人；** **（七）决定聘任或者解聘除应由董事会决定聘任或者解聘以外的负责管理人员；** **（八）董事会授予的其他职权。** **公司章程对经理职权另有规定的，从其规定。** 经理列席董事会会议。	**第七十四条** 有限责任公司可以设经理，由董事会决定聘任或者解聘。 经理对董事会负责，**根据公司章程的规定或者董事会的授权行使职权。**经理列席董事会会议。
第五十条 **股东人数较少或者规模较小的**有限责任公司，可以**设一名执行董事，**不设董事会。**执行董事**可以兼任公司经理。 **执行董事的职权由公司章程规定。**	**第七十五条** **规模较小或者股东人数较少的**有限责任公司，可以不设董事会，**设一名董事，行使本法规定的董事会的职权。该董事**可以兼任公司经理。
第五十一条 有限责任公司设监事会，**其成员不得少于三人。股东人数较少或者规模较小的有限责任公司，可以设一至二名监事，不设监事会。** 监事会应当包括股东代表和适当比例的公司职工代表，其中职工代表的比例不得低于三分之一，具体比例由公司章程规定。监事会中的职工代表由公司职工通过职工代表大会、职工大会或者其他形式民主选举产生。 监事会设主席一人，由全体监事过半数选举产生。监事会主席召集和主持监事会会议；监事会主席不能履行职务或者不履行职务的，由**半数以上**监事共同推举一名监事召集和主持监事会会议。 董事、高级管理人员不得兼任监事。	**第七十六条** 有限责任公司设监事会，**本法第六十九条、第八十三条另有规定的除外。** **监事会成员为三人以上。监事会成员**应当包括股东代表和适当比例的公司职工代表，其中职工代表的比例不得低于三分之一，具体比例由公司章程规定。监事会中的职工代表由公司职工通过职工代表大会、职工大会或者其他形式民主选举产生。 监事会设主席一人，由全体监事过半数选举产生。监事会主席召集和主持监事会会议；监事会主席不能履行职务或者不履行职务的，由**过半数的**监事共同推举一名监事召集和主持监事会会议。 董事、高级管理人员不得兼任监事。
第五十二条 监事的任期每届为三年。监事任期届满，连选可以连任。 监事任期届满未及时改选，或者监事在任期内**辞职**导致监事会成员低于法定人数的，在改选出的监事就任前，原监事仍应当依照法律、行政法规和公司章程的规定，履行监事职务。	**第七十七条** 监事的任期每届为三年。监事任期届满，连选可以连任。 监事任期届满未及时改选，或者监事在任期内**辞任**导致监事会成员低于法定人数的，在改选出的监事就任前，原监事仍应当依照法律、行政法规和公司章程的规定，履行监事职务。

续表

旧法条	新法条
第五十三条　监事会、**不设监事会的公司的监事**行使下列职权： （一）检查公司财务； （二）对董事、高级管理人员执行**公司**职务的行为进行监督，对违反法律、行政法规、公司章程或者股东会决议的董事、高级管理人员提出**罢免**的建议； （三）当董事、高级管理人员的行为损害公司的利益时，要求董事、高级管理人员予以纠正； （四）提议召开临时股东会会议，在董事会不履行本法规定的召集和主持股东会会议职责时召集和主持股东会会议； （五）向股东会会议提出提案； （六）依照本法**第一百五十一条的**规定，对董事、高级管理人员提起诉讼； （七）公司章程规定的其他职权。	**第七十八条**　监事会行使下列职权： （一）检查公司财务； （二）对董事、高级管理人员执行职务的行为进行监督，对违反法律、行政法规、公司章程或者股东会决议的董事、高级管理人员提出**解任**的建议； （三）当董事、高级管理人员的行为损害公司的利益时，要求董事、高级管理人员予以纠正； （四）提议召开临时股东会会议，在董事会不履行本法规定的召集和主持股东会会议职责时召集和主持股东会会议； （五）向股东会会议提出提案； （六）依照本法**第一百八十九条的**规定，对董事、高级管理人员提起诉讼； （七）公司章程规定的其他职权。
第五十四条　监事可以列席董事会会议，并对董事会决议事项提出质询或者建议。 监事会、**不设监事会的公司的监事**发现公司经营情况异常，可以进行调查；必要时，可以聘请会计师事务所等协助其工作，费用由公司承担。	**第七十九条**　监事可以列席董事会会议，并对董事会决议事项提出质询或者建议。 监事会发现公司经营情况异常，可以进行调查；必要时，可以聘请会计师事务所等协助其工作，费用由公司承担。
第一百五十条　**股东会或者股东大会要求董事、监事、高级管理人员列席会议的，董事、监事、高级管理人员应当列席并接受股东的质询。** 董事、高级管理人员应当如实向监事会**或者不设监事会的有限责任公司的监事**提供有关情况和资料，不得妨碍监事会或者监事行使职权。	**第八十条**　**监事会可以要求董事、高级管理人员提交执行职务的报告。** 董事、高级管理人员应当如实向监事会提供有关情况和资料，不得妨碍监事会或者监事行使职权。
第五十五条　监事会每年度至少召开一次会议，监事可以提议召开临时监事会会议。 监事会的议事方式和表决程序，除本法有规定的外，由公司章程规定。 监事会决议应当经**半数以上监事**通过。 监事会应当对所议事项的决定作成会议记录，出席会议的监事应当在会议记录上签名。	**第八十一条**　监事会每年度至少召开一次会议，监事可以提议召开临时监事会会议。 监事会的议事方式和表决程序，除本法有规定的外，由公司章程规定。 监事会决议应当经**全体监事的过半数**通过。**监事会决议的表决，应当一人一票。** 监事会应当对所议事项的决定作成会议记录，出席会议的监事应当在会议记录上签名。
第五十六条　监事会、**不设监事会的公司的监事**行使职权所必需的费用，由公司承担。	**第八十二条**　监事会行使职权所必需的费用，由公司承担。

续表

旧法条	新法条
第五十一条 有限责任公司设监事会，其成员不得少于三人。股东人数较少或者规模较小的有限责任公司，可以设一至二名监事，不设监事会。 监事会应当包括股东代表和适当比例的公司职工代表，其中职工代表的比例不得低于三分之一，具体比例由公司章程规定。监事会中的职工代表由公司职工通过职工代表大会、职工大会或者其他形式民主选举产生。 监事会设主席一人，由全体监事过半数选举产生。监事会主席召集和主持监事会会议；监事会主席不能履行职务或者不履行职务的，由半数以上监事共同推举一名监事召集和主持监事会会议。 董事、高级管理人员不得兼任监事。	**第八十三条** 规模较小或者股东人数较少的有限责任公司，可以不设监事会，设一名监事，行使本法规定的监事会的职权；经全体股东一致同意，也可以不设监事。
第三节 一人有限责任公司的特别规定	
第五十七条 一人有限责任公司的设立和组织机构，适用本节规定；本节没有规定的，适用本章第一节、第二节的规定。 本法所称一人有限责任公司，是指只有一个自然人股东或者一个法人股东的有限责任公司。	
第五十八条 一个自然人只能投资设立一个一人有限责任公司。该一人有限责任公司不能投资设立新的一人有限责任公司。	
第五十九条 一人有限责任公司应当在公司登记中注明自然人独资或者法人独资，并在公司营业执照中载明。	
第六十条 一人有限责任公司章程由股东制定。	
第六十二条 一人有限责任公司应当在每一会计年度终了时编制财务会计报告，并经会计师事务所审计。	
第三章 有限责任公司的股权转让	**第四章 有限责任公司的股权转让**
第七十一条 有限责任公司的股东之间可以相互转让其全部或者部分股权。 股东向股东以外的人转让股权，应当**经其他股东过半数同意。股东应就其股权转让**事项书面通知其他股东**征求同意**，其他股东自接到书面通知之日起**满**三十日未答复的，视为**同意转让。其他股东半数以上不同意转让的，不同意的股东应当购买该转让的股权；不购买的，视为同意转让。** **经股东同意转让的股权，在同等条件下，其他股东有优先购买权。**两个以上股东**主张**行使优先购买权的，协商确定各自的购买比例；协商不成的，按照转让时各自的出资比例行使优先购买权。 公司章程对股权转让另有规定的，从其规定。	**第八十四条** 有限责任公司的股东之间可以相互转让其全部或者部分股权。 股东向股东以外的人转让股权**的**，应当**将股权转让的数量、价格、支付方式和期限等**事项书面通知其他股东，**其他股东在同等条件下有优先购买权。**股东自接到书面通知之日起三十日**内**未答复的，视为**放弃优先购买权。**两个以上股东行使优先购买权的，协商确定各自的购买比例；协商不成的，按照转让时各自的出资比例行使优先购买权。 公司章程对股权转让另有规定的，从其规定。

续表

旧法条	新法条
第七十二条 人民法院依照法律规定的强制执行程序转让股东的股权时，应当通知公司及全体股东，其他股东在同等条件下有优先购买权。其他股东自人民法院通知之日起满二十日不行使优先购买权的，视为放弃优先购买权。	**第八十五条** 人民法院依照法律规定的强制执行程序转让股东的股权时，应当通知公司及全体股东，其他股东在同等条件下有优先购买权。其他股东自人民法院通知之日起满二十日不行使优先购买权的，视为放弃优先购买权。
	第八十六条 **股东转让股权的，应当书面通知公司，请求变更股东名册；需要办理变更登记的，并请求公司向公司登记机关办理变更登记。公司拒绝或者在合理期限内不予答复的，转让人、受让人可以依法向人民法院提起诉讼。** **股权转让的，受让人自记载于股东名册时起可以向公司主张行使股东权利。**
第七十三条 依照本法**第七十一条、第七十二条**转让股权后，公司应当注销原股东的出资证明书，向新股东签发出资证明书，并相应修改公司章程和股东名册中有关股东及其出资额的记载。对公司章程的该项修改不需再由股东会表决。	**第八十七条** 依照本法转让股权后，公司应当**及时**注销原股东的出资证明书，向新股东签发出资证明书，并相应修改公司章程和股东名册中有关股东及其出资额的记载。对公司章程的该项修改不需再由股东会表决。
	第八十八条 **股东转让已认缴出资但未届出资期限的股权的，由受让人承担缴纳该出资的义务；受让人未按期足额缴纳出资的，转让人对受让人未按期缴纳的出资承担补充责任。** **未按照公司章程规定的出资日期缴纳出资或者作为出资的非货币财产的实际价额显著低于所认缴的出资额的股东转让股权的，转让人与受让人在出资不足的范围内承担连带责任；受让人不知道且不应当知道存在上述情形的，由转让人承担责任。**
第七十四条 有下列情形之一的，对股东会该项决议投反对票的股东可以请求公司按照合理的价格收购其股权： （一）公司连续五年不向股东分配利润，而公司该五年连续盈利，并且符合本法规定的分配利润条件**的**； （二）公司合并、分立、转让主要财产**的**； （三）公司章程规定的营业期限届满或者章程规定的其他解散事由出现，股东会**会议**通过决议修改章程使公司存续**的**。 自股东会**会议**决议**通过**之日起六十日内，股东与公司不能达成股权收购协议的，股东可以自股东会**会议**决议**通过**之日起九十日内向人民法院提起诉讼。	**第八十九条** 有下列情形之一的，对股东会该项决议投反对票的股东可以请求公司按照合理的价格收购其股权： （一）公司连续五年不向股东分配利润，而公司该五年连续盈利，并且符合本法规定的分配利润条件； （二）公司合并、分立、转让主要财产； （三）公司章程规定的营业期限届满或者章程规定的其他解散事由出现，股东会通过决议修改章程使公司存续。 自股东会决议**作出**之日起六十日内，股东与公司不能达成股权收购协议的，股东可以自股东会决议**作出**之日起九十日内向人民法院提起诉讼。 **公司的控股股东滥用股东权利，严重损害公司或者其他股东利益的，其他股东有权请求公司按照合理的价格收购其股权。** **公司因本条第一款、第三款规定的情形收购的本公司股权，应当在六个月内依法转让或者注销。**
第七十五条 自然人股东死亡后，其合法继承人可以继承股东资格；但是，公司章程另有规定的除外。	**第九十条** 自然人股东死亡后，其合法继承人可以继承股东资格；但是，公司章程另有规定的除外。

续表

旧法条	新法条
第四章 股份有限公司的设立和组织机构	**第五章 股份有限公司的设立和组织机构**
第一节 设 立	第一节 设 立
第七十六条 设立股份有限公司,应当具备下列条件: (一)发起人符合法定人数; (二)有符合公司章程规定的全体发起人认购的股本总额或者募集的实收股本总额; (三)股份发行、筹办事项符合法律规定; (四)发起人制订公司章程,采用募集方式设立的经创立大会通过; (五)有公司名称,建立符合股份有限公司要求的组织机构; (六)有公司住所。	
第七十七条 股份有限公司的设立,可以采取发起设立或者募集设立的方式。 发起设立,是指由发起人认购公司应发行的全部股份而设立公司。 募集设立,是指由发起人认购公司应发行股份的一部分,其余股份向社会公开募集或者向特定对象募集而设立公司。	**第九十一条** 设立股份有限公司,可以采取发起设立或者募集设立的方式。 发起设立,是指由发起人认购**设立**公司**时**应发行的全部股份而设立公司。 募集设立,是指由发起人认购**设立**公司**时**应发行股份的一部分,其余股份向**特定对象**募集或者向**社会公开**募集而设立公司。
第七十八条 设立股份有限公司,应当有二人以上二百人以下为发起人,其中须有半数以上的发起人在中国境内有住所。	**第九十二条** 设立股份有限公司,应当有**一人**以上二百人以下为发起人,其中**应当**有半数以上的发起人在**中华人民共和国**境内有住所。
第七十九条 股份有限公司发起人承担公司筹办事务。 发起人应当签订发起人协议,明确各自在公司设立过程中的权利和义务。	**第九十三条** 股份有限公司发起人承担公司筹办事务。 发起人应当签订发起人协议,明确各自在公司设立过程中的权利和义务。
	第九十四条 设立股份有限公司,应当由发起人共同制订公司章程。
第八十一条 股份有限公司章程应当载明下列事项: (一)公司名称和住所; (二)公司经营范围; (三)公司设立方式; (四)公司**股份总数、每股金额和**注册资本; (五)发起人的姓名或者名称、认购的股份数、出资方式**和出资时间**; (六)董事会的组成、职权和议事规则; (七)公司法定代表人; (八)监事会的组成、职权和议事规则; (九)公司利润分配办法; (十)公司的解散事由与清算办法; (十一)公司的通知和公告办法; (十二)**股东大会会议**认为需要规定的其他事项。	**第九十五条** 股份有限公司章程应当载明下列事项: (一)公司名称和住所; (二)公司经营范围; (三)公司设立方式; (四)公司注册资本、**已发行的股份数和设立时发行的股份数,面额股的每股金额;** **(五)发行类别股的,每一类别股的股份数及其权利和义务;** (六)发起人的姓名或者名称、认购的股份数、出资方式; (七)董事会的组成、职权和议事规则; (八)公司法定代表人**的产生、变更办法;** (九)监事会的组成、职权和议事规则; (十)公司利润分配办法; (十一)公司的解散事由与清算办法; (十二)公司的通知和公告办法; (十三)**股东会**认为需要规定的其他事项。

续表

旧法条	新法条
第八十条 股份有限公司**采取发起设立方式设立的**，注册资本为在公司登记机关登记的**全体发起人认购**的股本总额。在发起人认购的股份缴足前，不得向他人募集股份。 **股份有限公司采取募集方式设立的，注册资本为在公司登记机关登记的实收股本总额。** 法律、行政法规以及国务院决定对股份有限公司注册资本**实缴**、**注册资本**最低限额另有规定的，从其规定。	**第九十六条** 股份有限公司**的**注册资本为在公司登记机关登记的**已发行股份**的股本总额。在发起人认购的股份缴足前，不得向他人募集股份。 法律、行政法规以及国务院决定对股份有限公司注册资本最低限额另有规定的，从其规定。
第八十三条 以发起设立方式设立股份有限公司的，发起人应当**书面**认足公司章程规定**其认购的**股份，**并按照公司章程规定缴纳出资。以非货币财产出资的，应当依法办理其财产权的转移手续。** **发起人不依照前款规定缴纳出资的，应当按照发起人协议承担违约责任。** **发起人认足公司章程规定的出资后，应当选举董事会和监事会，由董事会向公司登记机关报送公司章程以及法律、行政法规规定的其他文件，申请设立登记。** **第八十四条** 以募集设立方式设立股份有限公司的，发起人认购的股份不得少于公司股份总数的百分之三十五；但是，法律、行政法规另有规定的，从其规定。	**第九十七条** 以发起设立方式设立股份有限公司的，发起人应当认足公司章程规定**的公司设立时应发行的**股份。 以募集设立方式设立股份有限公司的，发起人认购的股份不得少于公司**章程规定的公司设立时应发行**股份总数的百分之三十五；但是，法律、行政法规另有规定的，从其规定。
第八十二条 发起人的出资**方式**，适用本法**第二十七条**的规定。	**第九十八条 发起人应当在公司成立前按照其认购的股份全额缴纳股款。** 发起人的出资，适用本法**第四十八条、第四十九条第二款关于有限责任公司股东出资**的规定。
第九十三条 股份有限公司成立后，发起人**未按照公司章程的规定缴足出资的，应当补缴；其他发起人承担连带责任。** **股份有限公司成立后，发现**作为**设立公司**出资的非货币财产的实际价额显著低于**公司章程所定价额的，应当由交付该出资的发起人补足其差额；**其他发起人承担连带责任。	**第九十九条** 发起人不按照**其认购的股份缴纳股款，或者**作为出资的非货币财产的实际价额显著低于**所认购的股份的**，其他发起人**与该发起人在出资不足的范围内**承担连带责任。
第九十四条 股份有限公司的发起人应当承担下列责任： **（一）公司不能成立时，对设立行为所产生的债务和费用负连带责任；** **（二）公司不能成立时，对认股人已缴纳的股款，负返还股款并加算银行同期存款利息的连带责任；** **（三）在公司设立过程中，由于发起人的过失致使公司利益受到损害的，应当对公司承担赔偿责任。**	

续表

旧法条	新法条
第八十五条 发起人向社会公开募集股份，必须公告招股说明书，并制作认股书。认股书应当载明本法第八十六条所列事项，由认股人填写认购股数、金额、住所，并签名、盖章。认股人按照所认购股数缴纳股款。	**第一百条** 发起人向社会公开募集股份，应当公告招股说明书，并制作认股书。认股书应当载明本法第一百五十四条第二款、第三款所列事项，由认股人填写认购的股份数、金额、住所，并签名或者盖章。认股人应当按照所认购股份足额缴纳股款。
第八十九条 发行股份的股款缴足后，必须经依法设立的验资机构验资并出具证明。发起人应当自股款缴足之日起三十日内主持召开公司创立大会。创立大会由发起人、认股人组成。 发行的股份超过招股说明书规定的截止期限尚未募足的，或者发行股份的股款缴足后，发起人在三十日内未召开创立大会的，认股人可以按照所缴股款并加算银行同期存款利息，要求发起人返还。 **第一百三十条** 公司发行记名股票的，应当置备股东名册，记载下列事项： (一)股东的姓名或者名称及住所； (二)各股东所持股份数； (三)各股东所持股票的编号； (四)各股东取得股份的日期。 发行无记名股票的，公司应当记载其股票数量、编号及发行日期。 **第九十条** 发起人应当在创立大会召开十五日前将会议日期通知各认股人或者予以公告。创立大会应有代表股份总数过半数的发起人、认股人出席，方可举行。 创立大会行使下列职权： (一)审议发起人关于公司筹办情况的报告； (二)通过公司章程； (三)选举董事会成员； (四)选举监事会成员； (五)对公司的设立费用进行审核； (六)对发起人用于抵作股款的财产的作价进行审核； (七)发生不可抗力或者经营条件发生重大变化直接影响公司设立的，可以作出不设立公司的决议。 创立大会对前款所列事项作出决议，必须经出席会议的认股人所持表决权过半数通过。 **第九十一条** 发起人、认股人缴纳股款或者交付抵作股款的出资后，除未按期募足股份、发起人未按期召开创立大会或者创立大会决议不设立公司的情形外，不得抽回其股本。	**第一百零一条** 向社会公开募集股份的股款缴足后，应当经依法设立的验资机构验资并出具证明。 **第一百零二条** 股份有限公司应当制作股东名册并置备于公司。股东名册应当记载下列事项： (一)股东的姓名或者名称及住所； (二)各股东所认购的股份种类及股份数； (三)发行纸面形式的股票的，股票的编号； (四)各股东取得股份的日期。 **第一百零三条** 募集设立股份有限公司的发起人应当自公司设立时应发行股份的股款缴足之日起三十日内召开公司成立大会。发起人应当在成立大会召开十五日前将会议日期通知各认股人或者予以公告。成立大会应当有持有表决权过半数的认股人出席，方可举行。 以发起设立方式设立股份有限公司成立大会的召开和表决程序由公司章程或者发起人协议规定。 **第一百零四条** 公司成立大会行使下列职权： (一)审议发起人关于公司筹办情况的报告； (二)通过公司章程； (三)选举董事、监事； (四)对公司的设立费用进行审核； (五)对发起人非货币财产出资的作价进行审核； (六)发生不可抗力或者经营条件发生重大变化直接影响公司设立的，可以作出不设立公司的决议。 成立大会对前款所列事项作出决议，应当经出席会议的认股人所持表决权过半数通过。 **第一百零五条** 公司设立时应发行的股份未募足，或者发行股份的股款缴足后，发起人在三十日内未召开成立大会的，认股人可以按照所缴股款并加算银行同期存款利息，要求发起人返还。 发起人、认股人缴纳股款或者交付非货币财产出资后，除未按期募足股份、发起人未按期召开成立大会或者成立大会决议不设立公司的情形外，不得抽回其股本。

续表

旧法条	新法条
第九十二条 董事会应于**创立大会**结束后三十日内，向公司登记机关**报送下列文件**，申请设立登记： （一）公司登记申请书； （二）创立大会的会议记录； （三）公司章程； （四）验资证明； （五）法定代表人、董事、监事的任职文件及其身份证明； （六）发起人的法人资格证明或者自然人身份证明； （七）公司住所证明。 **以募集方式设立股份有限公司公开发行股票的，还应当向公司登记机关报送国务院证券监督管理机构的核准文件。**	**第一百零六条** 董事会应**当授权代表，**于公司**成立**大会结束后三十日内向公司登记机关申请设立登记。
	第一百零七条 本法第四十四条、第四十九条第三款、第五十一条、第五十二条、第五十三条的规定，适用于股份有限公司。
第九十五条 有限责任公司变更为股份有限公司时，折合的实收股本总额不得高于公司净资产额。有限责任公司变更为股份有限公司，为增加**资本**公开发行股份时，应当依法办理。	**第一百零八条** 有限责任公司变更为股份有限公司时，折合的实收股本总额不得高于公司净资产额。有限责任公司变更为股份有限公司，为增加**注册资本**公开发行股份时，应当依法办理。
第九十六条 股份有限公司应当将公司章程、股东名册、**公司债券存根**、**股东大会**会议记录、董事会会议记录、监事会会议记录、财务会计报告置备于本公司。	**第一百零九条** 股份有限公司应当将公司章程、股东名册、**股东会**会议记录、董事会会议记录、监事会会议记录、财务会计报告、**债券持有人名册**置备于本公司。
第九十七条 股东有权查阅公司章程、股东名册、**公司债券存根**、**股东大会**会议记录、董事会会议决议、监事会会议决议、财务会计报告，对公司的经营提出建议或者质询。	**第一百一十条** 股东有权查阅、**复制**公司章程、股东名册、**股东会**会议记录、董事会会议决议、**监事会会议决议**、财务会计报告，对公司的经营提出建议或者质询。 **连续一百八十日以上单独或者合计持有公司百分之三以上股份的股东要求查阅公司的会计账簿、会计凭证的，适用本法第五十七条第二款、第三款、第四款的规定。公司章程对持股比例有较低规定的，从其规定。** **股东要求查阅、复制公司全资子公司相关材料的，适用前两款的规定。** **上市公司股东查阅、复制相关材料的，应当遵守《中华人民共和国证券法》等法律、行政法规的规定。**
第二节　**股东大会**	第二节　**股东会**
第九十八条 股份有限公司**股东大会**由全体股东组成。**股东大会**是公司的权力机构，依照本法行使职权。	**第一百一十一条** 股份有限公司**股东会**由全体股东组成。**股东会**是公司的权力机构，依照本法行使职权。
第九十九条 本法**第三十七条第一款**关于有限责任公司股东会职权的规定，适用于股份有限公司**股东大会**。	**第一百一十二条** 本法**第五十九条第一款、第二款**关于有限责任公司股东会职权的规定，适用于股份有限公司**股东会**。 **本法第六十条 关于只有一个股东的有限责任公司不设股东会的规定，适用于只有一个股东的股份有限公司。**

续表

旧法条	新法条
第一百条　**股东大会**应当每年召开一次年会。有下列情形之一的，应当在两个月内召开临时**股东大会**： （一）董事人数不足本法规定人数或者公司章程所定人数的三分之二时； （二）公司未弥补的亏损达**实收**股本总额三分之一时； （三）单独或者合计持有公司百分之十以上股份的股东请求时； （四）董事会认为必要时； （五）监事会提议召开时； （六）公司章程规定的其他情形。	**第一百一十三条**　**股东会**应当每年召开一次年会。有下列情形之一的，应当在两个月内召开临时**股东会会议**： （一）董事人数不足本法规定人数或者公司章程所定人数的三分之二时； （二）公司未弥补的亏损达股本总额三分之一时； （三）单独或者合计持有公司百分之十以上股份的股东请求时； （四）董事会认为必要时； （五）监事会提议召开时； （六）公司章程规定的其他情形。
第一百零一条　**股东大会**会议由董事会召集，董事长主持；董事长不能履行职务或者不履行职务的，由副董事长主持；副董事长不能履行职务或者不履行职务的，由**半数以上**董事共同推举一名董事主持。 董事会不能履行或者不履行召集**股东大会**会议职责的，监事会应当及时召集和主持；监事会不召集和主持的，连续九十日以上单独或者合计持有公司百分之十以上股份的股东可以自行召集和主持。	**第一百一十四条**　**股东会**会议由董事会召集，董事长主持；董事长不能履行职务或者不履行职务的，由副董事长主持；副董事长不能履行职务或者不履行职务的，由**过半数的**董事共同推举一名董事主持。 董事会不能履行或者不履行召集**股东会**会议职责的，监事会应当及时召集和主持；监事会不召集和主持的，连续九十日以上单独或者合计持有公司百分之十以上股份的股东可以自行召集和主持。 **单独或者合计持有公司百分之十以上股份的股东请求召开临时股东会会议的，董事会、监事会应当在收到请求之日起十日内作出是否召开临时股东会会议的决定，并书面答复股东。**
第一百零二条　召开**股东大会**会议，应当将会议召开的时间、地点和审议的事项于会议召开二十日前通知各股东；临时**股东大会**应当于会议召开十五日前通知各股东；**发行无记名股票的，应当于会议召开三十日前公告会议召开的时间、地点和审议事项。** 单独或者合计持有公司**百分之三**以上股份的股东，可以在**股东大会**召开十日前提出临时提案并书面提交董事会；**董事会应当在收到提案后二日内通知其他股东，并将该临时提案提交股东大会审议。**临时提案**的内容应当属于股东大会职权范围，并**有明确议题和具体决议事项。 **股东大会**不得对**前两款**通知中未列明的事项作出决议。 **无记名股票持有人出席股东大会会议的，应当于会议召开五日前至股东大会闭会时将股票交存于公司。**	**第一百一十五条**　召开**股东会**会议，应当将会议召开的时间、地点和审议的事项于会议召开二十日前通知各股东；临时**股东会会议**应当于会议召开十五日前通知各股东。 单独或者合计持有公司**百分之一**以上股份的股东，可以在**股东会会议**召开十日前提出临时提案并书面提交董事会。临时提案**应当**有明确议题和具体决议事项。**董事会应当在收到提案后二日内通知其他股东，并将该临时提案提交股东会审议；但临时提案违反法律、行政法规或者公司章程的规定，或者不属于股东会职权范围的除外。公司不得提高提出临时提案股东的持股比例。** **公开发行股份的公司，应当以公告方式作出前两款规定的通知。** **股东会**不得对通知中未列明的事项作出决议。
第一百零三条　股东出席**股东大会**会议，所持每一股份有一表决权。**但是，**公司持有的本公司股份没有表决权。 **股东大会**作出决议，**必须**经出席会议的股东所持表决权过半数通过。**但是，股东大会**作出修改公司章程、增加或者减少注册资本的决议，以及公司合并、分立、解散或者变更公司形式的决议，**必须**经出席会议的股东所持表决权的三分之二以上通过。	**第一百一十六条**　股东出席**股东会**会议，所持每一股份有一表决权，**类别股股东除外**。公司持有的本公司股份没有表决权。 **股东会**作出决议，**应当**经出席会议的股东所持表决权过半数通过。 **股东会**作出修改公司章程、增加或者减少注册资本的决议，以及公司合并、分立、解散或者变更公司形式的决议，**应当**经出席会议的股东所持表决权的三分之二以上通过。

续表

旧法条	新法条
第一百零四条　本法和公司章程规定公司转让、受让重大资产或者对外提供担保等事项必须经股东大会作出决议的，董事会应当及时召集股东大会会议，由股东大会就上述事项进行表决。	
第一百零五条　**股东大会**选举董事、监事，可以**依照**公司章程的规定或者**股东大会**的决议，实行累积投票制。 本法所称累积投票制，是指**股东大会**选举董事或者监事时，每一股份拥有与应选董事或者监事人数相同的表决权，股东拥有的表决权可以集中使用。	**第一百一十七条**　股东会选举董事、监事，可以**按照**公司章程的规定或者**股东会**的决议，实行累积投票制。 本法所称累积投票制，是指**股东会**选举董事或者监事时，每一股份拥有与应选董事或者监事人数相同的表决权，股东拥有的表决权可以集中使用。
第一百零六条　股东**可以**委托代理人出席**股东大会**会议，代理人应当向公司提交股东授权委托书，并在授权范围内行使表决权。	**第一百一十八条**　股东委托代理人出席**股东会**会议**的，应当明确代理人代理的事项、权限和期限**；代理人应当向公司提交股东授权委托书，并在授权范围内行使表决权。
第一百零七条　**股东大会**应当对所议事项的决定作成会议记录，主持人、出席会议的董事应当在会议记录上签名。会议记录应当与出席股东的签名册及代理出席的委托书一并保存。	**第一百一十九条**　**股东会**应当对所议事项的决定作成会议记录，主持人、出席会议的董事应当在会议记录上签名。会议记录应当与出席股东的签名册及代理出席的委托书一并保存。
第三节　董事会、经理	第三节　董事会、经理
第一百零八条　股份有限公司设董事会，**其成员为五人至十九人。** **董事会成员中可以有公司职工代表。董事会中的职工代表由公司职工通过职工代表大会、职工大会或者其他形式民主选举产生。** **本法第四十五条关于有限责任公司董事任期的规定，适用于股份有限公司董事。** **本法第四十六条关于有限责任公司董事会职权的规定，适用于股份有限公司董事会。**	**第一百二十条**　股份有限公司设董事会，**本法第一百二十八条另有规定的除外。** **本法第六十七条、第六十八条第一款、第七十条、第七十一条的规定，适用于股份有限公司。**
	第一百二十一条　股份有限公司可以按照公司章程的规定在董事会中设置由董事组成的审计委员会，行使本法规定的监事会的职权，不设监事会或者监事。 **审计委员会成员为三名以上，过半数成员不得在公司担任除董事以外的其他职务，且不得与公司存在任何可能影响其独立客观判断的关系。公司董事会成员中的职工代表可以成为审计委员会成员。** **审计委员会作出决议，应当经审计委员会成员的过半数通过。** **审计委员会决议的表决，应当一人一票。** **审计委员会的议事方式和表决程序，除本法有规定的外，由公司章程规定。** **公司可以按照公司章程的规定在董事会中设置其他委员会。**

续表

旧法条	新法条
第一百零九条 董事会设董事长一人，可以设副董事长。董事长和副董事长由董事会以全体董事的过半数选举产生。 董事长召集和主持董事会会议，检查董事会决议的实施情况。副董事长协助董事长工作，董事长不能履行职务或者不履行职务的，由副董事长履行职务；副董事长不能履行职务或者不履行职务的，由**半数以上**董事共同推举一名董事履行职务。	**第一百二十二条** 董事会设董事长一人，可以设副董事长。董事长和副董事长由董事会以全体董事的过半数选举产生。 董事长召集和主持董事会会议，检查董事会决议的实施情况。副董事长协助董事长工作，董事长不能履行职务或者不履行职务的，由副董事长履行职务；副董事长不能履行职务或者不履行职务的，由**过半数的**董事共同推举一名董事履行职务。
第一百一十条 董事会每年度至少召开两次会议，每次会议应当于会议召开十日前通知全体董事和监事。 代表十分之一以上表决权的股东、三分之一以上董事或者监事会，可以提议召开**董事会临时**会议。董事长应当自接到提议后十日内，召集和主持董事会会议。 董事会召开临时会议，可以另定召集董事会的通知方式和通知时限。	**第一百二十三条** 董事会每年度至少召开两次会议，每次会议应当于会议召开十日前通知全体董事和监事。 代表十分之一以上表决权的股东、三分之一以上董事或者监事会，可以提议召开**临时董事会**会议。董事长应当自接到提议后十日内，召集和主持董事会会议。 董事会召开临时会议，可以另定召集董事会的通知方式和通知时限。
第一百一十一条 董事会会议应有过半数的董事出席方可举行。董事会作出决议，**必须**经全体董事的过半数通过。 董事会决议的表决，**实行**一人一票。**第一百一十二条** 董事会会议，应由董事本人出席；董事因故不能出席，可以书面委托其他董事代为出席，委托书**中应**载明授权范围。 董事会应当对**会议**所议事项的决定作成会议记录，出席会议的董事应当在会议记录上签名。 董事应当对董事会的决议承担责任。董事会的决议违反法律、行政法规或者公司章程、**股东大会**决议，**致使**公司**遭受**严重损失的，参与决议的董事对公司负赔偿责任。**但**经证明在表决时曾表明异议并记载于会议记录的，该董事可以免除责任。	**第一百二十四条** 董事会会议应当有过半数的董事出席方可举行。董事会作出决议，**应当**经全体董事的过半数通过。 董事会决议的表决，**应当**一人一票。 董事会应当对所议事项的决定作成会议记录，出席会议的董事应当在会议记录上签名。 **第一百二十五条** 董事会会议，应**当**由董事本人出席；董事因故不能出席，可以书面委托其他董事代为出席，委托书**应当**载明授权范围。 董事应当对董事会的决议承担责任。董事会的决议违反法律、行政法规或者公司章程、**股东会**决议，**给**公司**造成**严重损失的，参与决议的董事对公司负赔偿责任；经证明在表决时曾表明异议并记载于会议记录的，该董事可以免除责任。
第一百一十三条 股份有限公司设经理，由董事会决定聘任或者解聘。 **本法第四十九条关于有限责任公司经理职权的规定，适用于股份有限公司经理。**	**第一百二十六条** 股份有限公司设经理，由董事会决定聘任或者解聘。 **经理对董事会负责，根据公司章程的规定或者董事会的授权行使职权。经理列席董事会会议。**
第一百一十四条 公司董事会可以决定由董事会成员兼任经理。	**第一百二十七条** 公司董事会可以决定由董事会成员兼任经理。
第一百一十五条 **公司不得直接或者通过子公司向董事、监事、高级管理人员提供借款。**	
	第一百二十八条 **规模较小或者股东人数较少的股份有限公司，可以不设董事会，设一名董事，行使本法规定的董事会的职权。该董事可以兼任公司经理。**

续表

旧法条	新法条
第一百一十六条 公司应当定期向股东披露董事、监事、高级管理人员从公司获得报酬的情况。	**第一百二十九条** 公司应当定期向股东披露董事、监事、高级管理人员从公司获得报酬的情况。
第四节 监 事 会	第四节 监 事 会
第一百一十七条 股份有限公司设监事会，**其成员不得少于三人。** 监事会应当包括股东代表和适当比例的公司职工代表，其中职工代表的比例不得低于三分之一，具体比例由公司章程规定。监事会中的职工代表由公司职工通过职工代表大会、职工大会或者其他形式民主选举产生。 监事会设主席一人，可以设副主席。监事会主席和副主席由全体监事过半数选举产生。监事会主席召集和主持监事会会议；监事会主席不能履行职务或者不履行职务的，由监事会副主席召集和主持监事会会议；监事会副主席不能履行职务或者不履行职务的，由**半数以上**监事共同推举一名监事召集和主持监事会会议。 董事、高级管理人员不得兼任监事。 本法**第五十二条**关于有限责任公司监事任期的规定，适用于股份有限公司监事。	**第一百三十条** 股份有限公司设监事会，**本法第一百二十一条第一款、第一百三十三条另有规定的除外。** **监事会成员为三人以上。**监事会**成员**应当包括股东代表和适当比例的公司职工代表，其中职工代表的比例不得低于三分之一，具体比例由公司章程规定。监事会中的职工代表由公司职工通过职工代表大会、职工大会或者其他形式民主选举产生。 监事会设主席一人，可以设副主席。监事会主席和副主席由全体监事过半数选举产生。监事会主席召集和主持监事会会议；监事会主席不能履行职务或者不履行职务的，由监事会副主席召集和主持监事会会议；监事会副主席不能履行职务或者不履行职务的，由**过半数的**监事共同推举一名监事召集和主持监事会会议。 董事、高级管理人员不得兼任监事。 本法**第七十七条**关于有限责任公司监事任期的规定，适用于股份有限公司监事。
第一百一十八条 本法**第五十三条、第五十四条关于有限责任公司监事会职权**的规定，适用于股份有限公司监事会。 监事会行使职权所必需的费用，由公司承担。	**第一百三十一条** 本法**第七十八条至第八十条的**规定，适用于股份有限公司监事会。 监事会行使职权所必需的费用，由公司承担。
第一百一十九条 监事会每六个月至少召开一次会议。监事可以提议召开临时监事会会议。 监事会的议事方式和表决程序，除本法有规定的外，由公司章程规定。 监事会决议应当经**半数以上监事**通过。 监事会应当对所议事项的决定作成会议记录，出席会议的监事应当在会议记录上签名。	**第一百三十二条** 监事会每六个月至少召开一次会议。监事可以提议召开临时监事会会议。 监事会的议事方式和表决程序，除本法有规定的外，由公司章程规定。 监事会决议应当经**全体监事的过半数**通过。**监事会决议的表决，应当一人一票。** 监事会应当对所议事项的决定作成会议记录，出席会议的监事应当在会议记录上签名。
	第一百三十三条 规模较小或者股东人数较少的股份有限公司，可以不设监事会，设一名监事，行使本法规定的监事会的职权。
第五节 上市公司组织机构的特别规定	第五节 上市公司组织机构的特别规定
第一百二十条 本法所称上市公司，是指其股票在证券交易所上市交易的股份有限公司。	**第一百三十四条** 本法所称上市公司，是指其股票在证券交易所上市交易的股份有限公司。
第一百二十一条 上市公司在一年内购买、出售重大资产或者担保金额超过公司资产总额百分之三十的，应当由**股东大会**作出决议，并经出席会议的股东所持表决权的三分之二以上通过。	**第一百三十五条** 上市公司在一年内购买、出售重大资产或者**向他人提供**担保**的**金额超过公司资产总额百分之三十的，应当由**股东会**作出决议，并经出席会议的股东所持表决权的三分之二以上通过。

续表

旧法条	新法条
第一百二十二条 上市公司设独立董事，具体办法由国务院规定。	**第一百三十六条** 上市公司设独立董事，具体管理办法由国务院证券监督管理机构规定。 上市公司的公司章程除载明本法第九十五条规定的事项外，还应当依照法律、行政法规的规定载明董事会专门委员会的组成、职权以及董事、监事、高级管理人员薪酬考核机制等事项。
	第一百三十七条 上市公司在董事会中设置审计委员会的，董事会对下列事项作出决议前应当经审计委员会全体成员过半数通过： （一）聘用、解聘承办公司审计业务的会计师事务所； （二）聘任、解聘财务负责人； （三）披露财务会计报告； （四）国务院证券监督管理机构规定的其他事项。
第一百二十三条 上市公司设董事会秘书，负责公司股东大会和董事会会议的筹备、文件保管以及公司股东资料的管理，办理信息披露事务等事宜。	**第一百三十八条** 上市公司设董事会秘书，负责公司股东会和董事会会议的筹备、文件保管以及公司股东资料的管理，办理信息披露事务等事宜。
第一百二十四条 上市公司董事与董事会会议决议事项所涉及的企业有关联关系的，不得对该项决议行使表决权，也不得代理其他董事行使表决权。该董事会会议由过半数的无关联关系董事出席即可举行，董事会会议所作决议须经无关联关系董事过半数通过。出席董事会的无关联关系董事人数不足三人的，应将该事项提交上市公司股东大会审议。	**第一百三十九条** 上市公司董事与董事会会议决议事项所涉及的企业或者个人有关联关系的，该董事应当及时向董事会书面报告。有关联关系的董事不得对该项决议行使表决权，也不得代理其他董事行使表决权。该董事会会议由过半数的无关联关系董事出席即可举行，董事会会议所作决议须经无关联关系董事过半数通过。出席董事会会议的无关联关系董事人数不足三人的，应当将该事项提交上市公司股东会审议。
	第一百四十条 上市公司应当依法披露股东、实际控制人的信息，相关信息应当真实、准确、完整。 禁止违反法律、行政法规的规定代持上市公司股票。
	第一百四十一条 上市公司控股子公司不得取得该上市公司的股份。 上市公司控股子公司因公司合并、质权行使等原因持有上市公司股份的，不得行使所持股份对应的表决权，并应当及时处分相关上市公司股份。
第五章 股份有限公司的股份发行和转让	**第六章 股份有限公司的股份发行和转让**
第一节 股份发行	第一节 股份发行
第一百二十五条 股份有限公司的资本划分为股份，每一股的金额相等。 公司的股份采取股票的形式。股票是公司签发的证明股东所持股份的凭证。	**第一百四十二条** 公司的资本划分为股份。公司的全部股份，根据公司章程的规定择一采用面额股或者无面额股。采用面额股的，每一股的金额相等。 公司可以根据公司章程的规定将已发行的面额股全部转换为无面额股或者将无面额股全部转换为面额股。 采用无面额股的，应当将发行股份所得股款的二分之一以上计入注册资本。

续表

旧法条	新法条
第一百二十六条 股份的发行,实行公平、公正的原则,**同种类**的每一股份应当具有同等权利。 同次发行的**同种类股票**,每股的发行条件和价格应当相同;**任何单位或者个人**所认购的股份,每股应当支付相同价额。	**第一百四十三条** 股份的发行,实行公平、公正的原则,**同类别**的每一股份应当具有同等权利。 同次发行的**同类别股份**,每股的发行条件和价格应当相同;**认购人**所认购的股份,每股应当支付相同价额。
	第一百四十四条 公司可以按照公司章程的规定发行下列与普通股权利不同的类别股: (一)优先或者劣后分配利润或者剩余财产的股份; (二)每一股的表决权数多于或者少于普通股的股份; (三)转让须经公司同意等转让受限的股份; (四)国务院规定的其他类别股。 公开发行股份的公司不得发行前款第二项、第三项规定的类别股;公开发行前已发行的除外。 公司发行本条第一款第二项规定的类别股的,对于监事或者审计委员会成员的选举和更换,类别股与普通股每一股的表决权数相同。
	第一百四十五条 发行类别股的公司,应当在公司章程中载明以下事项: (一)类别股分配利润或者剩余财产的顺序; (二)类别股的表决权数; (三)类别股的转让限制; (四)保护中小股东权益的措施; (五)股东会认为需要规定的其他事项。
	第一百四十六条 发行类别股的公司,有本法第一百一十六条第三款规定的事项等可能影响类别股股东权利的,除应当依照第一百一十六条第三款的规定经股东会决议外,还应当经出席类别股股东会议的股东所持表决权的三分之二以上通过。 公司章程可以对需经类别股股东会议决议的其他事项作出规定。
第一百二十五条 股份有限公司的资本划分为股份,每一股的金额相等。 公司的股份采取股票的形式。股票是公司签发的证明股东所持股份的凭证。**第一百二十九条**公司发行的股票,**可以为记名股票,也可以为无记名股票。** **公司向发起人、法人发行的股票,应当为记名股票,并应当记载该发起人、法人的名称或者姓名,不得另立户名或者以代表人姓名记名。**	**第一百四十七条** 公司的股份采取股票的形式。股票是公司签发的证明股东所持股份的凭证。 公司发行的股票,应当为记名股票。
第一百二十七条 股票发行价格可以按票面金额,也可以超过票面金额,但不得低于票面金额。	**第一百四十八条 面额股**股票的发行价格可以按票面金额,也可以超过票面金额,但不得低于票面金额。

续表

旧法条	新法条
第一百二十八条　股票采用纸面形式或者国务院证券监督管理机构规定的其他形式。 股票应当载明下列主要事项： （一）公司名称； （二）公司成立日期； （三）股票种类、票面金额及代表的股份数； **（四）股票的编号。** 股票由法定代表人签名，公司盖章。 发起人**的**股票，应当标明发起人股票字样。	**第一百四十九条**　股票采用纸面形式或者国务院证券监督管理机构规定的其他形式。 股票**采用纸面形式的**，应当载明下列主要事项： （一）公司名称； （二）公司成立日期**或者股票发行的时间**； （三）股票种类、票面金额及代表的股份数，**发行无面额股的，股票代表的股份数**。 **股票采用纸面形式的，还应当载明股票的编号**，由法定代表人签名，公司盖章。 发起人股票**采用纸面形式的**，应当标明发起人股票字样。
第一百三十一条　国务院可以对公司发行本法规定以外的其他种类的股份，另行作出规定。	
第一百三十二条　股份有限公司成立后，即向股东正式交付股票。公司成立前不得向股东交付股票。	**第一百五十条**　股份有限公司成立后，即向股东正式交付股票。公司成立前不得向股东交付股票。
第一百三十三条　公司发行新股，**股东大会**应当对下列事项作出决议： （一）新股种类及数额； （二）新股发行价格； （三）新股发行的起止日期； （四）向原有股东发行新股的种类及数额。 **第一百三十五条**　公司发行新股，可以根据公司经营情况和财务状况，确定其作价方案。	**第一百五十一条**　公司发行新股，**股东会**应当对下列事项作出决议： （一）新股种类及数额； （二）新股发行价格； （三）新股发行的起止日期； （四）向原有股东发行新股的种类及数额； **（五）发行无面额股的，新股发行所得股款计入注册资本的金额。** 公司发行新股，可以根据公司经营情况和财务状况，确定其作价方案。
	第一百五十二条　公司章程或者股东会可以授权董事会在三年内决定发行不超过已发行股份百分之五十的股份。但以非货币财产作价出资的应当经股东会决议。 **董事会依照前款规定决定发行股份导致公司注册资本、已发行股份数发生变化的，对公司章程该项记载事项的修改不需再由股东会表决。**
	第一百五十三条　公司章程或者股东会授权董事会决定发行新股的，董事会决议应当经全体董事三分之二以上通过。
第一百三十四条　公司经国务院证券监督管理机构**核准公开发行新股时，必须**公告**新股**招股说明书**和财务会计报告，并制作认股书。** **本法第八十七条、第八十八条的规定适用于公司公开发行新股。第八十六条**　招股说明书应当附有**发起人制订的**公司章程，并载明下列事项： **（一）发起人认购的股份数；** （二）**每股**的票面金额和发行价格； （三）**无记名股票的发行总数；** （四）募集资金的用途； （五）认股人的权利、义务； （六）本次募股的起止**期限**及逾期未募足时认股人可以撤回所认股份的说明。	**第一百五十四条　公司向社会公开募集股份，应当**经国务院证券监督管理机构**注册**，公告招股说明书。 招股说明书应当附有公司章程，并载明下列事项： （一）**发行的股份总数；** （二）**面额股**的票面金额和发行价格**或者无面额股的发行价格**； （三）募集资金的用途； （四）认股人的权利**和**义务； **（五）股份种类及其权利和义务；** （六）本次募股的起止**日期**及逾期未募足时认股人可以撤回所认股份的说明。 **公司设立时发行股份的，还应当载明发起人认购的股份数。**

续表

旧法条	新法条
第八十七条 **发起人**向社会公开募集股份,应当由依法设立的证券公司承销,签订承销协议。	**第一百五十五条** **公司**向社会公开募集股份,应当由依法设立的证券公司承销,签订承销协议。
第八十八条 **发起人**向社会公开募集股份,应当同银行签订代收股款协议。 代收股款的银行应当按照协议代收和保存股款,向缴纳股款的认股人出具收款单据,并负有向有关部门出具收款证明的义务。**第一百三十六条** 公司发行新股募足股款后,**必须向公司登记机关办理变更登记,并**公告。	**第一百五十六条** **公司**向社会公开募集股份,应当同银行签订代收股款协议。 代收股款的银行应当按照协议代收和保存股款,向缴纳股款的认股人出具收款单据,并负有向有关部门出具收款证明的义务。 公司发行股份募足股款后,**应予**公告。
第二节 股份转让	第二节 股份转让
第一百三十七条 股东持有的股份可以**依法**转让。	**第一百五十七条** **股份有限公司的**股东持有的股份可以**向其他股东转让,也可以向股东以外的人转让;公司章程对股份转让有限制的,其转让按照公司章程的规定进行**。
第一百三十八条 股东转让其股份,应当在依法设立的证券交易场所进行或者按照国务院规定的其他方式进行。	**第一百五十八条** 股东转让其股份,应当在依法设立的证券交易场所进行或者按照国务院规定的其他方式进行。
第一百三十九条 **记名股票**,由股东以背书方式或者法律、行政法规规定的其他方式**转让**;转让后由公司将受让人的姓名或者名称及住所记载于股东名册。 **股东大会**召开前二十日内或者公司决定分配股利的基准日前五日内,不得**进行前款规定的**股东名册**的变更登记**。**但是**,法律对上市公司股东名册变更**登记**另有规定的,从其规定。	**第一百五十九条** **股票的转让**,由股东以背书方式或者法律、行政法规规定的其他方式**进行**;转让后由公司将受让人的姓名或者名称及住所记载于股东名册。 **股东会会议**召开前二十日内或者公司决定分配股利的基准日前五日内,不得**变更**股东名册。法律、**行政法规或者国务院证券监督管理机构**对上市公司股东名册变更另有规定的,从其规定。
第一百四十条 **无记名股票的转让,由股东将该股票交付给受让人后即发生转让的效力。**	
第一百四十一条 **发起人持有的本公司股份,自公司成立之日起一年内不得转让。**公司公开发行股份前已发行的股份,自公司股票在证券交易所上市交易之日起一年内不得转让。 公司董事、监事、高级管理人员应当向公司申报所持有的本公司的股份及其变动情况,在任职期间每年转让的股份不得超过其所持有本公司股份总数的百分之二十五;所持本公司股份自公司股票上市交易之日起一年内不得转让。上述人员离职后半年内,不得转让其所持有的本公司股份。公司章程可以对公司董事、监事、高级管理人员转让其所持有的本公司股份作出其他限制性规定。	**第一百六十条** 公司公开发行股份前已发行的股份,自公司股票在证券交易所上市交易之日起一年内不得转让。**法律、行政法规或者国务院证券监督管理机构对上市公司的股东、实际控制人转让其所持有的本公司股份另有规定的,从其规定。** 公司董事、监事、高级管理人员应当向公司申报所持有的本公司的股份及其变动情况,在**就任时确定的**任职期间每年转让的股份不得超过其所持有本公司股份总数的百分之二十五;所持本公司股份自公司股票上市交易之日起一年内不得转让。上述人员离职后半年内,不得转让其所持有的本公司股份。公司章程可以对公司董事、监事、高级管理人员转让其所持有的本公司股份作出其他限制性规定。 **股份在法律、行政法规规定的限制转让期限内出质的,质权人不得在限制转让期限内行使质权。**

续表

旧法条	新法条
	第一百六十一条 有下列情形之一的，对股东会该项决议投反对票的股东可以请求公司按照合理的价格收购其股份，公开发行股份的公司除外： （一）公司连续五年不向股东分配利润，而公司该五年连续盈利，并且符合本法规定的分配利润条件； （二）公司转让主要财产； （三）公司章程规定的营业期限届满或者章程规定的其他解散事由出现，股东会通过决议修改章程使公司存续。 自股东会决议作出之日起六十日内，股东与公司不能达成股份收购协议的，股东可以自股东会决议作出之日起九十日内向人民法院提起诉讼。 公司因本条第一款规定的情形收购的本公司股份，应当在六个月内依法转让或者注销。
第一百四十二条 公司不得收购本公司股份。但是，有下列情形之一的除外： （一）减少公司注册资本； （二）与持有本公司股份的其他公司合并； （三）将股份用于员工持股计划或者股权激励； （四）股东因对**股东大会**作出的公司合并、分立决议持异议，要求公司收购其股份； （五）将股份用于转换**上市**公司发行的可转换为股票的公司债券； （六）上市公司为维护公司价值及股东权益所必需。 公司因前款**第（一）项**、**第（二）项**规定的情形收购本公司股份的，应当经**股东大会**决议；公司因前款**第（三）项**、**第（五）项**、**第（六）项**规定的情形收购本公司股份的，可以**依照**公司章程**的规定**或者**股东大会**的授权，经三分之二以上董事出席的董事会会议决议。 公司依照本条第一款规定收购本公司股份后，属于**第（一）项**情形的，应当自收购之日起十日内注销；属于**第（二）项**、**第（四）项**情形的，应当在六个月内转让或者注销；属于**第（三）项**、**第（五）项**、**第（六）项**情形的，公司合计持有的本公司股份数不得超过本公司已发行股份**总额**的百分之十，并应当在三年内转让或者注销。 上市公司收购本公司股份的，应当依照《中华人民共和国证券法》的规定履行信息披露义务。上市公司因本条第一款**第（三）项**、**第（五）项**、**第（六）项**规定的情形收购本公司股份的，应当通过公开的集中交易方式进行。 公司不得接受本公司的**股票**作为**质押权**的标的。	**第一百六十二条** 公司不得收购本公司股份。但是，有下列情形之一的除外： （一）减少公司注册资本； （二）与持有本公司股份的其他公司合并； （三）将股份用于员工持股计划或者股权激励； （四）股东因对**股东会**作出的公司合并、分立决议持异议，要求公司收购其股份； （五）将股份用于转换公司发行的可转换为股票的公司债券； （六）上市公司为维护公司价值及股东权益所必需。 公司因前款**第一项**、**第二项**规定的情形收购本公司股份的，应当经**股东会**决议；公司因前款**第三项**、**第五项**、**第六项**规定的情形收购本公司股份的，可以**按照**公司章程或者**股东会**的授权，经三分之二以上董事出席的董事会会议决议。 公司依照本条第一款规定收购本公司股份后，属于**第一项**情形的，应当自收购之日起十日内注销；属于**第二项**、**第四项**情形的，应当在六个月内转让或者注销；属于**第三项**、**第五项**、**第六项**情形的，公司合计持有的本公司股份数不得超过本公司已发行股份**总数**的百分之十，并应当在三年内转让或者注销。 上市公司收购本公司股份的，应当依照《中华人民共和国证券法》的规定履行信息披露义务。上市公司因本条第一款**第三项**、**第五项**、**第六项**规定的情形收购本公司股份的，应当通过公开的集中交易方式进行。 公司不得接受本公司的**股份**作为**质权**的标的。

续表

旧法条	新法条
	第一百六十三条 公司不得为他人取得本公司或者其母公司的股份提供赠与、借款、担保以及其他财务资助，公司实施员工持股计划的除外。 为公司利益，经股东会决议，或者董事会按照公司章程或者股东会的授权作出决议，公司可以为他人取得本公司或者其母公司的股份提供财务资助，但财务资助的累计总额不得超过已发行股本总额的百分之十。董事会作出决议应当经全体董事的三分之二以上通过。 违反前两款规定，给公司造成损失的，负有责任的董事、监事、高级管理人员应当承担赔偿责任。
第一百四十三条 记名股票被盗、遗失或者灭失，股东可以依照《中华人民共和国民事诉讼法》规定的公示催告程序，请求人民法院宣告该股票失效。人民法院宣告该股票失效后，股东可以向公司申请补发股票。	**第一百六十四条** 股票被盗、遗失或者灭失，股东可以依照《中华人民共和国民事诉讼法》规定的公示催告程序，请求人民法院宣告该股票失效。人民法院宣告该股票失效后，股东可以向公司申请补发股票。
第一百四十四条 上市公司的股票，依照有关法律、行政法规及证券交易所交易规则上市交易。	**第一百六十五条** 上市公司的股票，依照有关法律、行政法规及证券交易所交易规则上市交易。
第一百四十五条 上市公司**必须**依照法律、行政法规的规定，**公开其财务状况、经营情况及重大诉讼，在每会计年度内半年公布一次财务会计报告。**	**第一百六十六条** 上市公司**应当**依照法律、行政法规的规定**披露相关信息。**
第七十五条 自然人股东死亡后，其合法继承人可以继承股东资格；但是，**公司**章程另有规定的除外。	**第一百六十七条** 自然人股东死亡后，其合法继承人可以继承股东资格；但是，**股份转让受限的股份有限公司的**章程另有规定的除外。
第七章 公司债券 第四节 **国有独资公司的特别规定**	**第七章 国家出资公司组织机构的特别规定**
第六十四条 国有独资公司的设立和组织机构，适用**本节**规定；**本节**没有规定的，适用**本章第一节、第二节的**规定。 本法所称**国有独资公司**，是指国家**单独**出资、**由国务院或者地方人民政府授权本级人民政府国有资产监督管理机构履行出资人职责**的有限责任公司。	**第一百六十八条** 国家出资公司的组织机构，适用**本章**规定；**本章**没有规定的，适用**本法其他**规定。 本法所称**国家出资公司**，是指国家出资**的国有独资公司、国有资本控股公司，包括国家出资**的有限责任公司、**股份有限公司。**
	第一百六十九条 国家出资公司，**由国务院或者地方人民政府分别代表国家依法履行出资人职责，享有出资人权益。国务院或者地方人民政府可以授权国有资产监督管理机构或者其他部门、机构代表本级人民政府对国家出资公司履行出资人职责。** **代表本级人民政府履行出资人职责的机构、部门，以下统称为履行出资人职责的机构。**
	第一百七十条 国家出资公司中**中国共产党的组织，按照中国共产党章程的规定发挥领导作用，研究讨论公司重大经营管理事项，支持公司的组织机构依法行使职权。**

续表

旧法条	新法条
第六十五条 国有独资公司章程由**国有资产监督管理**机构制定,**或者由董事会制订报国有资产监督管理机构批准。**	**第一百七十一条** 国有独资公司章程由**履行出资人职责的**机构制定。
第六十六条 国有独资公司不设股东会,由**国有资产监督管理机构**行使股东会职权。**国有资产监督管理机构**可以授权公司董事会行使股东会的部分职权,**决定公司的重大事项**,但公司的合并、分立、解散、增加或者减少注册资本**和发行公司债券,必须由国有资产监督管理机构决定;其中,重要的国有独资公司合并、分立、解散、申请破产的,应当由国有资产监督管理机构审核后,报本级人民政府批准。** **前款所称重要的国有独资公司,按照国务院的规定确定。**	**第一百七十二条** 国有独资公司不设股东会,由**履行出资人职责的机构**行使股东会职权。**履行出资人职责的机构**可以授权公司董事会行使股东会的部分职权,但**公司章程的制定和修改**,公司的合并、分立、解散、**申请破产**,增加或者减少注册资本,**分配利润,应当由履行出资人职责的机构决定。**
第六十七条 国有独资公司**设**董事会,依照本法**第四十六条、第六十六条的**规定行使职权。**董事每届任期不得超过三年。**董事会成员中应当有公司职工代表。 董事会成员由**国有资产监督管理机构**委派;但是,董事会成员中的职工代表由公司职工代表大会选举产生。 董事会设董事长一人,可以设副董事长。董事长、副董事长由**国有资产监督管理机构**从董事会成员中指定。	**第一百七十三条** 国有独资公司**的**董事会依照本法规定行使职权。 **国有独资公司的**董事会成员中,**应当过半数为外部董事,并**应当有公司职工代表。 董事会成员由**履行出资人职责的机构**委派;但是,董事会成员中的职工代表由公司职工代表大会选举产生。 董事会设董事长一人,可以设副董事长。董事长、副董事长由**履行出资人职责的机构**从董事会成员中指定。
第六十八条 国有独资公司**设**经理,由董事会聘任或者解聘。**经理依照本法第四十九条规定行使职权。** 经**国有资产监督管理机构**同意,董事会成员可以兼任经理。	**第一百七十四条** 国有独资公司**的**经理由董事会聘任或者解聘。 经**履行出资人职责的机构**同意,董事会成员可以兼任经理。
第六十九条 国有独资公司的**董事长、副董事长、**董事、高级管理人员,未经**国有资产监督管理机构**同意,不得在其他有限责任公司、股份有限公司或者其他经济组织兼职。	**第一百七十五条** 国有独资公司的董事、高级管理人员,未经**履行出资人职责的机构**同意,不得在其他有限责任公司、股份有限公司或者其他经济组织兼职。
第七十条 国有独资公司监事会成员不得少于五人,其中职工代表的比例不得低于三分之一,具体比例由公司章程规定。 **监事会成员由国有资产监督管理机构委派;但是,监事会成员中的职工代表由公司职工代表大会选举产生。监事会主席由国有资产监督管理机构从监事会成员中指定。** **监事会行使本法第五十三条第(一)项至第(三)项规定的职权和国务院规定的其他职权。**	

续表

旧法条	新法条
	第一百七十六条 国有独资公司在董事会中设置由董事组成的审计委员会行使本法规定的监事会职权的,不设监事会或者监事。
	第一百七十七条 国家出资公司应当依法建立健全内部监督管理和风险控制制度,加强内部合规管理。
第六章 公司董事、监事、高级管理人员的资格和义务	**第八章 公司董事、监事、高级管理人员的资格和义务**
第一百四十六条 有下列情形之一的,不得担任公司的董事、监事、高级管理人员: (一)无民事行为能力或者限制民事行为能力; (二)因贪污、贿赂、侵占财产、挪用财产或者破坏社会主义市场经济秩序,被判处刑罚,执行期满未逾五年,或者因犯罪被剥夺政治权利,执行期满未逾五年; (三)担任破产清算的公司、企业的董事或者厂长、经理,对该公司、企业的破产负有个人责任的,自该公司、企业破产清算完结之日起未逾三年; (四)担任因违法被吊销营业执照、责令关闭的公司、企业的法定代表人,并负有个人责任的,自该公司、企业被吊销营业执照之日起未逾三年; (五)个人所负数额较大的债务到期未清偿。 公司违反前款规定选举、委派董事、监事或者聘任高级管理人员的,该选举、委派或者聘任无效。 董事、监事、高级管理人员在任职期间出现本条第一款所列情形的,公司应当解除其职务。	**第一百七十八条** 有下列情形之一的,不得担任公司的董事、监事、高级管理人员: (一)无民事行为能力或者限制民事行为能力; (二)因贪污、贿赂、侵占财产、挪用财产或者破坏社会主义市场经济秩序,被判处刑罚,或者因犯罪被剥夺政治权利,执行期满未逾五年,**被宣告缓刑的,自缓刑考验期满之日起未逾二年;** (三)担任破产清算的公司、企业的董事或者厂长、经理,对该公司、企业的破产负有个人责任的,自该公司、企业破产清算完结之日起未逾三年; (四)担任因违法被吊销营业执照、责令关闭的公司、企业的法定代表人,并负有个人责任的,自该公司、企业被吊销营业执照、**责令关闭**之日起未逾三年; (五)个人**因**所负数额较大债务到期未清偿**被人民法院列为失信被执行人。** 违反前款规定选举、委派董事、监事或者聘任高级管理人员的,该选举、委派或者聘任无效。 董事、监事、高级管理人员在任职期间出现本条第一款所列情形的,公司应当解除其职务。
第一百四十七条 董事、监事、高级管理人员应当遵守法律、行政法规和公司章程,**对公司负有忠实义务和勤勉义务。** **董事、监事、高级管理人员不得利用职权收受贿赂或者其他非法收入,不得侵占公司的财产。**	**第一百七十九条** 董事、监事、高级管理人员应当遵守法律、行政法规和公司章程。 **第一百八十条 董事、监事、高级管理人员对公司负有忠实义务,应当采取措施避免自身利益与公司利益冲突,不得利用职权牟取不正当利益。** **董事、监事、高级管理人员对公司负有勤勉义务,执行职务应当为公司的最大利益尽到管理者通常应有的合理注意。** **公司的控股股东、实际控制人不担任公司董事但实际执行公司事务的,适用前两款规定。**

续表

旧法条	新法条
第一百四十八条 董事、高级管理人员不得有下列行为： （一）挪用公司资金； （二）将公司资金以其个人名义或者以其他个人名义开立账户存储； **（三）违反公司章程的规定，未经股东会、股东大会或者董事会同意，将公司资金借贷给他人或者以公司财产为他人提供担保；** **（四）违反公司章程的规定或者未经股东会、股东大会同意，与本公司订立合同或者进行交易；** **（五）未经股东会或者股东大会同意，利用职务便利为自己或者他人谋取属于公司的商业机会，自营或者为他人经营与所任职公司同类的业务；** （六）接受他人与公司交易的佣金归为己有； （七）擅自披露公司秘密； （八）违反对公司忠实义务的其他行为。 **董事、高级管理人员违反前款规定所得的收入应当归公司所有。**	**第一百八十一条** 董事、**监事**、高级管理人员不得有下列行为： （一）**侵占公司财产**、挪用公司资金； （二）将公司资金以其个人名义或者以其他个人名义开立账户存储； **（三）利用职权贿赂或者收受其他非法收入；** （四）接受他人与公司交易的佣金归为己有； （五）擅自披露公司秘密； （六）违反对公司忠实义务的其他行为。
	第一百八十二条 **董事、监事、高级管理人员，直接或者间接与本公司订立合同或者进行交易，应当就与订立合同或者进行交易有关的事项向董事会或者股东会报告，并按照公司章程的规定经董事会或者股东会决议通过。** **董事、监事、高级管理人员的近亲属，董事、监事、高级管理人员或者其近亲属直接或者间接控制的企业，以及与董事、监事、高级管理人员有其他关联关系的关联人，与公司订立合同或者进行交易，适用前款规定。**
	第一百八十三条 **董事、监事、高级管理人员，不得利用职务便利为自己或者他人谋取属于公司的商业机会。但是，有下列情形之一的除外：** **（一）向董事会或者股东会报告，并按照公司章程的规定经董事会或者股东会决议通过；** **（二）根据法律、行政法规或者公司章程的规定，公司不能利用该商业机会。**
	第一百八十四条 **董事、监事、高级管理人员未向董事会或者股东会报告，并按照公司章程的规定经董事会或者股东会决议通过，不得自营或者为他人经营与其任职公司同类的业务。**
	第一百八十五条 **董事会对本法第一百八十二条至第一百八十四条规定的事项决议时，关联董事不得参与表决，其表决权不计入表决权总数。出席董事会会议的无关联关系董事人数不足三人的，应当将该事项提交股东会审议。**
	第一百八十六条 **董事、监事、高级管理人员违反本法第一百八十一条至第一百八十四条规定所得的收入应当归公司所有。**
	第一百八十七条 股东会要求董事、监事、高级管理人员列席会议的，**董事、监事、高级管理人员应当列席并接受股东的质询。**
第一百四十九条 董事、监事、高级管理人员执行**公司职务时**违反法律、行政法规或者公司章程的规定，给公司造成损失的，应当承担赔偿责任。	**第一百八十八条** 董事、监事、高级管理人员执行**职务**违反法律、行政法规或者公司章程的规定，给公司造成损失的，应当承担赔偿责任。

续表

旧法条	新法条
第一百五十一条 董事、高级管理人员有**本法第一百四十九条**规定的情形的，有限责任公司的股东、股份有限公司连续一百八十日以上单独或者合计持有公司百分之一以上股份的股东，可以书面请求监事会**或者不设监事会的有限责任公司的监事**向人民法院提起诉讼；监事有**本法第一百四十九条规**定的情形的，前述股东可以书面请求董事会**或者不设董事会的有限责任公司的执行董事**向人民法院提起诉讼。 监事会、**不设监事会的有限责任公司的监事**，或者董事会、**执行董事**收到前款规定的股东书面请求后拒绝提起诉讼，或者自收到请求之日起三十日内未提起诉讼，或者情况紧急、不立即提起诉讼将会使公司利益受到难以弥补的损害的，前款规定的股东有权**为了公司的**利益以自己的名义直接向人民法院提起诉讼。 他人侵犯公司合法权益，给公司造成损失的，本条第一款规定的股东可以依照前两款的规定向人民法院提起诉讼。	**第一百八十九条** 董事、高级管理人员有**前条规**定的情形的，有限责任公司的股东、股份有限公司连续一百八十日以上单独或者合计持有公司百分之一以上股份的股东，可以书面请求监事会向人民法院提起诉讼；监事有**前条规**定的情形的，前述股东可以书面请求董事会向人民法院提起诉讼。 监事会或者董事会收到前款规定的股东书面请求后拒绝提起诉讼，或者自收到请求之日起三十日内未提起诉讼，或者情况紧急、不立即提起诉讼将会使公司利益受到难以弥补的损害的，前款规定的股东有权**为公司**利益以自己的名义直接向人民法院提起诉讼。 他人侵犯公司合法权益，给公司造成损失的，本条第一款规定的股东可以依照前两款的规定向人民法院提起诉讼。 **公司全资子公司的董事、监事、高级管理人员有前条规定情形，或者他人侵犯公司全资子公司合法权益造成损失的，有限责任公司的股东、股份有限公司连续一百八十日以上单独或者合计持有公司百分之一以上股份的股东，可以依照前三款规定书面请求全资子公司的监事会、董事会向人民法院提起诉讼或者以自己的名义直接向人民法院提起诉讼。**
第一百五十二条 董事、高级管理人员违反法律、行政法规或者公司章程的规定，损害股东利益的，股东可以向人民法院提起诉讼。	**第一百九十条** 董事、高级管理人员违反法律、行政法规或者公司章程的规定，损害股东利益的，股东可以向人民法院提起诉讼。
	第一百九十一条 董事、高级管理人员执行职务，给他人造成损害的，公司应当承担赔偿责任；董事、高级管理人员存在故意或者重大过失的，也应当承担赔偿责任。
	第一百九十二条 公司的控股股东、实际控制人指示董事、高级管理人员从事损害公司或者股东利益的行为的，与该董事、高级管理人员承担连带责任。
	第一百九十三条 公司可以在董事任职期间为董事因执行公司职务承担的赔偿责任投保责任保险。 **公司为董事投保责任保险或者续保后，董事会应当向股东会报告责任保险的投保金额、承保范围及保险费率等内容。**
第七章 公司债券	**第九章 公司债券**
第一百五十三条 本法所称公司债券，是指公司**依照法定程序发行、约定在一定期限**还本付息的有价证券。 公司**发行**公司债券应当符合《中华人民共和国证券法》**规定的发行条件**。	**第一百九十四条** 本法所称公司债券，是指公司**发行的约定按期**还本付息的有价证券。 **公司债券可以公开发行，也可以非公开发行。** 公司债券**的发行和交易**应当符合《中华人民共和国证券法》**等法律、行政法规的规定**。

续表

旧法条	新法条
第一百五十四条 发行公司债券**的申请经国务院授权的部门核准后**，应当公告公司债券募集办法。 公司债券募集办法**中**应当载明下列主要事项： （一）公司名称； （二）债券募集资金的用途； （三）债券总额和债券的票面金额； （四）债券利率的确定方式； （五）还本付息的期限和方式； （六）债券担保情况； （七）债券的发行价格、发行的起止日期； （八）公司净资产额； （九）已发行的尚未到期的公司债券总额； （十）公司债券的承销机构。	**第一百九十五条** 公开发行公司债券，**应当经国务院证券监督管理机构注册**，公告公司债券募集办法。 公司债券募集办法应当载明下列主要事项： （一）公司名称； （二）债券募集资金的用途； （三）债券总额和债券的票面金额； （四）债券利率的确定方式； （五）还本付息的期限和方式； （六）债券担保情况； （七）债券的发行价格、发行的起止日期； （八）公司净资产额； （九）已发行的尚未到期的公司债券总额； （十）公司债券的承销机构。
第一百五十五条 公司以**实物券方式**发行公司债券的，**必须**在债券上载明公司名称、债券票面金额、利率、偿还期限等事项，并由法定代表人签名，公司盖章。	**第一百九十六条** 公司以**纸面形式**发行公司债券的，应当在债券上载明公司名称、债券票面金额、利率、偿还期限等事项，并由法定代表人签名，公司盖章。
第一百五十六条 公司债券，**可以为记名债券，也可以为无记名债券。**	**第一百九十七条** 公司债券**应当**为记名债券。
第一百五十七条 公司发行公司债券应当置备公司债券**存根簿**。 发行**记名**公司债券的，应当在公司债券**存根簿**上载明下列事项： （一）债券持有人的姓名或者名称及住所； （二）债券持有人取得债券的日期及债券的编号； （三）债券总额，债券的票面金额、利率、还本付息的期限和方式； （四）债券的发行日期。 **发行无记名公司债券的，应当在公司债券存根簿上载明债券总额、利率、偿还期限和方式、发行日期及债券的编号。**	**第一百九十八条** 公司发行公司债券应当置备公司债券**持有人名册**。 发行公司债券的，应当在公司债券**持有人名册**上载明下列事项： （一）债券持有人的姓名或者名称及住所； （二）债券持有人取得债券的日期及债券的编号； （三）债券总额，债券的票面金额、利率、还本付息的期限和方式； （四）债券的发行日期。
第一百五十八条 **记名**公司债券的登记结算机构应当建立债券登记、存管、付息、兑付等相关制度。	**第一百九十九条** 公司债券的登记结算机构应当建立债券登记、存管、付息、兑付等相关制度。
第一百五十九条 公司债券可以转让，转让价格由转让人与受让人约定。 公司债券**在证券交易所上市交易的，按照证券交易所的交易规则转让。**	**第二百条** 公司债券可以转让，转让价格由转让人与受让人约定。 公司债券**的转让应当符合法律、行政法规的规定。**
第一百六十条 **记名**公司债券，由债券持有人以背书方式或者法律、行政法规规定的其他方式转让；转让后由公司将受让人的姓名或者名称及住所记载于公司债券**存根簿**。 **无记名公司债券的转让，由债券持有人将该债券交付给受让人后即发生转让的效力。**	**第二百零一条** 公司债券由债券持有人以背书方式或者法律、行政法规规定的其他方式转让；转让后由公司将受让人的姓名或者名称及住所记载于公司债券**持有人名册**。

旧法条	新法条
第一百六十一条 上市公司经**股东大会**决议可以发行可转换为股票的公司债券，并**在公司债券募集办法中**规定具体的转换办法。上市公司发行可转换为股票的公司债券，应当**报**国务院证券监督管理机构**核准**。 发行可转换为股票的公司债券，应当在债券上标明可转换公司债券字样，并在公司债券**存根簿**上载明可转换公司债券的数额。	**第二百零二条** 股份有限公司经**股东会**决议，**或者经公司章程、股东会授权由董事会决议**，可以发行可转换为股票的公司债券，并规定具体的转换办法。上市公司发行可转换为股票的公司债券，应当**经**国务院证券监督管理机构**注册**。 发行可转换为股票的公司债券，应当在债券上标明可转换公司债券字样，并在公司债券**持有人名册**上载明可转换公司债券的数额。
第一百六十二条 发行可转换为股票的公司债券的，公司应当按照其转换办法向债券持有人换发股票，但债券持有人对转换股票或者不转换股票有选择权。	**第二百零三条** 发行可转换为股票的公司债券的，公司应当按照其转换办法向债券持有人换发股票，但债券持有人对转换股票或者不转换股票有选择权。**法律、行政法规另有规定的除外。**
	第二百零四条 公开发行公司债券的，应当为同期债券持有人设立债券持有人会议，并在债券募集办法中对债券持有人会议的召集程序、会议规则和其他重要事项作出规定。债券持有人会议可以对与债券持有人有利害关系的事项作出决议。 **除公司债券募集办法另有约定外，债券持有人会议决议对同期全体债券持有人发生效力。**
	第二百零五条 公开发行公司债券的，发行人应当为债券持有人聘请债券受托管理人，由其为债券持有人办理受领清偿、债权保全、与债券相关的诉讼以及参与债务人破产程序等事项。
	第二百零六条 债券受托管理人应当勤勉尽责，公正履行受托管理职责，不得损害债券持有人利益。 **受托管理人与债券持有人存在利益冲突可能损害债券持有人利益的，债券持有人会议可以决议变更债券受托管理人。** **债券受托管理人违反法律、行政法规或者债券持有人会议决议，损害债券持有人利益的，应当承担赔偿责任。**
第八章 公司财务、会计	**第十章 公司财务、会计**
第一百六十三条 公司应当依照法律、行政法规和国务院财政部门的规定建立本公司的财务、会计制度。	**第二百零七条** 公司应当依照法律、行政法规和国务院财政部门的规定建立本公司的财务、会计制度。
第一百六十四条 公司应当在每一会计年度终了时编制财务会计报告，并依法经会计师事务所审计。 财务会计报告应当依照法律、行政法规和国务院财政部门的规定制作。	**第二百零八条** 公司应当在每一会计年度终了时编制财务会计报告，并依法经会计师事务所审计。 财务会计报告应当依照法律、行政法规和国务院财政部门的规定制作。
第一百六十五条 有限责任公司应当**依照**公司章程规定的期限将财务会计报告送交各股东。 股份有限公司的财务会计报告应当在召开**股东大会**年会的二十日前置备于本公司，供股东查阅；公开发行**股票**的股份有限公司**必须**公告其财务会计报告。	**第二百零九条** 有限责任公司应当**按照**公司章程规定的期限将财务会计报告送交各股东。 股份有限公司的财务会计报告应当在召开**股东会**年会的二十日前置备于本公司，供股东查阅；公开发行**股份**的股份有限公司**应当**公告其财务会计报告。

续表

旧法条	新法条
第一百六十六条 公司分配当年税后利润时,应当提取利润的百分之十列入公司法定公积金。公司法定公积金累计额为公司注册资本的百分之五十以上的,可以不再提取。 公司的法定公积金不足以弥补以前年度亏损的,在依照前款规定提取法定公积金之前,应当先用当年利润弥补亏损。 公司从税后利润中提取法定公积金后,经股东会**或者股东大会**决议,还可以从税后利润中提取任意公积金。 公司弥补亏损和提取公积金后所余税后利润,有限责任公司**依照本法第三十四条的规定分配;**股份有限公司按照股东持有的股份比例分配,**但股份有限公司章程规定不按持股比例分配的除外。** **股东会、股东大会或者董事会**违反**前款**规定,**在公司弥补亏损和提取法定公积金之前**向股东分配利润的,股东**必须**将违反规定分配的利润退还公司。 公司持有的本公司股份不得分配利润。	**第二百一十条** 公司分配当年税后利润时,应当提取利润的百分之十列入公司法定公积金。公司法定公积金累计额为公司注册资本的百分之五十以上的,可以不再提取。 公司的法定公积金不足以弥补以前年度亏损的,在依照前款规定提取法定公积金之前,应当先用当年利润弥补亏损。 公司从税后利润中提取法定公积金后,经股东会决议,还可以从税后利润中提取任意公积金。 公司弥补亏损和提取公积金后所余税后利润,有限责任公司**按照股东实缴的出资比例分配利润,全体股东约定不按照出资比例分配利润的除外;**股份有限公司按照股东所持有的股份比例分配**利润,公司章程另有规定的除外。** 公司持有的本公司股份不得分配利润。 **第二百一十一条** 公司违反**本法**规定向股东分配利润的,股东**应当**将违反规定分配的利润退还公司;**给公司造成损失的,股东及负有责任的董事、监事、高级管理人员应当承担赔偿责任。**
	第二百一十二条 股东会作出分配利润的决议的,董事会应当在股东会决议作出之日起六个月内进行分配。
第一百六十七条 **股份有限公司**以超过股票票面金额的发行价格发行股份所得的溢价款以及国务院财政部门规定列入资本公积金的其他**收入**,应当列为公司资本公积金。	**第二百一十三条** **公司**以超过股票票面金额的发行价格发行股份所得的溢价款、**发行无面额股所得股款未计入注册资本的金额**以及国务院财政部门规定列入资本公积金的其他**项目**,应当列为公司资本公积金。
第一百六十八条 公司的公积金用于弥补公司的亏损、扩大公司生产经营或者转为增加公司资本。**但是,资本公积金不得用于弥补公司的亏损。** 法定公积金转为资本时,所留存的该项公积金不得少于转增前公司注册资本的百分之二十五。	**第二百一十四条** 公司的公积金用于弥补公司的亏损、扩大公司生产经营或者转为增加公司**注册**资本。 **公积金弥补公司亏损,应当先使用任意公积金和法定公积金;仍不能弥补的,可以按照规定使用资本公积金。** 法定公积金转为**增加注册**资本时,所留存的该项公积金不得少于转增前公司注册资本的百分之二十五。
第一百六十九条 公司聘用、解聘承办公司审计业务的会计师事务所,**依照**公司章程的规定,由股东会、**股东大会或者**董事会决定。 公司股东会、**股东大会或者**董事会就解聘会计师事务所进行表决时,应当允许会计师事务所陈述意见。	**第二百一十五条** 公司聘用、解聘承办公司审计业务的会计师事务所,**按照**公司章程的规定,由股东会、董事会**或者监事会**决定。 公司股东会、董事会**或者监事会**就解聘会计师事务所进行表决时,应当允许会计师事务所陈述意见。
第一百七十条 公司应当向聘用的会计师事务所提供真实、完整的会计凭证、会计账簿、财务会计报告及其他会计资料,不得拒绝、隐匿、谎报。	**第二百一十六条** 公司应当向聘用的会计师事务所提供真实、完整的会计凭证、会计账簿、财务会计报告及其他会计资料,不得拒绝、隐匿、谎报。
第一百七十一条 公司除法定的会计账簿外,不得另立会计账簿。 对公司**资产**,不得以任何个人名义开立账户存储。	**第二百一十七条** 公司除法定的会计账簿外,不得另立会计账簿。 对公司**资金**,不得以任何个人名义开立账户存储。

续表

旧法条	新法条
第九章　公司合并、分立、增资、减资	**第十一章　公司合并、分立、增资、减资**
第一百七十二条　公司合并可以采取吸收合并或者新设合并。 一个公司吸收其他公司为吸收合并，被吸收的公司解散。两个以上公司合并设立一个新的公司为新设合并，合并各方解散。	**第二百一十八条**　公司合并可以采取吸收合并或者新设合并。 一个公司吸收其他公司为吸收合并，被吸收的公司解散。两个以上公司合并设立一个新的公司为新设合并，合并各方解散。
	第二百一十九条　公司与其持股百分之九十以上的公司合并，被合并的公司不需经股东会决议，但应当通知其他股东，其他股东有权请求公司按照合理的价格收购其股权或者股份。 **公司合并支付的价款不超过本公司净资产百分之十的，可以不经股东会决议；但是，公司章程另有规定的除外。** **公司依照前两款规定合并不经股东会决议的，应当经董事会决议。**
第一百七十三条　公司合并，应当由合并各方签订合并协议，并编制资产负债表及财产清单。公司应当自作出合并决议之日起十日内通知债权人，并于三十日内在报纸上公告。债权人自接到**通知书**之日起三十日内，未接到**通知书**的自公告之日起四十五日内，可以要求公司清偿债务或者提供相应的担保。	**第二百二十条**　公司合并，应当由合并各方签订合并协议，并编制资产负债表及财产清单。公司应当自作出合并决议之日起十日内通知债权人，并于三十日内在报纸上**或者国家企业信用信息公示系统**公告。债权人自接到**通知**之日起三十日内，未接到**通知**的自公告之日起四十五日内，可以要求公司清偿债务或者提供相应的担保。
第一百七十四条　公司合并时，合并各方的债权、债务，应当由合并后存续的公司或者新设的公司承继。	**第二百二十一条**　公司合并时，合并各方的债权、债务，应当由合并后存续的公司或者新设的公司承继。
第一百七十五条　公司分立，其财产作相应的分割。 公司分立，应当编制资产负债表及财产清单。公司应当自作出分立决议之日起十日内通知债权人，并于三十日内在报纸上公告。	**第二百二十二条**　公司分立，其财产作相应的分割。 公司分立，应当编制资产负债表及财产清单。公司应当自作出分立决议之日起十日内通知债权人，并于三十日内在报纸上**或者国家企业信用信息公示系统**公告。
第一百七十六条　公司分立前的债务由分立后的公司承担连带责任。但是，公司在分立前与债权人就债务清偿达成的书面协议另有约定的除外。	**第二百二十三条**　公司分立前的债务由分立后的公司承担连带责任。但是，公司在分立前与债权人就债务清偿达成的书面协议另有约定的除外。
第一百七十七条　公司**需要**减少注册资本**时，必须**编制资产负债表及财产清单。 公司应当自作出减少注册资本决议之日起十日内通知债权人，并于三十日内在报纸上公告。债权人自接到**通知书**之日起三十日内，未接到**通知书**的自公告之日起四十五日内，有权要求公司清偿债务或者提供相应的担保。	**第二百二十四条**　公司减少注册资本，**应当**编制资产负债表及财产清单。 公司应当自**股东会**作出减少注册资本决议之日起十日内通知债权人，并于三十日内在报纸上**或者国家企业信用信息公示系统**公告。债权人自接到**通知**之日起三十日内，未接到**通知**的自公告之日起四十五日内，有权要求公司清偿债务或者提供相应的担保。 **公司减少注册资本，应当按照股东出资或者持有股份的比例相应减少出资额或者股份，法律另有规定、有限责任公司全体股东另有约定或者股份有限公司章程另有规定的除外。**

续表

旧法条	新法条
	第二百二十五条　公司依照本法第二百一十四条第二款的规定弥补亏损后，仍有亏损的，可以减少注册资本弥补亏损。减少注册资本弥补亏损的，公司不得向股东分配，也不得免除股东缴纳出资或者股款的义务。 依照前款规定减少注册资本的，不适用前条第二款的规定，但应当自股东会作出减少注册资本决议之日起三十日内在报纸上或者国家企业信用信息公示系统公告。 公司依照前两款的规定减少注册资本后，在法定公积金和任意公积金累计额达到公司注册资本百分之五十前，不得分配利润。
	第二百二十六条　违反本法规定减少注册资本的，股东应当退还其收到的资金，减免股东出资的应当恢复原状；给公司造成损失的，股东及负有责任的董事、监事、高级管理人员应当承担赔偿责任。
第三十四条　股东按照实缴的出资比例分取红利；公司新增资本时，股东有权优先按照实缴的出资比例认缴出资。但是，全体股东约定不按照出资比例分取红利或者不按照出资比例优先认缴出资的除外。	**第二百二十七条**　有限责任公司增加注册资本时，股东在同等条件下有权优先按照实缴的出资比例认缴出资。但是，全体股东约定不按照出资比例优先认缴出资的除外。 股份有限公司为增加注册资本发行新股时，股东不享有优先认购权，公司章程另有规定或者股东会决议决定股东享有优先认购权的除外。
第一百七十八条　有限责任公司增加注册资本时，股东认缴新增资本的出资，依照本法设立有限责任公司缴纳出资的有关规定执行。 股份有限公司为增加注册资本发行新股时，股东认购新股，依照本法设立股份有限公司缴纳股款的有关规定执行。	**第二百二十八条**　有限责任公司增加注册资本时，股东认缴新增资本的出资，依照本法设立有限责任公司缴纳出资的有关规定执行。 股份有限公司为增加注册资本发行新股时，股东认购新股，依照本法设立股份有限公司缴纳股款的有关规定执行。
第一百七十九条　公司合并或者分立，登记事项发生变更的，应当依法向公司登记机关办理变更登记；公司解散的，应当依法办理公司注销登记；设立新公司的，应当依法办理公司设立登记。 公司增加或者减少注册资本，应当依法向公司登记机关办理变更登记。	
第十章　公司解散和清算	**第十二章　公司解散和清算**
第一百八十条　公司因下列原因解散： （一）公司章程规定的营业期限届满或者公司章程规定的其他解散事由出现； （二）股东会或者股东大会决议解散； （三）因公司合并或者分立需要解散； （四）依法被吊销营业执照、责令关闭或者被撤销； （五）人民法院依照本法第一百八十二条的规定予以解散。	**第二百二十九条**　公司因下列原因解散： （一）公司章程规定的营业期限届满或者公司章程规定的其他解散事由出现； （二）股东会决议解散； （三）因公司合并或者分立需要解散； （四）依法被吊销营业执照、责令关闭或者被撤销； （五）人民法院依照本法第二百三十一条的规定予以解散。 公司出现前款规定的解散事由，应当在十日内将解散事由通过国家企业信用信息公示系统予以公示。

旧法条	新法条
第一百八十一条 公司有**本法第一百八十条第(一)项**情形的，可以通过修改公司章程而存续。 依照前款规定修改公司章程，有限责任公司须经持有三分之二以上表决权的股东通过，股份有限公司须经出席**股东大会**会议的股东所持表决权的三分之二以上通过。	**第二百三十条** 公司有**前条第一款第一项、第二项**情形，**且尚未向股东分配财产**的，可以通过修改公司章程**或者经股东会决议**而存续。 依照前款规定修改公司章程**或者经股东会决议**，有限责任公司须经持有三分之二以上表决权的股东通过，股份有限公司须经出席**股东会**会议的股东所持表决权的三分之二以上通过。
第一百八十二条 公司经营管理发生严重困难，继续存续会使股东利益受到重大损失，通过其他途径不能解决的，持有公司**全部股东表决权百分之十以上**的股东，可以请求人民法院解散公司。	**第二百三十一条** 公司经营管理发生严重困难，继续存续会使股东利益受到重大损失，通过其他途径不能解决的，持有公司**百分之十以上表决权**的股东，可以请求人民法院解散公司。
第一百八十三条 公司因本法**第一百八十条第(一)项、第(二)项、第(四)项、第(五)项**规定而解散的，应当在解散事由出现之日起十五日内**成立**清算组，**开始**清算。**有限责任公司的清算组由股东组成，股份有限公司的清算组由董事或者股东大会确定的人员组成**。逾期不成立清算组进行清算的，**债权人**可以申请人民法院指定有关人员组成清算组进行清算。人民法院应当受理该申请，并及时组织清算组进行清算。	**第二百三十二条** 公司因本法**第二百二十九条第一款第一项、第二项、第四项、第五项**规定而解散的，**应当清算。董事为公司清算义务人**，应当在解散事由出现之日起十五日内**组成**清算组**进行**清算。 **清算组由董事组成，但是公司章程另有规定或者股东会决议另选他人的除外。** **清算义务人未及时履行清算义务，给公司或者债权人造成损失的，应当承担赔偿责任。** **第二百三十三条** 公司**依照前条第一款的规定应当清算**，逾期不成立清算组进行清算**或者成立清算组后不清算的，利害关系人**可以申请人民法院指定有关人员组成清算组进行清算。人民法院应当受理该申请，并及时组织清算组进行清算。 **公司因本法第二百二十九条第一款第四项的规定而解散的，作出吊销营业执照、责令关闭或者撤销决定的部门或者公司登记机关，可以申请人民法院指定有关人员组成清算组进行清算。**
第一百八十四条 清算组在清算期间行使下列职权： (一)清理公司财产，分别编制资产负债表和财产清单； (二)通知、公告债权人； (三)处理与清算有关的公司未了结的业务； (四)清缴所欠税款以及清算过程中产生的税款； (五)清理债权、债务； (六)**处理**公司清偿债务后的剩余财产； (七)代表公司参与民事诉讼活动。	**第二百三十四条** 清算组在清算期间行使下列职权： (一)清理公司财产，分别编制资产负债表和财产清单； (二)通知、公告债权人； (三)处理与清算有关的公司未了结的业务； (四)清缴所欠税款以及清算过程中产生的税款； (五)清理债权、债务； (六)**分配**公司清偿债务后的剩余财产； (七)代表公司参与民事诉讼活动。

续表

旧法条	新法条
第一百八十五条 清算组应当自成立之日起十日内通知债权人,并于六十日内在报纸上公告。债权人应当自接到**通知书**之日起三十日内,未接到**通知书**的自公告之日起四十五日内,向清算组申报其债权。 债权人申报债权,应当说明债权的有关事项,并提供证明材料。清算组应当对债权进行登记。 在申报债权期间,清算组不得对债权人进行清偿。	**第二百三十五条** 清算组应当自成立之日起十日内通知债权人,并于六十日内在报纸上**或者国家企业信用信息公示系统**公告。债权人应当自接到**通知**之日起三十日内,未接到**通知**的自公告之日起四十五日内,向清算组申报其债权。 债权人申报债权,应当说明债权的有关事项,并提供证明材料。清算组应当对债权进行登记。 在申报债权期间,清算组不得对债权人进行清偿。
第一百八十六条 清算组在清理公司财产、编制资产负债表和财产清单后,应当**制定**清算方案,并报股东会、**股东大会**或者人民法院确认。 公司财产在分别支付清算费用、职工的工资、社会保险费用和法定补偿金,缴纳所欠税款,清偿公司债务后的剩余财产,有限责任公司按照股东的出资比例分配,股份有限公司按照股东持有的股份比例分配。 清算期间,公司存续,但不得开展与清算无关的经营活动。公司财产在未依照前款规定清偿前,不得分配给股东。	**第二百三十六条** 清算组在清理公司财产、编制资产负债表和财产清单后,应当**制订**清算方案,并报股东会或者人民法院确认。 公司财产在分别支付清算费用、职工的工资、社会保险费用和法定补偿金,缴纳所欠税款,清偿公司债务后的剩余财产,有限责任公司按照股东的出资比例分配,股份有限公司按照股东持有的股份比例分配。 清算期间,公司存续,但不得开展与清算无关的经营活动。公司财产在未依照前款规定清偿前,不得分配给股东。
第一百八十七条 清算组在清理公司财产、编制资产负债表和财产清单后,发现公司财产不足清偿债务的,应当依法向人民法院申请**宣告破产**。 **公司经人民法院裁定宣告破产后**,清算组应当将清算事务移交给人民法院。	**第二百三十七条** 清算组在清理公司财产、编制资产负债表和财产清单后,发现公司财产不足清偿债务的,应当依法向人民法院申请**破产清算**。 **人民法院受理破产申请后**,清算组应当将清算事务移交给人民法院**指定的破产管理人**。
第一百八十九条 清算组成员**应当忠于职守,依法**履行清算**义务**。 **清算组成员不得利用职权收受贿赂或者其他非法收入,不得侵占公司财产。** 清算组成员因故意或者重大过失给**公司或者**债权人造成损失的,应当承担赔偿责任。	**第二百三十八条** 清算组成员履行清算**职责,负有忠实义务和勤勉义务**。 清算组成员**怠于履行清算职责,给公司造成损失的,应当承担赔偿责任**;因故意或者重大过失给债权人造成损失的,应当承担赔偿责任。
第一百八十八条 公司清算结束后,清算组应当制作清算报告,报股东会、**股东大会**或者人民法院确认,并报送公司登记机关,申请注销公司登记,**公告公司终止**。	**第二百三十九条** 公司清算结束后,清算组应当制作清算报告,报股东会或者人民法院确认,并报送公司登记机关,申请注销公司登记。
	第二百四十条 公司在存续期间未产生债务,或者已清偿全部债务的,经全体股东承诺,可以按照规定通过简易程序注销公司登记。 **通过简易程序注销公司登记,应当通过国家企业信用信息公示系统予以公告,公告期限不少于二十日。公告期限届满后,未有异议的,公司可以在二十日内向公司登记机关申请注销公司登记。** **公司通过简易程序注销公司登记,股东对本条第一款规定的内容承诺不实的,应当对注销登记前的债务承担连带责任。**

续表

旧法条	新法条
	第二百四十一条 公司被吊销营业执照、责令关闭或者被撤销,满三年未向公司登记机关申请注销公司登记的,公司登记机关可以通过国家企业信用信息公示系统予以公告,公告期限不少于六十日。公告期限届满后,未有异议的,公司登记机关可以注销公司登记。 依照前款规定注销公司登记的,原公司股东、清算义务人的责任不受影响。
第一百九十条 公司被依法宣告破产的,依照有关企业破产的法律实施破产清算。	**第二百四十二条** 公司被依法宣告破产的,依照有关企业破产的法律实施破产清算。
第十一章 外国公司的分支机构	**第十三章 外国公司的分支机构**
第一百九十一条 本法所称外国公司是指依照外国法律在**中国**境外设立的公司。	**第二百四十三条** 本法所称外国公司,是指依照外国法律在**中华人民共和国**境外设立的公司。
第一百九十二条 外国公司在**中国**境内设立分支机构,**必须**向中国主管机关提出申请,并提交其公司章程、所属国的公司登记证书等有关文件,经批准后,向公司登记机关依法办理登记,领取营业执照。 外国公司分支机构的审批办法由国务院另行规定。	**第二百四十四条** 外国公司在**中华人民共和国**境内设立分支机构,**应当**向中国主管机关提出申请,并提交其公司章程、所属国的公司登记证书等有关文件,经批准后,向公司登记机关依法办理登记,领取营业执照。 外国公司分支机构的审批办法由国务院另行规定。
第一百九十三条 外国公司在**中国**境内设立分支机构,**必须**在**中国**境内指定负责该分支机构的代表人或者代理人,并向该分支机构拨付与其所从事的经营活动相适应的资金。 对外国公司分支机构的经营资金需要规定最低限额的,由国务院另行规定。	**第二百四十五条** 外国公司在**中华人民共和国**境内设立分支机构,**应当**在**中华人民共和国**境内指定负责该分支机构的代表人或者代理人,并向该分支机构拨付与其所从事的经营活动相适应的资金。 对外国公司分支机构的经营资金需要规定最低限额的,由国务院另行规定。
第一百九十四条 外国公司的分支机构应当在其名称中标明该外国公司的国籍及责任形式。 外国公司的分支机构应当在本机构中置备该外国公司章程。	**第二百四十六条** 外国公司的分支机构应当在其名称中标明该外国公司的国籍及责任形式。 外国公司的分支机构应当在本机构中置备该外国公司章程。
第一百九十五条 外国公司在**中国**境内设立的分支机构不具有中国法人资格。 外国公司对其分支机构在**中国**境内进行经营活动承担民事责任。	**第二百四十七条** 外国公司在**中华人民共和国**境内设立的分支机构不具有中国法人资格。 外国公司对其分支机构在**中华人民共和国**境内进行经营活动承担民事责任。
第一百九十六条 经批准设立的外国公司分支机构,在**中国**境内从事业务活动,**必须**遵守中国的法律,不得损害中国的社会公共利益,其合法权益受中国法律保护。	**第二百四十八条** 经批准设立的外国公司分支机构,在**中华人民共和国**境内从事业务活动,**应当**遵守中国的法律,不得损害中国的社会公共利益,其合法权益受中国法律保护。
第一百九十七条 外国公司撤销其在**中国**境内的分支机构时,**必须**依法清偿债务,依照本法有关公司清算程序的规定进行清算。未清偿债务之前,不得将其分支机构的财产**移至中国境外**。	**第二百四十九条** 外国公司撤销其在**中华人民共和国**境内的分支机构时,**应当**依法清偿债务,依照本法有关公司清算程序的规定进行清算。未清偿债务之前,不得将其分支机构的财产**转移至中华人民共和国境外**。

续表

旧法条	新法条
第十二章　法律责任	**第十四章　法律责任**
第一百九十八条　违反本法规定,虚报注册资本、提交虚假材料或者采取其他欺诈手段隐瞒重要事实取得公司登记的,由公司登记机关责令改正,对虚报注册资本的公司,处以虚报注册资本金额百分之五以上百分之十五以下的罚款;对提交虚假材料或者采取其他欺诈手段隐瞒重要事实的公司,处以五万元以上**五十万元**以下的罚款;情节严重的,**撤销公司登记或者**吊销营业执照。	**第二百五十条**　违反本法规定,虚报注册资本、提交虚假材料或者采取其他欺诈手段隐瞒重要事实取得公司登记的,由公司登记机关责令改正,对虚报注册资本的公司,处以虚报注册资本金额百分之五以上百分之十五以下的罚款;对提交虚假材料或者采取其他欺诈手段隐瞒重要事实的公司,处以五万元以上**二百万元**以下的罚款;情节严重的,吊销营业执照;**对直接负责的主管人员和其他直接责任人员处以三万元以上三十万元以下的罚款。**
	第二百五十一条　公司未依照本法第四十条规定公示有关信息或者不如实公示有关信息的,由公司登记机关责令改正,可以处以一万元以上五万元以下的罚款。情节严重的,处以五万元以上二十万元以下的罚款;对直接负责的主管人员和其他直接责任人员处以一万元以上十万元以下的罚款。
第一百九十九条　公司的发起人、股东虚假出资,未交付或者未按期交付作为出资的货币或者非货币财产的,由公司登记机关责令改正,**处以虚假出资金额百分之五以上百分之十五以下的罚款。**	**第二百五十二条**　公司的发起人、股东虚假出资,未交付或者未按期交付作为出资的货币或者非货币财产的,由公司登记机关责令改正,**可以处以五万元以上二十万元以下的罚款;情节严重的,处以虚假出资或者未出资金额百分之五以上百分之十五以下的罚款;对直接负责的主管人员和其他直接责任人员处以一万元以上十万元以下的罚款。**
第二百条　公司的发起人、股东在公司成立后,抽逃其出资的,由公司登记机关责令改正,处以所抽逃出资金额百分之五以上百分之十五以下的罚款。	**第二百五十三条**　公司的发起人、股东在公司成立后,抽逃其出资的,由公司登记机关责令改正,处以所抽逃出资金额百分之五以上百分之十五以下的罚款;**对直接负责的主管人员和其他直接责任人员处以三万元以上三十万元以下的罚款。**
第二百零三条　公司不依照本法规定提取法定公积金的,由县级以上人民政府财政部门责令如数补足应当提取的金额,可以对公司处以二十万元以下的罚款。	
第二百零四条　公司在合并、分立、减少注册资本或者进行清算时,不依照本法规定通知或者公告债权人的,由公司登记机关责令改正,对公司处以一万元以上十万元以下的罚款。 公司在进行清算时,隐匿财产,对资产负债表或者财产清单作虚假记载或者在未清偿债务前分配公司财产的,由公司登记机关责令改正,对公司处以隐匿财产或者未清偿债务前分配公司财产金额百分之五以上百分之十以下的罚款;对直接负责的主管人员和其他直接责任人员处以一万元以上十万元以下的罚款。	**第二百五十五条**　公司在合并、分立、减少注册资本或者进行清算时,不依照本法规定通知或者公告债权人的,由公司登记机关责令改正,对公司处以一万元以上十万元以下的罚款。 **第二百五十六条**　公司在进行清算时,隐匿财产,对资产负债表或者财产清单作虚假记载,或者在未清偿债务前分配公司财产的,由公司登记机关责令改正,对公司处以隐匿财产或者未清偿债务前分配公司财产金额百分之五以上百分之十以下的罚款;对直接负责的主管人员和其他直接责任人员处以一万元以上十万元以下的罚款。

续表

旧法条	新法条
第二百零五条 公司在清算期间开展与清算无关的经营活动的，由公司登记机关予以警告，没收违法所得。	
第二百零六条 清算组不依照本法规定向公司登记机关报送清算报告，或者报送清算报告隐瞒重要事实或者有重大遗漏的，由公司登记机关责令改正。 清算组成员利用职权徇私舞弊、谋取非法收入或者侵占公司财产的，由公司登记机关责令退还公司财产，没收违法所得，并可以处以违法所得一倍以上五倍以下的罚款。	
第二百零七条 承担资产评估、验资或者验证的机构提供虚假材料的，由公司登记机关没收违法所得，处以违法所得一倍以上五倍以下的罚款，并可以由有关主管部门依法责令该机构停业、吊销直接责任人员的资格证书，吊销营业执照。 承担资产评估、验资或者验证的机构因过失提供有重大遗漏的报告的，由公司登记机关责令改正，情节较重的，处以所得收入一倍以上五倍以下的罚款，并可以由有关主管部门依法责令该机构停业、吊销直接责任人员的资格证书，吊销营业执照。 承担资产评估、验资或者验证的机构因其出具的评估结果、验资或者验证证明不实，给公司债权人造成损失的，除能够证明自己没有过错的外，在其评估或者证明不实的金额范围内承担赔偿责任。	**第二百五十七条** 承担资产评估、验资或者验证的机构提供虚假材料或者提供有重大遗漏的报告的，由有关部门依照《中华人民共和国资产评估法》、《中华人民共和国注册会计师法》等法律、行政法规的规定处罚。 承担资产评估、验资或者验证的机构因其出具的评估结果、验资或者验证证明不实，给公司债权人造成损失的，除能够证明自己没有过错的外，在其评估或者证明不实的金额范围内承担赔偿责任。
第二百零八条 公司登记机关对不符合本法规定条件的登记申请予以登记，或者对符合本法规定条件的登记申请不予登记的，对直接负责的主管人员和其他直接责任人员，依法给予行政处分。 **第二百零九条** 公司登记机关的上级部门强令公司登记机关对不符合本法规定条件的登记申请予以登记，或者对符合本法规定条件的登记申请不予登记的，或者对违法登记进行包庇的，对直接负责的主管人员和其他直接责任人员依法给予行政处分。	**第二百五十八条** 公司登记机关违反法律、行政法规规定未履行职责或者履行职责不当的，对负有责任的领导人员和直接责任人员依法给予政务处分。
第二百一十条 未依法登记为有限责任公司或者股份有限公司，而冒用有限责任公司或者股份有限公司名义的，或者未依法登记为有限责任公司或者股份有限公司的分公司，而冒用有限责任公司或者股份有限公司的分公司名义的，由公司登记机关责令改正或者予以取缔，可以并处十万元以下的罚款。	**第二百五十九条** 未依法登记为有限责任公司或者股份有限公司，而冒用有限责任公司或者股份有限公司名义的，或者未依法登记为有限责任公司或者股份有限公司的分公司，而冒用有限责任公司或者股份有限公司的分公司名义的，由公司登记机关责令改正或者予以取缔，可以并处十万元以下的罚款。

续表

旧法条	新法条
第二百一十一条 公司成立后无正当理由超过六个月未开业的，或者开业后自行停业连续六个月以上的，**可以由**公司登记机关吊销营业执照。 公司登记事项发生变更时，未依照本法规定办理有关变更登记的，由公司登记机关责令限期登记；逾期不登记的，处以一万元以上十万元以下的罚款。	**第二百六十条** 公司成立后无正当理由超过六个月未开业的，或者开业后自行停业连续六个月以上的，公司登记机关**可以**吊销营业执照，**但公司依法办理歇业的除外。** 公司登记事项发生变更时，未依照本法规定办理有关变更登记的，由公司登记机关责令限期登记；逾期不登记的，处以一万元以上十万元以下的罚款。
第二百一十二条 外国公司违反本法规定，擅自在**中国**境内设立分支机构的，由公司登记机关责令改正或者关闭，可以并处五万元以上二十万元以下的罚款。	**第二百六十一条** 外国公司违反本法规定，擅自在**中华人民共和国**境内设立分支机构的，由公司登记机关责令改正或者关闭，可以并处五万元以上二十万元以下的罚款。
第二百一十三条 利用公司名义从事危害国家安全、社会公共利益的严重违法行为的，吊销营业执照。	**第二百六十二条** 利用公司名义从事危害国家安全、社会公共利益的严重违法行为的，吊销营业执照。
第二百一十四条 公司违反本法规定，应当承担民事赔偿责任和缴纳罚款、罚金的，其财产不足以支付时，先承担民事赔偿责任。	**第二百六十三条** 公司违反本法规定，应当承担民事赔偿责任和缴纳罚款、罚金的，其财产不足以支付时，先承担民事赔偿责任。
第二百一十五条 违反本法规定，构成犯罪的，依法追究刑事责任。	**第二百六十四条** 违反本法规定，构成犯罪的，依法追究刑事责任。
第十三章　附　　则	**第十五章　附　　则**
第二百一十六条 本法下列用语的含义： （一）高级管理人员，是指公司的经理、副经理、财务负责人，上市公司董事会秘书和公司章程规定的其他人员。 （二）控股股东，是指其出资额占有限责任公司资本总额百分之五十**以上**或者其持有的股份占股份有限公司股本总额百分之五十**以上**的股东；出资额或者持有股份的比例虽然**不足**百分之五十，但依其出资额或者持有的股份所享有的表决权已足以对股东会、**股东大会**的决议产生重大影响的股东。 （三）实际控制人，是指**虽不是公司的股东，但**通过投资关系、协议或者其他安排，能够实际支配公司行为的人。 （四）关联关系，是指公司控股股东、实际控制人、董事、监事、高级管理人员与其直接或者间接控制的企业之间的关系，以及可能导致公司利益转移的其他关系。但是，国家控股的企业之间不仅因为同受国家控股而具有关联关系。	**第二百六十五条** 本法下列用语的含义： （一）高级管理人员，是指公司的经理、副经理、财务负责人，上市公司董事会秘书和公司章程规定的其他人员。 （二）控股股东，是指其出资额占有限责任公司资本总额**超过**百分之五十或者其持有的股份占股份有限公司股本总额**超过**百分之五十的股东；出资额或者持有股份的比例虽然**低于**百分之五十，但依其出资额或者持有的股份所享有的表决权已足以对股东会的决议产生重大影响的股东。 （三）实际控制人，是指通过投资关系、协议或者其他安排，能够实际支配公司行为的人。 （四）关联关系，是指公司控股股东、实际控制人、董事、监事、高级管理人员与其直接或者间接控制的企业之间的关系，以及可能导致公司利益转移的其他关系。但是，国家控股的企业之间不仅因为同受国家控股而具有关联关系。
第二百一十七条 **外商投资的有限责任公司和股份有限公司适用本法；有关外商投资的法律另有规定的，适用其规定。**	

续表

旧法条	新法条
第二百一十八条 本法自2006年1月1日起施行。	**第二百六十六条** 本法自2024年7月1日起施行。 本法施行前已登记设立的公司,出资期限超过本法规定的期限的,除法律、行政法规或者国务院另有规定外,应当逐步调整至本法规定的期限以内;对于出资期限、出资额明显异常的,公司登记机关可以依法要求其及时调整。具体实施办法由国务院规定。

经 济 法

【大纲新增考点·法条说明】

2024年,"经济法"学科大纲考点没有变化,法律法规新增1件。

大纲附录法律法规

项 目	法律法规
增加法规	**中华人民共和国消费者权益保护法实施条例** (2024年2月23日国务院第26次常务会议通过 2004年3月15日国务院令第778号公布 自2024年7月1日起施行)

2020~2023年大纲新增考点对照

年 份	章 节	新增与变化考点·法条
2023	第一章第一节"反垄断法"	反垄断法概述(立法目的 调整对象和范围 基本原则) 违反反垄断法的法律责任(经营者的法律责任 行政主体的法律责任 妨碍反垄断执法的法律责任 刑事责任) 反垄断法的适用例外(法律承认的非竞争行业 行使知识产权 农业生产者联合)
	修订法律法规:中华人民共和国反垄断法	
2022	第五章第一节 "土地管理法"	建设用地管理制度(农用地转用审批制)
	第五章第三节 "城市房地产管理法"	物业服务管理制度(物业服务合同)
	1.新增法律法规:最高人民法院关于适用《中华人民共和国反不正当竞争法》若干问题的解释 2.修订法律法规: (1)中华人民共和国食品安全法 (2)最高人民法院关于审理食品药品纠纷案件适用法律若干问题的规定 (3)中华人民共和国审计法	

续表

年 份	章 节	新增与变化考点·法条
2021	1.新增法律法规:最高人民法院关于审理侵犯商业秘密民事案件适用法律若干问题的规定 2.修订法律法规:最高人民法院关于审理食品药品纠纷案件适用法律若干问题的规定	
2020	第五章第一节“土地管理法”	土地管理法的基本原则　土地规划制度　耕地保护制度　监督检查制度
	第五章第三节“城市房地产管理法”	房地产开发用地制度
	修订法律法规: (1)中华人民共和国反不正当竞争法 (2)中华人民共和国车船税法 (3)中华人民共和国土地管理法 (4)中华人民共和国城市房地产管理法 (5)中华人民共和国城乡规划法	

【大纲新增、变化考点解读】

☞ 2024 考点1　经营者的义务

在消费法律关系中,消费者的权利就是经营者的义务。为了有效地保护消费者的权益,约束经营者的经营行为,消费者权益保护法不仅规定了消费者的权利,还规定了经营者的义务。

1.依法经营和诚信经营义务。经营者向消费者提供商品和服务,应依照法律、法规的规定履行义务。双方有约定的,应按照约定履行义务,但双方的约定不得违法。经营者向消费者提供商品或者服务,应当恪守社会公德,诚信经营,保障消费者的合法权益;不得设定不公平、不合理的交易条件,不得强制交易。**在这方面的具体规定有:(1)禁止强迫销售。经营者不得以暴力、胁迫、限制人身自由等方式或者利用技术手段,强制或者变相强制消费者购买商品或者接受服务,或者排除、限制消费者选择其他经营者提供的商品或者服务。经营者通过搭配、组合等方式提供商品或者服务的,应当以显著方式提请消费者注意。(2)禁止虚假承诺。经营者以商业宣传、产品推荐、实物展示或者通知、声明、店堂告示等方式提供商品或者服务,对商品或者服务的数量、质量、价格、售后服务、责任承担等作出承诺的,应当向购买商品或者接受服务的消费者履行其所承诺的内容。(3)禁止信息骚扰。未经消费者同意,经营者不得向消费者发送商业性信息或者拨打商业性电话。消费者同意接收商业性信息或者商业性电话的,经营者应当提供明确、便捷的取消方式。消费者选择取消的,经营者应当立即停止发送商业性信息或者拨打商业性电话。(4)禁止误导老年人。经营者不得通过虚假或者引人误解的宣传,虚构或者夸大商品或者服务的治疗、保健、养生等功效,诱导老年人等消费者购买明显不符合其实际需求的商品或者服务。**

2.接受监督的义务。经营者应当听取消费者对其提供的商品或服务的意见,接受消费者的监督。

3.安全保障义务。经营者应当保证其提供的商品或服务(包括以奖励、赠送、试用等形式向消费者免费提供商品或者服务)符合保障人身、财产安全的要求。**经营者应当做到:(1)对可能危及人身、财产安全的商品和服务,应作出真实说明和明确的警示,标明正确使用及防止危害发生的方法。免费提供的商品或者服务存在瑕疵但不违反法律强制性规定且不影响正常使用性能的,经营者应当**

在提供前如实告知消费者。(2)宾馆、商场、餐馆、银行、机场、车站、港口、影剧院等经营场所的经营者,应当对消费者尽到安全保障义务。为此,经营者应当保证其经营场所及设施符合保障人身、财产安全的要求,采取必要的安全防护措施,并设置相应的警示标识。消费者在经营场所遇到危险或者受到侵害时,经营者应当给予及时、必要的救助。(3)经营者发现其提供的商品或者服务存在缺陷,有危及人身、财产安全危险的,应当立即向有关行政部门报告和告知消费者,并采取停止销售、警示、召回、无害化处理、销毁、停止生产或者服务等措施,且自行承担商品召回的必要费用。

4.提供真实信息的义务。经营者应当采用通俗易懂的方式,真实、全面地向消费者提供商品或者服务相关信息,不得通过虚构经营者资质、资格或者所获荣誉,虚构商品或者服务交易信息、经营数据,篡改、编造、隐匿用户评价等方式,进行虚假或者引人误解的宣传,欺骗、误导消费者。经营者不得在消费者不知情的情况下,对同一商品或者服务在同等交易条件下设置不同的价格或者收费标准。对消费者关于质量、使用方法等问题的询问,经营者应作出明确的、完备的、符合实际的答复。经营者提供商品或者服务应当明码标价。

5.标明真实名称和标记的义务。经营者应当在其经营场所的显著位置标明其真实名称和标记。具体说,经营者租赁他人柜台或者场地提供商品或者服务,或者通过宣讲、抽奖、集中式体验等方式提供商品或者服务的,应当以显著方式标明其真实名称和标记。经营者通过网络、电视、电话、邮购等方式提供商品或者服务的,应当在其首页、视频画面、语音、商品目录等处以显著方式标明或者说明其真实名称和标记。由其他经营者实际提供商品或者服务的,还应当向消费者提供该经营者的名称、经营地址、联系方式等信息。

6.出具凭证或单据的义务。经营者提供商品或者服务,应按照国家规定或商业惯例向消费者出具发票等购货凭证或者服务单据;消费者索要发票等购货凭证或者单据的,经营者必须出具。

7.保证质量的义务。经营者有义务保证商品和服务的质量。该义务体现在以下三个方面:第一,经营者应当保证在正常使用商品或者接受服务的情况下其提供的商品或者服务应当具有的质量、性能、用途和有效期限;但消费者在购买该商品或者接受服务前已经知道其存在瑕疵,且存在该瑕疵不违反法律强制性规定的除外。第二,经营者以广告、产品说明、实物样品或者其他方式表明商品或者服务的质量状况的,应当保证提供的商品或者服务的实际质量与表明的质量状况相符。第三,经营者提供的机动车、计算机、电视机、电冰箱、空调器、洗衣机等耐用商品或者装饰装修等服务,消费者自接受商品或者服务之日起6个月内发现瑕疵,发生争议的,由经营者承担有关瑕疵的举证责任。

8.履行退货、更换、修理的义务。该义务分为两类情形:一是对瑕疵履行的补救。在经营者提供的商品或者服务不符合质量要求的情形下,如果有国家规定或者当事人约定,经营者有义务按照消费者的要求办理退货、更换或者修理。如果没有国家规定和当事人约定,消费者自收到商品之日起7日内退货的,经营者有义务办理退货,7日后符合法定解除合同条件的,经营者仍然有退货义务。不符合法定解除合同条件的,经营者应按消费者要求履行更换、修理等义务。经营者与消费者约定承担退货、更换、修理等义务的有效期限不得低于国家有关规定的要求。二是无理由退货。无论经营者提供的商品有无质量问题,只要是采用网络、电视、电话、邮购等方式销售的,消费者都有权自收到商品之日起7日内退货,且无须说明理由。但是,以下商品不适用无理由退货的规定:消费者定作的;鲜活易腐的;在线下载或者消费者拆封的音像制品、计算机软件等数字化商品;交付的报纸、期刊;其他根据商品性质并经消费者在购买时确认不宜退货的商品。经营者不得超出此规定擅自扩大不适用无理由退货的商品范围。经营者履行退货义务时,应当按照购货凭证或者服务单据上显示的价格一次性退清相关款项。

9.正确使用格式条款的义务。格式条款是经营者单方拟定的，消费者只能表示接受或不接受，而不能与之协商和改变其内容的交易条件。除书面合同中的格式条款外，经营者以通知、声明、店堂告示等形式单方规定的交易条件，也具有格式条款的性质。在面对众多消费者的情况下，经营者采用格式条款，有简化缔约程序、节省交易成本和保持交易条件统一的优点，这也是有利于消费者的。但是，格式条款也给经营者带来了弱化消费者合同意识、设置不公平条款因而损害消费者权益的机会。为此，法律对经营者使用格式条款规定了两方面的义务。一是提示和说明的义务。经营者在经营活动中使用格式条款的，应当以显著方式提请消费者注意商品或者服务的数量和质量、价款或者费用、履行期限和方式、安全注意事项和风险警示、售后服务、民事责任等与消费者有重大利害关系的内容，并按照消费者的要求予以说明。二是禁止滥用格式条款的义务。经营者不得以格式条款、通知、声明、店堂告示等方式，作出排除或者限制消费者权利、减轻或者免除经营者责任、加重消费者责任等对消费者不公平、不合理的规定，不得利用格式条款并借助技术手段强制交易；违反此义务的，其条款无效。

10.不得侵犯消费者人格权的义务。经营者不得对消费者进行侮辱、诽谤，不得搜查消费者的身体及其携带的物品，不得侵犯消费者的人身自由。

11.尊重消费者信息自由的义务。经营者应当依法保护消费者的个人信息。首先，在收集、使用消费者个人信息时，应当遵循合法、正当、必要的原则，明示收集、使用信息的目的、方式和范围，并经消费者同意，不得过度收集消费者个人信息，不得采用一次概括授权、默认授权等方式，强制或者变相强制消费者同意收集、使用与经营活动无直接关系的个人信息。其次，对于已掌握的消费者个人信息，必须严格保密，不得泄露、出售或者非法向他人提供，同时应采取必要措施确保信息安全，并在信息泄露、丢失时及时加以补救。再次，避免以商业信息骚扰消费者，即经营者未经消费者同意或者请求，或者消费者明确表示拒绝的，不得向其发送商业性信息。最后，在处理包含消费者的生物识别、宗教信仰、特定身份、医疗健康、金融账户、行踪轨迹等信息以及不满14周岁未成年人的个人信息等敏感个人信息时，应当符合有关法律、行政法规的规定。

12.特别事项的规定。(1)押金、预付款。经营者提供商品或者服务时收取押金的，应当事先与消费者约定退还押金的方式、程序和时限，不得对退还押金设置不合理条件。经营者以收取预付款方式提供商品或者服务的，应当与消费者订立书面合同，约定商品或者服务的具体内容、价款或者费用、预付款退还方式、违约责任等事项。经营者出现重大经营风险，有可能影响经营者按照合同约定或者交易习惯正常提供商品或者服务的，应当停止收取预付款。消费者要求退还押金、预付款，符合退还条件的，经营者应当及时退还。经营者决定停业或者迁移服务场所的，应当提前30日在其经营场所、网站、网店首页等的醒目位置公告经营者的有效联系方式等信息，并按消费者要求退还押金或者未消费的预付款余额。(2)网络直播销售。经营者通过网络直播等方式提供商品或者服务的，应当依法履行消费者权益保护相关义务。直播营销平台经营者应当建立健全消费者权益保护制度，明确消费争议解决机制。发生消费争议的，直播营销平台经营者应当根据消费者的要求提供直播间运营者、直播营销人员相关信息以及相关经营活动记录等必要信息。(3)网络游戏。经营者提供网络游戏服务的，应当符合国家关于网络游戏服务相关时段、时长、功能和内容等方面的规定和标准，针对未成年人设置相应的时间管理、权限管理、消费管理等功能，在注册、登录等环节严格进行用户核验，依法保护未成年人身心健康。

☞ 2024 考点2　消费者权益的保护

1.国家对消费者合法权益的保护。国家采取一系列制度性措施,保护消费者的合法权益。

(1)立法过程中的消费者参与。国家制定有关消费者权益的法律、法规、规章和强制性标准,应当听取消费者和消费者协会等组织的意见。

(2)政府职能的运用。各级人民政府在保护消费者合法权益中,主要应发挥三方面的职能:一是领导职能,即加强对消费者权益保护工作的指导,组织、协调、督促有关行政部门落实消费者权益保护工作职责,提升消费者权益保护工作的法治化水平;二是监督职能,重点是预防危害消费者人身、财产安全行为的发生,及时制止危害消费者人身、财产安全的行为;**三是普法职能,包括加强消费知识的宣传普及,倡导文明、健康、绿色消费,提高消费者依法、理性维权的意识和能力,同时,加强对经营者的普法宣传、行政指导和合规指引,提高经营者依法经营的意识。**

(3)相关行政部门的职责。各级市场监督管理部门和其他有关行政部门,应当依照法律、法规的规定,在各自的职责范围内,采取措施,保护消费者的合法权益。其中,有以下重点的职责:①听取消费者和消费者协会等组织对经营者交易行为、商品和服务质量问题的意见,及时调查处理。②定期或者不定期对经营者提供的商品和服务进行抽查检验,并及时向社会公布抽查检验结果。③发现并认定经营者提供的商品或者服务存在缺陷,有危及人身、财产安全危险的,应当立即责令经营者采取停止销售、警示、召回、无害化处理、销毁、停止生产或者服务等措施。**④接受和处理消费者在与经营者发生消费者权益争议时的投诉和对经营者涉嫌违法线索的举报。有关行政部门应当畅通和规范消费者投诉、举报渠道,完善投诉、举报处理流程,依法及时受理和处理投诉、举报,加强对投诉、举报信息的分析应用,开展消费预警和风险提示。**⑤加强消费领域信用体系建设,依法公示有关行政许可、行政处罚、抽查检验结果、消费投诉等信息,依法对违法失信经营者实施惩戒。

(4)司法机关的职责。一是惩治犯罪。有关国家机关应当依照法律、法规的规定,惩处经营者在提供商品和服务中侵害消费者合法权益的违法犯罪行为。二是处理纠纷。人民法院应当采取措施,方便消费者提起诉讼。对符合民事诉讼法起诉条件的消费者权益争议,必须受理,及时审理。

2.消费者组织。

(1)消费者组织的性质。消费者协会和其他消费者组织是依法成立的对商品和服务进行社会监督的保护消费者合法权益的社会组织。消费者组织属于公益性社会组织,不得从事商品经营和营利性服务,不得以收取费用或者其他牟取利益的方式向消费者推荐商品和服务。

(2)消费者组织的职责。消费者协会履行下列公益性职责:①向消费者提供消费信息和咨询服务,提高消费者维护自身合法权益的能力,引导文明、健康、节约资源和保护环境的消费方式;②参与制定有关消费者权益的法律、法规、规章和强制性标准;③参与有关行政部门对商品和服务的监督、检查;④就有关消费者合法权益的问题,向有关部门反映、查询,提出建议;⑤受理消费者的投诉,并对投诉事项进行调查、调解;⑥投诉事项涉及商品和服务质量问题的,可以委托具备资格的鉴定人鉴定,鉴定人应当告知鉴定意见;⑦就损害消费者合法权益的行为,支持受损害的消费者提起诉讼或者依照《消费者权益保护法》提起诉讼;⑧对损害消费者合法权益的行为,通过大众传播媒介予以揭露、批评。

3.政府对消费者组织的支持。各级人民政府对消费者协会履行职责应当予以必要的经费等支持。有关行政部门应当认真听取消费者协会的意见和建议。对于消费者协会向有关行政部门反映的侵害消费者合法权益的问题,有关行政部门应当及时调查处理并予以回复;对于立案查处的案件,

有关行政部门应当将处理结果告知消费者协会。

4.消费者组织的维权协调。消费者协会可以就消费者权益保护事项向有关经营者、行业组织提出改进意见或者进行指导谈话,加强消费者、经营者、行业组织、专业机构、有关行政部门等各相关方的组织协调,推动解决涉及消费者合法权益保护的重要问题。

5.消费者组织的公益诉讼。对侵害众多消费者合法权益的行为,中国消费者协会以及在省、自治区、直辖市设立的消费者协会,可以向人民法院提起诉讼。

☞ 2023 考点1　构成垄断协议的要件

1.协议由多个独立主体达成。垄断协议必须发生在两个或两个以上的有竞争关系的经营者之间,具有共同行为的特征,从而与由单个经营者所实施的市场垄断行为(如滥用市场支配地位等)区别开来。同时,法律还强调参与联合的主体应是在事实上具有独立性的主体,即要求联合者在事实上具有独立决策能力,否则不能被认定为限制竞争行为的联合主体。

2.经营者之间存在通谋或者协同一致的行为。这种通谋或协同一致行为可以表现为各方签署的协议、合同、备忘录,也可以表现为企业团体的决定或决议,还可以表现为行为人之间协同一致的行为,即没有文字形式的协议或者决定,却通过某种方式的通谋形成协调统一的行动,如有竞争关系的经营者集体提高某类产品的价格。

☞ 2023 考点2　对垄断协议的规制

1.横向垄断协议。根据《反垄断法》第17条的规定,禁止以下具有横向垄断性质的协议:(1)固定或者变更商品价格;(2)限制商品的生产数量或者销售数量;(3)分割销售市场或者原材料采购市场;(4)限制购买新技术、新设备或者限制开发新技术、新产品;(5)联合抵制交易;(6)国务院反垄断执法机构认定的其他垄断协议。

2.纵向垄断协议。《反垄断法》第18条第1款规定,禁止以下具有纵向垄断性质的协议:(1)固定向第三人转售商品的价格;(2)限定向第三人转售商品的最低价格;(3)国务院反垄断执法机构认定的其他垄断协议。第18条第2款规定,属于第1款中第(1)项和第(2)项情形的,如果经营者能够证明其不具有排除、限制竞争的效果,不构成纵向垄断行为。

根据《反垄断法》第18条第3款规定的"安全港"规则,经营者实施了纵向垄断行为,如果能够证明其在相关市场的市场份额低于国务院反垄断执法机构规定的标准,并符合国务院反垄断执法机构规定的其他条件,则不予禁止。

3.组织、帮助达成垄断协议。《反垄断法》第19条规定,非垄断协议当事人的经营者,组织其他经营者达成垄断协议或者为其他经营者达成垄断协议提供实质性帮助的,构成本法禁止的行为。

4.行业协会限制竞争行为。根据《反垄断法》第21条的规定,行业协会组织本行业的经营者从事以上三类垄断行为的,为本法所禁止。实践中,行业协会种类繁多。典型的行业协会应该是由单一行业的经营者组成,具有非营利性和中介性,维护成员利益并代表本行业利益从事活动的社团法人。两个以上行业协会组织其会员达成、加入垄断协议的,亦属受禁止之列。

5.垄断协议的除外条款。《反垄断法》允许以下两种行为:第一,为某种公共利益而达成的合意或者一致行动;第二,并非以限制竞争为目的而达成的合意或者一致行为。这就是《反垄断法》第20条规定的垄断协议除外条款,即经营者能够证明所达成的协议属于下列情形之一的,不适用本法第17条、第18条第1款和第19条的规定:(1)为改进技术、研究开发新产品的;(2)为提高产品质量、

降低成本、增进效率,统一产品规格、标准或者实行专业化分工的;(3)为提高中小经营者经营效率,增强中小经营者竞争力的;(4)为实现节约能源、保护环境、救灾救助等社会公共利益的;(5)因经济不景气,为缓解销售量严重下降或者生产明显过剩的;(6)为保障对外贸易和对外经济合作中的正当利益的;(7)法律和国务院规定的其他情形。

其中,属于上述第(1)项至第(5)项情形,不适用《反垄断法》第17条、第18条第1款、第19条规定的,经营者还应当证明"所达成的协议不会严重限制相关市场的竞争,并且能够使消费者分享由此产生的利益",才可免除法律责任。例如,若干中小企业面临大企业的市场挤压,为避免相互间恶性压价竞争以及由此引起的产品质量问题,达成了稳定价格和保证产品质量的协议,可适用本条规定的责任豁免。

☞ 2023 考点3　纵向垄断协议

根据《反垄断法》第18条第1款规定,禁止以下具有纵向垄断性质的协议:(1)固定向第三人转售商品的价格;(2)限定向第三人转售商品的最低价格;(3)国务院反垄断执法机构认定的其他垄断协议。第2款规定,属于第1款中第(1)项和第(2)项情形的,如果经营者能够证明其不具有排除、限制竞争的效果,不构成纵向垄断行为。

根据《反垄断法》第18条第3款规定的"安全港"规则,经营者实施了纵向垄断行为,如果能够证明其在相关市场的市场份额低于国务院反垄断执法机构规定的标准,并符合国务院反垄断执法机构规定的其他条件,则不予禁止。

☞ 2023 考点4　行业协会限制竞争行为

根据《反垄断法》第21条的规定,行业协会组织本行业的经营者从事以上三类垄断行为的,为本法所禁止。实践中,行业协会种类繁多。典型的行业协会应该是由单一行业的经营者组成,具有非营利性和中介性,维护成员利益并代表本行业利益从事活动的社团法人。两个以上行业协会组织其会员达成、加入垄断协议的,亦属受禁止之列。

☞ 2023 考点5　滥用市场支配地位行为的认定

1.滥用市场支配地位的行为样态。《反垄断法》第22条第1款对本法禁止的滥用市场支配地位行为做了列举式规定:(1)以不公平的高价销售商品或者以不公平的低价购买商品;(2)没有正当理由,以低于成本的价格销售商品;(3)没有正当理由,拒绝与交易相对人进行交易;(4)没有正当理由,限定交易相对人只能与其进行交易或者只能与其指定的经营者进行交易;(5)没有正当理由搭售商品,或者在交易时附加其他不合理的交易条件;(6)没有正当理由,对条件相同的交易相对人在交易价格等交易条件上实行差别待遇;(7)国务院反垄断执法机构认定的其他滥用市场支配地位的行为。

《反垄断法》第22条该条第2款进一步规定,具有市场支配地位的经营者不得利用数据和算法、技术以及平台规则等从事上述滥用市场支配地位的行为。在信息化时代,由于市场交易中意思表达、传达和记录的场景和方式由传统的人际交往和语言文字日益转变为互联网平台和数字信息,借助技术手段滥用市场支配地位的垄断行为变得更加隐秘难测。因此,本款规定表明,法律适用与技术应用的有机结合是实现反垄断法有效实施的努力方向。

(1)垄断价格,是指在市场缺乏竞争的情况下,拥有市场支配地位的经营者通过价格策略获取

垄断利润的盘剥行为。

(2)亏本销售。企业是营利性组织,低于成本的定价若无正当理由,其实质是打击竞争对手,争夺市场和顾客;一旦目的达到,就会抬高价格。因此,这类行为又被称作掠夺性定价,是反垄断法规制的对象。但是,为了避免鲜活产品腐烂、推销过季产品、清偿到期债务等,以尽可能减少损失或缓解经营中遇到的特殊困难而进行亏本销售的,不构成掠夺性定价。

(3)拒绝交易,又称瓶颈垄断,是指具有市场支配地位的经营者没有正当理由,拒绝与其交易相对人进行交易,或限制交易的数量与范围等行为。反垄断法关注的拒绝交易行为,主要是由具有市场支配地位的公用企业(如供水、供电等企业)实施的拒绝交易行为。这些企业本身的特殊地位及提供的商品和服务的特殊性,决定了其具有普遍服务义务。违反该义务,拒绝与交易相对人交易,将会严重影响人们的日常生活和社会稳定,必须予以禁止。

(4)强制交易,是指经营者没有正当理由,违背他人意愿强制其进行某种交易活动,主要包含了两种情况:一是具有市场支配地位的经营者限定他人只与自己交易;二是具有市场支配地位的经营者限定他人只与自己指定的第三者交易。

(5)搭售或附加不合理的条件,是指经营者在提供用户所需的产品或者服务时,没有正当理由,额外附加其他产品或者服务;若对方不接受附加的产品或者服务,则无法获得所需产品或者服务,所以它又被称为"捆绑式销售"。搭售行为本质上是具有市场支配地位的经营者将其在特定市场或者特定产品上的竞争优势不公平地延伸至被搭售产品的市场上,从而限制甚至排除了被搭售产品及相关企业在市场上的公平竞争机会。附加其他不合理条件的交易行为与搭售行为的性质相同,亦受到反垄断法的规制。

(6)差别待遇,是指经营者没有正当理由,对条件相同的交易相对人采取不同的交易条件。选择交易对象本来是一种权利,也是一种常见的营销策略,但具有市场支配地位的经营者实施差别待遇时,有可能对竞争产生损害。特别是当不同的交易对象"条件相同"时对之实行差别待遇,因为缺乏合理性而受到反垄断法的禁止。差别待遇最主要的表现是价格歧视。时下的互联网商业平台"大数据杀熟"现象就是一种价格歧视行为。除了价格歧视,任何可以产生价格歧视效果的交易条件差异,如产品等级和质量条件的差异、购买数量和交货条件的差异、运输成本和适销条件的差异等,都可能构成差别待遇。

经营者可能同时实施上述两种或多种行为。实践中,差别待遇、附加不合理条件常常被当作实施强制交易的手段,例如,大型外卖平台采用抽成价差、缩小在线配送范围和提高服务费、配送价、起送价等措施,区别对待独家合作商户和非独家合作商户,以倒逼外卖商户与其签订排他合作协议。

2.认定市场支配地位的主要因素。我国反垄断法所称的市场支配地位,是指"经营者在相关市场内具有能够控制商品价格、数量或者其他交易条件,或者能够阻碍、影响其他经营者进入相关市场能力的市场地位"。据此可知,经营者是否具备市场支配地位首先取决于其在相关市场中是否具有"控制交易条件""阻碍、影响其他经营者"的能力。如何判断经营者是否具备这种能力,是反垄断法必须解决的问题。从世界范围来看,在反垄断的立法与司法实践中形成了"以市场份额为主、兼顾反映企业综合经济实力的其他因素"的认定标准。《反垄断法》第23条总结并借鉴世界范围内相关立法经验,规定认定经营者具有市场支配地位,应当依据下列因素:(1)该经营者在相关市场的市场份额,以及相关市场的竞争状况;(2)该经营者控制销售市场或者原材料采购市场的能力;(3)该经营者的财力和技术条件;(4)其他经营者对该经营者在交易上的依赖程度;(5)其他经营者进入相关市场的难易程度;(6)与认定该经营者市场支配地位有关的其他因素。

在上述因素中，涉及“相关市场”和“市场支配能力”的概念。关于“相关市场”，《反垄断法》第15条第2款规定：“本法所称相关市场，是指经营者在一定时期内就特定商品或者服务（以下统称商品）进行竞争的商品范围和地域范围。”

关于“市场支配能力”这一影响市场支配地位的因素，考察时要对各种指标作定性、定量分析，作出是否具有支配能力以及支配能力大小的结论。如在分析市场份额这一影响市场支配能力的主要因素时即需从三个方面予以考虑：一是市场份额的计算方法，即被告在相关市场上的销售额，除以该市场的总销售额，再乘以100%，以此方法计算所得出的百分比，即为该企业的市场份额。二是市场份额的数值因素，一般而言，涉嫌具有市场支配地位的企业，其市场份额越大，对市场的影响就越大。三是市场份额的时间因素，即瞬间拥有巨大的市场份额并不必然使企业具有支配地位，只有当企业能够在较长时间内维持该优势时，才构成支配地位。

3.市场支配地位的认定方法。根据《反垄断法》第24条的规定，须采用推定方法确定经营者是否具有市场支配地位。首先要依据以下标准，推定经营者具有市场支配地位：(1)一个经营者在相关市场的市场份额达到1/2的；(2)两个经营者在相关市场的市场份额合计达到2/3的；(3)三个经营者在相关市场的市场份额合计达到3/4的。符合第(1)项标准的，推定成立；符合第(2)项或者第(3)项标准的，如果其中有的经营者市场份额不足1/10的，推定不成立。根据法学原理，推定的事实可以被相反事实之证明所推翻；不能被推翻的，则予以认定。在成立推定的情况下，如果经营者有证据证明不具有市场支配地位，则不应当认定其具有市场支配地位；无证据证明或者证据不足以证明其不具有市场支配地位的，则应当认定其具有市场支配地位。

☞ 2023 考点6　经营者集中的审查

经营者集中审查程序由“初步审查”和“进一步审查”两个程序组成。但是并非所有个案都必须经过两个程序；只有在审查中出现反垄断法规定的情况时，才需要启动进一步审查程序。

1.初步审查。初步审查是指国务院反垄断执法机构对经营者拟实施的集中依法进行的第一次审查。根据《反垄断法》第30条的规定，初步审查的期限为国务院反垄断执法机构收到申请文件、资料之日起30日内。如果经营者提交的文件、资料不完备的，则应当在规定的期限内补交文件、资料，初步期限自经营者补交文件、资料之日起计算。初步审查的决定分为两种：一是不实施进一步审查，二是实施进一步审查。两种决定都应当书面通知经营者。国务院反垄断执法机构作出不实施进一步审查的决定或者逾期未作出决定的，经营者可以实施集中。

2.进一步审查。根据《反垄断法》第31条的规定，进一步审查的期限分为两种情况：一是一般期限，即自初步审查作出实施进一步审查决定之日起90日内审查完毕。二是延长期限，即当法定情形出现时，该机构可以在一般审查期限之外延长一段时间，其最长不得超过60日，且应当书面通知经营者。此处的法定情形包括：(1)经营者同意延长审查期限的；(2)经营者提交的文件、资料不准确，需要进一步核实的；(3)经营者申报后有关情况发生重大变化的。进一步审查完毕时，国务院反垄断执法机构应依法作出决定。决定分为两种：一是禁止集中，二是不予禁止。无论何种决定，都应当书面通知经营者。作出禁止决定的，应当说明理由。逾期未作出决定的，经营者可以实施集中。

3.审查期限的中止。根据《反垄断法》第32条的规定，在上述审查程序中，有下列情形之一的，国务院反垄断执法机构可以决定中止计算经营者集中的审查期限，并书面通知经营者：(1)经营者未按照规定提交文件、资料，导致审查工作无法进行；(2)出现对经营者集中审查具有重大影响的新情况、新事实，不经核实将导致审查工作无法进行；(3)需要对经营者集中附加的限制性条件进一步评估，且经营者提出中止请求。此为所谓“停表”制度，即审查期限自决定中止之日起停止计算，自中止事由消除之日起继续计算。继续计算时，国务院反垄断执法机构应书面通知经营者。

4.行为的认定和处置。对于经营者集中的行为认定，《反垄断法》采用多要素综合评估基础上的效果检验方法。根据《反垄断法》第33条的规定，国务院反垄断执法机构在审查经营者集中时，应当考虑下列因素：(1)参与集中的经营者在相关市场的市场份额及其对市场的控制力。参与集中的经营者，如果已经占有较大的市场份额或者具有较大的市场控制力，在他们之间进行的集中，极易形成垄断，阻碍竞争。(2)相关市场的市场集中度。市场集中度可通过市场份额的分布情况来判断。一般而言，市场竞争越充分，参与竞争者就越多，市场份额就越分散，市场集中度就越低；反之，市场集中度就高。在市场集中度高的行业或者领域，经营者实施集中，就容易形成垄断。(3)经营者集中对市场进入、技术进步的影响，即经营者集中是否会对该市场的投资引进或者新技术研发应用产生不良影响。(4)经营者集中对消费者和其他有关经营者的影响。对前者的影响，主要指经营者集中是有利于还是不利于消费者方便且有机会选择更加优质的产品和服务。对后者的影响，主要指拟经营者集中是否会不利于其他有关经营者正常开展经营活动。(5)经营者集中对国民经济发展的影响。这里主要是指从相对宏观的角度判断拟实施的经营者集中对国民经济发展将产生有利影响还是不利影响。(6)国务院反垄断执法机构认为应当考虑的影响市场竞争的其他因素。若对上述因素的评价是正面的，经营者集中便有可能获得批准，否则就可能被禁止。

在综合评估基础上的效果判断，将决定对行为的处置，即是否对该集中予以禁止或者附条件地不予禁止。《反垄断法》第34条规定，经营者集中具有或者可能具有排除、限制竞争效果的，国务院反垄断执法机构应当作出禁止经营者集中的决定。但是，经营者能够证明该集中对竞争产生的有利影响明显大于不利影响，或者符合社会公共利益的，国务院反垄断执法机构可以作出对经营者集中不予禁止的决定。《反垄断法》第35条规定，对不予禁止的经营者集中，国务院反垄断执法机构可以决定附加减少集中对竞争产生不利影响的限制性条件。《反垄断法》第36条规定，国务院反垄断执法机构应当将禁止经营者集中的决定或者对经营者集中附加限制性条件的决定，及时向社会公布。

对于上述处置决定不服的，当事人可以依据《反垄断法》第65条的规定，先依法申请行政复议；对行政复议决定不服的，可以依法提起行政诉讼。

5.分类分级审查。《反垄断法》第37条规定，国务院反垄断执法机构应当健全经营者集中分类分级审查制度，依法加强对涉及国计民生等重要领域的经营者集中的审查，提高审查质量和效率。实行分类分级审查制度，可以在分类的基础上对经营者集中审查案件进行分流，国务院反垄断执法机构主要审查涉及民生、金融、科技、媒体等重要领域的经营者集中申报案件，其他申报案件可以下放地方省级反垄断执法部门审查。

6.国家安全审查。涉外经营者集中具有一定的特殊性，不仅要受到反垄断法的规制，而且要受到有关国家安全的法律法规约束。《国家安全法》第59条规定，国家建立国家安全审查和监管的制度和机制，对影响或者可能影响国家安全的外商投资、特定物项和关键技术、网络信息技术产品和服务、涉及国家安全事项的建设项目，以及其他重大事项和活动，进行国家安全审查，有效预防和化解国家安全风险。根据《反垄断法》第38条的规定，对外资并购境内企业或者以其他方式参与经营者集中，涉及国家安全的，除进行上述经营者集中审查外，还应当按照国家有关规定进行国家安全审查。

【大纲新增法条】

中华人民共和国消费者权益保护法实施条例

（2024 年 2 月 23 日国务院第 26 次常务会议通过　2004 年 3 月 15 日国务院令第 778 号公布　自 2024 年 7 月 1 日起施行）

第一章　总　　则

第一条　根据《中华人民共和国消费者权益保护法》（以下简称消费者权益保护法）等法律，制定本条例。

第二条　消费者权益保护工作坚持中国共产党的领导，坚持以人民为中心，遵循合法、公平、高效的原则。

第三条　国家加大消费者合法权益保护力度，建立和完善经营者守法、行业自律、消费者参与、政府监管和社会监督相结合的消费者权益保护共同治理体系。

第四条　国家统筹推进消费环境建设，营造安全放心的消费环境，增强消费对经济发展的基础性作用。

第五条　国家加强消费商品和服务的标准体系建设，鼓励经营者制定实施严于国家标准或者行业标准的企业标准，不断提升商品和服务质量。

第六条　国家倡导文明、健康、绿色的消费理念和消费方式，反对奢侈浪费。

第二章　消费者的权利和经营者的义务

第七条　消费者在购买商品、使用商品或者接受服务时，依法享有人身和财产安全不受损害的权利。

经营者向消费者提供商品或者服务（包括以奖励、赠送、试用等形式向消费者免费提供商品或者服务），应当保证商品或者服务符合保障人身、财产安全的要求。免费提供的商品或者服务存在瑕疵但不违反法律强制性规定且不影响正常使用性能的，经营者应当在提供商品或者服务前如实告知消费者。

经营者应当保证其经营场所及设施符合保障人身、财产安全的要求，采取必要的安全防护措施，并设置相应的警示标识。消费者在经营场所遇到危险或者受到侵害时，经营者应当给予及时、必要的救助。

第八条　消费者认为经营者提供的商品或者服务可能存在缺陷，有危及人身、财产安全危险的，可以向经营者或者有关行政部门反映情况或者提出建议。

经营者发现其提供的商品或者服务可能存在缺陷，有危及人身、财产安全危险的，应当依照消费者权益保护法第十九条的规定及时采取相关措施。采取召回措施的，生产或者进口商品的经营者应当制定召回计划，发布召回信息，明确告知消费者享有的相关权利，保存完整的召回记录，并承担消费者因商品被召回所支出的必要费用。商品销售、租赁、修理、零部件生产供应、受委托生产等相关经营者应当依法履行召回相关协助和配合义务。

第九条　经营者应当采用通俗易懂的方式，真实、全面地向消费者提供商品或者服务相关信息，不得通过虚构经营者资质、资格或者所获荣誉，虚构商品或者服务交易信息、经营数据，篡改、编造、隐匿用户评价等方式，进行虚假或者引人误解的宣传，欺骗、误导消费者。

经营者不得在消费者不知情的情况下，对同一商品或者服务在同等交易条件下设置不同的价格或者收费标准。

第十条　经营者应当按照国家有关规定，以显著方式标明商品的品名、价格和计价单位或者服务的项目、内容、价格和计价方法等信息，做到价签价目齐全、内容真实准确、标识清晰醒目。

经营者采取自动展期、自动续费等方式提供服务的，应当在消费者接受服务前和自动展期、自动续费等日期前，以显著方式提请消费者注意。

第十一条 消费者享有自主选择商品或者服务的权利。经营者不得以暴力、胁迫、限制人身自由等方式或者利用技术手段，强制或者变相强制消费者购买商品或者接受服务，或者排除、限制消费者选择其他经营者提供的商品或者服务。经营者通过搭配、组合等方式提供商品或者服务的，应当以显著方式提请消费者注意。

第十二条 经营者以商业宣传、产品推荐、实物展示或者通知、声明、店堂告示等方式提供商品或者服务，对商品或者服务的数量、质量、价格、售后服务、责任承担等作出承诺的，应当向购买商品或者接受服务的消费者履行其所承诺的内容。

第十三条 经营者应当在其经营场所的显著位置标明其真实名称和标记。

经营者通过网络、电视、电话、邮购等方式提供商品或者服务的，应当在其首页、视频画面、语音、商品目录等处以显著方式标明或者说明其真实名称和标记。由其他经营者实际提供商品或者服务的，还应当向消费者提供该经营者的名称、经营地址、联系方式等信息。

经营者租赁他人柜台或者场地提供商品或者服务，或者通过宣讲、抽奖、集中式体验等方式提供商品或者服务的，应当以显著方式标明其真实名称和标记。柜台、场地的出租者应当建立场内经营管理制度，核验、更新、公示经营者的相关信息，供消费者查询。

第十四条 经营者通过网络直播等方式提供商品或者服务的，应当依法履行消费者权益保护相关义务。

直播营销平台经营者应当建立健全消费者权益保护制度，明确消费争议解决机制。发生消费争议的，直播营销平台经营者应当根据消费者的要求提供直播间运营者、直播营销人员相关信息以及相关经营活动记录等必要信息。

直播间运营者、直播营销人员发布的直播内容构成商业广告的，应当依照《中华人民共和国广告法》的有关规定履行广告发布者、广告经营者或者广告代言人的义务。

第十五条 经营者不得通过虚假或者引人误解的宣传，虚构或者夸大商品或者服务的治疗、保健、养生等功效，诱导老年人等消费者购买明显不符合其实际需求的商品或者服务。

第十六条 经营者提供网络游戏服务的，应当符合国家关于网络游戏服务相关时段、时长、功能和内容等方面的规定和标准，针对未成年人设置相应的时间管理、权限管理、消费管理等功能，在注册、登录等环节严格进行用户核验，依法保护未成年人身心健康。

第十七条 经营者使用格式条款的，应当遵守消费者权益保护法第二十六条的规定。经营者不得利用格式条款不合理地免除或者减轻其责任、加重消费者的责任或者限制消费者依法变更或者解除合同、选择诉讼或者仲裁解决消费争议、选择其他经营者的商品或者服务等权利。

第十八条 经营者与消费者约定承担退货、更换、修理等义务的有效期限不得低于国家有关规定的要求。有效期限自经营者向消费者交付商品或者提供服务完结之日起计算，需要经营者另行安装的商品，有效期限自商品安装完成之日起计算。经营者向消费者履行更换义务后，承担更换、修理等义务的有效期限自更换完成之日起重新计算。经营者修理的时间不计入上述有效期限。

经营者依照国家有关规定或者与消费者约定履行退货义务的，应当按照发票等购货凭证或者服务单据上显示的价格一次性退清相关款项。经营者能够证明消费者实际支付的价格与发票等购货凭证或者服务单据上显示的价格不一致的，按照消费者实际支付的价格退清相关款项。

第十九条 经营者通过网络、电视、电话、邮购等方式销售商品的，应当遵守消费者权益保护法第二十五条规定，不得擅自扩大不适用无理由退货的商品范围。

经营者应当以显著方式对不适用无理由退货的商品进行标注，提示消费者在购买时进行确认，不得将不适用无理由退货作为消费者默认同意的选项。未经消费者确认，经营者不得拒绝无理由退货。

消费者退货的商品应当完好。消费者基于查验需要打开商品包装，或者为确认商品的品质和功能进行合理调试而不影响商品原有品质、功能和外观的，经营者应当予以退货。

消费者无理由退货应当遵循诚实信用原则，不得利用无理由退货规则损害经营者和其他消费者的合法权益。

第二十条 经营者提供商品或者服务时收取押金的，应当事先与消费者约定退还押金的方式、程序和时限，不得对退还押金设置不合理条件。

消费者要求退还押金，符合押金退还条件的，经营者应当及时退还。

第二十一条 经营者决定停业或者迁移服务场所的，应当提前 30 日在其经营场所、网站、网店首页等的醒目位置公告经营者的有效联系方式等信息。

第二十二条 经营者以收取预付款方式提供商品或者服务的，应当与消费者订立书面合同，约定商品或者服务的具体内容、价款或者费用、预付款退还方式、违约责任等事项。

经营者收取预付款后，应当按照与消费者的约定提供商品或者服务，不得降低商品或者服务质量，不得任意加价。经营者未按照约定提供商品或者服务的，应当按照消费者的要求履行约定或者退还预付款。

经营者出现重大经营风险，有可能影响经营者按照合同约定或者交易习惯正常提供商品或者服务的，应当停止收取预付款。经营者决定停业或者迁移服务场所的，应当提前告知消费者，并履行本条例第二十一条规定的义务。消费者依照国家有关规定或者合同约定，有权要求经营者继续履行提供商品或者服务的义务，或者要求退还未消费的预付款余额。

第二十三条 经营者应当依法保护消费者的个人信息。经营者在提供商品或者服务时，不得过度收集消费者个人信息，不得采用一次概括授权、默认授权等方式，强制或者变相强制消费者同意收集、使用与经营活动无直接关系的个人信息。

经营者处理包含消费者的生物识别、宗教信仰、特定身份、医疗健康、金融账户、行踪轨迹等信息以及不满十四周岁未成年人的个人信息等敏感个人信息的，应当符合有关法律、行政法规的规定。

第二十四条 未经消费者同意，经营者不得向消费者发送商业性信息或者拨打商业性电话。消费者同意接收商业性信息或者商业性电话的，经营者应当提供明确、便捷的取消方式。消费者选择取消的，经营者应当立即停止发送商业性信息或者拨打商业性电话。

第三章 国家对消费者合法权益的保护

第二十五条 各级人民政府应当加强对消费者权益保护工作的指导，组织、协调、督促有关行政部门落实消费者权益保护工作职责，提升消费者权益保护工作的法治化水平。

第二十六条 消费者与经营者发生消费者权益争议的，可以向市场监督管理部门或者其他有关行政部门投诉。

自然人、法人或者其他组织可以向市场监督管理部门或者其他有关行政部门举报，反映经营者涉嫌违法的线索。

第二十七条 市场监督管理部门或者其他有关行政部门应当畅通和规范消费者投诉、举报渠道，完善投诉、举报处理流程，依法及时受理和处理投诉、举报，加强对投诉、举报信息的分析应用，开展消费预警和风险提示。

投诉、举报应当遵守法律、法规和有关规定，不得利用投诉、举报牟取不正当利益，侵害经营者的合法权益，扰乱市场经济秩序。

第二十八条 市场监督管理部门和其他有关行政部门应当加强消费者权益保护工作的协同配合和信息共享，依照法律、法规的规定，在各自的职责范围内，对经营者提供的商品和服务实施抽查检验等监管措施，及时查处侵害消费者合法权益的行为。

第二十九条 市场监督管理部门和其他有关行政部门应当加强消费领域信用体系建设，依法公示有关行政许可、行政处罚、抽查检验结果、消费投诉等信息，依法对违法失信经营者实施惩戒。

第三十条 有关行政部门应当加强消费知识的宣传普及，倡导文明、健康、绿色消费，提高消费者依法、理性维权的意识和能力；加强对经营者的普法宣传、行政指导和合规指引，提高经营者依法经营的意识。

第三十一条 国家完善绿色消费的标准、认证和信息披露体系，鼓励经营者对商品和服务作出绿色消费方面的信息披露或者承诺，依法查处虚假信息披露和承诺的行为。

第三十二条 行业协会商会等组织应当加强行业自律，引导、督促经营者守法诚信经营，制定的行业规则、自律规则、示范合同和相关标准等应当有利于保护消费者合法权益。

第三十三条 国家鼓励、支持一切组织和个人对损害消费者合法权益的行为进行社会监督。

大众传播媒介应当真实、客观、公正地报道涉及消费者权益的相关事项，加强消费者维权相关知识的宣传普及，对损害消费者合法权益的行为进行舆论监督。

第四章 消费者组织

第三十四条 消费者协会和其他依法成立的消费者组织应当按照消费者权益保护法的规定履行职责。

第三十五条 各级人民政府应当加强消费者协会组织建设，对消费者协会履行职责予以必要的经费等支持。

第三十六条 有关行政部门应当认真听取消费者协会的意见和建议。对于消费者协会向有关行政部门反映的侵害消费者合法权益的问题，有关行政部门应当及时调查处理并予以回复；对于立案查处的案件，有关行政部门应当将处理结果告知消费者协会。

第三十七条 消费者协会应当加强消费普法宣传和消费引导，向消费者提供消费维权服务与支持，提高消费者维护自身合法权益的能力。

消费者协会应当及时总结、推广保护消费者合法权益的典型案例和经验做法，引导、支持经营者依法合规开展经营活动。

第三十八条 消费者协会可以组织开展比较试验、消费调查、消费评议、投诉信息公示、对投诉商品提请鉴定、发布消费提示警示等，反映商品和服务状况、消费者意见和消费维权情况。

第三十九条 消费者协会可以就消费者权益保护事项向有关经营者、行业组织提出改进意见或者进行指导谈话，加强消费者、经营者、行业组织、专业机构、有关行政部门等各相关方的组织协调，推动解决涉及消费者合法权益保护的重要问题。

第四十条 消费者协会可以就消费者投诉的损害消费者合法权益的行为开展调查，与有关经营者核实情况，约请有关经营者到场陈述事实意见、提供证据资料等。

第四十一条 对侵害众多消费者合法权益的行为，中国消费者协会以及在省、自治区、直辖市设立的消费者协会，可以向人民法院提起诉讼。

第五章 争议的解决

第四十二条 消费者应当文明、理性消费，提高自我保护意识，依法维护自身合法权益，在发生消费争议时依法维权。

第四十三条 各级人民政府市场监督管理部门和其他有关行政部门应当推动、健全消费争议多元化解决机制，引导消费者依法通过协商、调解、投诉、仲裁、诉讼等方式维护自身合法权益。

第四十四条 经营者应当建立便捷、高效的投诉处理机制，及时解决消费争议。

鼓励和引导经营者建立健全首问负责、先行赔付、在线争议解决等制度，及时预防和解决消费争议。

第四十五条 消费者和经营者发生消费争议，请求消费者协会或者依法成立的其他调解组织进行调解的，相关组织应当及时处理。

第四十六条 消费者和经营者发生消费争议向市场监督管理部门或者其他有关行政部门投诉的，应当提供真实身份信息，有明确的被投诉人、具体的投诉请求和事实依据。

有关行政部门应当自收到投诉之日起 7 个工作日内，予以处理并告知消费者。对不符合规定的投诉决定不予受理的，应当告知消费者不予受理的理由和其他解决争议的途径。

有关行政部门受理投诉后，消费者和经营者同意调解的，有关行政部门应当依据职责及时调解，并在受理之日起60日内调解完毕；调解不成的应当终止调解。调解过程中需要鉴定、检测的，鉴定、检测时间不计算在60日内。

有关行政部门经消费者和经营者同意，可以依法将投诉委托消费者协会或者依法成立的其他调解组织调解。

第四十七条　因消费争议需要对商品或者服务质量进行鉴定、检测的，消费者和经营者可以协商确定鉴定、检测机构。无法协商一致的，受理消费者投诉的市场监督管理部门或者其他有关行政部门可以指定鉴定、检测机构。

对于重大、复杂、涉及众多消费者合法权益的消费争议，可以由市场监督管理部门或者其他有关行政部门纳入抽查检验程序，委托具备相应资质的机构进行鉴定、检测。

第六章　法 律 责 任

第四十八条　经营者提供商品或者服务，违反消费者权益保护法和本条例有关规定，侵害消费者合法权益的，依法承担民事责任。

第四十九条　经营者提供商品或者服务有欺诈行为的，消费者有权根据消费者权益保护法第五十五条第一款的规定要求经营者予以赔偿。但是，商品或者服务的标签标识、说明书、宣传材料等存在不影响商品或者服务质量且不会对消费者造成误导的瑕疵的除外。

通过夹带、掉包、造假、篡改商品生产日期、捏造事实等方式骗取经营者的赔偿或者对经营者进行敲诈勒索的，不适用消费者权益保护法第五十五条第一款的规定，依照《中华人民共和国治安管理处罚法》等有关法律、法规处理；构成犯罪的，依法追究刑事责任。

第五十条　经营者违反本条例第十条至第十四条、第十六条、第十七条、第十九条至第二十一条规定，其他有关法律、法规对处罚机关和处罚方式有规定的，依照法律、法规的规定执行；法律、法规未作规定的，由市场监督管理部门或者其他有关行政部门责令改正，可以根据情节单处或者并处警告、没收违法所得、处以违法所得1倍以上5倍以下的罚款，没有违法所得的，处以30万元以下的罚款；情节严重的，责令停业整顿、吊销营业执照。

经营者违反本条例第二十二条规定的，由有关行政部门责令改正，可以根据情节单处或者并处警告、没收违法所得、处以违法所得1倍以上10倍以下的罚款，没有违法所得的，处以50万元以下的罚款；情节严重的，责令停业整顿、吊销营业执照。

经营者违反本条例其他规定的，依照消费者权益保护法第五十六条的规定予以处罚。

第五十一条　经营者主动消除或者减轻违法行为危害后果的，违法行为轻微并及时改正且没有造成危害后果的，或者初次违法且危害后果轻微并及时改正的，依照《中华人民共和国行政处罚法》的规定从轻、减轻或者不予处罚。

第五十二条　有关行政部门工作人员未按照本条例规定履行消费者权益保护职责，玩忽职守或者包庇经营者侵害消费者合法权益的行为的，依法给予处分；构成犯罪的，依法追究刑事责任。

第七章　附　　则

第五十三条　本条例自2024年7月1日起施行。

环境资源法

【大纲新增考点·法条说明】

2024 年,“环境资源法”学科大纲考点、法律法规没有变化。

2020~2023 年大纲变化考点·法条对照

年 份	章 节	新增与变化考点·法条
2023	无	
2022	无	
2021	无	
2020	修订法律法规:中华人民共和国森林法	

劳动与社会保障法

【大纲新增考点·法条说明】

2024 年,“劳动与社会保障法”学科大纲考点、法律法规没有变化。

2020~2023 年大纲变化考点·法条对照

年 份	章 节	新增与变化考点·法条
2023	无	
2022	无	
2021	第一章第一节“劳动法概述”	工会和劳动行政部门在劳动法上的地位
2020	无	

国际私法

【大纲新增考点·法条说明】

2024年,“国际私法”学科考点没有变化,法规增加5件、修订1件、删除1件,考点及法律法规调整如下:

大纲附录法律法规

项　目	法律法规
增加法规	**1.中华人民共和国对外关系法** (2023年6月28日第十四届全国人民代表大会常务委员会第三次会议通过　2023年6月28日中华人民共和国主席令第7号公布　自2023年7月1日起施行) **2.中华人民共和国外国国家豁免法** (2023年9月1日第十四届全国人民代表大会常务委员会第五次会议通过　2023年9月1日中华人民共和国主席令第10号公布　自2024年1月1日起施行) **3.最高人民法院关于适用《中华人民共和国涉外民事关系法律适用法》若干问题的解释(二)** (2023年8月30日最高人民法院审判委员会第1898次会议通过　2023年11月30日公布　自2024年1月1日起施行)　法释〔2023〕12号 **4.最高人民法院关于审理涉外民商事案件适用国际条约和国际惯例若干问题的解释** (2023年12月5日最高人民法院审判委员会第1908次会议通过　2023年12月28日公布　自2024年1月1日起施行)　法释〔2023〕15号 **5.最高人民法院关于内地与香港特别行政区法院相互认可和执行民商事案件判决的安排** (2019年1月14日最高人民法院审判委员会第1759次会议通过　2024年1月25日公布　自2024年1月29日起施行)　法释〔2024〕2号
修订法规	**最高人民法院关于设立国际商事法庭若干问题的规定** (2018年6月25日最高人民法院审判委员会第1743次会议通过　根据2023年12月5日最高人民法院审判委员会第1908次会议《关于修改〈最高人民法院关于设立国际商事法庭若干问题的规定〉的决定》修正)　法释〔2023〕14号
删除法规	**最高人民法院、香港特别行政区政府关于内地与香港特别行政区法院相互认可和执行民商事案件判决的安排** (最高人民法院与香港特别行政区政府于2019年1月18日签署)

2020~2023年大纲新增考点对照

年　份	章　节	新增与变化考点·法条
2023	新增法律法规:最高人民法院关于涉外民商事案件管辖若干问题的规定	

续表

年 份	章 节	新增与变化考点·法条
2022	第四章第四节“公共秩序保留与强制性规定的直接适用”	强制性规定的直接适用
	第五章第四节“商事关系”	代理的法律适用（代理法律适用的一般原则　中国关于代理法律适用的规定）　信托的法律适用（信托法律适用的一般原则　中国关于信托法律适用的规定）
	第七章第二节“区际司法协助”	内地与香港、澳门特别行政区法院就仲裁程序相互协助保全
	1.新增法律法规：最高人民法院关于内地与澳门特别行政区就仲裁程序相互协助保全的安排 2.修订法律法规：最高人民法院关于适用《中华人民共和国民事诉讼法》的解释	
2021	1.新增法律法规：最高人民法院关于内地与香港特别行政区相互执行仲裁裁决的补充安排 2.修订法律法规： （1）最高人民法院关于适用《中华人民共和国民事诉讼法》的解释 （2）最高人民法院关于适用《中华人民共和国涉外民事关系法律适用法》若干问题的解释（一） （3）最高人民法院关于涉外民商事案件诉讼管辖若干问题的规定 （4）最高人民法院关于涉外民事或商事案件司法文书送达问题若干规定 （5）最高人民法院关于依据国际公约和双边司法协助条约办理民商事案件司法文书送达和调查取证司法协助请求的规定 （6）最高人民法院关于中国公民申请承认外国法院离婚判决程序问题的规定	
2020	第七章第二节“区际司法协助”	中国内地与香港特别行政区法院就仲裁程序相互协助保全
	1.新增法律法规：最高人民法院关于内地与香港特别行政区法院就仲裁程序相互协助保全的安排 2.修订法律法规：最高人民法院关于内地与澳门特别行政区法院就民商事案件相互委托送达司法文书和调取证据的安排	

【大纲新增、变化考点解读】

☞ 2024 考点1　中国关于外国法的查明的规定

我国人民法院在审理国际民商事案件时遵循“以事实为根据，以法律为准绳”的原则。当依据我国冲突规范的指定，应当适用的法律为外国法时，人民法院有责任查明外国法的内容，当事人也有举证的责任。目前我国涉及外国法查明的法律、司法解释主要包括《涉外民事关系法律适用法》、《涉外民事关系法律适用法司法解释（一）》以及《涉外民事关系法律适用法司法解释（二）》。《涉外民事关系法律适用法司法解释（二）》已于2023年8月30日由最高人民法院审判委员会第1898次会议通过，自2024年1月1日起施行，该解释对我国有关外国法的查明责任、查明途径、查明程序和提供方式，审查认定外国法律的标准以及查明费用的负担等方面进行了系统完善。

1.外国法的查明责任。我国《涉外民事关系法律适用法》第10条规定：“涉外民事关系适用的外国法律，由人民法院、仲裁机构或者行政机关查明。当事人选择适用外国法律的，应当提供该国法律。不能查明外国法律或者该国法律没有规定的，适用中华人民共和国法律。”这条规定明确了三点：一是人民法院、仲裁机构或者行政机关查明应当依职权查明的涉外民事关系应适用的外国法律；二是当事人根据意思自治原则选择适用外国法，该外国法应当由当事人提供，法院不必依职权查明；三是不能查明外国法律或者该国法律没有规定的，适用中国法律。《涉外民事关系法律适用法司法解释(二)》第 1 条规定,人民法院审理涉外民商事案件适用外国法律的,应当根据《涉外民事关系法律适用法》第 10 条第 1 款的规定查明该国法律。当事人选择适用外国法律的,应当提供该国法律。《涉外民事关系法律适用法司法解释(二)》第 2 条进一步规定,人民法院查明外国法律法时可以要求当事人协助提供外国法律,这意味着在当事人没有选择适用外国法律的情况下,人民法院查明应当适用的外国法律,也可以要求当事人提供协助。但第 2 条第 3 款规定"人民法院依据本条第 1 款第 1 项的规定要求当事人协助提供外国法律的,不得仅以当事人未予协助提供为由认定外国法律不能查明"。显然,我国在外国法查明责任方面秉持以法院查明为主、当事人提供为辅的规则。

2.外国法的查明途径。《涉外民事关系法律适用法司法解释(二)》在总结原有司法解释规定的基础上,于第 2 条第 1 款规定了人民法院查明外国法律的七种途径。一是由当事人提供,这是最常见的途径;二是通过司法协助渠道由对方的中央机关或者主管机关提供;三是通过最高人民法院请求我国驻该国使领馆或者该国驻我国使领馆提供;四是由最高人民法院建立或者参与的法律查明合作机制参与方提供;五是由最高人民法院国际商事专家委员会专家提供;六是由法律查明服务机构或者中外法律专家提供;七是其他适当途径。该条款的规定拓展了查明外国法律的途径,与《最高人民法院关于设立国际商事法庭若干问题的规定》(2023 年修正)第 8 条第 1 款规定的外国法律查明途径保持一致,体现司法解释之间的统一性和协调性。

3.查明外国法律的程序和提供形式。《最高人民法院关于适用〈中华人民共和国涉外民事关系法律适用法〉若干问题的解释(二)》(以下简称《涉外民事关系法律适用法司法解释(二)》)第 3 条首先对当事人提供外国法律的范围作了规定,包括具体规定、获得途径、效力情况、与案件争议的关联性等内容。如果外国法律为判例法时,还应当提供判例全文。第 4 条规定,法律查明服务机构、法律专家提供外国法律的,除提交材料外,还应当提交法律查明服务机构的资质证明、法律专家的身份及资历证明,并附与案件无利害关系的书面声明。为减少无效劳动,提高查明外国法律的效率和准确性,第 6 条规定,在查明外国法律之前,人民法院可以召集庭前会议或者以其他适当方式,确定需要查明的外国法律的范围。当然,前述规定的应当提交的内容,并不限制当事人继续提交有关外国法律的学术著作、学理阐述等参考辅助资料,或者其他对外国法律的理解与适用的意见等。

4.审查认定外国法律的程序。外国法律是决定当事人权利义务如何分配的准据法,人民法院应当充分保障当事人发表意见的权利。《涉外民事关系法律适用法司法解释(二)》第 5 条规定,查明的外国法律的相关材料均应在法庭上出示,法院应当听取各方当事人对外国法律的内容及理解与适用。在此基础上,第 7 条规定,法律查明服务机构、法律专家可以出庭协助查明外国法律。一方面,人民法院认为有必要时可以通知法律查明服务机构或法律专家出庭接受询问;另一方面,当事人可以申请法律查明服务机构或法律专家出庭作出说明,人民法院认为有必要的可以准许。

5.审查认定外国法律的标准。对于在法庭上出示的外国法律,如何确认其真实性并予以准确理解和适用,历来是涉外民商事审判的难题。《涉外民事关系法律适用法司法解释(二)》第 8 条分三种情形作出规定。一是对当事人无异议时如何处理作出规定,即"当事人对外国法律的内容及其理解与适用均无异议的,人民法院可以予以确认"。二是对当事人有异议时如何处理作出规定。一方面,为防止当事人以对外国法律有异议为由拖延诉讼,规定当事人提出异议需要说明理由;另一方面,理由成立的,人民法院可以通过补充查明或补充提供材料的方式解决异议。三是基于诉讼经济原则和方便当事人诉讼原则,对于生效裁判已经查明认定的外国法律,规定人民法院"应当予以确认",同时考虑外国法律有可能被修订、废止,因此规定"但有相反证据足以推翻的除外"。

6.裁判文书必须记载查明外国法律的过程。《涉外民事关系法律适用法司法解释(二)》第 10

条要求,裁判文书中应当载明外国法律的查明过程及外国法律的内容,如果认定外国法律不能查明的,则应当载明不能查明的理由。

7.查明费用的处理原则。我国法律和《诉讼费用交纳办法》并未明确查明外国法律的费用为诉讼费用。鉴于此,《涉外民事关系法律适用法司法解释(二)》第11条就当事人将查明费用作为诉讼请求提出时如何处理进行了规定。当事人约定法律查明费用负担的,应充分尊重当事人的意思自治,按照其约定处理;没有约定的,人民法院需要根据当事人主张,结合外国法律查明情况和案件具体情况酌情支持合理的查明费用。

8.港澳法律查明的参照适用规则。在涉港澳民商事审判实践中,人民法院经常需要查明港澳法律。《涉外民事关系法律适用法司法解释(二)》第12条对查明香港特别行政区、澳门特别行政区法律参照适用本解释作了规定。同时规定"有关法律和司法解释对查明香港特别行政区、澳门特别行政区的法律另有规定的,从其规定",为内地与香港港特别行政区、澳门特别行政区进一步建立各类新型的法律查明途径及合作机制预留充分空间。

9.外国法不能查明的处理。关于外国法不能查明问题的处理,《涉外民事关系法律适用法司法解释(二)》作出了详细规定。第15条规定:"人民法院通过由当事人提供、已对中华人民共和国生效的国际条约规定的途径、中外法律专家提供等合理途径仍不能获得外国法律的,可以认定为不能查明外国法律。"根据《涉外民事关系法律适用法》第10条第1款和《涉外民事关系法律适用法司法解释(二)》第9条第2款的规定,当事人应当提供外国法律,其在人民法院指定的合理期限内无正当理由未提供该外国法律的,可以认定为不能查明外国法律。

另外,根据我国民事诉讼法,民事案件实行两审终审制,无法律审与事实审的区别。根据"有错必纠"的原则,对我国法院在审理国际民商事案件时发生的适用外国法的错误,无论是适用内国冲突规范的错误,还是适用外国法本身的错误,当事人均可对之提起上诉,要求加以纠正。

☞ 2024 考点2 中国关于国际民事案件管辖权的规定

1.普通地域管辖。我国以被告住所地为普通管辖的依据,采用原告就被告的原则,凡是涉外民事案件中的被告住所地在我国,我国法院就有管辖权。如果被告的住所地与经常居住地不一致,只要其经常居住地在我国领域内,我国法院也有管辖权。以上被告包括自然人、法人和其他组织。自然人的住所地指户籍所在地,经常居住地指公民离开其住所至起诉时连续居住1年以上的地方。法人或者其他组织的住所地是指法人或者其他组织的主要办事机构所在地。但对于不在我国领域内居住的人提起的有关身份关系的诉讼,则可以由原告住所地或经常居住地的我国法院管辖。

2.特别地域管辖。《民事诉讼法》第276条规定,因涉外民事纠纷,对在我国领域内没有住所的被告提起除身份关系以外的诉讼,如果合同签订地、合同履行地、诉讼标的物所在地可供扣押财产所在地、侵权行为地、代表机构所在地位于我国领域内的,可以由合同签订地、合同履行地、诉讼标的物所在地、可供扣押的财产所在地、侵权行为地、代表机构住所地人民法院管辖。除前述规定外,涉外民事纠纷与我国存在其他适当联系的,可以由人民法院管辖。另外,《民事诉讼法》第22条至第33条有关国内特别地域管辖的规定可类推适用于涉外民事案件。

3.专属管辖。(1)因不动产纠纷提起的诉讼,由不动产所在地人民法院管辖;(2)因港口作业中发生纠纷提起的诉讼,由港口所在地人民法院管辖;(3)因继承遗产纠纷提起的诉讼,由被继承人死亡时的住所地或者主要遗产所在地人民法院管辖;(4)因在我国领域内设立的法人或者其他组织的设立、解散、清算,以及该法人或者其他组织作出的决议的效力等纠纷提起的诉讼,因与在我国领域内审查授予的知识产权的有效性有关的纠纷提起的诉讼，因在我国履行的中外合资经营企业合同、中外合作经营企业合同、中外合作勘探开发自然资源合同发生的纠纷提起的诉讼，我国人民法院有专属管辖权。

《最高人民法院关于适用〈中华人民共和国民事诉讼法〉的解释》（以下简称《民诉解释》）第529条第2款规定，属于我国人民法院专属管辖的案件，当事人不得用书面协议选择其他国家法院管辖，但协议选择仲裁裁决的除外。因此，在我国，如果当事人选择以诉讼的方式解决争议，则当事人不得以书面协议排除我国法院的专属管辖权；如果当事人选择以仲裁的方式解决争议，则其仲裁协议具有排除我国法院专属管辖权的法律效力。

4.协议管辖。《民事诉讼法》第277条明确规定，涉外民事纠纷的当事人书面协议选择人民法院管辖的，可以由人民法院管辖，但协议管辖不得违反我国《民事诉讼法》对级别管辖和专属管辖的规定。2017年9月12日，中国政府签署了2005年海牙《选择法院协议公约》。

5.应诉管辖。《民事诉讼法》第278条明确规定，当事人未提出管辖异议，并应诉答辩或者提出反诉的，视为人民法院有管辖权。

6.级别管辖。我国《民事诉讼法》规定基层人民法院管辖第一审涉外民事案件，中级人民法院管辖第一审重大涉外案件。重大涉外案件包括争议标的额大的案件、案情复杂的案件，或者一方当事人人数众多等具有重大影响的案件。2018年1月1日起施行的《最高人民法院关于明确第一审涉外民商事案件级别管辖标准以及归口办理有关问题的通知》明确了第一审涉外民商事案件级别管辖标准以及十类案件归口涉外审判庭或专门合议庭办理。

7.非方便法院。《民事诉讼法》第282条明确规定，人民法院受理的涉外民事案件，被告提出管辖异议，且同时有下列情形的，可以裁定驳回起诉，告知原告向更方便的外国法院提起诉讼：(1)案件争议的基本事实不是发生在中国领域内，人民法院审理案件和当事人参加诉讼均明显不方便；(2)当事人之间不存在选择人民法院管辖的协议；(3)案件不属于人民法院专属管辖；(4)案件不涉及中国主权、安全或者社会公共利益；(5)外国法院审理案件更为方便。裁定驳回起诉后，外国法院对纠纷拒绝行使管辖权，或者未采取必要措施审理案件，或者未在合理期限内审结，当事人又向人民法院起诉的，人民法院应当受理。

8.平行诉讼。《民事诉讼法》第280条规定，当事人之间的同一纠纷，一方当事人向外国法院起诉，另一方当事人向人民法院起诉，或者一方当事人既向外国法院起诉，又向人民法院起诉，人民法院依照本法有管辖权的，可以受理。当事人订立排他性管辖协议选择外国法院管辖且不违反本法对专属管辖的规定，不涉及中国主权、安全或者社会公共利益的，人民法院可以裁定不予受理；已经受理的，裁定驳回起诉。第281条规定，人民法院依据前条规定受理案件后，当事人以外国法院已经先于人民法院受理为由，书面申请人民法院中止诉讼的，人民法院可以裁定中止诉讼，但是存在下列情形之一的除外：(1)当事人协议选择人民法院管辖，或者纠纷属于人民法院专属管辖；(2)由人民法院审理明显更为方便。外国法院未采取必要措施审理案件，或者未在合理期限内审结的，依当事人的书面申请，人民法院应当恢复诉讼。外国法院作出的发生法律效力的判决、裁定，已经被人民法院全部或者部分承认，当事人对已经获得承认的部分又向人民法院起诉的，裁定不予受理；已经受理的，裁定驳回起诉。

9.遵守国际条约的规定。目前，我国参加的涉及管辖权的条约主要有：《统一国际航空运输某些规则的公约》和《国际油污损害民事责任公约》等。如果我国法律规定与公约的规定有不同的，除我国声明保留的条款外，应优先适用公约的规定。

10.集中管辖。以下沉管辖权为原则，集中管辖为例外。2022 年 8 月 16 日，最高人民法院通过了《关于涉外民商事案件管辖若干问题的规定》，自 2023 年 1 月 1 日起施行。该规定主要内容如下：(1)对涉外民商事案件的集中管辖机制进行了重大改革，以管辖权下沉为原则，集中管辖为例外，下沉第一审涉外民商事案件的管辖权。改变了以往由极少数基层人民法院和少量中级人民法院集中管辖第一审涉外民商事案件的规定，以《民事诉讼法》第 18~21 条关于级别管辖的规定为一般原则，即基层人民法院管辖第一审涉外民商事案件；中级人民法院管辖辖区内争议标的额大、案情复杂或者一方当事人人数众多的以及其他在本辖区有重大影响的涉外民商事案件；高级人民法院管辖诉讼标的额人民币 50 亿元以上(含本数)或者其他在本辖区内有重大影响第一审涉外民商事案件。以确有必要高级人民法院根据实际情况报批最高人民法院后指定的一个或数个基层或中级人民法院实行区域集中管辖和法律、司法解释另有规定的为例外。(2)优化以往复杂的标的额管辖标准，根据实际，统一规定高级人民法院管辖案件的标的额为 50 亿元以上，中级人民法院管辖案件的标的额划分为 2000 万元以上和 4000 万元以上两个梯度，适用的标准更加清晰明确。(3)明确了适用的纠纷类别，原则上基层人民法院与中级人民法院拥有所有类型涉外民商事纠纷案件的第一审管辖权，但海事海商、涉外知识产权、涉外生态环境损害赔偿以及涉外环境民事公益诉讼案件除外。(4)涉及香港、澳门特别行政区和台湾地区的民商事案件参照适用本规定。

11.国际商事法庭的管辖权。根据《最高人民法院关于设立国际商事法庭若干问题的规定》(2023 修正)，国际商事法庭受理下列案件：(1)当事人依照《民事诉讼法》第 277 条的规定协议选择最高人民法院管辖且标的额为人民币 3 亿元以上的第一审国际商事案件；(2)高级人民法院对其所管辖的第一审国际商事案件，认为需要由最高人民法院审理并获准许的；(3)在全国有重大影响的第一审国际商事案件；(4)依照本规定第 14 条申请仲裁保全、申请撤销或者执行国际商事仲裁裁决的；(5)最高人民法院认为应当由国际商事法庭审理的其他国际商事案件。

表 1　中国关于国际民事案件管辖权规则

管辖类型	内容
普通地域管辖	采用原告就被告的原则
特别地域管辖	(1)对在我国领域内没有住所的被告提起除身份关系以外的涉外民事纠纷，如果合同签订地、合同履行地、诉讼标的物所在地、可供扣押的财产所在地、侵权行为地、代表机构住所地人民法院管辖。除前述规定外，涉外民事纠纷与我国存在其他适当联系的，可以由合同签订地、合同履行地、诉讼标的物所在地、可供扣押的财产所在地、侵权行为地、代表机构住所地人民法院均可以行使管辖权； (2)涉外民事纠纷与我国存在其他适当联系的，可以由人民法院管辖； (3)《民事诉讼法》第 23 条至第 35 条有关国内特别地域管辖的规定可类推适用于涉外民事案件
专属管辖	(1)因不动产纠纷提起的诉讼，由不动产所在地人民法院管辖； (2)因港口作业中发生纠纷提起的诉讼，由港口所在地人民法院管辖； (3)因继承遗产纠纷提起的诉讼，由被继承人死亡时的住所地或者主要遗产所在地人民法院管辖； (4)因在我国领域内设立的法人或者其他组织的设立、解散、清算，以及该法人或者其他组织作出的决议的效力等纠纷提起的诉讼，我国法院有专属管辖权； (5)因与在中华人民共和国领域内审查授予的知识产权的有效性有关的纠纷提起的诉讼，我国法院有专属管辖权； (6)因在我国履行的中外合资经营企业合同、中外合作经营企业合同、中外合作勘探开发自然资源合同发生的纠纷提起的诉讼，我国法院有专属管辖权； (7)属于我国法院专属管辖的案件，当事人不得用书面协议选择其他国家法院管辖，但协议选择仲裁裁决的除外

续表

管辖类型	内容
协议管辖	(1)涉外民事纠纷的当事人可以协议选择解决争议的法院,不限于涉外合同或其他财产权益纠纷; (2)选择必须是书面的; (3)不要求争议必须与我国有实际联系; (4)不得违反专属管辖和级别管辖
应诉管辖	当事人提出管辖异议,并应诉答辩或提出反诉的,视为人民法院有管辖权
级别管辖	(1)基层人民法院管辖第一审涉外民事案件; (2)中级人民法院管辖第一审重大涉外案件; (3)高级人民法院管辖在本辖区有重大影响的第一审涉外民事案件; (4)最高人民法院管辖在全国有重大影响的第一审涉外民事案件
非方便法院	被告提出管辖异议,且同时符合下列情形: (1)案件争议的基本事实不是发生在中国领域内,人民法院审理案件和当事人参加诉讼均明显不方便; (2)当事人之间不存在选择人民法院管辖的协议; (3)案件不属于人民法院专属管辖; (4)案件不涉及中国主权、安全或者社会公共利益; (5)外国法院审理案件更为方便
平行诉讼	我国允许平行诉讼,同时采取一事不再理原则、判决在先原则,以及受理在先可申请中止诉讼
国际条约优先	国际条约的规定优先适用
集中管辖	以下沉管辖权为原则,集中管辖为例外
国际商事法庭管辖权	受理五类案件

☞ 2024 考点3　中国关于司法协助的规定

我国十分重视国际民事司法协助。除了《民事诉讼法》对司法协助问题作了专门规定外,我国加入了联合国《纽约公约》、海牙《关于向国外送达民事或商事司法文书和司法外文书公约》(以下简称《海牙送达公约》)、海牙《关于从国外调取民事或商事证据的公约》(以下简称《海牙取证公约》)。此外,最高人民法院还先后发布了一系列司法解释,特别是《关于依据国际公约和双边司法协助条约办理民商事案件司法文书送达和调查取证司法协助请求的规定》(以下简称《办理司法协助请求的规定》)。

根据《民事诉讼法》的规定,我国有关司法协助的规定主要有以下几个方面:

(1)关于司法协助的范围。我国法院和外国法院可以在我国缔结或参加的国际条约或互惠的基础上,相互请求进行司法协助,包括送达文书、调查取证、承认与执行外国法院判决和外国仲裁裁决以及进行其他诉讼行为。但外国法院请求协助的事项有损我国的主权、安全或社会公共利益的,我国法院不予执行。

(2)关于司法协助请求提出的途径。应当根据我国缔结或参加的国际条约所规定的途径进行;没有条约关系的,通过外交途径进行。对于与我国既无条约关系又无互惠关系的国家的法院提出的司法协助请求,《民诉解释》第547条规定,与中华人民共和国没有司法协助条约又无互惠关系的国家的法院,未通过外交途径,直接请求人民法院提供司法协助的,人民法院应予退回,并说明理由。

此外,外国驻我国使领馆可以向其本国公民送达文书和调查取证,但不得违反我国法律,并不得采取强制措施。未经我国主管机关的准许,任何其他外国机关或个人不得在我国领域内送达文书和调查取证。

(3)关于司法协助请求书的文本要求。外国法院请求人民法院提供司法协助的请求书及其所附文件,应当附有中文译本或者国际条约规定的其他文字文本。人民法院请求外国法院提供司法协助的请求书及其所附文件,应当附有该国文字译本或者国际条约规定的其他文字文本。

(4)关于提供司法协助的程序。我国法院提供司法协助,依我国法律规定的程序进行,外国法院请求采用特殊方式进行的,也可以按照其请求的特殊方式进行,但请求采用的方式不得违反我国的法律。

(5)涉公约或条约的送达规定。《办理司法协助请求的规定》在总结经验的基础上,对域外送达与域外取证的原则、管理机制和相关制度建设等作出了进一步的规定。该规定适用于我国法院与外国法院或者其他主管机构依据《海牙送达公约》《海牙取证公约》和双边民事司法协助条约相互委托办理民商事案件司法文书送达和民商事案件调查取证请求。此处的双边民事司法协助条约,包括双边民事、民商事、民刑事和民商刑事司法协助条约、协定。通过外交途径办理民商事案件司法文书送达和调查取证,不适用该规定。

《办理司法协助请求的规定》明确了以下几方面的内容:一是司法协助的原则,即人民法院提出、办理民商事案件司法文书送达、调查取证国际司法协助请求时应当遵循便捷高效原则(第1条)、对等原则(第2条)和依法审查原则(第3条)。二是人民法院国际司法协助工作的管理机制,即统一管理和专人负责相结合的管理机制(第6条)。三是人民法院国际司法协助工作的制度建设,包括登记制度和档案制度(第7条、第8条)。此外,委托外国送达民商事案件司法文书和进行民商事案件调查取证,需要提供译文的,应当委托我国领域内的翻译机构进行翻译。翻译件不加盖人民法院印章,但应由翻译机构或翻译人员签名或盖章证明译文与原文一致(第5条)。经最高人民法院授权的高级人民法院,可以依据《海牙送达公约》《海牙取证公约》直接对外发出本辖区各级人民法院提出的民商事案件司法文书送达和调查取证请求(第9条)。

☞ 2024 考点4　中国关于域外送达文书的规定

我国《民事诉讼法》第283条规定,人民法院对在中华人民共和国领域内没有住所的当事人送达诉讼文书,可以采用下列方式:(1)依照受送达人所在国与中国缔结或者共同参加的国际条约中规定的方式送达;(2)通过外交途径送达;(3)对具有中国国籍的受送达人,可以委托中国驻受送达人所在国的使领馆代为送达;(4)向受送达人在本案中委托的诉讼代理人送达;(5)向受送达人在中国领域内设立的独资企业、代表机构、分支机构或者有权接受送达的业务代办人送达;(6)受送达人为外国人、无国籍人,其在中国领域内设立的法人或者其他组织担任法定代表人或者主要负责人,且与该法人或者其他组织为共同被告的,向该法人或者其他组织送达;(7)受送达人为外国法人或者其他组织,其法定代表人或者主要负责人在中华人民共和国领域内的,向其法定代表人或者主要负责人送达;(8)受送达人所在国的法律允许邮寄送达的,可以邮寄送达,自邮寄之日起满3个月,送达回证没有退回,但根据各种情况足以认定已经送达的,期间届满之日视为送达;(9)采用能够确认受送达人收悉的电子方式送达,但是受送达人所在国法律禁止的除外;(10)以受送达人同意的其他方式送达,但是受送达人所在国法律禁止的除外;(11)不能用上述方式送达的,公告送达,自发出公告之日起,经过60日,即视为送达。至于外国法院向在我国的受送达人送达,应当根据该国与我国缔结或共同参加的条约所规定的途径送达;没有条约关系的,按外交途径送达;外国驻我国使领馆可以向其本国公民送达文书,但不得违反我国法律,并不得采取强制措施。

《海牙送达公约》自1992年1月1日起对我国生效。为此,我国又分别于1992年3月4日和1992年9月19日联合发布了《关于执行〈关于向国外送达民事或商事司法文书和司法外文书公约〉有关程序的通知》和《关于执行海牙送达公约的实施办法》,具体规定了运用该公约设立的协助机制进行文书域外送达的程序。另外,我国就司法协助问题,其中包括司法文书送达问题,已经同许多国家签订了双边司法协助协定。

《最高人民法院涉外民事或商事案件司法文书送达问题若干规定》(以下简称《涉外送达规定》)对涉外民事或商事案件司法文书送达中带有普遍性又亟待解决的一些问题作出进一步详细规定。

(1)适用范围。该规定适用于人民法院受理的涉外民事或商事案件需向在我国领域内没有住所的受送达人送达司法文书的情形。《涉外送达规定》适用的案件范围包括人民法院审理的涉外民事或商事案件,既包括传统的涉外民事案件,如涉外的婚姻家庭、劳动争议、不当得利、无因管理等案件,也包括当事人在经济贸易活动中发生的涉外合同、侵权等商事纠纷案件。另外,该规定采用"司法文书"的概念,因这一概念从外延上讲比"诉讼文书"更为广泛,且与我国加入的国际公约或所签订的双边司法协助协定所使用的概念保持一致。

(2)送达方式。第一,对于在我国领域内没有住所的受送达人在我国领域内出现时可否向其直接送达,法律没有明确规定,《涉外送达规定》第3条则明确规定,作为受送达人的外国自然人或者企业、其他组织的法定代表人、主要负责人在我国领域内出现时,人民法院可以向其直接送达。《民诉解释》第533条第2款进一步明确,外国企业、组织的主要负责人包括该企业、组织的董事、监事、高级管理人员等。第二,《涉外送达规定》第4条明确了"有权接受送达的诉讼代理人"的含义,即除受送达人在授权委托书中明确表明其诉讼代理人无权代为接收有关司法文书外,其委托的诉讼代理人为《民事诉讼法》规定的有权代其接受送达的诉讼代理人,人民法院可以向该诉讼代理人送达。第三,《涉外送达规定》第5条,规定受送达人在我国领域内设立有代表机构的,人民法院向受送达人送达司法文书,可以送达给其代表机构。第四,《涉外送达规定》第6条规定:人民法院向在中华人民共和国领域内没有住所的受送达人送达司法文书时,若该受送达人所在国与中华人民共和国签订有司法协助协定,可以依照司法协助协定规定的方式送达;若该受送达人所在国是《海牙送达公约》的成员国,可以依照该公约规定的方式送达。依照受送达人所在国与中华人民共和国缔结或者共同参加的国际条约中规定的方式送达的,根据《最高人民法院办理司法协助请求的规定》办理。根据《办理司法协助请求的规定》第1条的规定,不再坚持双边条约优先适用的原则,人民法院应当根据便捷、高效的原则确定依据《海牙送达公约》或者双边民事司法协助条约,对外提出民商事案件司法文书送达和调查取证请求。第五,《涉外送达规定》第8条规定,判断不能以邮寄方式送达的期间为3个月。第六,《涉外送达规定》第10条还规定,除本规定上述送达方式外,人民法院可以通过传真、电子邮件等能够确认收悉的其他适当方式向受送达人送达。在适用本条时应注意两点:一是必须是"适当"的送达方式,该送达方式不能违反受送达人所在国的禁止性规定;二是如果适用其他方式送达,必须确认受送达人已经收悉有关司法文书。

(3)是否送达的认定。关于不能送达的认定,《涉外送达规定》第7条对不能适用公约、协定、外交途径以及邮寄方式送达作出了规定:自我国有关机关将司法文书转递受送达人所在国有关机关之日起满6个月,如果未能收到送达与否的证明文件,且根据各种情况不足以认定已经送达的,视为不能用该种方式送达。该规定可以使人民法院在一个相对确定的时间内对能否适用该种方式送达作出判断，以便于在这种方式不能送达的情况下及时采取其他送达方式，避免使案件因为送达问题长时间地搁置而处于久拖不决的状态。为缩短送达时间，《民诉解释》第534条规定，自邮寄之日起满3个月，如果未收到送达的证明文件，且根据各种情况不足以认定已经送达的，视为不能用邮寄方式送达。

关于合法送达的认定，《涉外送达规定》第13条主要规定了在受送达人未对人民法院送达的司法文书履行签收手续时，如何认定是否已经合法送达。该条规定了在两种具体的情形下可以视为送达：一是受送达人书面向人民法院提及了所送达司法文书的内容，二是受送达人已经按照所送达司法文书的内容履行。该条第3项所规定的"其他可以视为送达的情形"是一项兜底性的规定，人民法院可以根据该项规定，在具体案件中具体把握。

☞ 2024 考点5 域外取证的方式

域外取证方式主要包括：(1)代为取证，是指一国受理案件的司法机关向证据所在地国的司法机关提出请求，由后者代为取证。(2)领事取证，即通过本国驻他国领事或外交人员在驻在国直接调查取证，一般是向本国国民调查取证。这种取证方式为大多数国家所接受。但采取这种取证方式不得违反当地的法律，也不得采取强制措施。(3)特派员取证，即受诉法院委派专门的官员在外国调查取证。这一取证方式主要为英美法系国家所采用，大陆法系国家对此一般持谨慎态度。根据我国有关规定，我国原则上不允许外国特派员在我国境内取证，但在特殊情况下可特许外国特派员在我国境内取证。(4)当事人或诉讼代理人自行取证，这种方式主要存在于一些普通法系国家，尤其是美国。大多数国家对此种取证方式采取反对态度。根据我国有关规定，未经我国主管机关准许，任何外国当事人或其诉讼代理人都不得在我国境内自行取证。

我国《民事诉讼法》第284条规定，当事人申请人民法院调查收集的证据位于中华人民共和国领域外，人民法院可以依照证据所在国与中华人民共和国缔结或者共同参加的国际条约中规定的方式，或者通过外交途径调查收集。在所在国法律不禁止的情况下，人民法院可以采用下列方式调查收集：(1)对具有中华人民共和国国籍的当事人、证人，可以委托中华人民共和国驻当事人、证人所在国的使领馆代为取证；(2)经双方当事人同意，通过即时通讯工具取证；(3)以双方当事人同意的其他方式取证。

对于在我国领域外形成的证据的效力，根据《最高人民法院关于民事诉讼证据的若干规定》第16条的规定："当事人提供的公文书证系在中华人民共和国领域外形成的，该证据应当经所在国公证机关证明，或者履行中华人民共和国与该所在国订立的有关条约中规定的证明手续。中华人民共和国领域外形成的涉及身份关系的证据，应当经所在国公证机关证明并经中华人民共和国驻该国使领馆认证，或者履行中华人民共和国与该所在国订立的有关条约中规定的证明手续。当事人向人民法院提供的证据是在香港、澳门、台湾地区形成的，应当履行相关的证明手续。"其第17条还规定，当事人向人民法院提供外文书证或者外文说明资料，应当附有中文译本。

☞ 2024 考点6 中国关于外国法院判决承认与执行的规定

关于申请承认与执行外国法院判决需要提交的文件，《民诉解释》第541条规定：申请人向人民法院申请承认和执行外国法院作出的发生法律效力的判决、裁定，应当提交申请书，并附外国法院作出的发生法律效力的判决、裁定正本或者经证明无误的副本以及中文译本。外国法院判决、裁定为缺席判决、裁定的，申请人应当同时提交该外国法院已经合法传唤的证明文件，但判决、裁定已经对此予以明确说明的除外。中华人民共和国缔结或者参加的国际条约对提交文件有规定的,按照规定办理。

关于承认与执行的法院,根据《民事诉讼法》第297~298条的规定,我国人民法院和外国法院作出的判决、裁定,要在对方国家得到承认与执行,既可以由当事人直接向有管辖权的法院提出(在我国为被执行人住所地或财产所在地的中级人民法院),也可以由法院按照条约的规定或者互惠原则请求对方国家的法院承认与执行。

关于承认与执行外国法院判决的一般规定。《民事诉讼法》第299条规定,人民法院对申请或者请求承认和执行的外国法院作出的发生法律效力的判决、裁定,依照中国缔结或者参加的国际条约,或者按照互惠原则进行审查后,认为不违反中国法律的基本原则且不损害国家主权、安全、社会公共利益的,裁定承认其效力;需要执行的,发出执行令,依照本法的有关规定执行。如果某国与我国既无条约关系也不存在互惠关系时,我国法院将裁定驳回承认与执行申请,对该外国法院的判决不予以承认与执行。在此种情形下,当事人可以向我国法院起诉,由有管辖权的法院作出判决并予以执行。

关于拒绝承认和执行外国法院判决的情形。《民事诉讼法》第300条规定,对申请或者请求承认和执行的外国法院作出的发生法律效力的判决、裁定,人民法院经审查,有下列情形之一的,裁定不予承认和执行:(1)依据本法第301条的规定,外国法院对案件无管辖权;(2)被申请人未得到合法传唤或者虽经合法传唤但未获得合理的陈述、辩论机会,或者无诉讼行为能力的当事人未得到适当代理;(3)判决、裁定是通过欺诈方式取得;(4)人民法院已对同一纠纷作出判决、裁定,或者已经承认第三国法院对同一纠纷作出的判决、裁定;(5)违反中国法律的基本原则或者损害国家主权、安全、社会公共利益。

关于对外国法院间接管辖权的认定。《民事诉讼法》第301条明确规定,有下列情形之一的,人民法院应当认定该外国法院对案件无管辖权:(1)外国法院依照其法律对案件没有管辖权,或者虽然依照其法律有管辖权但与案件所涉纠纷无适当联系;(2)违反本法对专属管辖的规定;(3)违反当事人排他性选择法院管辖的协议。

关于承认外国判决中的中止诉讼,《民事诉讼法》第302条规定,当事人向人民法院申请承认和执行外国法院作出的发生法律效力的判决、裁定,该判决、裁定涉及的纠纷与人民法院正在审理的纠纷属于同一纠纷的,人民法院可以裁定中止诉讼。外国法院作出的发生法律效力的判决、裁定不符合本法规定的承认条件的,人民法院裁定不予承认和执行,并恢复已经中止的诉讼;符合本法规定的承认条件的,人民法院裁定承认其效力;需要执行的,发出执行令,依照本法的有关规定执行;对已经中止的诉讼,裁定驳回起诉。

关于不服裁定的复议救济。《民事诉讼法》第303条规定,当事人对承认和执行或者不予承认和执行的裁定不服的,可以自裁定送达之日起10日内向上一级人民法院申请复议。

关于申请承认与执行的期间。当事人申请承认和执行外国法院作出的发生法律效力的判决、裁定或者外国仲裁裁决的期间,适用《民事诉讼法》第250条的规定,即申请执行的期间为2年。申请执行时效的中止、中断,适用法律有关诉讼时效中止、中断的规定。当事人仅申请承认而未同时申请执行的,申请执行的期间自人民法院对承认申请作出的裁定生效之日起重新计算。

2018年8月,《中华人民共和国最高人民法院和新加坡最高法院关于承认与执行商事案件金钱判决的指导备忘录》签订,这是我国最高人民法院签订的首个关于外国法院判决承认与执行的指导备忘录。该备忘录虽然不具有法律约束力,但标志着中国和新加坡在民事司法领域的合作进入了更加务实阶段。

【大纲新增法条】

最高人民法院关于适用《中华人民共和国涉外民事关系法律适用法》若干问题的解释(二)

(2023年8月30日最高人民法院审判委员会第1898次会议通过　自2024年1月1日起施行)　法释〔2023〕12号

为正确适用《中华人民共和国涉外民事关系法律适用法》,结合审判实践,就人民法院审理涉外民商事案件查明外国法律制定本解释。

第一条　人民法院审理涉外民商事案件适用外国法律的,应当根据涉外民事关系法律适用法第十条第一款的规定查明该国法律。

当事人选择适用外国法律的,应当提供该国法律。

当事人未选择适用外国法律的,由人民法院查明该国法律。

第二条　人民法院可以通过下列途径查明外国法律:

(一)由当事人提供;

(二)通过司法协助渠道由对方的中央机关或者主管机关提供;

(三)通过最高人民法院请求我国驻该国使领馆或者该国驻我国使领馆提供;

(四)由最高人民法院建立或者参与的法律查明合作机制参与方提供;

(五)由最高人民法院国际商事专家委员会专家提供;

(六)由法律查明服务机构或者中外法律专家提供;

(七)其他适当途径。

人民法院通过前款规定的其中一项途径无法获得外国法律或者获得的外国法律内容不明确、不充分的,应当通过该款规定的不同途径补充查明。

人民法院依据本条第一款第一项的规定要求当事人协助提供外国法律的,不得仅以当事人未予协助提供为由认定外国法律不能查明。

第三条　当事人提供外国法律的,应当提交该国法律的具体规定并说明获得途径、效力情况、与案件争议的关联性等。外国法律为判例法的,还应当提交判例全文。

第四条　法律查明服务机构、法律专家提供外国法律的,除提交本解释第三条规定的材料外,还应当提交法律查明服务机构的资质证明、法律专家的身份及资历证明,并附与案件无利害关系的书面声明。

第五条　查明的外国法律的相关材料均应当在法庭上出示。人民法院应当听取各方当事人对外国法律的内容及其理解与适用的意见。

第六条　人民法院可以召集庭前会议或者以其他适当方式,确定需要查明的外国法律的范围。

第七条　人民法院认为有必要的,可以通知提供外国法律的法律查明服务机构或者法律专家出庭接受询问。当事人申请法律查明服务机构或者法律专家出庭,人民法院认为有必要的,可以准许。

法律查明服务机构或者法律专家现场出庭确有困难的,可以在线接受询问,但法律查明服务机构或者法律专家所在国法律对跨国在线参与庭审有禁止性规定的除外。

出庭的法律查明服务机构或者法律专家只围绕外国法律及其理解发表意见,不参与其他法庭审理活动。

第八条 人民法院对外国法律的内容及其理解与适用，根据以下情形分别作出处理：

（一）当事人对外国法律的内容及其理解与适用均无异议的，人民法院可以予以确认；

（二）当事人对外国法律的内容及其理解与适用有异议的，应当说明理由。人民法院认为有必要的，可以补充查明或者要求当事人补充提供材料。经过补充查明或者补充提供材料，当事人仍有异议的，由人民法院审查认定；

（三）外国法律的内容已为人民法院生效裁判所认定的，人民法院应当予以确认，但有相反证据足以推翻的除外。

第九条 人民法院应当根据外国法律查明办理相关手续等所需时间确定当事人提供外国法律的期限。当事人有具体理由说明无法在人民法院确定的期限内提供外国法律而申请适当延长期限的，人民法院视情可予准许。

当事人选择适用外国法律，其在人民法院确定的期限内无正当理由未提供该外国法律的，人民法院可以认定为不能查明外国法律。

第十条 人民法院依法适用外国法律审理案件，应当在裁判文书中载明外国法律的查明过程及外国法律的内容；人民法院认定外国法律不能查明的，应当载明不能查明的理由。

第十一条 对查明外国法律的费用负担，当事人有约定的，从其约定；没有约定的，人民法院可以根据当事人的诉讼请求和具体案情，在作出裁判时确定上述合理费用的负担。

第十二条 人民法院查明香港特别行政区、澳门特别行政区的法律，可以参照适用本解释。有关法律和司法解释对查明香港特别行政区、澳门特别行政区的法律另有规定的，从其规定。

第十三条 本解释自 2024 年 1 月 1 日起施行。

本解释公布施行后，最高人民法院以前发布的司法解释与本解释不一致的，以本解释为准。

最高人民法院关于审理涉外民商事案件适用国际条约和国际惯例若干问题的解释

（2023 年 12 月 5 日最高人民法院审判委员会第 1908 次会议通过　2023 年 12 月 28 日公布　自 2024 年 1 月 1 日起施行）　法释〔2023〕15 号

为正确审理涉外民商事案件，根据《中华人民共和国对外关系法》、《中华人民共和国涉外民事关系法律适用法》等法律，结合审判实践，制定本解释。

第一条 人民法院审理《中华人民共和国海商法》、《中华人民共和国票据法》、《中华人民共和国民用航空法》、《中华人民共和国海上交通安全法》调整的涉外民商事案件，涉及适用国际条约的，分别按照《中华人民共和国海商法》第二百六十八条、《中华人民共和国票据法》第九十五条、《中华人民共和国民用航空法》第一百八十四条、《中华人民共和国海上交通安全法》第一百二十一条的规定予以适用。

人民法院审理上述法律调整范围之外的其他涉外民商事案件，涉及适用国际条约的，参照上述法律的规定。国际条约与中华人民共和国法律有不同规定的，适用国际条约的规定，但中华人民共和国声明保留的条款除外。

第二条 涉外民商事案件涉及两项或多项国际条约的适用时，人民法院应当根据国际条约中的适用关系条款确定应当适用的国际条约。

第三条 国际条约规定当事人可以约定排除或部分排除国际条约的适用,当事人主张依据其约定排除或部分排除国际条约适用的,人民法院予以支持。国际条约限制当事人排除或部分排除国际条约的适用,当事人主张依据其约定排除或部分排除国际条约适用的,人民法院不予支持。

第四条 当事人在合同中援引尚未对中华人民共和国生效的国际条约的,人民法院可以根据该国际条约的内容确定当事人之间的权利义务,但违反中华人民共和国法律、行政法规强制性规定或者损害中华人民共和国主权、安全和社会公共利益的除外。

第五条 涉外民商事合同当事人明示选择适用国际惯例,当事人主张根据国际惯例确定合同当事人之间的权利义务的,人民法院应予支持。

第六条 中华人民共和国法律和中华人民共和国缔结或者参加的国际条约没有规定的,人民法院可以适用国际惯例。当事人仅以未明示选择为由主张排除适用国际惯例的,人民法院不予支持。

第七条 适用国际条约和国际惯例损害中华人民共和国主权、安全和社会公共利益的,人民法院不予适用。

第八条 本解释自 2024 年 1 月 1 日起施行。

第九条 最高人民法院以前发布的司法解释与本解释不一致的,以本解释为准。

最高人民法院关于内地与香港特别行政区法院相互认可和执行民商事案件判决的安排

(2019 年 1 月 14 日最高人民法院审判委员会第 1759 次会议通过 2024 年 1 月 25 日公布 自 2024 年 1 月 29 日起施行) 法释〔2024〕2 号

根据《中华人民共和国香港特别行政区基本法》第九十五条的规定,最高人民法院与香港特别行政区政府经协商,现就民商事案件判决的相互认可和执行问题作出如下安排。

第一条 内地与香港特别行政区法院民商事案件生效判决的相互认可和执行,适用本安排。

刑事案件中有关民事赔偿的生效判决的相互认可和执行,亦适用本安排。

第二条 本安排所称"民商事案件"是指依据内地和香港特别行政区法律均属于民商事性质的案件,不包括香港特别行政区法院审理的司法复核案件以及其他因行使行政权力直接引发的案件。

第三条 本安排暂不适用于就下列民商事案件作出的判决:

(一)内地人民法院审理的赡养、兄弟姐妹之间扶养、解除收养关系、成年人监护权、离婚后损害责任、同居关系析产案件,香港特别行政区法院审理的应否裁判分居的案件;

(二)继承案件、遗产管理或者分配的案件;

(三)内地人民法院审理的有关发明专利、实用新型专利侵权的案件,香港特别行政区法院审理的有关标准专利(包括原授专利)、短期专利侵权的案件,内地与香港特别行政区法院审理的有关确认标准必要专利许可费率的案件,以及有关本安排第五条未规定的知识产权案件;

(四)海洋环境污染、海事索赔责任限制、共同海损、紧急拖航和救助、船舶优先权、海上旅客运输案件;

(五)破产(清盘)案件;

(六)确定选民资格、宣告自然人失踪或者死亡、认定自然人限制或者无民事行为能力的案件;

(七)确认仲裁协议效力、撤销仲裁裁决案件;

（八）认可和执行其他国家和地区判决、仲裁裁决的案件。

第四条 本安排所称“判决”，在内地包括判决、裁定、调解书、支付令，不包括保全裁定；在香港特别行政区包括判决、命令、判令、讼费评定证明书，不包括禁诉令、临时济助命令。

本安排所称“生效判决”：

（一）在内地，是指第二审判决，依法不准上诉或者超过法定期限没有上诉的第一审判决，以及依照审判监督程序作出的上述判决；

（二）在香港特别行政区，是指终审法院、高等法院上诉法庭及原讼法庭、区域法院以及劳资审裁处、土地审裁处、小额钱债审裁处、竞争事务审裁处作出的已经发生法律效力的判决。

第五条 本安排所称“知识产权”是指《与贸易有关的知识产权协定》第一条第二款规定的知识产权，以及《中华人民共和国民法典》第一百二十三条第二款第七项、香港《植物品种保护条例》规定的权利人就植物新品种享有的知识产权。

第六条 本安排所称“住所地”，当事人为自然人的，是指户籍所在地或者永久性居民身份所在地、经常居住地；当事人为法人或者其他组织的，是指注册地或者登记地、主要办事机构所在地、主要营业地、主要管理地。

第七条 申请认可和执行本安排规定的判决：

（一）在内地，向申请人住所地或者被申请人住所地、财产所在地的中级人民法院提出；

（二）在香港特别行政区，向高等法院提出。

申请人应当向符合前款第一项规定的其中一个人民法院提出申请。向两个以上有管辖权的人民法院提出申请的，由最先立案的人民法院管辖。

第八条 申请认可和执行本安排规定的判决，应当提交下列材料：

（一）申请书；

（二）经作出生效判决的法院盖章的判决副本；

（三）作出生效判决的法院出具的证明书，证明该判决属于生效判决，判决有执行内容的，还应当证明在原审法院地可以执行；

（四）判决为缺席判决的，应当提交已经合法传唤当事人的证明文件，但判决已经对此予以明确说明或者缺席方提出认可和执行申请的除外；

（五）身份证明材料：

1.申请人为自然人的，应当提交身份证件复印件；

2.申请人为法人或者其他组织的，应当提交注册登记证书的复印件以及法定代表人或者主要负责人的身份证件复印件。

上述身份证明材料，在被请求方境外形成的，应当依据被请求方法律规定办理证明手续。

向内地人民法院提交的文件没有中文文本的，应当提交准确的中文译本。

第九条 申请书应当载明下列事项：

（一）当事人的基本情况：当事人为自然人的，包括姓名、住所、身份证件信息、通讯方式等；当事人为法人或者其他组织的，包括名称、住所及其法定代表人或者主要负责人的姓名、职务、住所、身份证件信息、通讯方式等；

（二）请求事项和理由；申请执行的，还需提供被申请人的财产状况和财产所在地；

（三）判决是否已在其他法院申请执行以及执行情况。

第十条 申请认可和执行判决的期间、程序和方式，应当依据被请求方法律的规定。

第十一条 符合下列情形之一，且依据被请求方法律有关诉讼不属于被请求方法院专属管辖的，被请求方法院应当认定原审法院具有管辖权：

（一）原审法院受理案件时，被告住所地在该方境内；

（二）原审法院受理案件时，被告在该方境内设有代表机构、分支机构、办事处、营业所等不属于独立法人的机构，且诉讼请求是基于该机构的活动；

（三）因合同纠纷提起的诉讼，合同履行地在该方境内；

（四）因侵权行为提起的诉讼，侵权行为实施地在该方境内；

（五）合同纠纷或者其他财产权益纠纷的当事人以书面形式约定由原审法院地管辖，但各方当事人住所地均在被请求方境内的，原审法院地应系合同履行地、合同签订地、标的物所在地等与争议有实际联系地；

（六）当事人未对原审法院提出管辖权异议并应诉答辩，但各方当事人住所地均在被请求方境内的，原审法院地应系合同履行地、合同签订地、标的物所在地等与争议有实际联系地。

前款所称“书面形式”是指合同书、信件和数据电文（包括电报、电传、传真、电子数据交换和电子邮件）等可以有形地表现所载内容的形式。

知识产权侵权纠纷案件以及内地人民法院审理的《中华人民共和国反不正当竞争法》第六条规定的不正当竞争纠纷民事案件、香港特别行政区法院审理的假冒纠纷案件，侵权、不正当竞争、假冒行为实施地在原审法院地境内，且涉案知识产权权利、权益在该方境内依法应予保护的，才应当认定原审法院具有管辖权。

除第一款、第三款规定外，被请求方法院认为原审法院对于有关诉讼的管辖符合被请求方法律规定的，可以认定原审法院具有管辖权。

第十二条 申请认可和执行的判决，被申请人提供证据证明有下列情形之一的，被请求方法院审查核实后，应当不予认可和执行：

（一）原审法院对有关诉讼的管辖不符合本安排第十一条规定的；

（二）依据原审法院地法律，被申请人未经合法传唤，或者虽经合法传唤但未获得合理的陈述、辩论机会的；

（三）判决是以欺诈方法取得的；

（四）被请求方法院受理相关诉讼后，原审法院又受理就同一争议提起的诉讼并作出判决的；

（五）被请求方法院已经就同一争议作出判决，或者已经认可其他国家和地区就同一争议作出的判决的；

（六）被请求方已经就同一争议作出仲裁裁决，或者已经认可其他国家和地区就同一争议作出的仲裁裁决的。

内地人民法院认为认可和执行香港特别行政区法院判决明显违反内地法律的基本原则或者社会公共利益，香港特别行政区法院认为认可和执行内地人民法院判决明显违反香港特别行政区法律的基本原则或者公共政策的，应当不予认可和执行。

第十三条 申请认可和执行的判决，被申请人提供证据证明在原审法院进行的诉讼违反了当事人就同一争议订立的有效仲裁协议或者管辖协议的，被请求方法院审查核实后，可以不予认可和执行。

第十四条 被请求方法院不能仅因判决的先决问题不属于本安排适用范围，而拒绝认可和执行该判决。

第十五条 对于原审法院就知识产权有效性、是否成立或者存在作出的判项，不予认可和执行，但基于该判项作出的有关责任承担的判项符合本安排规定的，应当认可和执行。

第十六条 相互认可和执行的判决内容包括金钱判项、非金钱判项。

判决包括惩罚性赔偿的，不予认可和执行惩罚性赔偿部分，但本安排第十七条规定的除外。

第十七条 知识产权侵权纠纷案件以及内地人民法院审理的《中华人民共和国反不正当竞争法》第六条规定的不正当竞争纠纷民事案件、香港特别行政区法院审理的假冒纠纷案件，内地与香港特别行政区法院相互认可和执行判决的，限于根据原审法院地发生的侵权行为所确定的金钱判项，包括惩罚性赔偿部分。

有关商业秘密侵权纠纷案件判决的相互认可和执行，包括金钱判项（含惩罚性赔偿）、非金钱判项。

第十八条 内地与香港特别行政区法院相互认可和执行的财产给付范围，包括判决确定的给付财产和相应的利息、诉讼费、迟延履行金、迟延履行利息，不包括税收、罚款。

前款所称“诉讼费”，在香港特别行政区是指讼费评定证明书核定或者命令支付的费用。

第十九条 被请求方法院不能认可和执行判决全部判项的，可以认可和执行其中的部分判项。

第二十条 对于香港特别行政区法院作出的判决，一方当事人已经提出上诉，内地人民法院审查核实后，中止认可和执行程序。经上诉，维持全部或者部分原判决的，恢复认可和执行程序；完全改变原判决的，终止认可和执行程序。

内地人民法院就已经作出的判决裁定再审的，香港特别行政区法院审查核实后，中止认可和执行程序。经再审，维持全部或者部分原判决的，恢复认可和执行程序；完全改变原判决的，终止认可和执行程序。

第二十一条 被申请人在内地和香港特别行政区均有可供执行财产的，申请人可以分别向两地法院申请执行。

应对方法院要求，两地法院应当相互提供本方执行判决的情况。

两地法院执行财产的总额不得超过判决确定的数额。

第二十二条 在审理民商事案件期间，当事人申请认可和执行另一地法院就同一争议作出的判决的，应当受理。受理后，有关诉讼应当中止，待就认可和执行的申请作出裁定或者命令后，再视情终止或者恢复诉讼。

第二十三条 审查认可和执行判决申请期间，当事人就同一争议提起诉讼的，不予受理；已经受理的，驳回起诉。

判决全部获得认可和执行后，当事人又就同一争议提起诉讼的，不予受理。

判决未获得或者未全部获得认可和执行的，申请人不得再次申请认可和执行，但可以就同一争议向被请求方法院提起诉讼。

第二十四条 申请认可和执行判决的，被请求方法院在受理申请之前或者之后，可以依据被请求方法律规定采取保全或者强制措施。

第二十五条 法院应当尽快审查认可和执行的申请，并作出裁定或者命令。

第二十六条 被请求方法院就认可和执行的申请作出裁定或者命令后，当事人不服的，在内地可以于裁定送达之日起十日内向上一级人民法院申请复议，在香港特别行政区可以依据其法律规定提出上诉。

第二十七条 申请认可和执行判决的，应当依据被请求方有关诉讼收费的法律和规定交纳费用。

第二十八条 本安排签署后，最高人民法院和香港特别行政区政府经协商，可以就第三条所列案件判决的认可和执行以及第四条所涉保全、临时济助的协助问题签署补充文件。

本安排在执行过程中遇有问题或者需要修改的，由最高人民法院和香港特别行政区政府协商解决。

第二十九条 内地与香港特别行政区法院自本安排生效之日起作出的判决，适用本安排。

第三十条 本安排生效之日，《最高人民法院关于内地与香港特别行政区法院相互认可和执行当事人协议管辖的民商事案件判决的安排》同时废止。

本安排生效前，当事人已签署《最高人民法院关于内地与香港特别行政区法院相互认可和执行当事人协议管辖的民商事案件判决的安排》所称"书面管辖协议"的，仍适用该安排。

第三十一条 本安排生效后，《最高人民法院关于内地与香港特别行政区法院相互认可和执行婚姻家庭民事案件判决的安排》继续施行。

第三十二条 本安排自 2024 年 1 月 29 日起施行。

最高人民法院关于设立国际商事法庭若干问题的规定

（2018年6月25日最高人民法院审判委员会第1743次会议通过　根据2023年12月5日最高人民法院审判委员会第1908次会议《关于修改〈最高人民法院关于设立国际商事法庭若干问题的规定〉的决定》修正）　法释〔2023〕14号

【法条对照】

旧法条	新法条
第二条　国际商事法庭受理下列案件： （一）当事人依照民事诉讼法第三十四条的规定协议选择最高人民法院管辖且标的额为人民币3亿元以上的第一审国际商事案件； （二）高级人民法院对其所管辖的第一审国际商事案件，认为需要由最高人民法院审理并获准许的； （三）在全国有重大影响的第一审国际商事案件； （四）依照本规定第十四条申请仲裁保全、申请撤销或者执行国际商事仲裁裁决的； （五）最高人民法院认为应当由国际商事法庭审理的其他国际商事案件。	**第二条**　国际商事法庭受理下列案件： **（一）当事人依照民事诉讼法第二百七十七条的规定协议选择最高人民法院管辖且标的额为人民币3亿元以上的第一审国际商事案件；** （二）高级人民法院对其所管辖的第一审国际商事案件，认为需要由最高人民法院审理并获准许的； （三）在全国有重大影响的第一审国际商事案件； （四）依照本规定第十四条申请仲裁保全、申请撤销或者执行国际商事仲裁裁决的； （五）最高人民法院认为应当由国际商事法庭审理的其他国际商事案件。
第八条　国际商事法庭审理案件应当适用域外法律时，可以通过下列途径查明： （一）由当事人提供； （二）由中外法律专家提供； （三）由法律查明服务机构提供； （四）由国际商事专家委员提供； （五）由与我国订立司法协助协定的缔约对方的中央机关提供； （六）由我国驻该国使领馆提供； （七）由该国驻我国使馆提供； （八）其他合理途径。 通过上述途径提供的域外法律资料以及专家意见，应当依照法律规定在法庭上出示，并充分听取各方当事人的意见。	**第八条**　国际商事法庭审理案件应当适用域外法律时，可以通过下列途径查明： （一）由当事人提供； **（二）通过司法协助渠道由对方的中央机关或者主管机关提供；** **（三）通过最高人民法院请求我国驻该国使领馆或者该国驻我国使领馆提供；** **（四）由最高人民法院建立或者参与的法律查明合作机制参与方提供；** **（五）由最高人民法院国际商事专家委员会专家提供；** **（六）由法律查明服务机构或者中外法律专家提供；** （七）其他适当途径。 通过上述途径提供的域外法律资料以及专家意见，应当依照法律规定在法庭上出示，并充分听取各方当事人的意见。

国际经济法

【大纲新增考点·法条说明】

2024 年,“国际经济法”学科,大纲附录法律法规没有变化,增加 1 个考点如下:

章 节	2023 年大纲	2024 年大纲	提 示
第一章 导论		国际经济法领域的新发展(区域经济合作 网络安全与数据跨境流动)	增加 1 个考点

2020~2023 年大纲新增考点对照

年 份	章 节	新增与变化考点·法条
2023	第一章“导论”	国际经济法领域的新发展(《区域全面经济伙伴关系协定》 网络安全与数据跨境流动)
	新增法律法规:中华人民共和国对外贸易法	
2022	无	
2021	第五章第一节“中国的对外贸易法”	外贸法律制度(出口管制)
	新增法律法规:中华人民共和国出口管制法	
2020	第二章第二节“《国际贸易术语解释通则》”	《国际贸易术语解释通则® 2020》对《国际贸易术语解释通则®2010》的主要修改 《国际贸易术语解释通则®2020》
	第七章第二节“国际投资法”	中国有关外商投资的立法
	新增法律法规: (1)中华人民共和国外商投资法实施条例 (2)最高人民法院关于适用《中华人民共和国外商投资法》若干问题的解释	

【大纲新增、变化考点解读】

☞ 2024 考点 1 《区域全面经济伙伴关系协定》

2020 年 11 月 15 日,中国、东盟十国等 15 个国家,正式签署了《区域全面经济伙伴关系协定》(Regional Comprehensive Economic Partnership,RCEP),这标志着当前世界上人口最多、经贸规模最大、最具发展潜力的自由贸易区正式开始建立。该协定已于 2022 年 1 月 1 日正式生效。RCEP 由序言、20 个章节、4 个附件(包括关税承诺表、服务具体承诺表、投资保留及不符措施承诺表、自然人临时流动具体承诺表)组成。

与现有的区域自贸协定相比,RCEP具有三方面的特点:第一,该协议为世界上覆盖疆域最广、惠及人口最多、经济体量最大的自贸协定。第二,RCEP秉持包容性开放原则。由于RCEP成员国既包括日本、韩国、新加坡、澳大利亚等高收入国家,也包括中国、马来西亚、印度尼西亚、泰国、菲律宾等中等收入国家以及柬埔寨、老挝和缅甸等低收入国家,因此RCEP旨在达成一个包容的、灵活的、互惠互利的自贸协定,以求达到不同经济发展水平的国家和经济体都能受益的初衷。第三,RCEP是唯一一个以发展中经济体为中心的区域贸易协定。RCEP由东盟发起,所有其他参与国都是通过先与东盟构建"东盟+1"的自贸协定,再通过东盟作为节点将这些经济体联系在一起,最大限度地实现参与各国的经济利益平衡。

RCEP是一个现代、全面、高质量、互惠的大型区域自贸协定。对于外贸企业和行业,RCEP的签署也将带来重大影响:在货物贸易方面,90%以上的货物贸易将最终实现零关税,中方承诺对86%~90%的产品实现关税开放,对于其他自贸区涵盖而RCEP未涵盖的降税产品,以及相互重叠降税的产品,企业仍可引用原有的自贸协定,选择适用对其更有利的税率。在原产地规则方面,RCEP在本地区使用区域累积原则,使产品原产地价值成分可在15个成员国构成的区域内进行累积,来自RCEP任何一方的价值成分都会被考虑在内,这显著提高了协定优惠税率的利用率。在海关程序与贸易便利化方面:RCEP简化了通关手续,采取预裁定、抵达前处理、信息技术运用等高效管理手段,对快运货物、易腐货物等争取实现货物抵达后6小时内放行,促进了快递等新型跨境物流发展,推动了果蔬和肉、蛋、奶制品等快速通关。整体水平超过了世贸组织《贸易便利化协定》的水平。在服务贸易方面,15个成员国均作出了高于各自自贸协定水平的开放承诺。中方服务贸易开放承诺达到了已有自贸协定的最高水平,承诺服务部门在中国入世承诺约100个部门的基础上,新增了研发、管理咨询、制造业相关服务、空运等22个部门,并提高了金融、法律、建筑、海运等37个部门的承诺水平。其他成员在中方重点关注的建筑、医疗、房地产、金融、运输等服务部门都作出了高水平的开放承诺。在投资开放方面,15个成员国均采用负面清单方式对制造业、农业、林业、渔业、采矿业等领域作出较高水平的开放承诺,大大提高了市场准入的确定性,有利于促进区域上下游产业融合,为各国招商引资带来更大机遇。此外,进一步降低和取消区域内的非关税壁垒;全面提升了区域内知识产权整体保护水平,在充分尊重区域内不同成员发展水平的同时,为本区域知识产权的保护和促进提供了平衡、包容的方案;为各成员加强电子商务领域合作提供制度保障,并为电子商务发展提供良好环境;同时,大大降低了中小企业贸易门槛,创造相对透明和公平的贸易合作环境。

☞ 2024 考点2　网络安全与数据跨境流动

网络与数字技术的发展在造福人类的同时,也带来了一些安全问题,制定网络与数据安全法是落实总体国家安全观的重要举措。从2015年《国家安全法》施行到2017年《网络安全法》生效,再到2021年《数据安全法》《个人信息保护法》公布,我国正在形成一个全面规范网络安全保护、数据安全保护、个人信息保护的法律体系。在网络与数据安全的法律框架上,2015年《国家安全法》确立了总体国家安全观。《网络安全法》《数据安全法》《个人信息保护法》为我国网络信息安全的三大支柱法律。《网络安全法》涉及网络空间安全的整体治理,并重点关注关键信息基础设施安全保护制度、网络安全等级保护制度、网络安全审查制度以及数据跨境流动等制度;《数据安全法》规定了数据的安全保护与开发利用,明确了数据的内涵和外延,建立了数据安全保护的基本制度;《个人信息保护法》则全面、系统规定了个人信息保护的基本原则和制度规则。上述基本法律建立了网络与数据安全领域的主要制度规则，但仍需要配套行政法规、部门规章、地方法规、国家标准等予以细化，落地实施。

《网络安全法》是我国网络安全领域的基础性法律。在涉及网络运行安全、网络信息安全、监测预警与应急处置方面，《网络安全法》重点针对网络安全等级保护、关键信息基础设施保护、个人信息保护、网络信息内容管理等进行了规定。在适用范围方面，首先，该法以“属地原则”为主。第2条规定，该法适用于中国境内建设、运营、维护和使用网络，以及网络安全的监督管理。其次，附以一定的“域外”适用，第50条规定，对来源于中国境外的有害信息，应当通知有关机构采取技术措施和其他必要措施阻断传播；第75条规定，对境外的机构、组织、个人从事攻击、侵入、干扰、破坏等危害中国的关键信息基础设施的活动，造成严重后果的，依法追究法律责任。在网络安全审查制度方面，《网络安全法》第35条规定，关键信息基础设施的运营者采购网络产品和服务，可能影响国家安全的，应当通过国家网信部门会同国务院有关部门组织的国家安全审查。在数据的跨境流动监管与评估制度方面，《网络安全法》第37条要求关键信息基础设施的运营者在中国境内运营中收集和产生的个人信息和重要数据应当在境内存储。因业务需要，确需向境外提供的，应当按照国家网信部门会同国务院有关部门制定的办法进行安全评估；法律、行政法规另有规定的，依照其规定。

《数据安全法》是中国数据安全领域的首部基础性法律，作为将数据作为独立保护对象的法律，聚焦数据安全领域的风险隐患，重点对各行业各部门各地区职责、数据分类分级保护制度、数据安全审查制度、数据跨境流动评估、数据安全风险评估、安全风险报告、信息共享、监测预警机制、数据安全应急处理机制等方面进行了规定。在适用范围方面，《数据安全法》第2条采用了“属地原则”加“保护原则”的模式，“属地原则”针对中国“境内”开展的数据处理活动，规定在中国境内开展的数据处理活动及其安全监管，适用本法。“保护原则”针对“境外”开展的数据处理活动，规定在中国“境外”开展的数据处理活动，损害中国国家安全、公共利益或者公民、组织合法权益的，依法追究法律责任。在数据安全审查制度方面，《数据安全法》第24条第1款规定，国家建立数据安全审查制度，对影响或者可能影响国家安全的数据处理活动进行国家安全审查。

关于安全审查，《网络安全法》第35条和《数据安全法》第24条都有涉及，2022年实施的《网络安全审查办法》（以下简称《审查办法》）则在操作层面进行了细化。《审查办法》第2条规定了网络安全审查的对象，依该条规定：关键信息基础设施运营者采购网络产品和服务，网络平台运营者开展数据处理活动，影响或者可能影响国家安全的，应当按照本办法进行网络安全审查。第10条规定了安全审查的内容，重点评估相关对象或者情形的以下国家安全风险因素：①产品和服务使用后带来的关键信息基础设施被非法控制、遭受干扰或者破坏的风险；②产品和服务供应中断对关键信息基础设施业务连续性的危害；③产品和服务的安全性、开放性、透明性、来源的多样性，供应渠道的可靠性以及因为政治、外交、贸易等因素导致供应中断的风险；④产品和服务提供者遵守中国法律、行政法规、部门规章的情况；⑤核心数据、重要数据或者大量个人信息被窃取、泄露、毁损以及非法利用、非法出境的风险；⑥上市存在关键信息基础设施、核心数据、重要数据或者大量个人信息被外国政府影响、控制、恶意利用的风险，以及网络信息安全风险；⑦其他可能危害关键信息基础设施安全、网络安全和数据安全的因素。与征求意见稿相比，这里新增了对“数据处理活动与国外上市”的审查。在安全审查的启动上，《审查办法》采用了当事人申报与依职权审查的双层审查启动机制，当事人申报即关键信息基础设施运营者或网络平台运营者申报审查，另一种是网络安全审查办公室依职权实施的审查。

在数据出境的方面，我国已形成了以《网络安全法》《数据安全法》《个人信息保护法》为上位法，一系列行政法规、部门规章以及国家标准为支撑的法律框架。2022 年的《数据出境安全评估办法》(以下简称《评估办法》)系统提出了我国数据出境安全评估的具体要求。

关于何为数据出境，依《评估办法》第 2 条，数据处理者向境外提供在中国境内运营中收集和产生的重要数据和个人信息的安全评估，适用该办法。根据以上规定，数据出境的情形可主要概括为：其一，境内网络运营者将数据通过网络直接传输给境外主体；其二，境外主体通过网络主动访问并读取境内的数据；其三，境内网络运营者将数据通过网络传输以外的方式(如物理携带)提供给境外主体。依《个人信息保护法》第 72 条第 1 款之规定，自然人因个人或者家庭事务处理个人信息的，不适用该法。当然，《评估办法》并未要求对所有的数据出境行为进行管理。对于非在境内运营中收集和产生的个人信息和重要数据，经由本国出境，未经任何变动或加工处理的，以及虽在境内经过存储、加工处理，但仍不涉及境内运营中收集和产生的个人信息和重要数据的，均不属于数据出境的情形。网络攻击导致向境外传输数据不属于“提供”。个人用户主动传输信息到境外不属于网络运营者“提供”。

《评估办法》第 8 条规定了评估的内容，主要包括：①数据出境的目的、范围、方式等的合法性、正当性、必要性。②境外接收方所在国家或者地区的数据安全保护政策法规和网络安全环境对出境数据安全的影响；境外接收方的数据保护水平是否达到中国法律、行政法规的规定和强制性国家标准的要求。③出境数据的规模、范围、种类、敏感程度，出境中和出境后遭到篡改、破坏、泄露、丢失、转移或者被非法获取、非法利用等风险。④数据安全和个人信息权益是否能够得到充分有效保障。⑤数据处理者与境外接收方拟订立的法律文件中是否充分约定了数据安全保护责任义务。⑥遵守中国法律、行政法规、部门规章情况。⑦国家网信部门认为需要评估的其他事项。

依相关规定，数据出境的途径可分为三种：即安全评估、标准合同和认证。三个途径适用的情形不同：其一，安全评估。《评估办法》第 4 条规定了“安全评估”的适用情形：①数据处理者向境外提供重要数据；②关键信息基础设施运营者和处理 100 万人以上个人信息的数据处理者向境外提供个人信息；③自上年 1 月 1 日起累计向境外提供 10 万人个人信息或者 1 万人敏感个人信息的数据处理者向境外提供个人信息；④国家网信部门规定的其他需要申报数据出境安全评估的情形。其二，标准合同。个人信息处理者依《个人信息保护法》第 38 条第 1 款第 3 项，与境外接收方订立合同向中国境外提供个人信息的，应依该规定签订个人信息出境“标准合同”。个人信息处理者与境外接收方签订与个人信息出境活动相关的其他合同，不得与标准合同相冲突。采取“标准合同”方式也需要开展自评估，与非“标准合同”的自评估内容相比，评估事项突出针对个人信息，不涉及国家、社会的因素。其三，认证。根据《网络安全标准实践指南—个人信息跨境处理活动安全认证规范 V2.0》，跨国公司或者同一经济事业实体下属子公司或关联公司之间的个人信息跨境处理活动可由境内一方申请认证，并承担法律责任。《个人信息保护法》第 3 条第 2 款规定的境外个人信息处理者，可由其在境内设置的专门机构或指定代表申请认证，并承担法律责任。

民事诉讼法与仲裁制度

【大纲新增考点·法条说明】

2024 年，“民事诉讼法与仲裁制度”学科法律法规修订 1 件——《民事诉讼法》，因此大纲考点情况变动较大，调整如下：

章　节	2023 年大纲	2024 年大纲	提　示
第四章第四节　地域管辖	共同管辖与选择管辖	共同管辖与选择管辖（共同管辖的管辖法院确定）	子考点增加
第十一章第一节　普通程序概述	普通程序的特征	普通程序的特点	考点调整
第十三章第三节　上诉案件的审理	上诉的撤回（上诉撤回的条件　上诉撤回的法律效果）	上诉的撤回与起诉的撤回（二审撤回上诉与撤回起诉的条件　二审撤回上诉与撤回起诉的法律效果）	考点调整
第十七章第一节　涉外民事诉讼程序概述	涉外民事诉讼程序	涉外民事诉讼程序的概念和特征	考点调整
第十七第二节　涉外民事诉讼管辖	涉外民事诉讼管辖的种类（牵连管辖　专属管辖）	涉外民事诉讼的管辖　涉外民事诉讼管辖权的冲突及其解决（排他性管辖协议　先受理法院规则　不方便法院原则）	考点增加 1 个
第十七章　涉外民事诉讼程序	第三节　涉外民事诉讼中的期间与送达	第三节　涉外民事诉讼中的送达、调查取证、期间	节名调整
第十七章第三节　涉外民事诉讼中的送达、调查取证、期间		涉外民事诉讼中的调查取证	考点增加 1 个
第十七章第四节　司法协助	一般司法协助（基本途径　域外调查取证）　对外国法院裁判的承认与执行　对外国仲裁裁决的承认与执行　我国法院裁判和仲裁裁决在国外的承认和执行	一般司法协助（条件　内容）　特殊司法协助　我国法院判决、裁定以及仲裁裁决在国外的承认和执行　外国法院判决、裁定以及仲裁裁决在我国的承认和执行	考点调整
第十八章第五节　指定遗产管理人案件的审理		指定遗产管理人案件的申请（申请条件、管辖法院）　审理与判决　遗产管理人的变更	增加一节，共增加 3 个考点

续表

章　节	2023 年大纲	2024 年大纲	提　示
第二十一章第一节　执行程序概述	执行程序中的一般性制度（委托执行　执行回转）	执行程序中的一般性制度（委托执行与协助执行　执行竞合　责令执行与变更执行）	子考点调整、增加
第二十一章　执行程序	第三节　执行措施	第三节　执行措施及保全执行	节名调整
第二十一章第三节　执行措施及保全执行		保全执行	考点增加 1 个
第二十一章第四节　执行救济		执行回转	考点增加 1 个
第二十一章第五节　暂缓执行、执行中止和执行终结		终结本次执行	考点增加 1 个
第二十三章第二节　仲裁协会		仲裁协会的设立	考点增加 1 个
第二十五章第二节　申请与受理	审查受理	审查受理（受理后程序）	子考点增加

大纲附录法律法规

项　目	法律法规
修订法规	**中华人民共和国民事诉讼法** （1991 年 4 月 9 日第七届全国人民代表大会第四次会议通过　根据 2007 年 10 月 28 日第十届全国人民代表大会常务委员会第三十次会议《关于修改〈中华人民共和国民事诉讼法〉的决定》第一次修正　根据 2012 年 8 月 31 日第十一届全国人民代表大会常务委员会第二十八次会议《关于修改〈中华人民共和国民事诉讼法〉的决定》第二次修正　根据 2017 年 6 月 27 日第十二届全国人民代表大会常务委员会第二十八次会议《关于修改〈中华人民共和国民事诉讼法〉和〈中华人民共和国行政诉讼法〉的决定》第三次修正　根据 2021 年 12 月 24 日第十三届全国人民代表大会常务委员会第三十二次会议《关于修改〈中华人民共和国民事诉讼法〉的决定》第四次修正　根据 2023 年 9 月 1 日第十四届全国人民代表大会常务委员会第五次会议《关于修改〈中华人民共和国民事诉讼法〉的决定》第五次修正）

2020~2023 年大纲新增考点对照

年　份	章　节	新增与变化考点·法条
2023	第二十二章第一节“仲裁概述”	仲裁的类型
2022	第二章第一节“基本原则”	在线诉讼原则
	修订法律法规： （1）中华人民共和国民事诉讼法 （2）最高人民法院关于适用《中华人民共和国民事诉讼法》的解释	

续表

年 份	章 节	新增与变化考点·法条
2021	第十一章第三节“撤诉和缺席判决”	撤诉(有独立请求权第三人参加诉讼的撤诉　撤回本诉对反诉的影响)
	第十二章第三节“对小额案件审理的特别规定”	小额诉讼适用的条件与范围(适用小额诉讼审理的条件　适用小额诉讼案件的范围)
	第十五章第一节“公益诉讼”	民事公益诉讼的概念、意义　民事公益诉讼的类型(普通民事公益诉讼　民事检察公益诉讼)　普通民事公益诉讼的程序设置(适用范围　起诉主体　起诉受理条件　审理程序　裁判效力)适用范围　公益诉讼的程序　民事检察公益诉讼的程序设置(案件范围　诉前公告　当事人地位　刑事附带民事公益诉讼)
	第十五章第二节“第三人撤销之诉”	第三人撤销之诉的概念与意义　第三人撤销之诉的性质与特征　第三人撤销之诉的程序设置　当事人(诉讼主体　诉讼客体　提起诉讼的期限、条件和受理法院　审理方式　裁判效力)　第三人撤销之诉的程序与裁判
	第二十一章第四节“执行救济”	当事人、利害关系人异议　案外人异议　分配方案异议　案外人异议之诉　许可执行之诉　分配方案异议之诉
	第二十五章第一节“仲裁当事人与代理人”	仲裁当事人(仲裁当事人的含义及特征　仲裁当事人的变更)
	1.新增法律法规: (1)最高人民法院关于在审理经济纠纷案件中涉及经济犯罪嫌疑若干问题的规定 (2)最高人民法院关于人民法院执行工作若干问题的规定(试行) (3)最高人民法院关于执行和解若干问题的规定 2.修订法律法规: (1)最高人民法院关于适用《中华人民共和国民事诉讼法》的解释 (2)最高人民法院关于审理民事级别管辖异议案件若干问题的规定 (3)最高人民法院关于人民法院民事调解工作若干问题的规定 (4)最高人民法院关于适用简易程序审理民事案件的若干规定 (5)最高人民法院关于适用《中华人民共和国民事诉讼法》审判监督程序若干问题的解释 (6)最高人民法院关于适用《中华人民共和国民事诉讼法》执行程序若干问题的解释 (7)最高人民法院关于人民法院民事执行中查封、扣押、冻结财产的规定 (8)最高人民法院关于人民法院民事执行中拍卖、变卖财产的规定 (9)最高人民法院关于人民法院办理执行异议和复议案件若干问题的规定	
2020	第十六章第五节“认定公民无民事行为能力、限制民事行为能力案件的审理”	认定公民无民事行为能力、限制民事行为能力
	修订法律法规:最高人民法院关于民事诉讼证据的若干规定	

【大纲新增、变化考点解读】

☞ 2024 考点1　涉外民事诉讼管辖的原则

涉外民事诉讼管辖,是指一国法院对涉外民事案件的审判权限和内部分工。为了维护我国的国家尊严,正确解决涉外民事纠纷,保护我国当事人的合法权益,同时也为了尊重其他国家的主权和法

律制度,我国《民事诉讼法》在确定我国法院对涉外民事诉讼的管辖时,主要遵循了以下三项原则:

1.维护国家主权原则。涉外民事诉讼管辖直接关系到国家主权,它是国家主权在涉外民事诉讼中的具体体现。《民事诉讼法》在确定涉外民事诉讼管辖时一直坚持国家主权原则,当事人关于管辖权的约定,不得损害我国主权。

2.诉讼与法院所在地适当联系原则。《民事诉讼法》在诉讼与法院所在地实际联系的原则之外,将"其他适当联系"原则作为人民法院管辖涉外民事纠纷案件的连结点,更加便于中外当事人通过人民法院解决纠纷,更好维护各方当事人的权益。

3.尊重当事人原则。对于涉外民商事纠纷当事人协议选择我国法院管辖的,《民事诉讼法》取消了"实际联系"的要求。对于涉外民商事纠纷当事人通过排他性协议选择外国法院管辖的,在不违反专属管辖的规定、不涉及我国主权、安全或者社会公共利益的前提下,可以排除我国法院的管辖权。在涉外民事诉讼程序中,可以遵循如下步骤来确定管辖法院:第一,我国参加或缔结的国际条约中可适用的规定;第二,经识别后在《民事诉讼法》第四编"涉外民事诉讼程序的特别规定"中寻找管辖权根据;第三,如没有规定,在《民事诉讼法》第二章的一般规定中寻找管辖权根据。同时,在确定具体的管辖法院时,还需要考虑司法解释的相关规定。

☞ 2024 考点 2　涉外民事诉讼的级别管辖

涉外民事诉讼级别管辖是指我国人民法院对一定范围涉外民事案件的审判权限和各级各类人民法院受理第一审涉外民事案件的分工权限。2022 年《最高人民法院关于涉外民商事案件管辖若干问题的规定》规定,基层人民法院管辖第一审涉外民商事案件,法律、司法解释另有规定的除外。中级人民法院管辖争议标的额大的、案情复杂或者一方当事人人数众多的、其他在本辖区有重大影响的第一审涉外民商事案件。高级人民法院管辖诉讼标的额人民币 50 亿元以上(包含本数)或者其他在本辖区有重大影响的第一审涉外民商事案件。

☞ 2024 考点 3　涉外民事诉讼的地域管辖

《民事诉讼法》第四编并未对涉外民事诉讼的一般管辖作出特殊规定,因此适用《民事诉讼法》第二章的一般规定。

1.地域管辖。为了方便人民法院审理被告在我国领域内无住所的涉外案件,更好维护国家主权、安全和发展利益,平等保护中外当事人合法权益,《民事诉讼法》增加了管辖涉外案件的类型,扩大了人民法院的管辖依据。

根据《民事诉讼法》的规定,因涉外民事纠纷,对在中华人民共和国领域内没有住所的被告提起除身份关系以外的诉讼,如果合同签订地、合同履行地、诉讼标的物所在地、可供扣押财产所在地、侵权行为地、代表机构住所地位于中华人民共和国领域内的,可以由合同签订地、合同履行地、诉讼标的物所在地、可供扣押财产所在地、侵权行为地、代表机构住所地人民法院管辖。除前款规定外,涉外民事纠纷与中华人民共和国存在其他适当联系的,可以由人民法院管辖。

由此可见,涉外民事诉讼程序的地域管辖规则有以下特点:

(1)人民法院对于各类财产案件均可以行使管辖权。《民事诉讼法》在涉外民事诉讼地域管辖上的特别规定主要适用于财产案件,对于身份关系的案件,应当适用国内民事诉讼的管辖规则。

(2)主体条件是被告在我国领域内没有住所。如果被告在我国领域内有住所,不论其国籍如何,依据司法主权的地域效力范围,我国法院均有管辖权。被告住所地与经常居住地不一致的,只要其经常居住地在我国领域内，我国法院也可以行使管辖权。

特殊地域管辖突破实际联系，以适当联系为原则。该条第1款规定体现了诉讼与法院所在地实际联系的原则，实际联系体现为：①合同在我国领域内签订的或者履行的，由合同签订地或者履行地人民法院管辖；②诉讼标的物所在地在我国领域内的，由标的物所在地人民法院管辖；③被告有财产在我国领域内可供扣押的，由被告可供扣押的财产所在地人民法院管辖；④侵权行为或者侵权结果发生在我国领域内的，由侵权行为发生地或者结果地人民法院管辖；⑤被告在我国领域内设有代表机构的，由代表机构所在地人民法院管辖。

该条第2款则强调与我国具有“其他适当联系”作为案件管辖的连结点。即使我国法院与涉外民事案件不具有实际联系，也可以依据其他适当联系行使管辖权。例如，最高人民法院在“康文森无线许可有限公司与中兴通讯股份有限公司标准必要专利许可纠纷管辖权异议上诉案”①中指出，对于在中国境内没有住所和代表机构的被告提起的涉外民事纠纷案件，中国法院是否具有管辖权，应审查该纠纷与中国是否存在适当联系。判断被告在中国没有住所和办事机构的标准必要专利许可纠纷是否与中国存在适当联系，可以考虑许可标的所在地、专利实施地、合同签订地、合同履行地等是否在中国境内。前述地点之一在中国境内的，应当认为该案件与中国存在适当联系，中国法院对该案件具有管辖权。

2.专属管辖。专属管辖是指依照国际条约或国内立法，某些涉外案件只能由特定国家的法院具有独占管辖权，而排除任何其他国家法院对此类案件的管辖权。通常情况下，被列入专属管辖的案件一般都与内国的政治、经济、法律或公共秩序有密切联系。专属管辖的效力即具有独占并且排他的管辖权，也就是凡属于一国专属管辖的案件，其他任何国家的法院均无管辖权，也不允许当事人协议选择其他国家的法院管辖。《民事诉讼法》拓展了我国法院的管辖范围，新增了我国法院有权对在我国领域内设立的法人、非法人组织的法定事项提起的诉讼和审查授予的知识产权的有效性提起的诉讼进行管辖的规定。下列民事案件，由人民法院专属管辖：

(1)因在中华人民共和国领域内设立的法，或者其他组织的设立、解散、清算，以及该法人或者其他组织作出的决议的效力等纠纷提起的诉讼；

(2)因与在中华人民共和国领域内审查授予的知识产权的有效性有关的纠纷提起的诉讼；

(3)因在中华人民共和国领域内履行中外合资经营企业合同、中外合作经营企业合同、中外合作勘探开发自然资源合同发生纠纷提起的诉讼。

《民事诉讼法》第34条规定：“下列案件，由本条规定的人民法院专属管辖：(一)因不动产纠纷提起的诉讼，由不动产所在地人民法院管辖；(二)因港口作业中发生纠纷提起的诉讼，由港口所在地人民法院管辖；(三)因继承遗产纠纷提起的诉讼，由被继承人死亡时住所地或者主要遗产所在地人民法院管辖。”这一规定主要是针对国内案件而言，就涉外案件而言，由于本条规定的是双边性管辖权依据，很难构成“专属性”的管辖。

3.协议管辖。协议管辖，是指双方当事人出于方便考虑，在不违背国内专属管辖的前提下，以协商一致的方式来选择管辖法院。协议管辖是契约自由和私法自治原则在涉外民事诉讼领域的自然延伸。

《民事诉讼法》规定了涉外协议管辖制度。根据当事人选择的法院不同，涉外协议管辖可以分为协议选择我国法院管辖、协议选择外国法院管辖两类情形。

---

① 参见最高人民法院(2019)最高法知民辖终157号民事裁定书。

(1)协议选择我国法院管辖。涉外民事纠纷的当事人书面协议选择人民法院管辖的,可以由人民法院管辖。当事人约定不明时,根据管辖协议,起诉时能够确定管辖法院的,从其约定;不能确定的,依照民事诉讼法的相关规定确定管辖。由此可见,当事人协议选择我国法院管辖的,需满足以下条件:

①管辖协议须采用书面协议形式。

②当事人选择我国法院管辖,应当体现双方的真实意思,符合《民法典》关于法律行为有效性的规定。

③选择我国法院管辖的,不再要求争议与我国有"实际联系"。只要当事人协议选择我国法院管辖的,我国法院均享有管辖权。

(2)排他性管辖协议选择外国法院管辖。当事人订立排他性管辖协议选择外国法院管辖且不违反中国民事诉讼法对专属管辖的规定,不涉及中华人民共和国主权、安全或者社会公共利益的,人民法院可以裁定不予受理;已经受理的,裁定驳回起诉。由此可见,与选择我国法院的管辖协议效力不同,当事人协议选择外国法院管辖的,则需要满足以下条件,才能排除我国法院的管辖权:

①当事人订立的管辖协议是排他性管辖协议。对同一争议,我国法院和外国法院均享有管辖权时,产生的管辖权积极冲突,根据司法主权原则,我国法院依法行使管辖权,不受外国法院是否已经行使管辖权的影响。但是为了避免浪费司法资源和维护当事人的意思自治,当事人可以订立排他性管辖协议选择外国法院管辖,赋予被选择法院或者被选择地的法院专有、排他的管辖权。只有排他性管辖协议具有排除其他法院的管辖权的效力,非排他性管辖协议则不具有此效力。

②排他性管辖协议选择外国法院管辖。

③不得违反法律对专属管辖的规定,不涉及我国主权、安全或者社会公共利益。否则,构成对强制性规定和公共秩序的违反,管辖协议将被认定为无效。

在司法实践中,关于排他性管辖协议存在若干争议问题。例如,排他性管辖协议的认定问题。当事人在合同中约定"可"向某国法院起诉的,是否应视为排他性管辖?对此,最高人民法院在"徐某某与张某某股权转让合同纠纷案"①中指出,当事人在合同中约定一方违约,对方"可"向某国法院起诉的管辖条款,结合其他合同条款可推断双方当事人具有选择该国法院管辖的真实意思和特定意图,且不违反我国《民事诉讼法》关于涉外管辖及专属管辖规定的情况下,应视为排他性管辖,当事人认为还可向其他国家法院起诉的,没有合同依据。

又如,排他性管辖协议还经常涉及不对称管辖条款的问题。不对称管辖权条款是涉外金融合同文件中常见条款,此类文件通常约定当事人一方必须在指定国家(或地区)的法院对另一方提起诉讼,而另一方则可以任意选择司法辖区进行起诉。最高人民法院在"交通银行信托有限公司与中国国储能源化工集团股份公司合同纠纷再审案"②中指出,基于当事人对诉讼权利的自由处分原则,双方可以约定不对称的管辖条款,即一方权利受到管辖约束,另一方不受约束,这是对一方诉讼权利义务重大的例外限制,这种例外应当具有当事人清晰明确的意思表示,没有明确表示的情况下,不能推定、解读出构成不公平不平等的权利义务。因此,人民法院判定当事人的约定是否构成不对称管辖条款,应当坚持表述清晰、明确、严格的认定标准,避免对双方当事人协议管辖法院方面的意思自治造成不适当的妨碍。案涉协议管辖条款中虽然强调了被上诉人应当遵守香港特别行政区法院的排

---

① 参见最高人民法院(2015)民申字第471号民事裁定书。

② 参见最高人民法院(2021)最高法民再277号民事裁定书。

他性管辖权，但并没有上诉人可以不受该管辖条款约束且可以依法向其他有管辖权的法院起诉的表述，再综合案涉合同的表述，应当认定案涉协议管辖条款的内容不构成不对称管辖条款，上诉人与被上诉人同等受该管辖条款约束，香港特别行政区法院对本案享有排他管辖权。

4.应诉管辖。应诉管辖，也称为默示协议管辖，是指双方当事人在没有管辖协议的情况下，一方当事人向法院起诉，另一方当事人对法院行使管辖权不提出异议，并应诉答辩或者提出反诉的，视为人民法院有管辖权。应诉管辖实际上是通过对当事人意图的推定，进而确定人民法院的管辖权。应诉管辖需要同时满足以下条件：

(1)被告对中华人民共和国人民法院管辖未提出异议。

(2)被告应诉答辩或者提出反诉。"应诉答辩"应该理解为被告就案件的实质进行了答辩，如果是特别出庭抗议管辖权，则意味着对人民法院的管辖权提出了异议。

5.集中管辖。集中管辖，是指将以往分散由各基层人民法院、中级人民法院管辖的涉外民商事件集中交由少数受案较多、审判力量较强的中级人民法院和基层人民法院管辖。为正确审理涉外民商事案件，《最高人民法院关于涉外民商事案件管辖若干问题的规定》对有关涉外民商事案件诉讼管辖的问题实施集中管辖。高级人民法院根据本辖区的实际情况，认为确有必要的，经报最高人民法院批准，可以指定一个或数个基层人民法院、中级人民法院分别对一审涉外民商事案件实行跨区域集中管辖。依据前款规定实行跨区域集中管辖的，高级人民法院应及时向社会公布该基层人民法院、中级人民法院相应的管辖区域。2018 年 7 月，最高人民法院成立了最高人民法院国际商事法庭，审理国际商事案件。作为最高人民法院的常设审判机构，国际商事法庭受理下列案件：

(1)当事人依照民事诉讼法第二百七十七条的规定协议选择最高人民法院管辖且标的额为人民币 3 亿元以上的第一审国际商事案件；

(2)高级人民法院对其所管辖的第一审国际商事案件，认为需要由最高人民法院审理并获准许的；

(3)在全国有重大影响的第一审国际商事案件；

(4)当事人协议选择国际商事仲裁机构仲裁，并申请仲裁保全、申请撤销或者执行国际商事仲裁裁决的；

(5)最高人民法院认为应当由国际商事法庭审理的其他国际商事案件。

☞ 2024 考点 4　涉外民事诉讼中的调查取证

《民事诉讼法》规定，当事人申请人民法院调查收集的证据位于中华人民共和国领域外，人民法院可以依照证据所在国与中华人民共和国缔结或者共同参加的国际条约中规定的方式，或者通过外交途径调查收集。在所在国法律不禁止的情况下，人民法院可以采用下列方式调查收集：

(1)对具有中华人民共和国国籍的当事人、证人，可以委托中华人民共和国驻当事人、证人所在国的使领馆代为取证；

(2)经双方当事人同意，通过即时通讯工具取证；

(3)以双方当事人同意的其他方式取证。

由此可见，我国法律所规定的法院之间的域外取证途径主要包括：条约途径、外交途径、使领馆途径、当事人同意的途径。

1.条约途径取证。根据目前我国所签订的司法协助条约的情况，条约途径主要分为两种：

(1)**《海牙取证公约》**。我国目前加入的影响较大的普遍性公约有《海牙取证公约》，其对协助请求的提出、中央机关的确定、请求的执行和通知、请求的拒绝等相关程序、机制、文件要求等都作了明确的规定。作为《海牙取证公约》的加入国,在当事人申请人民法院调查收集的证据位于我国领域外时,如果证据所在国也加入了《海牙取证公约》,则可以根据该公约规定的具体程序和方式进行调查取证。

(2)双边司法协助条约。目前中国已经与近百个国家签订了双边民商事司法协助条约。针对有的国家既是《海牙取证公约》的缔约国,又与我国签订了双边司法协助条约的情形,当双边司法协助条约与《海牙取证公约》不一致时,双边司法协助公约优先适用。

2.外交取证。如果中华人民共和国与证据所在国并未就调查取证的相关事项缔结双边条约,也未共同参加相关的国际条约,则两国之间就涉外民事案件的调查取证问题可以通过外交途径解决。

3.使领馆途径取证。在使领馆途径取证中,需要注意以下几个问题:

(1)采取委托使领馆代为取证方式的前提,必须是使领馆的驻在国法律未明确禁止此类取证方式,并且不得采取强制措施。

(2)使领馆受托代为取证的对象既包括证人,也包括当事人。

(3)采取此种方式调查取证,对象必须是具有我国国籍的当事人、证人,否则将不能采用。

4.当事人同意的方式取证。

(1)经双方当事人同意,通过即时通讯工具取证。考虑到即时通讯工具作为一种新的调查取证方式刚刚出现,需要在提升调查取证效率与保障当事人诉讼权利之间做好平衡。通过即时通讯工具调查取证的,必须经过双方当事人的同意。

(2)以双方当事人同意的其他方式取证。"以双方当事人同意的其他方式取证"作为兜底条款,主要为保证域外调查取证方式的开放性,在充分尊重当事人诉讼权利的基础上,允许通过双方均认可的其他方式调查取证。

☞ 2024 考点5 指定遗产管理人案件的审理

1.申请指定遗产管理人案件的条件及管辖法院。

(1)必须由利害关系人或有关组织向人民法院申请。利害关系人,是指被继承人的继承人、受遗赠人以及债权人。

(2)申请的事由为申请人对遗产管理人的确定有争议。

(3)申请指定遗产管理人案件的管辖法院为被继承人死亡时住所地或者主要遗产所在地基层人民法院。

(4)指定遗产管理人案件申请书应当写明被继承人死亡的时间、申请事由和具体请求,并附有被继承人死亡的相关证据。

2.审理与判决。

人民法院受理申请后,应当审查核实,并按照有利于遗产管理的原则,判决指定遗产管理人。

3.遗产管理人的变更。

(1)被指定的遗产管理人死亡、终止、丧失民事行为能力或者存在其他无法继续履行遗产管理职责情形的,人民法院可以根据利害关系人或者本人的申请另行指定遗产管理人。

(2)遗产管理人违反遗产管理职责,严重侵害继承人、受遗赠人或者债权人合法权益的,人民法院可以根据利害关系人的申请,撤销其遗产管理人资格,并依法指定新的遗产管理人。

☞ 2024 考点6 保全执行

保全执行，是指为了保证将来的强制执行能够得到顺利执行，以固定债务人现有财产关系或事实状态的一种执行措施。一般认为保全执行具有以下特点：

(1)**暂时性**。保全执行只是为了实现权利义务的最终执行所采取的暂时性或临时性措施。(2)**紧急性或及时性**。为了避免被执行财产将来不能顺利执行，执行机构需要及时对被执行财产采取相应的保全措施。(3)**保密性**。保全执行能够有效需要在一定程度上具有保密性。(4)**附属性**。保全执行是依附于强制执行的一种附随性程序和措施。

保全执行申请既可以向做出保全裁定的人民法院提出，并由该人民法院执行，保全申请人也可以向被保全财产所在地或者被保全行为地人民法院申请执行。

执行机构在保全执行中，不得对保全标的物采取变价、划拨等处分措施。保全标的物具有下列情形之一的，人民法院可以责令当事人及时处理，由人民法院保全价款，必要时，人民法院可予以变卖、保全价款：(1)**系季节性、鲜活、易腐烂变质以及其他不宜长期保存**；(2)**不及时变价会导致价值严重贬损**；(3)**保管困难或者保管费用过高**。

人民法院依据保全裁定采取的查封等措施，进入终局执行之后，自动转为终局执行的执行措施。终局执行的执行措施依据确定的履行期限届满、所附条件成就之日起30日内，债权人未申请执行的，做出保全裁定的人民法院可以根据被保全人的申请，裁定解除保全。

保全中的担保，是指第三人向人民法院提供财产担保、保证或者以责任保险合同等方式提供担保，人民法院据此变更保全内容或解除保全的，进入终局执行后，人民法院可以裁定直接执行担保财产、第三人在保证范围内的财产或者由保险人赔偿被保全人遭受的损失。

☞ 2024 考点7 终结本次执行

终结本次执行，是指对于已经开始的执行案件，在经过调查这时候没有发现可供执行的财产时，在申请人签字或执行法院合议庭审查核实，经法院院长批准之后，裁定终结本次执行程序的制度。

根据《最高人民法院关于严格规范终结本次执行程序的规定(试行)》第1条的规定，终结本次执行应同时符合以下条件：(1)**已向被执行人发出执行通知、责令被执行人报告财产**；(2)**已向被执行人发出限制消费令，并将符合条件的被执行人纳入失信被执行人名单**；(3)**已穷尽财产调查措施，未发现被执行人有可供执行的财产或者发现的财产不能处置**；(4)**自执行案件立案之日起已超过三个月**；(5)**被执行人下落不明的，已依法予以查找；被执行人或者其他人妨害执行的，已依法采取罚款、拘留等强制措施，构成犯罪的，已依法启动刑事责任追究程序**。

☞ 2023 考点1 仲裁的类型

1.国内仲裁与涉外仲裁。国内仲裁，是指本国仲裁机构对不具有涉外因素的国内民商事纠纷的仲裁。**即基于一国自然人、法人或其他组织之间及其相互之间在本国内发生的纠纷，由该国仲裁机构进行的仲裁**。例如，北京仲裁委员会受理的当事人双方均为中国公民并发生在国内的合同纠纷仲裁，即为我国国内仲裁。根据我国法律的规定，依照我国法律成立的外资企业是中国法人或组织，因此，当属于外资企业性质的法人或组织与我国国内民商事主体在国内发生纠纷，所进行的仲裁为国内仲裁。

涉外仲裁，是指涉及外国或外法域的民商事纠纷仲裁，即基于自然人、法人或其他组织之间及其相互之间，在涉外经济贸易、运输和海事中发生的民商事纠纷的仲裁。**需要强调的是，涉及我国香港特别行政区、澳门特别行政区和台湾地区的仲裁案件，即一方当事人是我国香港特别行政区、澳门特别行政区或者台湾地区的自然人、法人或者其他组织时，该仲裁案件为涉外法域的仲裁案件，视为涉外仲裁。**

我国仲裁法颁布后，所有仲裁机构均可根据当事人的仲裁协议受理国内仲裁案件和涉外仲裁案件，改变了此前专设涉外仲裁机构的做法。

2.机构仲裁和临时仲裁。机构仲裁，是指根据双方当事人达成的仲裁协议，将纠纷提交给约定的某一常设仲裁机构所进行的仲裁。临时仲裁，是指根据双方当事人达成的仲裁协议，将纠纷提交给由双方当事人选择的仲裁员临时组成的仲裁庭所进行的仲裁。我国仲裁法规定的仲裁为机构仲裁，在此基础上，《最高人民法院关于为自由贸易试验区建设提供司法保障的意见》第9条特别规定，“在自贸试验区内注册的企业相互之间约定在内地特定地点、按照特定仲裁规则、由特定人员对有关争议进行仲裁的，可以认定该仲裁协议有效”。该规定为我国在特定条件下的临时仲裁提供了依据。

3.依法仲裁和友好仲裁。依法仲裁，是指严格依照法律的规定进行的仲裁。依法仲裁是世界各国普遍使用的仲裁方式，依这种方式进行仲裁，必须有明确的法律依据，必须严格遵守由法律认可的仲裁规则所确定的仲裁程序。

友好仲裁，是指依据双方当事人的授权，仲裁庭不以严格的法律规范为依据，而是以其所认为的公平的标准为依据作出对当事人具有约束力的裁决。这种公平的标准包括自然公正的原则、商业惯例、公平善良的精神等。尽管友好仲裁具有很大的灵活性，但友好仲裁必须以双方当事人的授权为前提，必须遵循仲裁地法的公共政策和强制性规定。

☞ 2023 考点2 仲裁协会的设立

仲裁协会是仲裁行业协会的简称，是以仲裁委员会为主要成员的自律性、管理性的行业组织。按照《仲裁法》第15条的规定，中国仲裁协会是社会团体法人，是仲裁委员会的自律性组织。中国仲裁协会经民政部登记后成立，并取得社会团体法人资格。根据《仲裁法》的规定，中国仲裁协会于2022年10月14日在民政部注册成立。

仲裁协会应有自己的章程。仲裁协会章程应载明下列事项：**(1)名称，即中国仲裁协会；(2)宗旨，即设立仲裁协会的目的；(3)组织机构，即仲裁协会的内部机构；(4)仲裁协会会长的产生程序和职权；(5)职责；(6)对仲裁委员会和仲裁员的监督；(7)经费来源；(8)章程的修改程序；(9)其他必要事项。**

中国仲裁协会章程由全国会员大会制定。中国仲裁协会实行会员制，各仲裁委员会是中国仲裁协会的法定会员。中国仲裁协会以团体会员为主，也可以接纳个人会员。

【大纲新增法条】

中华人民共和国民事诉讼法

（1991年4月9日第七届全国人民代表大会第四次会议通过　根据2007年10月28日第十届全国人民代表大会常务委员会第三十次会议《关于修改〈中华人民共和国民事诉讼法〉的决定》第一次修正　根据2012年8月31日第十一届全国人民代表大会常务委员会第二十八次会议《关于修改〈中华人民共和国民事诉讼法〉的决定》第二次修正　根据2017年6月27日第十二届全国人民代表大会常务委员会第二十八次会议《关于修改〈中华人民共和国民事诉讼法〉和〈中华人民共和国行政诉讼法〉的决定》第三次修正　根据2021年12月24日第十三届全国人民代表大会常务委员会第三十二次会议《关于修改〈中华人民共和国民事诉讼法〉的决定》第四次修正　根据2023年9月1日第十四届全国人民代表大会常务委员会第五次会议《关于修改〈中华人民共和国民事诉讼法〉的决定》第五次修正）

【法条对照】

旧法条	新法条
第四十条　人民法院审理第一审民事案件，由审判员、陪审员共同组成合议庭或者由审判员组成合议庭。合议庭的成员人数，必须是单数。 适用简易程序审理的民事案件，由审判员一人独任审理。基层人民法院审理的基本事实清楚、权利义务关系明确的第一审民事案件，可以由审判员一人适用普通程序独任审理。 陪审员在执行陪审职务时，与审判员有同等的权利义务。	**第四十条**　人民法院审理第一审民事案件，由审判员、人民陪审员共同组成合议庭或者由审判员组成合议庭。合议庭的成员人数，必须是单数。 适用简易程序审理的民事案件，由审判员一人独任审理。基层人民法院审理的基本事实清楚、权利义务关系明确的第一审民事案件，可以由审判员一人适用普通程序独任审理。 **人民陪审员在参加审判活动时，除法律另有规定外，**与审判员有同等的权利义务。
第四十七条第四款　前三款规定，适用于书记员、翻译人员、鉴定人、勘验人。	**第四十七条第四款**　前三款规定，适用于**法官助理、**书记员、**司法技术人员**、翻译人员、鉴定人、勘验人。
第一百一十五条　当事人之间恶意串通，企图通过诉讼、调解等方式侵害他人合法权益的，人民法院应当驳回其请求，并根据情节轻重予以罚款、拘留；构成犯罪的，依法追究刑事责任。	**第一百一十五条**　当事人之间恶意串通，企图通过诉讼、调解等方式侵害**国家利益、社会公共利益或者**他人合法权益的，人民法院应当驳回其请求，并根据情节轻重予以罚款、拘留；构成犯罪的，依法追究刑事责任。 **当事人单方捏造民事案件基本事实，向人民法院提起诉讼，企图侵害国家利益、社会公共利益或者他人合法权益的，适用前款规定。**
第一百三十条第二款　当事人未提出管辖异议，并应诉答辩的，视为受诉人民法院有管辖权，但违反级别管辖和专属管辖规定的除外。	**第一百三十条第二款**　当事人未提出管辖异议，并应诉答辩**或者提出反诉**的，视为受诉人民法院有管辖权，但违反级别管辖和专属管辖规定的除外。

续表

旧法条	新法条
第一百四十条第二款 开庭审理时,由审判长或者独任审判员核对当事人,宣布案由,宣布审判人员、书记员名单,告知当事人有关的诉讼权利义务,询问当事人是否提出回避申请。	**第一百四十条第二款** 开庭审理时,由审判长或者独任审判员核对当事人,宣布案由,宣布审判人员、**法官助理**、书记员**等的**名单,告知当事人有关的诉讼权利义务,询问当事人是否提出回避申请。
第一百八十四条 人民法院审理选民资格案件、宣告失踪或者宣告死亡案件、认定公民无民事行为能力或者限制民事行为能力案件、认定财产无主案件、确认调解协议案件和实现担保物权案件,适用本章规定。本章没有规定的,适用本法和其他法律的有关规定。	**第一百八十四条** 人民法院审理选民资格案件、宣告失踪或者宣告死亡案件、**指定遗产管理人案件**、认定公民无民事行为能力或者限制民事行为能力案件、认定财产无主案件、确认调解协议案件和实现担保物权案件,适用本章规定。本章没有规定的,适用本法和其他法律的有关规定。
第十五章 特别程序	
	第四节 指定遗产管理人案件
	第一百九十四条 对遗产管理人的确定有争议,利害关系人申请指定遗产管理人的,向被继承人死亡时住所地或者主要遗产所在地基层人民法院提出。 **申请书应当写明被继承人死亡的时间、申请事由和具体请求,并附有被继承人死亡的相关证据。** **第一百九十五条 人民法院受理申请后,应当审查核实,并按照有利于遗产管理的原则,判决指定遗产管理人。** **第一百九十六条 被指定的遗产管理人死亡、终止、丧失民事行为能力或者存在其他无法继续履行遗产管理职责情形的,人民法院可以根据利害关系人或者本人的申请另行指定遗产管理人。** **第一百九十七条 遗产管理人违反遗产管理职责,严重侵害继承人、受遗赠人或者债权人合法权益的,人民法院可以根据利害关系人的申请,撤销其遗产管理人资格,并依法指定新的遗产管理人。**
第二百七十二条 因合同纠纷或者其他财产权益纠纷,对在中华人民共和国领域内没有住所的被告提起的诉讼,如果合同在中华人民共和国领域内签订或者履行,或者诉讼标的物在中华人民共和国领域内,或者被告在中华人民共和国领域内有可供扣押的财产,或者被告在中华人民共和国领域内设有代表机构,可以由合同签订地、合同履行地、诉讼标的物所在地、可供扣押财产所在地、侵权行为地或者代表机构住所地人民法院管辖。	**第二百七十六条** **因涉外民事纠纷**,对在中华人民共和国领域内没有住所的被告提起除身份关系以外的诉讼,如果**合同签订地、合同履行地、诉讼标的物所在地、可供扣押财产所在地、侵权行为地、代表机构住所地位于**中华人民共和国领域内的,可以由合同签订地、合同履行地、诉讼标的物所在地、可供扣押财产所在地、侵权行为地、代表机构住所地人民法院管辖。 **除前款规定外,涉外民事纠纷与中华人民共和国存在其他适当联系的,可以由人民法院管辖。**
	第二百七十七条 涉外民事纠纷的当事人书面协议选择人民法院管辖的,可以由人民法院管辖。
	第二百七十八条 当事人未提出管辖异议,并应诉答辩或者提出反诉的,视为人民法院有管辖权。

续表

旧法条	新法条
第二百七十三条 因在中华人民共和国履行中外合资经营企业合同、中外合作经营企业合同、中外合作勘探开发自然资源合同发生纠纷提起的诉讼,由中华人民共和国人民法院管辖。	**第二百七十九条** 下列民事案件,由人民法院专属管辖: **(一)因在中华人民共和国领域内设立的法人或者其他组织的设立、解散、清算,以及该法人或者其他组织作出的决议的效力等纠纷提起的诉讼;** **(二)因与在中华人民共和国领域内审查授予的知识产权的有效性有关的纠纷提起的诉讼;** (三)因在中华人民共和国领域内履行中外合资经营企业合同、中外合作经营企业合同、中外合作勘探开发自然资源合同发生纠纷提起的诉讼。
	第二百八十条 当事人之间的同一纠纷,一方当事人向外国法院起诉,另一方当事人向人民法院起诉,或者一方当事人既向外国法院起诉,又向人民法院起诉,人民法院依照本法有管辖权的,可以受理。当事人订立排他性管辖协议选择外国法院管辖且不违反本法对专属管辖的规定,不涉及中华人民共和国主权、安全或者社会公共利益的,人民法院可以裁定不予受理;已经受理的,裁定驳回起诉。
	第二百八十一条 人民法院依据前条规定受理案件后,当事人以外国法院已经先于人民法院受理为由,书面申请人民法院中止诉讼的,人民法院可以裁定中止诉讼,但是存在下列情形之一的除外: **(一)当事人协议选择人民法院管辖,或者纠纷属于人民法院专属管辖;** **(二)由人民法院审理明显更为方便。** **外国法院未采取必要措施审理案件,或者未在合理期限内审结的,依当事人的书面申请,人民法院应当恢复诉讼。** **外国法院作出的发生法律效力的判决、裁定,已经被人民法院全部或者部分承认,当事人对已经获得承认的部分又向人民法院起诉的,裁定不予受理;已经受理的,裁定驳回起诉。**
	第二百八十二条 人民法院受理的涉外民事案件,被告提出管辖异议,且同时有下列情形的,可以裁定驳回起诉,告知原告向更为方便的外国法院提起诉讼: (一)案件争议的基本事实不是发生在中华人民共和国领域内,人民法院审理案件和当事人参加诉讼均明显不方便; (二)当事人之间不存在选择人民法院管辖的协议; (三)案件不属于人民法院专属管辖; (四)案件不涉及中华人民共和国主权、安全或者社会公共利益; (五)外国法院审理案件更为方便。 裁定驳回起诉后,外国法院对纠纷拒绝行使管辖权,或者未采取必要措施审理案件,或者未在合理期限内审结,当事人又向人民法院起诉的,人民法院应当受理。

续表

旧法条	新法条
第二十五章　送达、期间	**第二十五章送达、调查取证、期间**
第二百七十四条　人民法院对在中华人民共和国领域内没有住所的当事人送达诉讼文书，可以采用下列方式： （一）依照受送达人所在国与中华人民共和国缔结或者共同参加的国际条约中规定的方式送达； （二）通过外交途径送达； （三）对具有中华人民共和国国籍的受送达人，可以委托中华人民共和国驻受送达人所在国的使领馆代为送达； （四）向受送达人委托的有权代其接受送达的诉讼代理人送达； （五）向受送达人在中华人民共和国领域内设立的代表机构或者有权接受送达的分支机构、业务代办人送达； （六）受送达人所在国的法律允许邮寄送达的，可以邮寄送达，自邮寄之日起满三个月，送达回证没有退回，但根据各种情况足以认定已经送达的，期间届满之日视为送达； （七）采用传真、电子邮件等能够确认受送达人收悉的方式送达； （八）不能用上述方式送达的，公告送达，自公告之日起满三个月，即视为送达。	**第二百八十三条**　人民法院对在中华人民共和国领域内没有住所的当事人送达诉讼文书，可以采用下列方式： （一）依照受送达人所在国与中华人民共和国缔结或者共同参加的国际条约中规定的方式送达； （二）通过外交途径送达； （三）对具有中华人民共和国国籍的受送达人，可以委托中华人民共和国驻受送达人所在国的使领馆代为送达； （四）向受送达人**在本案中委托的诉讼代理人送达；** （五）向受送达人在中华人民共和国领域内设立的**独资企业、代表机构、分支机构或者有权接受送达的业务代办人送达；** **（六）受送达人为外国人、无国籍人，其在中华人民共和国领域内设立的法人或者其他组织担任法定代表人或者主要负责人，且与该法人或者其他组织为共同被告的，向该法人或者其他组织送达；** **（七）受送达人为外国法人或者其他组织，其法定代表人或者主要负责人在中华人民共和国领域内的，向其法定代表人或者主要负责人送达；** （八）受送达人所在国的法律允许邮寄送达的，可以邮寄送达，自邮寄之日起满三个月，送达回证没有退回，但根据各种情况足以认定已经送达的，期间届满之日视为送达； （九）采用**能够确认受送达人收悉的电子方式送达，但是受送达人所在国法律禁止的除外；** **（十）以受送达人同意的其他方式送达，但是受送达人所在国法律禁止的除外。** 不能用上述方式送达的，公告送达，自发出公告之日起，经过六十日，即视为送达。
	第二百八十四条　当事人申请人民法院调查收集的证据位于中华人民共和国领域外，人民法院可以依照证据所在国与中华人民共和国缔结或者共同参加的国际条约中规定的方式，或者通过外交途径调查收集。 **在所在国法律不禁止的情况下，人民法院可以采用下列方式调查收集：** **（一）对具有中华人民共和国国籍的当事人、证人，可以委托中华人民共和国驻当事人、证人所在国的使领馆代为取证；** **（二）经双方当事人同意，通过即时通讯工具取证；** **（三）以双方当事人同意的其他方式取证。**
第二百八十七条第二款　中华人民共和国涉外仲裁机构作出的发生法律效力的仲裁裁决，当事人请求执行的，如果被执行人或者其财产不在中华人民共和国领域内，应当由当事人直接向有管辖权的外国法院申请承认和执行。	**第二百九十七条第二款**　**在中华人民共和国领域内依法作出的发生法律效力的仲裁裁决**，当事人请求执行的，如果被执行人或者其财产不在中华人民共和国领域内，当事人**可以**直接向有管辖权的外国法院申请承认和执行。

旧法条	新法条
第二百八十八条 外国法院作出的发生法律效力的判决、裁定，需要中华人民共和国人民法院承认和执行的，可以由当事人直接向中华人民共和国有管辖权的中级人民法院申请承认和执行，也可以由外国法院依照该国与中华人民共和国缔结或者参加的国际条约的规定，或者按照互惠原则，请求人民法院承认和执行。	**第二百九十八条** 外国法院作出的发生法律效力的判决、裁定，需要**人民法院**承认和执行的，可以由当事人直接向**有管辖权的中级人民法院**申请承认和执行，也可以由外国法院依照该国与中华人民共和国缔结或者参加的国际条约的规定，或者按照互惠原则，请求人民法院承认和执行。
第二百八十九条 人民法院对申请或者请求承认和执行的外国法院作出的发生法律效力的判决、裁定，依照中华人民共和国缔结或者参加的国际条约，或者按照互惠原则进行审查后，认为不违反中华人民共和国法律的基本原则或者国家主权、安全、社会公共利益的，裁定承认其效力，需要执行的，发出执行令，依照本法的有关规定执行。违反中华人民共和国法律的基本原则或者国家主权、安全、社会公共利益的，不予承认和执行。	**第二百九十九条** 人民法院对申请或者请求承认和执行的外国法院作出的发生法律效力的判决、裁定，依照中华人民共和国缔结或者参加的国际条约，或者按照互惠原则进行审查后，认为不违反中华人民共和国法律的基本原则且不损害国家主权、安全、社会公共利益的，裁定承认其效力；需要执行的，发出执行令，依照本法的有关规定执行。
	第三百条 **对申请或者请求承认和执行的外国法院作出的发生法律效力的判决、裁定，人民法院经审查，有下列情形之一的，裁定不予承认和执行：** **（一）依据本法第三百零一条的规定，外国法院对案件无管辖权；** **（二）被申请人未得到合法传唤或者虽经合法传唤但未获得合理的陈述、辩论机会，或者无诉讼行为能力的当事人未得到适当代理；** **（三）判决、裁定是通过欺诈方式取得；** **（四）人民法院已对同一纠纷作出判决、裁定，或者已经承认第三国法院对同一纠纷作出的判决、裁定；** **（五）违反中华人民共和国法律的基本原则或者损害国家主权、安全、社会公共利益。**
	第三百零一条 有下列情形之一的，人民法院应当认定该外国法院对案件无管辖权： （一）外国法院依照其法律对案件没有管辖权，或者虽然依照其法律有管辖权但与案件所涉纠纷无适当联系； （二）违反本法对专属管辖的规定； （三）违反当事人排他性选择法院管辖的协议。
	第三百零二条 **当事人向人民法院申请承认和执行外国法院作出的发生法律效力的判决、裁定，该判决、裁定涉及的纠纷与人民法院正在审理的纠纷属于同一纠纷的，人民法院可以裁定中止诉讼。** **外国法院作出的发生法律效力的判决、裁定不符合本法规定的承认条件的，人民法院裁定不予承认和执行，并恢复已经中止的诉讼；符合本法规定的承认条件的，人民法院裁定承认其效力；需要执行的，发出执行令，依照本法的有关规定执行；对已经中止的诉讼，裁定驳回起诉。**

续表

旧法条	新法条
	第三百零三条 当事人对承认和执行或者不予承认和执行的裁定不服的，可以自裁定送达之日起十日内向上一级人民法院申请复议。
第二百九十条 国外仲裁机构的裁决，需要中华人民共和国人民法院承认和执行的，应当由当事人直接向被执行人住所地或者其财产所在地的中级人民法院申请，人民法院应当依照中华人民共和国缔结或者参加的国际条约，或者按照互惠原则办理。	**第三百零四条** 在中华人民共和国领域外作出的发生法律效力的仲裁裁决，需要人民法院承认和执行的，当事人可以直接向被执行人住所地或者其财产所在地的中级人民法院申请。 **被执行人住所地或者其财产不在中华人民共和国领域内的，当事人可以向申请人住所地或者与裁决的纠纷有适当联系的地点的中级人民法院申请。** 人民法院应当依照中华人民共和国缔结或者参加的国际条约，或者按照互惠原则办理。
	第三百零五条 涉及外国国家的民事诉讼，适用中华人民共和国有关外国国家豁免的法律规定；有关法律没有规定的，适用本法。
	本决定自2024年1月1日起施行。